마키아벨리언 모멘트 ②

피렌체 정치사상과 대서양의 공화주의 전통

나남
nanam

한국연구재단 학술명저번역총서
서양편 286

마키아벨리언 모멘트 ②
피렌체 정치사상과 대서양의 공화주의 전통

2011년 1월 25일 발행
2011년 1월 25일 1쇄

지은이_ J. G. A. 포칵
옮긴이_ 곽차섭
발행자_ 趙相浩
발행처_ (주) 나남
주소_ 413-756 경기도 파주시 교하읍
출판도시 518-4
전화_ (031) 955-4600 (代)
FAX_ (031) 955-4555
등록_ 제 1-71호(79.5.12)
홈페이지_ http://www.nanam.net
전자우편_ post@nanam.net
인쇄인_ 유성근(삼화인쇄주식회사)

ISBN 978-89-300-8489-5
ISBN 978-89-300-8215-0 (세트)
책값은 뒤표지에 있습니다.

'한국연구재단 학술명저번역총서'는 우리 시대 기초학문의 부흥을 위해
한국연구재단과 (주) 나남이 공동으로 펼치는 서양명저 번역간행사업입니다.

마키아벨리언 모멘트 ②

피렌체 정치사상과 대서양의 공화주의 전통

J. G. A. 포칵 지음 | 곽차섭 옮김

나남
nanam

THE MACHIAVELLIAN MOMENT

Florentine Political Thought and the Atlantic Republican Tradition

마키아벨리언 모멘트 ②

피렌체 정치사상과 대서양의 공화주의 전통

차례

일러두기

1. 책 속의 주요 개념어는 가능한 한 일관된 역어로 옮기려 하였다. "virtue" 및 "virtù"와 같이 영어와 다른 외국어 개념어가 상이한 뉘앙스로 병용되는 경우, 각각 "덕/덕성" 및 "비르투"로 옮겼다. 하지만 문맥상 문제가 없을 때는 "vita activa"처럼 "비타 악티바"와 "행동적 삶"을 섞어 쓴 경우도 있다. 말미에 참고로 〈번역용어목록〉을 첨부해 놓았다.

2. 본문 하단에 각주와 같이 나오는 *표 부분은 모두 역주이며, 원문의 각주 번호는 원래 그대로이다. 본문이나 각주 중에 간단한 역주를 단 경우도 가끔 있는데, 이때는 역주 끝에 "옮긴이"라고 밝혀놓았다.

3. 원문의 각주에는 출처 표시 뒤에 종종 본문의 영역(英譯) 인용문의 이탈리아 원어(프랑스어인 경우도 가끔 있다)—때로는 그 전후 구절까지도—가 제시되고 있으나, 이를 그대로 싣는 것은 현재의 한국 독자들에게 꼭 필요하지는 않을 것이란 생각에서 생략하였다.

4. 번역은 되도록 원문에 충실하되, 워낙 문장이 길고 난해한 구절들이 많다는 점을 감안하여 때로는 뜻을 살리는 쪽으로 의역하였다.

제 3 부

혁명 이전의 대서양 세계

가치와 역사

제10장

잉글랜드 마키아벨리즘의 문제

내전 이전 시민의식의 양식

[I]

앞의 장들에서 우리는 "마키아벨리즘"이라고 이름 붙일 수 있는, 1494년에서 1530년까지 곤경에 빠져 있던 피렌체의 무거운 분위기 아래서 시민적 휴머니즘의 개념과 가치를 공고히 하려고 했던 사고의 양상을 탐색해 왔다. 관례, 믿음, 그리고 운의 패러다임이 지배하는 개념적 세계는 변천하는 형식 안에서 보편적 가치들을 추구해야 한다는 공화주의적 결정의 압박 아래 있있다. 그러한 압박은 1494년 이후의 경험 세계에서 일어난 사건들에 의해 더욱 고조되었다. 당시 피렌체 공화국은 메디치가의 반동에 제대로 대응할 수 없었고, 이탈리아의 공화국들 역시 프랑스와 에스파냐의 간섭에 맞서 자신들 간의 관계 체제를 유지하기 힘든 상황에 있었다. 이렇듯 복잡한 긴장상태는 두 가지 주목할 만한 결과를 산출하였다. 즉, 하나는 마키아벨리에 의한 비르투 개념의 수정이었고 다른 하나는 새롭게 고조된 아리스토텔레스-폴리비오스적 혼합정체론에 대한 연구였다. 전자는 신군주에 대한 조언에서 가장 논쟁적으로 표현되었고, 무장이 자유에 필수적이라는 이론 안에서 가장 지속적인 교훈을 던져주었다. 후자는 베네치아를 패러다임이면서 동시에 신화로 그려내었고, 로마에 대한 반테제로서의 힘을 빌려 마키아벨리의 군사적 인민주의로부터 사람들의 주의를 돌리도록 하는 데 일조하였다. 관례, 믿음, 운이라는 삼자에 기초한 관습, 계시, 정체의 순환이란 개념들은 여전히 작동해오고 있었고, 변화가 있다면 단지 운의 개념이 부패의 개념으로 교체되는 경향—공화주의 이론에서는 매우 중요한—을 목격할 수 있다는 것뿐이었다. 그러한 개념의 교체는 바꾸어 말하자면 원래 순수한 무작위성의 이미지에 불과했을 것에 이차적 원인을 제공하는 일종의 수단이라고도 할 수 있겠다. 이러한 측면에서 역사적 자기이해가 강화되어왔다고도 할 수 있겠지만, 중세적인 세 개념은 여전히 그대로 남아 있었다.

다음으로 우리는 "마키아벨리적" 사고의 패턴이 어떻게 잉글랜드에서, 그리고 이후에는 식민지 및 혁명기 아메리카에서 작동하게 되었는지를 탐구할 필요가 있다. 그런데 적어도 잉글랜드의 경우 우리가 맞닥뜨려야할 아주 어려운 문제 하나가 있다. 그것은 잉글랜드 문화 안에서는 비타 악티바(행동적 삶), 비베레 치빌레(시민적 삶), 역사적 자기 이미지의 공화주의적 개조 등을 위한 비교적 단순한 대안 같은 것이 전혀 없었다는 것이다. 잇따라 일어나는 일련의 고도로 복잡한 개념적 재조정 현상들을 설명하려면 그러한 대안들을 상정하는 것이 필수적이었다. 외견상 결코 어떤 방법으로도 잉글랜드를 폴리스로 정의하거나 잉글랜드인들을 시민으로 정의할 수 없는 왕정적, 법적, 신학적 개념들이 지배하는 분위기 안에서는 공화주의적이고 마키아벨리적인 관념들은 반드시 순치되어야 할 필요가 있었다. 우리의 첫 번째 문제는 그러한 관념들이 과연 어떻게 순치되었는지를 확인하는 것이다. 그런데 이러한 확인 작업을 위해서는 먼저 그것들과 경쟁 관계에 있었던 의식의 양식들을 검토하지 않으면 안 될 것이다. 또한 이러한 초기의 정치적 언어들이 과연 편리성이나 필요성 때문에 일부나마 공화주의적 어휘에 의존하게 만든 문제들에 봉착했는지의 여부도 반드시 검토해야 할 사항이다.

시민적 행동주의의 이데올로기가 영령 군주국(territorial monarchy)의 제도나 신념과 양립할 수 없다는 주장을 입증하는 예가 있다. 월터 울만의 용어를 빌리면,[1] 권위의 "하향 이론"은 왕 밑에 있는 개인들에게 계서적 질서에서 위에 있는 사람에게는 복종하고 밑에 있는 사람들에게는 복종의 의무를 지우는 일 외에는 별다른 기능을 부여하지 않는다. 반면에 조직 합리성의 "상향 이론"은 주로 인민을 지적인 하나의 조직체로서 구성하는 이론적 수단으로 공헌한다. 그러한 조직체는 종유석처럼 권위가 밑으로 내려오는 것에 대하여 석순처럼 위로 올라갈 수 있는 지력을 인민들이 갖추고 있다는 것, 즉 인민들도 머리를 가지고 있다는 것을 인식할 수 있을 만큼 지적이다. 포테스큐가 통제된 폴리티케(politice 정치체)가 될 필요가 있다고 생각한 코르푸스 미스티쿰(corpus misticum 신비한 몸)[2]은 아리스토텔레스적 폴리스와는 거리가 먼 것이었다. 그것은 합리적인 법들을 인식할 수 있는 이성의 짝이자 이성의 제 2의 본성이 되는 기억 속의 관습들을 만들어낼 수 있는 경험의 짝일 뿐, 결코 행동의 짝이나 혹은 인간들이 그들의 개별적 다양성에 따라 인지하고 참여하는 지배적 덕성들의 짝은 아니었다. 포테스큐는 마키아벨리나 귀차르디니가 진단한 것과 같은 위기적 상황을 정치적 삶 바로 그 자체의 일부로서 전혀 인식할 수도 없었고, 귀차르디니와 잔노티가 그러한 상황을 해결할 수 있는 수단으로 고안한 제도적 장치들도 생각해 낼 수 없었다. 베네치아는 잉글랜드가 그런 것처럼

---

1) Walter Ullman, *Principles of Government and Politics in the Middle Ages*; *History of Political Thought in the Middle Ages* (Harmondsworth: Penguin Books, 1965); *The Individual and Society in the Middle Ages* (Baltimore: The Johns Hopkins University Press, 1966). 이에 대한 강력한 비판은 다음을 볼 것. Francis Oakley, "Celestial Hierarchies Revisited: Walter Ullman's Vision of Medieval Politics," *Past and Present* 60 (1973), pp. 3-48.

2) *De Laudibus Legum Anglie*, ch. 13.

그에게 단지 그 법이 오래되고 합리적인 것으로 유명한 법적 실체였을 뿐이다.[3] 신비한 몸은 실로 방법론적 개인주의라는 용해제에 노정되어 있었다. 즉 그것은 그 머리가 군주인 조직체이며, 그럼에도 불구하고 홉스의 《리바이어던》 표지 그림에 나오는 것처럼 각각의 머리를 가진 개인들로 구성되어 있는 조직체였다. 또한 신민의 지력을 군주에게 관련시키는 문제는 긴장을 만들어낼 수도 있었다. 그러나 이성과 경험은 그것만으로는 개인에게 시민으로서의 특성을 부여하기 위한 토대가 될 수 없었다. 그것은 오로지 정치적 비르투스에 대한, 그리고 통치하고 행동하고 결정하는 본성을 가진 조온 폴리티콘(정치적 동물)에 대한 고대적 관념들이 부활하는 그때에만 가능한 것이었다. 그리고 지금까지는, 사람들이 정말로 모여서 무언가를 결정할 수 있는 공동체적 분위기 안에서 작동하는 비타 악티바(행동적 삶)의 이데올로기만이 어떻게 그러한 부활이 가능한지를 보여 줄 수 있었다. 사법적 영령 군주국에서 개인은 주로 다양한 권리 — 토지에 대한 권리, 그리고 토지보유에 영향을 미치는 정의에 대한 권리 — 의 소유자로서 적극적 존재가 된다. 그리고 "상향식 권위"는 주로 다양한 관습, 사법권, 자유의 구조로서 존재했는데, 그러한 권리들은 이러한 구조 안에서 구체화되고 보존되며, 또한 이 구조의 지속과 강화를 위해 존재하는 권위의 하향적 구조와 만나게 되는 것이다. 유리스딕티오(사법상의 권위) 및 구베르나쿨룸(통치상의 권위)의 세계 안에서 개인은 한편으로는 권리와 재산 — 프로프리에타스(proprietas), 즉 정당하게 개인에 귀속되어 있는 것 — 을 가지고 있었고 다른 한편으로는 권위에 종속되어 있었다. 그런데 그 권위는 신으로부터 내려오는 것이기 때문에 결코 개인적 권리의 단순한 반영이 아니었다. 그리하여 논쟁의 중심은 두 개념틀 — 상향식 권력과 하향식 권력, 사법상의 권위와 통치상의 권위, 권리와 의

---

3) *Ibid.*, pp. 14-16.

무—이 과연 어느 정도로 상호 통합될 수 있는가 하는 것이었는데, 이는 지금까지도 변하지 않고 그대로 남아 있다. 그러나 개인을 그의 권리와 의무, 재산과 책임의 측면에서 정의한다고 해도 그것만으로는 개인을 행동적 시민 혹은 정치적 동물로 만들기에는 아직도 충분치 않다는 강력한 주장이 있을 수 있다.

따라서 얼마 동안 학자들이 시민적 휴머니즘의 가치와 개념이 잉글랜드와 같은 사법-영령 군주국에서 어떻게 기반을 다질 수 있었을까[4] 하는 질문뿐만 아니라, 언제 어떻게 어떤 측면에서 그리고 어떤 조건하에서 잉글랜드인들이 시민의식을 가지게 되었을까 하는 것, 즉 자기 자신을 공적 영역에서 정치적 행위자로 인식하게 되었을까 하는 좀더 큰 질문도 함께 제기했다는 것은 결코 놀랄 일이 아니다. 이런 유의 저작 가운데, 도널드 핸슨의 《왕국에서 공화국으로》[5]는 사법상의 권위와 통치상의 권위가 결코 서로 통합되지도 거의 연관되지도 않았다는 것, 중세 및 튜더 시대 잉글랜드인들은 저자가 "이중 주권"(dual majesty)이라고 부르는 완고한 이중성의 개념틀 아래서 살고 있었다는 것, 그리고 이러한 이중성의 붕괴야말로—핸슨은 그것이 1642년에서 1646년까지의 내전(Civil War) 기간까지는 일어나지 않았다고 생각하는데—"시민의식의 성장"에 필요하고도 (어떻게 보면) 충분한 조건이었다는 것 등을 설득력 있게 주장한 점에서 특기할 만하다. 만약 이것이 제대로 된 요약이라면, 그의 주장은 일견 좀 지나치게 과한 것으로 보일 수도 있다. 하지만 그것은 역사가들이 미처 인식하지 못한 것에

4) 예를 들어 A. Molho and J. Tedeschi, eds., *Renaissance: Studies in Honor of Hans Baron* (De Kalb: Northern Illinois University Press, 1971) 내의 데니스 헤이의 글을 볼 것.

5) Donald W. Hanson, *From Kingdom to Commonwealth: The Development of Civic Consciousness in English Political Thought* (Cambridge, Mass.: Harvard University Press, 1970), ch. 1, n. 30.

대해 의문을 제기했다는 장점을 가지고 있다. 잉글랜드에서 과연 핸슨이 정의한 바와 같은 시민의식이 성장했는가 하는 것은 사실 문젯거리이다. 이는 아직도 충분히 연구되지 않은 어려운 주제이다. 하지만, 그러한 시민의식이 수많은 노선을 따라 성장해 가고 있었다는 것, 그리고 잉글랜드인들은 어떻게 해서, 아리스토텔레스적, 마키아벨리적, 또는 베네치아적 관점으로부터 스스로를 공화국 안에서 행동하는 고전적 시민으로 바라보는 수단을 획득했던가 하는 그 다음의 문제에 조심스럽게 접근해야 한다는 것을 상기시킬 만한 증거가 있다.

시민에 앞서 성인(聖人)이 존재했다고 주장하는 강력하고도 설득력 있는 연구가 있다. 왈저의 《성인들의 혁명》[6]은 칼뱅교도 혹은 고전적 퓨리턴 신앙을 가진 개인을 첫 번째 혁명가의 전형으로 제시한다. 그들은 고독감—신 앞에서의 고독감—에 차 있었던, 근대 유럽 최초의 극단적으로 소외된 인간들로서, 그들이 살고 있는 사회의 가치가 아닌 새로운 가치에 대한 공동의 책임감에 기초하여 다른 사람들과 연대했을 뿐 아니라 이 세상을 개조하는 데 기초가 될 가치들을 실현할 수 있는 행동 강령을 가지고 있었다는 것이다. 왈저는—비록 뜻은 같이하지 않지만—크리스토퍼 힐[7]의 구식 마르크스주의에 경의를 표한다. 힐도 퓨리턴적 교의의 소외감과 행동주의가 봉건 사회의 폐허로부터 나타난 중간층의 근면한 사람들의 이데올로기로서 등장했다고 주장했던 것이다. 왈저가 말하는 성인은 목회자, 젠트리, 하급 귀족들이었는데, 그는 그들의 소외의 사회적 기원을 봉건제에서 자본주의로의 이행에서 찾지는 않았다. 그러나 17세기 잉글랜드의 유산된 혁명이 중간층의 근면한 사람들에 의해 일어난 것이 아니라면, 그것은 왈저가 기

---

6) Walzer, *Revolution of the Saints* (2장의 주 22를 볼 것)

7) Christopher Hill, *Puritanism and Revolution* (London: Secker and Warburg, 1958); *Society and Puritanism in Pre-Revolutionary England* (New York: Schocken Books, 1964).

술한 고전적 퓨리턴 목사들에 의해 일어나지도 않았다. 실제로 그는 혁명을 일으킨 종파들에 대한 분석까지는 하지 않았다.[8] 유산된 혁명은 군대의 작품이었고 — 그 자체가 매우 독특한 현상이기는 하지만 — 그들은 천년왕국설을 반신반의하기는 했지만 그래도 천년왕국적 희망에 의해 고무되어 있었다. 군대 지휘관들은 법학 교육을 받은 하급 젠트리로서, 이데올로기적으로, 아니 거의 인격상으로까지 확연히 분열된 집단이었다. 그들은 정신적으로 반은 급진적 성인(聖人)이었고 반은 보수적 개혁가였다. 그들은 모든 세속적 가치의 근원은 물론이고, 심지어는 전통적 질서의 개혁을 위한 세속적 가치들조차도 전통적 질서에서 찾는 사람들이었다. 그들이 혁명에 실패한 이유는 그들의 숫자가 충분치 않아서가 아니라 — 혁명은 소수의 작품이다 — 천년왕국주의에 기댄 그들의 급진적 개혁은 잉글랜드 고래의 자유에 의해 지지되고 정당화되어야 한다고 끊임없이 주장했기 때문이다. 그것이 치명적인 이유였다. 나아가 그들의 천년왕국주의가 자신들이 세속 세계로부터 완전히 초연하지 못한 결과라는 주장도 제기될 수 있다. 왈저가 분리한 순수한 칼뱅주의는 그 소외의 정도가 너무나 근엄하고 경직되어 있어서 계시적 약속에 대한 신비적인 희망을 가질 필요조차도 없었다. 하지만 천년왕국주의는 그가 인식했던 것보다 더 현저한 퓨리턴의 특징이었다.

왈저의 그림에 첨가되어야 할 차원들이 있는데, 그것은 다름 아닌 시간 차원들일 것이다. 첫 번째로 성인들의 행동주의가 위치한 종말론적 차원 — 그들이 행동하고 있는 성스러운 현재, 그들이 그렇게 만들겠다고 기대하는 성스러운 미래 — 을 연구해야 할 필요가 있으며, 이러한 연구는 칼뱅파 안에서 꾸준히 증가한 천년왕국주의적 관심과 그에 수반하여 역시 지속적 증가세를 보인 반율법주의를 통해, 이 문제

8) Walzer, pp. viii, 115, n. 3.

에 대한 모든 사고를 거부하는 칼뱅의 엄격한 (아마도 아우구스티누스적인) 태도에서 탈피하는 길을 우리에게 알려줄 것이다. 그러나 이 차원을 분리시켜 연구하는 것만으로는 충분하지 않다. 왜냐하면 잉글랜드에서는—그 어떤 프로테스탄트 사회에서보다 훨씬 더 명백하게—계시론이 민족적 성격을 가지고 있어서 잉글랜드인이라는 민족이 성스러운 시간 안에서 존재하고 행위하는 것으로 보는 사고방식이 있었기 때문이다. 그 결과 잉글랜드의 성인들은 그들이 성인으로 뽑힌 것과 그들이 잉글랜드인으로 태어난 것을 본래적으로 같은 것이라고 보기도 하였다. 즉 그는 "신의 잉글랜드인"이기 때문에 성인이라는 것이다. 그러나 "잉글랜드"는 아직도 완강히 민족적이고 세속적인 개념으로 남아 있었다. 거기에는 퓨리턴 순교자도 아서 왕의 로망스에 등장하는 신화적이고 비의적인 브리튼도 없었다. 따라서 잉글랜드의 계시록, 즉 그들이 선민(選民; Elect Nation)이라는 주장은 부분적으로 복잡하고 특수한 시간틀 안에서 세속적이면서도 동시에 종교적인, 그리하여 그 안에서 개인이 성인이면서 동시에 잉글랜드인으로서 행동하게 되는 공적 영역을 개념화하는 수단으로 간주되어야 마땅하다. 이러한 의미에서 그것은 시민의식의 한 양식이 되는데, 우리는 이제 막 잉글랜드 역사 안에서 출현한 그러한 양식들을 찾으려 하고 있다. 또한 선민의 제도에 대한 개개인의 존경과 선민의 하나로서 그 제도에 대해 행해야 할 급진적 행동 사이에는 긴장이 있을 수 있기 때문에—크롬웰 시대의 전 역사가 이를 증언하고 있다—천년왕국주의가 사이쿨룸(역사적 현재)에 분명한 양보를 하는 것이 중요해졌다. 선민에 대한 주장은 부분적으로 민족 의식의 한 양식이기 때문에, 보수적인 형식을 취할 수도 급진적인 형식을 취할 수도 있었다. 그리고 그것은 보수적인 행동이냐 급진적인 행동이냐를 두고 딜레마에 빠질 수도 있기 때문에 혁신이라는 문제가 제기될 수도 있었다. 이러한 혁신은 그 형태에서 마키아벨리가 비르투의 이름 아래 생각했던 것과 크게 다르기는 했지만,

그렇다고 완전히 동떨어진 것은 아니었다. 그러므로 계시적 양식은 “성인들의 혁명”의 순수성을 흐리는 세속적 의식(意識)의 한 양식이자 고전적 시민 개념이 도래하기 이전에 나타난 시민의식의 한 양식으로 연구될 수 있다.

문제는 이제, 종교개혁 이후 잉글랜드인들이 사용 가능했던 것으로서, 그들의 행동반경을 포괄하는 공적 영역과 또 그렇게 정의된 영역에 적합한 행동 양식을 개념화하는 상위의 양식들은 어떤 것이었는지를 추적하는 것이다. 크롬웰식 퓨리터니즘의 딜레마가 급진적 성인의 경우를 포함한 몇몇 행동 양식 간의 딜레마였다고 추측할 만한 이유가 이미 있기 때문에, 그것의 대안적 양식들 — 그 성격이 어떤 것이었든 — 이 급진적 성인의 행동 양식과 함께 성장하였고 어느 정도는 함께 내재해 있었다고 거듭 추측할 수 있다. 그러한 성장과정을 추적할 수 있다면, 우리는 핸슨의 연구에서 명백하게 드러나는 지나친 단순화로부터 — 물론 그의 주장에도 어느 정도의 진실은 있다 — 벗어날 수 있을 것이다. 핸슨은 잉글랜드인들이 “이중 주권”이 득세하는 중에는 시민의식을 부정했다가 “이중 주권”의 붕괴라는 트라우마를 겪음으로써 갑자기 시민의식에 눈을 뜨게 되었다고 주장하였다. 이러한 단순화는 오래 전부터 정도의 차이는 있지만 마르크스주의 계열의 학자들에게서 보아온 것이었다. 이들은 개체성에 대한 강렬한 종교적 의식(意識)이 하룻밤 사이에 부르주아 합리주의로 세속화되었다고 주장한다. 왜냐하면 그러한 의식은 부상하는 계급의 이데올로기 그 이상의 것이 결코 아니었기 때문이라는 것이다. 물론 의식의 급격한 세속화가 분명히 일어났다는 증거가 많이 있고 또 그것이 왜 그런지는 따져 보아야 하는 문제지만, 위의 주장은 그것을 너무 단순화시킨 것이다. 《성인들의 혁명》에 흥미로운 구절 하나가 나오는데, 거기서 왈저는 쾨닉스버거의 논지를 따라, 혁명적 의식을 의식 일반에 대한 “근대 국가의” 충격에 반응하여 발전한 것으로 기술하고 있다.[9] 그러나 왈저는 이 “국가”

를 매우 낭만적인 전통 안에서 평준화와 중앙집권화와 합리화를 강제하는 힘으로 그리고 있는 것으로 보이는데, 이러한 힘에 대한 적절한 대응이 곧 개인의 소외라는 가혹함이었다는 것이다. 왈저나 핸슨이나, 서로의 방식은 매우 다르지만, "전통 사회"를 "근대화"의 반대명제로서 무기력하고 정치 이전의 개념으로 보는 견해에 많은 영향을 받은 것 같다.[10] 그런데 이러한 견해는 아무리 조심스럽게 가다듬는다 하더라도 우리의 생각을 양분화시킬 수 있다. 우리가 지금까지 상당한 분량을 할애하여 살펴본 것처럼, 옛 서양인들은 단순히 전통적 양식이라는 것 말고도 다수의 의식 및 이론의 양식을 가지고 있었다. 이 책의 작동 패러다임인 "휴머니즘" 역시 사이쿨룸(역사) 및 세속 문화와 관련하여 개인의 자의식을 강화하는 다양한 양식들을 시사해줄 수 있어야 한다.

인상적인 최근 역사서술의 문헌들은 잉글랜드 휴머니즘이 휴머니스트의 이미지를 군주에 대한 고문관(顧問官)으로 그려냄으로써 시민의식을 발전시켰다고 주장한다. 이같이 정의된 휴머니스트는 포테스큐의 법률가처럼 군주가 가지고 있지 않은 인식과 기술을 소유한 만큼, 그 자신의 덕, 즉 통치에 참여하기 위한 개인적 능력으로 공동체에 공헌하고 있었던 것이며, 따라서 그것은 아리스토텔레스적 시민상을 향해 한 발자국 더 앞으로 내딛은 셈이었다. 퍼거슨은 《자기 표현적 시민과 잉글랜드 르네상스》에서 토머스 모어, 토머스 스타키, 그리고 토머스 스미스에 대한 연구를 통해 고문관으로서의 자기 이미지가 성장하는 모습을 추적한 바 있다.[11] 즉 고문관 자신이 수행하는 역할과

---

9) Walzer, pp. 1-2, 16, 그가 언급한 논문은 다음과 같다. H. G. Koenigsberger, "The Organization of Revolutionary Parties in France and Netherlands during the Sixteenth Century," *Journal of Modern History* 27 (1955), pp. 335-51.

10) Walzer, pp. 1-4, 13-16, 19; Hanson, pp. viii-ix, 2, 7, 9, 11, 18, 336-44, 349-54.

11) Arthur B. Ferguson, *The Articulate Citizen and the English Renaissance*

그렇게 하기 위해 갖추어야 할 지적·정치적 능력, 그리고 그들이 활동하는 공적 영역에 대한 이해가 성장해 가는 것을 추적했던 것이다. 그에 의하면, 고문관은 그가 활동하는 공적 영역을 통치자와 신민들의 결사로 보았으며, 양자의 관계를 조언을 구하고 조언을 제공하는 상보적 의무라는 의미 안에서 정의되어야 한다고 보았다. 퍼거슨의 해설을 따라가 보면, 그가 위계적 측면보다는 결사의 측면에 점점 더 강조점을 두고 있다는 것을 알게 된다. 고문관은 군주가 의지한 그의 다양한 능력 덕분에 점점 더 유명해지게 되며, 그리하여 단지 "좋은" 군주의 양심에 호소하는 "좋은" 신민 이상의 존재가 되어 간다. 그리고는 드디어 퍼거슨 및 그의 중심인물들 일부가 "시민적" 그리고 "시민"과 같은 단어를 사용하기에 이르는 것이다. 그러나 고문관의 공동체는 우두머리가 없다는 의미에서의 공화국이 되지는 못한다. "코몬윌"(commonweal) 혹은 레스 푸블리카는 여전히 군주가 머리인 몸(corpus), 각자의 위치에 있는 모든 사람으로부터 자문을 받는 신분적 계서제로 남아 있었다(왈저는 특수한 덕성들의 다양성이라는 이미지는 예정설을 믿는 칼뱅교도의 불가사의한 개인주의 안에서보다 실제로 중세의 신분적 계서제 안에서 더 잘 보존되었음을 지적한 바 있다).[12] 마찬가지로 퍼거슨은, 잉글랜드에서 — 다른 곳에서도 종종 그랬던 것처럼 — 세속적 개념을 통제할 수 있는 휴머니스트의 능력이 증대됨에 따라, 어떻게 스스로를 시간의 흐름에 따라 변화하는 실체라고 보는 발전된 역량이 출현하게 되었는지 그 과정을 추적하였다.[13] 그러나 퍼거슨은 도대체 어떤 세력들이 이러한 휴머니스트들의 능력에 한계를 설정하는 것으로 보았는

(Durham, N. C. : Duke University Press, 1963)

12) Walzer, ch. 5, "The Attack upon the Traditional Political World," pp. 148-98.

13) Ferguson, ch. 13, "The Commonweal and the Sense of Change: Some Implications," pp. 363-400.

지를 아는 것이 실로 중요하다. 16세기 중반의 사회적 이상주의자들은 통치 — 의회에 있는 왕국의 지혜에 의해 조언 받는 군주의 지혜 — 를 입법의 능력으로 보았으며, 또한 입법을 실제로 존재하는 것보다 좀더 정의롭고 좀더 풍요하게 공공의 복지를 분배할 수 있는 능력으로 간주하였다. "공공의 복지에 대해 담론한" 휴머니스트들은 사회에서 작동하고 있는 경제적 세력들을 이해하는 데 몰두하였다. 그러나 이러한 공세적 태도는 그것이 수반한 역동적인 이데올로기와 함께 시들고, 대신 결코 흔들려서는 안 되는 질서체계인 신분적 계서제로서의 왕국을 유지하는 정태적이고 중세적인 이상이 더 선호되었다. 오직 하나의 질서만 있었을 뿐, 혼돈은 바깥세상의 일이었던 것이다.

여기서 중요한 것은 잉글랜드 휴머니즘의 "시민적" 측면에 대한 퍼거슨의 탐구가 의회와 입법의 개념으로 우리를 인도했다는 것이다. 시민적 휴머니즘의 상이한 변형들에 대한 우리의 견해를 넓혀온 것처럼, 우리는 "시민", 즉 통치하고 통치받는 정치적 동물의 지역적 변형들을 찾을 수 있다. 프랑스의 법률적 휴머니즘과 종교 동란* 시기의 정치사상 안에서 시민은 대개 통치하고 통치받는 예속적 장관(長官)(그가 영주든 관리든 간에)의 모습으로 등장하는 것처럼 보인다. 우리는 과연 그러한 장관들의 사회가 폴리스 혹은 참여의 공동체를 형성할 수 있었겠는가 하는 의문 — 보댕이 대체로 부정적인 답을 내놓았던 — 을 제기하게 된다. 그러나 잉글랜드는 궁정, 보통법, 그리고 의회 안에 좀더 견고한 국가자문기구를 가지고 있었다. 또한 예속적이거나 파생적

* Wars of Religion. 프로테스탄트 종교개혁과 그에 대응한 가톨릭의 반종교개혁의 여파로 16세기 후반부터 17세기 전반기 동안, 특히 간헐적으로 계속된 두 종교 진영 간의 — 하지만 현실적으로는 종교를 표방한(혹은, 같은 가톨릭 국가인 프랑스와 에스파냐의 경쟁에서 보듯이, 종종 종파를 무시한) 근대 국가들의 정치적 각축이었다 — 전쟁. 1618~48년의 30년 전쟁이 그 최후의 대결전이었다. "종교 전쟁"이란 역어는 너무 일반적 느낌을 줌으로 여기서는 특정 시기의 사건임을 명시하기 위해 이렇게 옮겼다.

인 통치권(imperium)을 행사하는 장관들 대신 좀더 다양한 측면을 지닌, 그런 점에서 좀더 시민적인 고문관들이 있었다. 그들은 지방의 젠트리로서 주와 도시를 대표해 의회, 즉 왕국의 공동고문회의(commune consilium regni) 안에서 그들의 군주에게 조언하였다. 그들은 문서작성을 통해 왕국에 영향을 미치는 모든 문제들을 다루는 데 동참했고 전체 정치체의 대표로서 봉사했다. 16세기에 젠트리가 대대적으로 도시를 대표하게 되면서, 그들은 또한 대대적으로 학교로, 대학으로, 법학원으로 쇄도하여, 군주의 것이자 동시에 그들의 것이었던 행정과 사법의 구조 안에서 군주에게 봉사하고, 조언하며, 지방 관직과 영향력을 두고 경쟁하는 데 필요한 교육을 받고자 하였다. 그들이 받은 교육은 대단히 일반적 의미에서의 휴머니즘 교육이라고 할 수 있다. 따라서 정치적으로 각성된 행동적 휴머니즘의 잉글랜드적 변종, 즉 잉글랜드인들이 가질 수 있었던 시민의식의 휴머니스트적 양상을 찾을 때, 우리는 주목의 대상을 16세기 중반의 이상주의자들보다는 당시 부상하고 있던 의회 젠트리의 이데올로기로 돌려야 할 듯싶다.

16세기 중반의 휴머니즘은 아마도 공공복지를 위한 의회 입법이라는 환상을 즐겼겠지만, 세기말에 이르면 하원의 젠트리는 점점 더 의회의 기능을 자유의 보존이라고 보게 되었다. 그런데 그 자유는 유구한 관습 조직체에 뿌리를 두고 있었으며, 그 안에서만 모든 사법적·행정적 제도, 더 나아가서는 의회 그 자체까지도 스스로의 정체성을 확인할 수 있었다. 고래(古來)의 헌정(Ancient Constitution)이라는 이데올로기에 대해서는 지극히 구조적인 설명이 가능하다. 즉 모든 잉글랜드법은 보통법(코몬로)이었다. 그리고 보통법은 관습이었다. 관습은 시간적 유구함의 인정(認定)에 기초했다. 재산, 사회구조, 그리고 정부는 법에 의해 정의된 대로 존재하였고, 따라서 그것들은 유구한 존재로 인정되었다.[14] 그러나 만약 그것을 이데올로기로 생각한다면, 바꾸어 말해서 스스로를 개념화하는 새로운 방법을 추구하는 사회적 피조물로서 존재하게 되는 것으로 본다면, 우리는 그것을 의회에서, 법정에서, 그리고 지방에서의 보통법 집행을 통해 스스로를 옹호하려는 젠트리에게 각별히 적합한 시민의식의 한 양식으로 규정할 수 있다. 또한 "시민적" 이라는 단어는 무심코 사용된 것이 아니다. 만약 잉글랜드의 법과 자유의 유구함을 그렇게 강력히 주장하는 것이 단지 "전통 사회"를 무기력하게 받아들인 것에 불과하다고만 생각한다면 그것보다 더 큰 오산은 없을 것이다. 그것은 레벤슨의 구분을 빌리면[15)]전통적이라기보다는 차라리 전통주의적이다. 즉 그것은 보수주의의 주장인 것이다. 그리고 보수는 일종의 행동 양식이다. 왕국을 관습 조직체로, 자신은 관습을 만들어내는 동물로 본 잉글랜드인은 토지소유자, 법률가, 판사, 고문관, 그리고 군주를 현재의 그 자신과 잉글랜드를 만든 관례와 관습을 보존하고, 세련되게 만들고, 전수하는 끊임없는 행위에 참여하고 있는 것으로 보았다. 관습의 유구함에 대한 숭배는 법률적 휴머니즘의 특이한 잉글랜드적 변형이었고, 제임스 1세 시대의 대 호고가(好古家)들 — 법학 휴머니즘의 토대를 허물어뜨리기 시작했다고 주장되는 — 은 매우 특별한 종류의 휴머니스트들이었다. 그들은 비록 공화주의적 · 피렌체적 의미에서의 시민적 휴머니즘과는 거리가

---

14) Pocock, *The Ancient Constitution and the Feudal Law*, 2장과 3장.

15) Joseph R. Levenson, *Liang Ch'i-ch'ao and the Mind of Modern China* (Berkeley-Los Angeles: University of California Press, 1953 & 1959), 이 반대 명제는 레벤슨의 글에서 지속적으로 나타난다. 그는 단순한 전통의 전승과 전통 혹은 그것의의 전승을 방어적으로 개념화하는 것은 다르다고 주장한다(이 주제에 대한 또 다른 논의에 대해서는 Pocock, *Politics, Language and Time*, pp. 233-72를 참조할 것). 《유교적 중국과 그 근대적 운명》(*Confucian China and Its Modern Fate*)의 테제는 레벤슨으로 하여금 전통이 전통주의적 의미로 개념화되어야 할 때 어떻게 사라져 가는가를 강조하는 것으로 이끌어갔다. 그러나 그런 일이 일어나지 않은 18세기 잉글랜드와 중국 간의 비교에 대해서는 그의 다음 책을 보라. *Liang Ch'i-ch'ao and the Mind of Modern China*, 2nd ed., (1967), pp. 151-152.

멀었으나, 틀림없이 일종의 탈 중세적인 시민의식을 지니고 있었다. 전통주의적 관점에서 볼 때, 공공의 것으로서의 왕국과 그 안에서의 행동 양식을 규정한 것도 바로 이러한 시민의식이었던 것이다.

우리는 제 2의 본성의 기원으로서의 관습이야말로 과연 무엇이 어떤 민족과 그들의 법을 그들만의 독특하고 자율적인 그 무엇으로 만드는지를 설명하는 최상의 수단으로 간주되어 왔음을 보았다. 또한 어떤 민족이 그 본성에 적합한 법에 의해 통치되어야 한다는 주장이 의도하는 것은 언제나 다름 아닌 제 2의 본성과 관습법이다. 독특성에 대한 주장은 바로 자율성에 대한 주장이었고, 잉글랜드의 법과 정부에는 관습적이지 않고 고유하지 않은 것은 아무 것도 없다고 주장할 때, 그것은 바로 잉글랜드인들이 스스로에 대해 역사적이자 유구한 주권을 소유하고 있다는 뜻이었다. 그들은 스스로의 피조물일 뿐, 다른 존재가 아니며, 또 옛날부터 언제나 그래왔다는 것이다. 보편 교회로부터의 민족적·세속적 독립성을 명확히 표현한다는 면에서는 이러한 주장이 잉글랜드가 "제국이며 세계가 그것을 인정해 왔다"는 헨리 8세 시대의 언명[16] 보다도 더 효과적일 정도였다. 16세기 후반 프랑스의 사상 안에서도, 프랑스에서 교회의 사법적 자율성을 주장한 갈리카니즘(Gallicanism)과, 프랑스의 법 및 제도의 역사가 지닌 엄청난 복잡성을 이용하여 그것이 그 자체로서 독특하고 자생적인 것이라고 주장했던 위대한 학자들과 호고가들의 노력 간에 어떤 유사성을 찾아 볼 수 있다.[17] 개념적인 면에서 정교함은 덜하지만, 고래의 헌정에 대한 숭배 역시 법에 의해 수립된 것으로서의 잉글랜드 교회에 대해 동일한 역할을 했던 것이다.

16) *Act in Restraint of Appeals* (1533)의 전문. R. Koebner, *Empire* (Cambridge University Press, 1961), pp. 53-55, 그리고 아래 주18을 볼 것.

17) Donald R. Kelley, *Foundations of Modern Historical Scholarship*, 특히 6장, 9장, 10장.

그러나 종교적 문제에서의 잉글랜드의 역사적 자율성은—프랑스와는 달리 그리고 다른 그 어떤 프로테스탄트 국가도 그 규모 면에서 필적할 수 없을 만큼—민족적 계시론의 구축을 통해 주장되었는데, 이는 일차적으로 메리 1세의 박해로 대륙으로 도피한 칼뱅파의 산물로서, 존 폭스의 《행전과 유적》(*Acts and Monuments*)에 고전적으로 표현되어 있다. 이와 같은 잉글랜드인들의 성스러운 역사 다시 쓰기의 개념적 기원은 잉글랜드가 하나의 "제국"이라는 헨리 8세 시대의 주장에서 연유한다고 해도 틀린 말은 아닐 듯싶다. 헨리 8세의 종복들이 의도했던 바가 단지 사법적 지위에 대한 것일 뿐이었다고 하더라도, 어쨌든 "제국"은 로마와 연결되는 역사를 가져야 했는데, 이 때 요크에서 태어나 트라야누스와 아서 왕 시대의 "브리튼"에 관한 전설들에서 한 역할을 맡았던 "콘스탄틴"이라는 인물*이 이미 무대에 등장할 채비를 갖추고 있었다.[18] 그러나 최초의 그리스도교도 황제이면서 교황의 옹위와 폐위 및 공의회의 개폐에 관여하고, 이른바 기진장(寄進狀)** 의 작성자이거나 혹은 작성자가 아닌 인물로서의 역할을 한 콘스탄티

---

* 전설과 중세 문헌에는 동로마 황제 콘스탄티누스를 잉글랜드 왕의 하나라고 주장하는 것들이 있다. 12세기에 씌어진 헨리 오브 헌팅든(Henry of Huntingdon)의 《잉글랜드의 역사》(*Historia Anglorum*)와 특히 제프리 오브 몬머스(Geoffrey of Monmouth)의 《브리튼 왕국의 역사》(*Historia Regum Britanniae*)가 그 대표적인 예이다. 여기서 말하는 콘스탄틴은 바로 이러한 종류의 전승에 등장하는 콘스탄티누스 대제이다.

18) F. J. Levy, *Tudor Historical Thought* (San Marino: The Huntington library, 1967), p. 83: 그는 다음 논문을 인용하고 있다. R. Koebner, "'The Imperial Crown of This Realm': Henry VIII, Constantine the Great and Polydore Vergil," *Bulletin of the Institute of Historical Research* 26 (1953), pp. 29-52.

** 콘스탄티누스 황제가 4세기에 동로마로 옮겨 갈 때, 로마와 서로마 제국의 통치권을 교황에게 넘겨주었다는 문서. 15세기 중엽 로렌초 발라에 의해 후세의 위작임이 밝혀졌다.

누스는, 또한 교회와 제국의 파생물들에 대한 가장 높은 수준의 논의들 속에 나타날 수도 있는 인물이었다. 그는 교회를 제국적 권위의 연장으로 확립한 "사도들의 동등자"로서 나타날 수도 있었고, 아니면 그러한 권위를 부당하게 포기함으로써 잘못된 교회를 세운 배교자의 괴수로 나타날 수도 있었다. 실제로 이러한 두 모습의 콘스탄티누스에 대해 혼란스러우리만큼 다양한 해석이 수도 없이 많이 나왔다. 그러나 그것들은 예외 없이 — 그리고 조만간 경쟁적 법체계들의 관점에서 교회를 해석한 경우에서도 동일한 결과가 산출되었다 — 그리스도의 몸 혹은 전투적인 교회가 역사 속에서 출현한 것으로 그려야 했으며, 이렇게 하기 위해서는 성화된 역사의 틀을 제시해야만 했다. 우리는 세속적 군주와 반 아우구스티누스적 이단들이 손을 잡을 만한 지점으로 돌아와 있다. 양자는 모두, 지상의 교회가 불변하는 천상의 계서적 질서로부터 유래하고 초시간적인 눈크스탄스(영원한 현재)의 전망으로부터 신의 뜻으로 주어진 권위를 가지고 있다는 것을 부정하고자 하였다. 또한 양자는 교황이 그러한 권위를 가지고 있다는 것을 부정하고 교황이 어떻게 자신의 권위에 대한 잘못된 주장을 했던가를 설명하기 위해 인간의 구원을 다시 한 번 인간의 역사와 동일시하고자 하였다. 그러나 만약 인간 역사와 인간 구원이 동일 시공간의 과정이라면, 지금까지 지속된 역사적 불의 — 이러한 동일시를 부정하는 것 같은 — 는 구원에 적대적인 세력의 소산임에 틀림없었다. 그리하여 교황은 수많은 종말론적 드라마에서 그려지는 잘못된 재림 그리스도의 이미지, 즉 적그리스도와 동일시되는 것이 거의 교리처럼 되어 버렸다.[19] 교황의 오류는 메시아가 재림한다는 주장 속에 존재하는 것이 아니라, 그리스도가 시간을 관통하여 성사용 성체와 교회의 제도 안에 존재한다는 주장 속에 존재하는 것이었다. 경건한 군주들은 교황에 대항해

---

19) William M. Lamont, *Godly Rule*; Christopher Hill, *Antichrist in Seventeenth-Century England* (London: Oxford University Press, 1971).

그들의 순수한 세속적 권위를 고수하면서, 아직 그리스도가 재림하지는 않았지만, 그러나 언젠가는 재림하리라는 것이 알려져 있는 그 시간의 순수성을 옹호하였다. 사이쿨룸(역사적 현재)이야말로 로마가 주장하는 영원성의 잘못된 외양보다 더 진실로 그리스도교적이었다. 신 앞에서의 각자의 절대적 고립과 신과 믿음을 가진 자 간에 존재하는 절대적 유일무이성을 의식하고 있었던, 새롭게 나타난 급진적 성인들이 세속 군주를 그리스도와 같은 권위를 가진 존재로까지는 보지 않았지만 — 일부는 그랬겠지만 — 그럼에도 불구하고 그를 그리스도 재림에 관한 진리의 증언의 증인이자 그러한 증인들의 보호자로 보았다는 것은 사실이었다. 즉 세속 군주는 그들에게 새로운 이스라엘의 판관이자, 적어도 예언자들의 보호자였던 셈이다.

그러나 잉글랜드 계시론의 성장은 또한 신성한 역사의 드라마 안에서 이제는 자신의 행위에 책임을 져야 한다고 주장하는 것이 다름 아닌 "잉글랜드"라는 상황에 연유하고 있다. 어떤 의미로는, 제국적이고 계시적 신화들은 바로 이 새로운 의식의 양식을 투영하는 수단일 뿐이었다. 폭스에 대한 독창적이고도 근대적인 연구를 수행한 할러는 — 왈저의 연구와는 매우 동떨어진 관점에서 — 메리 여왕 치세 추방자들의 지도자들이 소외된 반도들이 아니라 "높은 지위에 있다가 쫓겨난 지적 계급의 일원으로서, 적법한 수단에 의해 적법한 권력으로 복귀하기를 실제로 바라고 있었던 사람들"이었다는 것을 지적한 바 있다.[20] 그들에게 자신들의 나라가 선택되었다는 믿음을 준 하늘로부터의 징표 — 메리 여왕의 죽음과 엘리자베스의 출현 — 는 그들의 복귀가 적법하다는 것을 확신케 했고 군주 살해와 반란이라는 수단이 야기한 그들의 갈등을 해소하는 구실을 했다. 이 사건이 좀더 지체되었더라면 그들이 얼마만큼 진정한 혁명적 소외감을 느꼈을지 우리로서는 알 길이 없다.

---

20) Haller, *Foxe's Book of Martyrs* (위의 2장 주 22), p. 85.

중요한 점은 그 사건이 지체되지 않았다는 것, 그리고 그들이 적그리스도의 적이자 진리의 증인으로 간주했던 그 "제국"이 바로 세속적 법과 세속적 적법성과 세속적 역사의 복합체인 "잉글랜드"로 온존해 있었다는 것이다. 바로 이러한 복합체가 계시적 시기를 형성하였고 계시적 역할을 수행하였다. 우리는 계시론을 필요로 했던 것이 바로 세속적인 일이었다는 이러한 주장을 입증하는 다른 예를 제시할 수 있다. 그러나 이 경우와 이전에 그러한 일이 있었던 마지막 시간 사이에는 매우 중대한 차이가 있다. 사보나롤라가 피렌체의 계시적 역할을 확신했을 때, 그에게는 그 도시의 과거에 대한 긍정과 부정 양면 모두가 교차하고 있었다. 피렌체인들이 교회의 갱신에 착수했을 때, 그들로 하여금 그럴 수 있도록 해준 것은 다름 아닌 피렌체인들의 "제 2의 본성"이었지만, 그 갱신의 과정에서 "제 2의 본성"은 재로 사라지게 되어 있었다. 튜더 시대 잉글랜드인들의 법률적이고 정통주의적 사고 안에서 갱신이란 — 만약 그들이 그 단어를 염두에 두고 있었다면 — 일차적으로 자신들에 대한 정당한 사법권의 회복을 의미했다(성인들조차도 급진적인 법 감정을 가지고 있었다). 그러나 사법권이라는 것은 — 특히 법을 전례와 관습의 관점에서 생각하는 성향의 사람들에게는 — 과거에 뿌리내리고 있어야 하며, 그 과거는 늘 긍정되어야 하는 것이었다. 결과적으로 잉글랜드가 계시적 선택의 순간에 와 있다는 비전은 잉글랜드가 교회의 역사를 통해 어떤 특별한 역할 — 대체로 자율적 사법권의 유지와 동일시된 — 을 수행하고 있다는 비전을 동반하고 있었다. 존 폭스뿐만 아니라 파커 대주교도 이러한 역사, 아리마테아의 요셉과 콘스탄티누스와 존 왕과 위클리프와 엘리자베스 여왕이 모두 중요한 역할을 수행했던 역사의 세세한 부분을 복원시키려고 노력하였다.[21] 또한 성스러운 역사 안에서 잉글랜드의 유일무이함이 드러난다는 관념

---

21) Haller, pp. 63-70, 108-109, 137-38, 149-72: Levy, pp. 87-97, 101-105, 114-23.

은, 자주 인용되지만 전혀 전형적인 영국식이지는 않은 밀턴의 언명, 즉 신은 "항상 그렇듯이 잉글랜드인에게 먼저" 스스로를 드러낸다는 말에서 절정에 달한다.[22)]

잉글랜드의 계시론은 따라서 과거와 직면하는 것이었고, 적어도 처음에는, 만물의 갱신이 임박한, 그리스도와 성인들의 천년 통치를 선포한 전(前) 천년왕국주의보다는 악마가 지배하는 천년이 끝나고 적그리스도와의 결정적인 투쟁이 가까워졌다는 후(後)천년왕국주의 쪽을 향하고 있었다. 후자가 현존하는 제도들의 정당성을 좀더 긍정하는 경향을 가지고 있었다면, 전자는 그 제도들에 대한 초월이 임박했음을 선포하는 경향을 지니고 있었다. 사보나롤라는 이러한 두 태도를 긴밀히 연결시킨 반면, 잉글랜드에서는 양자 간의 간격이 확연하였다. 양자 간의 차이는 선택과 강조의 차이였다. 후 천년왕국주의자들 역시 아직은 도래하지 않은 지상에서의 그리스도의 통치를 여전히 희구하고 있을 수도 있었겠지만, 그것보다는 그리스도가 그런 식으로는 하지 않으리라고 것을 극적으로 표현하는 일이 빈번하게 되었다. 그러나 우리는 이제 시민의식의 한 양상으로서 계시론에 대해 검토할 지점으로 되돌아왔다. 선민의 나라—성스러운 역사 속에 하나의 계기를 차지하며 하나의 차원을 점유하고 있는 존재로서의 잉글랜드—는 행동의 무대였고, 개개인은 그 구조 속에서 어떤 역할을 수행하는 존재로—단순히 "성인"이라기보다는 "신의 잉글랜드인"으로—규정되었다. 하지만 그의 행동 양식들은 여러 가지 방식으로 규정될 수 있었고 또 그렇게 되었다. 잉글랜드인은 콘스탄티누스의 후계자라고도 할 수 있는, 선민을 통치하고 적그리스도의 침략에 맞서 그것을 보호하는 "경건한 군주"의 신민이었으므로, 그들의 행동은 곧 복종으로 정의되었다. 폭스파의 퓨리턴은 어째서 로드파 주교들의 죄가 그들이 군주의 권위를

---

22) Milton, *Areopagitica*: *Works*, IV (New York: Columbia University Press, 1931), p. 340.

절대화시킨 것이 아니라 오히려 그것에 의해 스스로가 훼손된 것이라고 생각했는지, 그 문제에 대해서는 이미 설득력 있는 연구가 나와 있다.[23] 그러나 잉글랜드의 유일무이성은, 그리고 그 때문에 적그리스도로부터 영향을 받지 않은 순수성은, 또한 유구한 관습 공동체라는 관점에서 정의될 수도 있었다. 여기서 신의 잉글랜드인은 보통법에 의해 그의 조상들로부터 재산, 자유, 관습을 물려받고 그것을 발전시켜 영구적으로 물려 줘야하는 상속자로서 행동하였다. 1628년의 사람들에게 마그나 카르타의 재확인과 국내외에서의 적그리스도와의 투쟁은 많은 부분 동일한 것이었다.[24] 그러나 결국 신의 잉글랜드인들의 행위는 머지않아 퓨리턴 성인의 행위로 정의되어야만 했다. 그리고 여기서 선민의 나라와 선민 공동체 간의 분열이 확연히 드러났다. 전자를 강조하면 개인들이 할 일은 군주에게 복종하고 관습을 따르며 왕국을 유지하는 것이었고, 후자를 강조하면 선민들은 당연히 그들이 소명 받은 바를 해야 할 것이고 정치적 행위의 무대는 그들이 그랬듯이 전적으로 신과 그들과의 관계 그리고 그들 사이의 관계로 이루어지게 될 것이다. 우리는 신의 잉글랜드인들이 잉글랜드인으로서, 전통적인 정치적 존재로서, 그리고 성인으로서 행동하는 것 사이에서 선택을 강요받아야 했을 것임을 쉽게 알 수 있다. 그러나 그것을 아는 것이 과연 문제의 핵심을 아는 것인지는 확실치 않다.

잉글랜드의 계시론 — 프로테스탄티즘의 현상 가운데는 그것과 비교할 만한 가까운 예가 없다 — 이 발전한 것은 잉글랜드 프로테스탄트들이 왕국의 세속적 제도들에 깊숙이 관여하고 있었기 때문이라는 주장이 있다. 에라스투스주의자*이면서 동시에 천년왕국주의자이기도 했

---

23) William M. Lamont, *Marginal Prynne, 1600-1669* (London: Routledge & Kegan Paul, 1963), pp. 15-21.

24) Cobbet, *Parliamentary History of England*, II (1807), pp. 377-79에 실려 있는 맨워링(Manwaring)을 비난하는 라우즈(Rouse)의 연설을 보라.

던 그들은 자신들이 선택 받은 것을 역사 속에 존재하는 나라의 구성원이 되는 것과 동일시했고, 그들의 선택 받음을 가능한 유일한 관점에서 수용하기 위해 성스러운 역사를 개작하였다. 존 폭스와 존 녹스 사이의 긴밀한 관계에 대한 최근의 연구는, 존 녹스가 상대적으로 역사 속의 스코틀랜드의 민족성에 별 의미를 부여하지 않았음을 시사하고 있으며, 또한 1637년 이전의 스코틀랜드 칼뱅파의 계시적 사상 역시도 스코틀랜드의 역사를 선민의 역사로 일관되게 진술하지 않고 있다.[25] 만약 퓨리턴 성인들을 계시적 방향으로 몰고 간 것이 세속적 참여였다면, 우리는 그들이 사회 질서와 그것의 통치로부터, 때때로 왈저가 시사하고 있는 것보다, 훨씬 더 소외되지 않은 상태에 있었던 것으로 보아야 한다. 그리고 우리는 퓨리턴의 사고에서 반율법주의가 차지한 역할 — 왈저의 연구가 피해 간 — 을 재검토해야만 한다. 반율법주의는 믿음을 가진 자들이 그들에 대해, 그들 안에서 직접적으로 행사되는 신 혹은 성령의 권위가 그들이 이전에 구원에 필수적인 명령이라고 인정했던 어떤 율법들의 권위에 우선하며 나아가 그것을 폐기할 수도 있다고 믿을 때 그 고전적인 모습이 나타난다. 극단적인 경우 그들은 자신들이 이미 율법을 넘어섰거나 그 위에 있다는 것을 보여주기 위해서 옛 율법들을 상징적으로 거역할 수도 있다. 그리스도교인들은 모세의 율법으로 볼 때는 반율법주의자들이었고, 요아킴적 심령주의자들은 성자의 시대 및 성 베드로의 후계자들의 권위라는 측면에서 볼 때 반율법주의자들이었다. 그리고 전 천년왕국적 천년왕국주의는 현

---

* 그리스도 교인의 죄는 교회가 아니라 국가가 처벌해야 한다고 주장한 16세기 스위스 신학자 토마스 에라스투스의 추종자. 그의 교리는 종종 교회 문제에서 국가가 우위에 있다는 국가지상주의로 과도하게 일반화되기도 한다.

25) Arthur H. Williamson, "Antichrist's Career in Scotland: The Imagery of Evil and the Search for a National Past," unpublished doctoral dissertation, Washington University, 1973.

존하는 형태의 권위라는 측면에서 볼 때 거의 명백히 반율법적이었다. 그러나 일단 반율법주의를 종교사회학에서 나타나는 한 현상이라고 볼 때, 그것은 교회와 국가의 권위 양자로부터 근본적으로 소외된 독립 종파의 한 특징으로 간주된다. 그리고 재침례파* 및 메노파를 비롯한 여타 급진 종교개혁의 종파들 안에서 이러한 현상에 대한 수많은 증거들을 볼 수 있다. 물론 크롬웰 시대의 퓨리터니즘에서도 수많은 종류의 급진적이고 반율법적인 종파들이 넘쳐나고 있었다. 하지만 일반적으로 그들은 스위스, 독일, 홀란드의 동종(同種) 교파들보다 훨씬 더 정치화되어 있었고, 정부, 법, 재산 분배와 같은 분야에서 과감한 세속 개혁의 프로그램을 시행하려 했다는 특징을 가지고 있었다. 역사가에게 주어진 문제는, 이것이 단순히 칼뱅주의와 천년왕국주의 간의, 국가 종교개혁**과 급진 종교개혁 간의 차이가 비교적 자의식이 강하고 고도로 통제된 잉글랜드 사회에 던진 충격을 가리키는 것인지의 여부를 결정하는 것이었다.

이것은 단순히 정도의 차이였다고 볼 수도 있을 것 같다. 즉 칼뱅파 유의 신앙인들을 인격 수양으로 이끈 것과 동일한 소외와 타락에 대한 확신과 개종의 경험이 다양한 종파에 속한 사람들에게 반율법적 성령의 승리를 가져다주었으리라는 것이다. 그러나 월서가 고의적으로 그러한 종파들에 대한 연구를 기피한 데는, 단순히 한발 더 나아가 추정하는 정도로는 반율법주의의 현상을 설명하기 힘들다는 것을 암시하려는 의도가 내재하고 있는지도 모르겠다. 우리가 지금까지 보아왔듯이,

* Anabaptists. 흔히 재세례파로 번역하고 있으나, 16세기 당시 이 교파가 몸을 물에 완전히 담그는 침례—세례가 아니라—를 행한 증거가 있으므로 이렇게 불러야 옳다.

** magisterial Reformation. 이는 농민과 하층 계급 중심이었던 재침례파의 급진 종교개혁(Radical Reformation)에 대비하여 각각 제후 및 상공업자 같은 지배 계급 중심이었던 루터파와 칼뱅파 종교개혁을 가리키는 용어이다. 더 적절한 번역어를 찾을 수 있을 때까지는 일단 이 역어를 쓴다.

만약 잉글랜드의 성인들이 세속 질서로부터 근본적으로 소외되어 있었다기보다는 오히려 반대로 세속사에 급진적인 개입을 하고 있었다고 한다면, 그리고 그들의 계시론이 바로 이러한 개입을 위한 조치이자 그 산물이었다고 한다면, 칼뱅주의와 천년왕국주의 간의 차이는 단순히 소외의 동일한 연쇄 안의 상이한 두 단계의 문제로 보이지는 않게 될 것이다. 신의 잉글랜드인들은 처음에는 그들의 "나라"(nation)가 선택된 것이 자신들에게 부여된 다양한 제도에 열정적으로 참여하고 있기 때문이라고 믿었다가, 이윽고 이러한 제도들의 일부 혹은 전체가 신이 굳이 그것을 위하여 자신들을 "선택한"(elect) 것은 아니라고 믿게 되는데, 결정적인 시기는 이때 비로소 나타나게 된다. 라먼트는 이 시기를, 신자들이 빈번히 폭스의 계시를 포기하고 그 대신 토머스 브라이트먼의 계시를 선호하는 일이 잦았던 1641년 혹은 1643년경으로 보았다. 브라이트먼은 잉글랜드 교회가 계시록 제3장에 나오는 라오디게아에 지나지 않으며, 빌라델비아는 다른 곳에 있든가 아니면 아직 나타나지 않았다고* 선언했던 것이다.[26] 이는 분명히 반율법주의적 시기이다. 그러나 선민들이 지금 거부하려고 하는 율법들은 — 거부된 교회는 "율법에 의해 수립된" 교회이기 때문에 — 세속적 성격을 가지고 있었고, 또한 이제는 재평가되고 저주받아야 할 것이 틀림없는, 이미 잘 알려진 세속적 역사를 지니고 있었다. 교회, 왕국, 그리고 의회 그 자체가 차례차례 이 고도로 특화된 림보로 걸어 들어갔으며, 매번 잉글랜드 역사의 새로운 부분이 부정되고 다시 씌어졌다. 또한 좀더 반율법적인 신의 잉글랜드인들이 새롭게 대체될 제도들을 고안하는 데 자신들의 정치적 역량을 쏟고 있을 때, 좀더 구식의 잉글랜드인들은 선택받지는 못했어도 오래 존속해 온 것을 썩 내키지는 않지만 마지못

---

* 전자(Laodicea)는 신앙에 냉담한 곳을, 후자(Philadelphia)는 신앙의 열기가 끓어오르는 곳을 상징한다.

26) Lamont, *Marginal Prynne*, pp. 59-64; *Godly Rule*, pp. 49-52.

해 취할 수밖에 없었다. 윌리엄 프린은 — 다시 라먼트의 분석을 따라가자면 — 선민의 나라에 평생 봉사하다가 결국에는 고래의 헌정을 선택한 인물로 등장한다. 그는 타오르는 열정으로 자신을 "주(主)의 성전에서 〔사라진〕 율법서를 찾아낸" 고위 성직자 힐키아와 비교하면서, 의회의 기원을 찾아 런던탑에 비장되어 있던 기록들을 연구하는 것으로 그의 경력을 영웅적으로 마무리하였다.[27] 런던탑에서 찾아낸 것은 성약(聖約)이 아니었다. 단지 관습과 전례만을 발견했을 따름이다.

그 성향이 급진적이든 보수적이든, 신의 잉글랜드인은 우리가 지금 반율법적인 것으로 보고자 하는 혁명적 충동을 지지하든지 아니면 거부하든지, 의도하지 않게 어느 한 방향으로 그들의 사고를 세속화시킬 수도 있었다. 그러한 충동은 잉글랜드의 제도들에 대한 헌신의 역설적 산물로서, 그 힘이 너무 강력했기 때문에 천년왕국주의자들은 그 과정이 설사 신봉자를 합리적 공리주의자로 만든다고 하더라도 그러한 제도들을 바꾸라는 소명 의식을 느낄 정도였다. 반면에 보수주의자들은 그 제도들을 지키기 위해 자신들의 의미를 확인하고자 받아들였던 계시를 포기하게 된다. 고래의 헌정 및 선민의 변증법은 복잡했고 두 테제 이상의 많은 것들로 이루어져 있었다. 하지만 — 내전과 크롬웰 시대로 깊숙이 들어가는 것을 포기하고 — 우리는 이제 잉글랜드에서 마키아벨리적 휴머니즘이 언제 시작되었는지 그 기원을 추적하면서 염두에 둘 수도 있는 시민의식의 다양한 양식들을 개괄적으로 살펴보고 있다. 설사 "공화국"(commonwealth) 휴머니스트들이 사회적 정의에 입각한 체제를 수립하기 위해 의회의 입법권력을 이용하려 할 수도 있는 어떤 계기 — 일부 학자들은 이를 튜더 왕조 중기 호국경 서머셋 하에서 찾고 있다[28] — 가 있었다 해도, 그것의 억압을 위해 공모한 세력들

27) Pocock, *Ancient Constitution*, p. 159, 그리고 그에 대한 전반적인 이야기는, pp. 155-162; Lamont, *Marginal Prynne*, pp. 175-92.

28) W. K. Jordan, *Edward VI: The Young King* (Cambridge, Mass. : Belk-

도 다수였다. 무질서에 대한 엄청난 공포감은 잉글랜드가 신분의 계서제라는 생각에 집착토록 만들었다. 결단코 토지와 지방 관직에서의 기득권을 유지하려는 젠트리는, 그들이 의회와 학교를 장악하고 새로운 의식을 확산시킴에 따라, 의회를 궁정으로 정치적 행위를 관습의 유산을 유지하는 것으로 간주하는 이데올로기를 갖게 되었다. 완고한 프로테스탄트 핵심 분자들은 근본적으로 소외된 성인들만큼이나 제도적으로 헌신하는 잉글랜드인들을 의도한 이데올로기로 무장한 채 망명에서 돌아왔으며, 의회에서의 행동을 통해 급진적 교회 개혁의 프로그램을 실행하고자 했으며, 심지어는 왕에게까지 대항하면서 자신들의 정치적 주도권을 주장하기 시작했다. 결국은 그 누구도 퓨리턴들이 자신들의 요구를 관철시키고자 의회를 이용하는 행위를 제지할 수는 없었다. 그들의 이러한 행동은 왕과 의회와의 긴밀한 유대를 파괴하고 오래된 것을 지키려는 젠트리 및 법률가들과 행동가이자 조직자였던 성인들 간의 이상한 동반자 관계를 형성하는 데 큰 역할을 하였다. 또한 그것은 퓨리턴들의 마음을 분열시키면서 동시에 역동성을 부여했으며, 그리하여 다음 세기에 혁명의 시발과 실패 양자 모두를 가능하게 할 것이었다.

신의 잉글랜드인은 복잡한 동물이었다. 만약 성인들의 혁명이 있었다면 고문관들의 혁명 또한 있었다. 그러나 의회 젠트리가 고전, 목회, 보통법에서 배운 것은 의회를 위원회로 조직해 궁정에 도전하고 오래된 관습에 대한 새로운 전례와 새로운 주장을 고안해내는 기술이었다. 이것은 고전적 의미의 시민권과는 상당한 거리가 있었다. 새로운 양식의 시민의식과 행동은 제법 풍성했지만, 정치적 공동체를 상호작용하는 이러한 양식들의 총합으로 보는, 폴리스 이론의 정수라고 할 만한 태도는 아직 보이지 않았다. 어떤 중요한 의미에서, 엘리자베스

nap Press, 1968), pp. 416-26, 432-38; Ferguson, *The Articulate Citizen*, pp. 271-273.

여왕 이후의 잉글랜드가 충분히 발전된 시민의식을 결여하고 있었고 아울러 이중 주권 이론에 속박되어 있었다는 것 역시 사실이다. 1614년, 더 나아가서는 1649년으로까지 소급하는 논쟁에 대한 문헌들을 보면, 왕권과 권위에 대한 정교한 이론, 특권과 관습에 대한 정교한 이론이 있었고, 왕권과 권위, 혹은 특권과 관습에 대한 종교적 존경심도 존재하고 있었으나, 그들을 함께 묶는 방법은 알려져 있지 않았다. 하지만 이는 시민의식의 결여라기보다는 시민의식의 과잉이라는 것, 즉 이용 가능한 이상의 제도적·개념적 체계들이 있었다고 말하는 것이 사실에 더 가깝다. 1640년대와 50년대의 예고 없는 붕괴 속에서, 급진파든 보수파든 시민적 존재로서의 잉글랜드인이 함께 살아갈 수 있는 조건들을 재진술하려 했고, 이러한 노력의 일환으로 고전적 공화주의 이론들이 나름의 역할을 수행하였다.

[II]

관습과 은총—이 책이 기초하고 있는 모형의 세 구성요소 중 두 요소—은 당시 고도로 자율적이었던 후기 튜더 왕조의 잉글랜드가 그러한 자율성에 대한 이유를 스스로에게 설명하고, 시간 속에서 그 자신의 개별적이지만 동시에 지속적인 존재의 이미지들을 제공하는 수단으로 기여하였다. 우리는 지금 개별성에 대한 모형의 세 번째 언어를 이용하는 것이 중요하게 된 환경을 추적하고 있다. 운과 덕의 개념들에 기초했던 그 언어가 피렌체에서 결정적인 역할을 했던 것은 그곳에서 공화주의 의식이 어느 정도 강렬한 상태에 이르렀을 때였던 것으로 보인다. 엘리자베스 시대 잉글랜드인들은 이 개념들에 매우 익숙했고, 그중 적지 않은 수가 공화주의 형태의 휴머니스트 정치 이론을 열심히 연구하고 있었다. 예컨대, 셰익스피어의 《코리올라누스》(*Coriolanus*)

가 상연될 수 있었던 것은 시민적 덕성의 부패를 막기 위해서는 균형 잡힌 공화국이 필요하다는 관념에 민감하게 반응하는 관객들이 있었기 때문이다.[29] 물론 그렇다고 해서 그 사람들 자신이 공화주의자들은 아니었다. 결과적으로 역사 및 희곡 작품에 나타나는 운에 대한 수많은 언급들은 질서라는 테마에 비해 훨씬 더 부차적인 위치에 머물러 있을 수밖에 없었다. 운의 바퀴라는 이미지는 스스로의 지위를 벗어나려는 야심을 가진 개인들에게 그렇게 해서는 안 된다고 경고할 때 사용될 뿐이었다.[30] 이러한 측면이 시민권에 대한 고전적 비전과 완전히 양립 불가능하지는 않다. 어떤 한계 내에서이기는 하지만, 소수와 다수는 그들에게 맞는 지위에 머물러야 하고 그들만의 고유한 덕을 실천해야 하는 신분이라고도 말할 수 있다. 어느 정도까지는 공화국과 계서적 질서가 서로 다르지 않다는 것이다. 하지만 상하 서열의 연쇄 속에 위치한 구성요소들과 서로에 맞서 균형을 유지하는 구성요소들 간에는 커다란 차이가 있다. 후자의 질서는 동적이다. 균형은 구성요소들의 상호압력과 그것에 대한 상쇄활동으로 유지된다. 또한 이러한 요소들은 스스로에게 규정된 본성(혹은 덕성) 속에 고정되는 데 그치지 않고 각각에 대한 상호관계를 이루어야만 한다. 우리는 이미 도나토 잔노티가 그러한 활동들의 균형상태가 지닌 함의를 내부모순이 나타나는 지점까지 추적하는 것을 보았다. 결국 보이티우스적인 최종 분석에 의거하자면, 시민적 활동을 영위하는 삶이 지불해야 할 대가는 운에 대한 취약성이라는 것, 그리고 각각의 개인이 스스로의 활동에

29) C. C. Huffman, *Coriolanus in Context* (Lewisburg: Bucknell University Press, 1972).

30) Levy, *Tudor Historical Thought*, pp. 21-25. 궁정과는 거리가 먼 문벌 가문들과 그 추종자들 사이에서 널리 퍼진 — 그렇다고 잉글랜드에서 이미 널리 퍼져 있던 더 전통적인 생각들과 근본적으로 다르지는 않은 — 운에 대한 생각들에 대해서는 다음을 볼 것. M. E. James, *Past and Present* 48 (1970), pp. 71-78; 60 (1973), p. 52.

의해 규정되는 공동체인 공화국은 그것의 정치적 형태를 통하여 이러한 취약성에 대항하기 위해 헌신하는 공동체라는 것이었다. 국가와 민족은, 개인들과 마찬가지로, 운의 바퀴 위로 올라가려는 야심으로 인해 흥망성쇠를 거듭할 수도 있겠지만, 개인들을 정치적 존재의 조건으로서의 덕성으로 무장시켜 운에 대항하도록 만들 수 있는 것은 오직 공화국뿐이었다. 덕은 공화국의 원리였던 것이다.

이상과 같은 논의에서 끌어 낼 수 있는 결론은, 정치사회가 일단 행동적 존재들의 공동체로 그려지게 되면, 덕 대(對) 운이라는 양극성에 대한 관념과 — 피렌체인들의 저술들이 전 유럽적으로 확산되었다는 점을 감안하면 — 아울러 마키아벨리의 주요 관심사에 대한 진정한 이해 및 공감의 징후들을 당연히 기대할 수 있어야 한다는 것이다. 그러나 우리는 종교개혁 이후의 잉글랜드에서 그러한 의식이 다른 의식들 — 신분의 위계, 관습 공동체, 선민의 구조 등과 같이, 개인을 공적 행위자로 규정하면서도 마키아벨리적 인간을 본질적으로 자신의 덕에 의존하도록 만드는 것보다 낮은 수준에 묶어두려는 것들 — 과 투쟁하지 않을 수 없었을 것이라고 전제한 바 있다. 이러한 인식의 양태들이 지속되는 한, 잉글랜드인을 마키아벨리적 시민으로 혹은 잉글랜드를 마키아벨리적 로마로 그리는 것은 — 불필요한 것은 아니더라도 — 어려운 일일 것이다. 또한 개인을 도덕적 권위의 안정된 체계 안에서 행위하는 것으로 상정하는 한, 마키아벨리의 인식은 그의 사상의 혼란스럽고 도덕적으로 전복적인 측면들에 한정될 뿐만 아니라 나아가 왜곡될 수도 있었다. 이러한 왜곡은 또한 그의 공화주의가 완전히 이해되고 소화될 때 비로소 그의 도덕적 전복성도 충분히 이해될 수 있다는 가정에 의해 설명될 수도 있다. 《군주론》의 사악한 저자에 분노한 그리스도교 군주의 신민이 그를 올바른 시각에서 보기는 쉽지 않았을 것이다.31)

진정한 마키아벨리즘이란 정치사회가 그것의 삶(비타)이 스스로의 도덕성을 창조할 때까지 행동하는(악티바) 것임을 분명히 인식할 때 찾을 수 있다고 전제한다면, 잉글랜드의 첫 마키아벨리주의자들이 조신(朝臣)이었다는 사실은 의미심장하다. 종교개혁 이후의 잉글랜드는 여전히 군주가 지배하는 사회였고, 군주를 둘러싸고 있던 사회적 소우주는 인간이 스스로를 가장 잘 인식할 때는 그가 행동적으로 통치하는 존재일 때라는 분위기 속에 있었다. 궁정의 이상적 자기 인식은 플라톤적이었다. 태양을 중심으로 정해진 궤도를 도는 행성들처럼 각자의 지위를 가진 사람들이 제 궤도를 돌고 있었다. 그리니치와 화이트홀이 이제 더 이상 아름답고 무해한 우르비노가 아니라 불안정하고 무자비하며 가학 피학적인 권력의 와동(渦動)이라는 것이 분명해졌을 때조차도,* 운의 바퀴는 조신의 삶의 이미지를 영원히 중세적인 의미 속에 남겨두고 있다고 확신하는 구식의 전망이 여전히 건재하고 있었다. 바퀴에서 떨어지는 것은 그 위로 올라가려고 하기 때문이라는 것이다. 하지만 우리는 동시에 조신이란 어쩔 수 없이 존재해야 하는 사람들이란 인식 — 아우구스티누스와 보이티우스라면 이를 거부하면서도 또한 이해했겠지만 — 역시 문헌들 속에서 찾을 수 있다. 조신은 스스로의 비르투스(덕)와 인게니움(ingenium 지력)을 가지고 있는데, 그것이 그로 하여금 행동케 하고, 봉사와 권력 양자 모두를 추구케 하며, 또한 그를 운에 노출시킨다. 이러한 것이 더 많이 실현되면 될수록 궁정은 그만큼 더 그 자체의 도덕률을 갖춘 세계가 되며, 정신은 그 본성에 의하여 그곳 삶의 불안정성뿐만 아니라 도덕적 딜레마에까지 자기 자

---

31) 이러한 잉글랜드인들의 반 마키아벨리즘에 대한 설명은 Felix Rabb, *The English Face of Machiavelli* (London: Routledge and Kegan Paul, 1968)를 볼 것.

* 그리니치와 화이트홀은 튜더 시대 왕궁과 정부 청사가 있던 곳이며, 우르비노는 카스틸리오네의 《조신론》(朝臣論)의 무대이다. 따라서 이는 튜더 시대의 왕과 정부가 우르비노 같이 조신(*cortigiano*)이 활동할 만한 곳은 아니라는 뜻이다.

신을 노출시키지 않을 수 없다. 이러한 인식은 찰스 1세 치세 초년에 나타나는데, 우리는 그것을 토머스 웬트워스가 아일랜드 총독직 수락을 결정할 때 에드워드 스타노프가 그에게 보낸 중요한 서신에서 발견할 수 있다.[32] 엘리자베스 및 제임스 1세 시대의 궁정이 비록 그러한 인식에 대해 혐오와 열광의 감정을 표출하는 기억할 만한 언어들을 많이 산출해내기는 했지만, 마키아벨리 혹은 한비자가 말한 정치적 비전의 수준에 이를 만한 조신들의 삶에 대한 안내서나 지침서는 없었다. 정치 공동체로서의 궁정은 인간에게 전혀 자연스러운 존재가 아니었다. 우선 그곳에서 활동하는 사람의 수가 너무 적었고, 그들의 활동 범위도 극히 협소하였다. 충분한 도덕적 도전을 제기할 수 있었던 것은 오직 공화국뿐이었다.

궁정파의 정치화된 의식의 어떤 부분이 지방파로 전이되었다고 주장할 수도 있다. 또한 불만에 찬 귀족과 젠트리가 의회와 주(州)에서 자신들의 공동체 의식을 강화했을 때, 잉글랜드 그 자체가 하나의 공화국으로서, 각 신분 집단과 주권자 간의 관계가 동적이고, 운에 의해 혼란되기 쉬우며, 마키아벨리적 의미에 가까운 관점에서 기술될 수 있게 되었다고 주장할 수도 있다. 그러나 우리의 언어는 여기서 아직도 여전히 모호할 수밖에 없다. 권위가 신으로부터 유래되며 그 안에서 각 신분이 자기 자리를 잡는다는 중세적 이미지에 초점을 맞춘 종래의 표현 양식 역시 아직도 강력해서 공화주의적 비전을 가진 요소들이 주류에 대항해 내딛는 발걸음은 당연히 느리고 점진적일 수밖에 없었다. 그리하여 우리가 — 지금 그렇게 하고 있는 것처럼 — 마키아벨리적인 것으로 인식될 수 있는 사고의 파편을 만날 때, 그것이 마키아벨리즘과의 관계가 불분명한, 타키투스주의로 알려진 간섭적 표현 양식에 의

32) Perez Zagorin, "Sir Edward Stanhope's Advice to Thomas Wentworth …," *The Historical Journal* 7.2 (1964), pp. 298-320.

해 걸러진 것일 수 있다는 또 하나의 어려움에 직면한다.[33] 타키투스적 비전은 군주의 권위를 자연적인 것으로, 혹은 적어도 새로이 만들어진 것이라기보다는 이미 존재해 온 것으로 받아들인다. 따라서 마키아벨리가 무신론의 수준에 이를 정도로까지 권위에 대해 회의적이었다는 당시의 일반적인 비난을 공유할 수 있었다. 하지만 그것은 조신과 원로원 의원을 비롯한 여타 귀족들과 질투심 많고 의심 많은 군주 간의 관계에 초점을 맞추고 있었고, 그리하여 마키아벨리적 표현 양식에 의거하여 보편적 권위 구조의 일부이기는 하지만 불안정하고 위험한 정치 세계를 묘사할 수 있었다. 타키투스적 군주라면 사람들을 의심할 만했다. 왜냐하면 그는 현실 (혹은 타락한) 세계가 그들에게 허용하는 것보다 더 나을 게 없는 인간들을 자연적으로 적법하게 다스렸기 때문이다. 그러나 그의 의심이 지나쳐 자신의 권력을 자연스럽고 적법하게 사용하지 못할 때가 올 수도 있다. 질시가 폭군의 특성이라는 비유도 바로 이를 말한다. 베이컨은 헨리 7세를 대체로 그의 의심을 통제하는 데 성공했던 군주로 그리고 있다. 그러나 헨리 7세의 귀족들이 비록 왕을 두려워하지는 않았지만 그렇다고 해서 그들이 해야만 하는 것 이상으로 왕과 협력해 나가지도 않았다는 것은 다 아는 사실이다.[34]

타키투스적, 마키아벨리적, 혹은 다른 기원의 언어들이 잉글랜드 왕과 왕국 내의 각 신분 간의 관계에 적용되는 한, 왕국 안에서의 안정의 문제는 튜더 시대 작가들이 랭커스터가와 요크가 간의 전쟁을 다

---

33) Levy, pp. 237-51; Peter Burke, "Tacitism," in T. A. Dorey, ed., *Tacitus* (New York: Basic Books, 1969).

34) Bacon, "History of the Reign of King Henry VII," *Works* (eds. Spedding, Ellis, and Heath, London, 1890), vi, 242; "Of Empire," vi, 422. 베이컨과 존 헤이워드에서 그 예를 찾을 수 있는 타키투스적 역사서술에 대한 연구로는 다음을 볼 것. Levy, pp. 252-68. 또한 그가 편집한 다음 책의 서문도 볼 것. *The Reign of King Henry VII* (Indianapolis: Bobbs-Merill, 1972).

룰 때 사용했던 지극히 중세적인 언어들과는 다른 관점에서 기술될 것이었다. 엘리자베스기 이후의 조신들 가운데 가장 강력했고 — 그리고 불행했고 — 이론적이었던 지식인들 몇몇의 저술에서, 우리는 — 위에서 언급한 경고를 받아들이면서 — 그러한 일들이 이제 막 벌어지고 있었다는 징후들을 찾아낼 수 있다. 오래도록 음송(吟誦) 되어온 펄크 그레빌의 시(詩) 《왕국론》(*Treatise of Monarchy*)은 표면적으로 보면 전적으로 하향적 권력론의 관점에서 표현되어 있다. 즉 왕의 권위는 절대적인 것으로서 그것에 저항해서는 안 되며, 귀족정 및 민주정과 비교하면 후자는 대안적인 주권 형태로서 오직 단점만 가지고 있을 뿐이라는 것이다. 하지만 그것은 이 세상의 불완전함에 대한 응답으로서만 존재하며, 그 불완전함은 성쇠, 혁신, 혹은 타락의 결과이다. "이야기가 시작되는 시간 이전에" 황금시대가 있었고, 그때에는 칼이나 왕홀에 의한 지배 없이도 스스로 질서가 유지되었다. 그러나

시간 스스로의 기질이 만들어낸
어떤 불균형한 흐름이 사람들 간의 그러한 교류를 가라앉혀 버렸고
이제는 마치 시간이 묶여 있었던 것처럼 보인다네.[35]

"이야기가 시작되는 시간"은 사람들이 질서를 유지하도록 할 만한 위엄을 가진 어떤 주권자에게 통치를 요청하면서 시작되었다. 그리고 그는 사람들이 더 이상 자발적으로 복종하지 않는 영원한 율법들을 집행하는 단순한 판관으로서가 아니라, 이제는 당혹스럽고 무시무시하며 권력 지향적으로 변해 버린 신민들의 본성을 그들이 도저히 이해할 수 없는 방식으로 조작 통제하는 통치술을 발휘하는 군주의 모습으로 등

35) G. A. Wilkes, ed., *Fulk Greville, Lord Brooke: The Remains, Being Poems of Monarchy and Religion* (London, : Oxford University Press, 1965), pp. 34 (1연 1행), 39 (18연 3-5행).

장한다. 그것은 비밀스러운 기술이다. 왜냐하면, 그러한 기술이 발휘되는 대상은 더 이상 온전히 이성적인 존재가 아니며, 또한 왕 자신이 타락과 악행이라는 일반적인 성질을 공유하는 인간인 한, 그러한 기술은 왕에게조차 비밀스러운 것일 수 있기 때문이다. 타락한 세상에서는 신성을 부여받은 권위라고 해도 그것은 순수한 규범의 성격보다는 관습의 성격을 지니고 있는 것이다. 왕의 권력을 절대적인 것으로 만드는 것은 도덕적 불완전성이라는 사실이며, 따라서 그것은 도덕적 불완전성 그 자체를 공유할 가능성이 있다는 결론이 불가피할 것 같이 보인다. 신은 왕을 통해 그것을 그렇게 명령한다. 그러나 왕도 그 이유를 모를 수 있다. 신의 대리자로서 그의 판결을 수행하는 왕과 신의 채찍으로서 벌을 집행하는 정복자 간의 간격은 넓지만 메워질 수 없을 정도는 아니다. 그리고 이러한 콘텍스트에서 수많은 작가들과 설교자들은 이스라엘 사람들이 왕을 갖게 될 때 신이 그들에게 내린 경고의 모호한 측면들을 반복해서 얘기하게 된다. 그레빌은 고전적 주제를 통해 어떻게 하면 "강력한 참주"가 — 그가 만일 현명한 인물이라면 — 선량한 왕과 거의 구별하기 힘든 방식으로 통치하게 되는지를 설명하고 있는데,[36] 이는 일찍이 아리스토텔레스가 다룬 주제였고 마키아벨리 역시도 좀 혼란스러운 방식으로 사용한 바 있었다. 그러나 참주로 하여금 덕성스럽게 통치하도록 하는 것은 도덕적 지혜나 합리성이 아니라 단지 세속적 분별력일 뿐이기 때문에, 그는 그 자신이 지닌 덕의 존재 이유를 충분히 이해하지 못한다. 우리는 이제 마키아벨리의 켄타우로스(반인반수)의 세계로 돌아와 있다. 그리고 왕은 모두 그 시초에는 켄타우로스였다는, 적어도 그들의 본성의 반은 "강력한 참주"였다는 혼란스러운 암시와 만나게 된다.

왕의 권위와 그의 지성 사이에는 분열이 존재한다. 전자는 후자가

---

36) Wilkes, pp. 78-82 (171-191연).

불완전하기 때문에 절대적이며, 지성의 불완전성은 왕이 다른 모든 사람들과 공유하는 것이기 때문에 신이 타락한 인간들에 대해 명령하는 권위는 오직 섭리를 통하여 왕으로서의 개인에게 주어지고 따라서 그것은 절대적으로 시행되어야 한다. 하지만 그것은 동시에 이성적인 방법이 아니라 오직 분별적인 방법을 통해 발휘될 수밖에 없다. 이제 그러한 방법이 공개되었다. 왕은 그의 신민들과 마찬가지로 지적으로 불완전하기 때문에, 그는 때때로 혹은 정기적으로 개최되는 회합을 통하여 그들의 법과 관습 그리고 그들 자신의 조언을 들어야 한다. 그러나 신 아래서 권위는 오직 왕에게만 있기 때문에 왕은 법 혹은 의회의 조언을 반드시 들어야 하는 의무가 있는 것은 아니며, 단지 그러한 조언 속에 분별이 함께 하기 때문에 그리 할 뿐이다. 하지만 이는 단지 그의 하향적 권위가 지성의 불완전성 안에서 신민들의 불완전한 지성과 만나 경험을 모으고 서로 조언을 주고받는다는 것을 말하고 있을 따름이다. 경험이 이 이성과 맞아떨어지는 한, 여기서 수장과 구성원들은 상당히 합리적인(만약 합리성이라는 것이 정도의 문제가 될 수 있다면) 코르푸스 미스티쿰(신비체)을 만들고 있다고 말할 수 있다. 그러나 이때 강조점이 조언에서 통치술로 옮겨가는데, 제임스 1세 시대의 지성들은 이를 인지할 수 있었고 또 중요하게 생각하였다. 왕과 인민이 지성의 불완전성에서 만나는 지점에서, 인민이 만약 욕심이 많고 두렵고 당혹스러운 존재로 생각된다면, 왕은 그들에게 벼락같은 권위를 행사하고 그들의 경험을 그의 분별력에 합칠 뿐만 아니라, 그들에 대해 비밀스러운 조작의 기술들까지도 발휘하게 될 것이다.[37] 이를 위해 그

---

37) 왕이 실제로 자신에게 거짓말을 일삼는 경우는 제쳐놓고라도, 비도덕적인 신민들에 대해 얼마만큼 모른 척할 것인가 하는 도덕적 문제에 대한 당시의 열띤 논의에 대해서는 다음을 볼 것. George L. Mosse, *The Holy Pretence: A Study in Christianity and Reasons of State from William Perkins to John Winthrop* (Oxford: Basil Blackwell, 1957) 이 책은 퓨리턴적 사상

는 그들이 모르는 기술들을 가지고 있어야만 한다. 그는 아마도 인민들 자신도 모르는 그들의 본성에 대한 이러저러한 것들을 알아야만 할 것이다. 그러나 왕의 권위는 그 자신도 예외일 수 없는 지성의 불완전함에 연유한 결과이며, 그의 통치술은 자신에게조차 비밀스러운 것임이 인식 가능하다면, 왕이 각 신분의 사람들과 만날 때 자신이 그들을 조작하듯이 그들에 의해 조작될 수도 있으며, 그리하여 수장과 구성원 모두가 경쟁적으로 서로에 대한 통치술을 발휘하는 상황에 이를 수 있다는 것 역시 인식 가능하다. 그러나 바로 여기서 하향적 권위에 대한 튜더 시대의 욕망은 가장 효과적인 방해물을 끼워 넣어 이를 방해하였다. 그러한 일은 해보았자 비난받을 뿐이라는 것이다. 그러나 각 신분에 속한 사람들이 스스로의 행동적이고 효과적인 통치술을 발휘하며, 아르카나 임페리(국가 기밀/통치의 비밀)가 소수와 다수에게도 허용된다는 것이 인정되어야만 하는 지점에 이르게 된다면, 신비체를 도덕적으로 갱신할 수 있는 유일한 수단은 그것을 서로 다른 양식의 덕과 지성 간의 제휴 관계라는 그 고유한 의미에서의 공화국으로 재구성하는 것이었다. 그러한 공화국은 지성의 불완전성과 시대의 무질서에 대한 응답으로서, 왕정의 하향적 권위보다 훨씬 더 효과적으로 보였을 수 있다. 혹은 "이야기가 시작되는 시간 이전의" 황금시대로의 복귀로 여겨질 수도 있다. 그러나 제임스 1세의 신민들에게 왕국의 그러한 개념적 재구성은(실제적 재구성은 물론이고) 훌륭한 만큼 상상키 힘든 것이었다.

그렇다면 이제 시민적, 더 나아가서는 마키아벨리적 사상의 요소들을 왕정이라는 지배적인 패러다임과 혼합하는 것이 가능해졌다. 군주의 하향적 권위가 신민들의 시민적 능력과 만났을 때, 이들의 조합은 그들의 경험 혹은 활동에 기여하는 것으로 생각될 수 있었다. 또한 의

과 마키아벨리적 사상이 수렴되고 있음을 보여준다.

회의 양원이 점점 더 주도권을 행사하는 법을 알게 되면서 신민들의 시민적 능력은 점점 더 명백해졌다. 귀족성을 구현한 상원이 있었고, 평민성을 대표하는 하원이 있었으며, 소수와 다수를 적절히 표현할 수 있는 고전적 기초를 가진 언어도 부족하지 않았다. 따라서 잉글랜드 정부는 고대 최고의 철학자들이 승인한 방식대로 왕정을 귀족정 및 민주정과 합쳐 놓은 것임을 큰 어려움 없이 처음으로 선포할 수 있었다.[38] 하지만, 권위가 본질적으로 왕에게 남아 있는 한, 그가 귀족 및 평민들과 협의하고 혹은 나아가 대접까지 해야 할 필요가 있는가는 단지 그의 분별에 달려 있었고, 아리스토텔레스와 폴리비오스가 말한 혼합정체의 풍미를 가진 언어는 기술적으로 부적절했다. 그럼에도 불구하고 그것이 전혀 알려지지 않았던 것은 아니다. 왕정적 패러다임이 붕괴하고 왕이 힘에서나 권리에서나 그의 권위를 다른 신분들과 나눠 가져야 한다는 것을 받아들이지 않으면 안 되었을 때, 잉글랜드 정부를 왕, 귀족, 평민의 균형 잡힌 관계로 특징짓는 용어는 이미 알려져 있었던 것이나.

그러나 여기서 중요한 점은 균형정체 혹은 혼합정체에 대한 규범적 이론은 튜더 시대의 하향적 권위 개념과는 양립 불가능했고, 따라서 공화주의 이론의 요소들은 적법성이 불완전한 상황들을 다루는 데 가장 적합했다는 것이다. 외견상 왕이 가장 마키아벨리적인 모습을 보일 것 같은 경우는, 그를 인도하는 법 혹은 나아가 아르카나(내밀한 기술)가 가장 적을 때, 그리고 상하 신분들의 독립적인 의지가 가장 왕성하며 적법한 권위에 의해 가장 적게 인도될 때였다. 결과적으로 제임스 1세 시대의 지성들이 왕, 귀족, 평민에게 서로를 구별 짓는 특징들 — 이익, 기질, 개인적 관심사(particulari) — 을 부여하고 이러한 것들이 어떻게 갈등하거나 조화될 수 있는지를 고찰하는 공화주의 전통의 그

38) Corinne Comstock Weston, *English Constitutional Theory and the House of Lords* (London: Routledge and Kegan Paul , 1965), pp. 9-23.

러한 요소들에 대해 알게 된 것은 다름 아닌 통치술 연구를 통해서였다. 제임스 1세 시대 역사서술의 특징적인 지표로서 종종 나타나는 이차적 원인에 대한 관심은 이러한 식으로 등장했을 수도 있으며, 만약 그랬다면, 그것은 낙천적이고 과학적이라기보다는 마키아벨리적이면서 동시에 회의적으로 보였을 법하다.

월터 롤리 경의 저술들에 대한 가장 최근의 권위자는 《국정 훈요》(*The Maxims of State*)가 그의 문서 속에서 발견되었고 "그래서 〔그것이〕 그의 문서의 일부가 되었을" 가능성을 인정하면서도, 그 저작을—일찍이 《국무 회의》(*The Cabinet Council*)를 배제했던 것처럼—롤리가 쓰지 않았다고 보고 그의 문집에서 배제하고자 한다.[39] 《국정 훈요》는 롤리의 어떤 동시대인, 아마도 하급 조신쯤 되는 사람이 쓴 것으로 보이지만, 《국무 회의》에 대해서도 그렇게 생각할 이유는 없다.[40] 그러나 만약 롤리가 《국정 훈요》에 대해 알고 있었다면, 그는 또한 고전적 정체 유형이 좋은 정체와 나쁜 정체, 단일정체와 혼합정체로 나뉘며, 여기서 다시 군주정은 세습 군주정과 선출 군주정, 절대 군주정과 혼합 군주정, 상속받은 군주정과 정복에 의해 획득한 군주정으로 세분된다는 것, 그리고 그 모든 형태의 정체를 보존하기 위한 수단을 고찰하고, 아울러 그것이 윤리적으로 추구되는 "법칙"과 그렇지 않은 "궤변"으로 나뉜다는 것도 알고 있었다는 이야기가 된다. 《국정 훈요》에서는 마키아벨리가 비난조로 그려지고 있지만, 그 시대의 독자라면 누구나 그것이 허용된 통치형태뿐 아니라 그렇지 못한 통치형태의 보존에도 적용되는 라조네 디 스타토(ragione di stato 국가이성)에 관한 책이라는 의미에서 마키아벨리적이라는 것을 알 수 있었을 것이다. 놀라운 것은 군주정, 귀족정, 민주정에 적절한 방식으로 무력이 어떻게 분

39) Pierre Lefranc, *Sir Walter Ralegh Ecrivain* (Paris: Armand Colin, 1968), pp. 67-70.

40) Lefranc, p. 64.

배되는가에 대한 관심도가 특히 높다는 점이다.[41] 왜냐하면 이는 피렌체적 전통 안에서 씌어진 책들의 특징이라고 생각해 왔기 때문이다. 그 전통에 따르면 무력의 분배는 귀족정 혹은 민주정, 자유 혹은 부패가 득세하는 가장 중요한 "이차적 원인들" 사이에서 이루어졌다는 것을 우리는 잘 알고 있다. 이 주제에 대해 롤리가 이미 이론적 연구를 했다는 증거는, 그 자신이 쓴 것으로 받아들여지는 정치저술 중 가장 도전적이고 독창적인 《의회의 특권》(*The Prerogative of Parliament*)에서 그것이 중요한 위치를 차지한다는 점을 설명할 때 특히 유용하게 된다. 하원에서 봉직해 온 국정 고문관(councilor of state)과 치안 판사가 나누는 이 대화는 스튜어트가 왕들과 의회들 간의 혼란한 관계에 대한 몇몇 분석 중 최초의 것으로, 우리가 그것에 관심을 가질 만한 이유는 그들의 사회 분석이 "마키아벨리적" 성격을 가지고 있기 때문이다.[42] 또한 점점 더 부패하고 고압적이 되어 가는 고문관이 등장하는 등, 무언가 반어적이고 불가사의한 기조가 작품 전체를 지배하고 있다. 왕은 의무적으로 행해야 한다는 의미에서의 정의보다는 분별의 명령에 따라 의회의 요구를 고려함으로써, 의회를 계속해서 자신과 가까운 곳에 두면서도 그 스스로는 완전한 행동의 자유를 얻으려고 한다는 가정이 전편을 관통하고 있다. 그러나 롤리가 왕의 권위를 적법한 것으로 받아들인 것에 대해 그 이면에 무언가 반어적인 의미가 있을 것이라고 생각할 필요는 없다. 그는 단지 왕권의 본성이 오직 반어적으로 밖에 간주되지 않을 수 없는 수단, 즉 말하자면 통치술에 의해서만 행사될 수 있다는 것을 받아들이고 있을 따름이다. 왕은 통치의 기술을 통해 통치한다. 즉 그는 결코 완전하게 알려져서는 안 되는, 따라서 변덕스럽고 이차적 원인들의 희생물인 세계에서 통치하고 있는

41) Oldys and Birch (eds.), *The Works of Sir Walter Ralegh, Kt.* (Oxford: at the University Press, 1829), viii, 1-36.

42) *Ibid.*, 157-221.

것이다. 왕이 의회를 다루는 문제의 일부는 이전에 대귀족들이 소유했던 사적 군사력의 쇠퇴에 있다는 점을 우리가 롤리를 통해 알 수 있는 것도 바로 이러한 콘텍스트 안에서이다. 무기와 병사들의 유지가 이제는 공적 권위의 문제이자 국가 재정의 문제가 되고 있는 것이다.[43]

여기서 우리는 의심의 여지없이 어떤 한 각도에서 잉글랜드인들이 그들의 사회적·정치적 삶에서 진행 중이던 변화에 대해 가지고 있던 직접적인 인식을 보고 있다. 요크가와 랭커스터가 간의 전쟁이 유력한 대귀족과 그들의 막강한 신하들을 추종하는 군대에 의해 치러졌다는 것은 누구나 다 아는 사실이다. 가신들과 "유사 봉건제"(bastard feudalism)에 대한 것을 알려주는 지배적인 문학적 패러다임이 결여되어 있는 점을 감안할 때, 우리는 바로 그 당시에 일어났던 이 같은 현상에 대한 기억을 전해주는 믿을 만한 구전이 존재하고 있었음을 시사하는 문서적 증거를 받아들일 필요가 있다. 17세기 말에 이르기까지 "푸른색 코트"와 "코트 및 배지"를 암시하는 다수의 연설문과 팸플릿이 나타나는데, 그것은 당시의 청중들이 젠트리가 한때 그들이 추종하는 대귀족들에게 의존해 있었음을 보여주고자 착용했던 이러한 제복의 흔적들에 대해 이미 알고 있었다는 것, 그리고 그것을 상기하는 것이 좋지 않다는 느낌을 가지고 있었다는 것을 보여주고 있다.[44] 하지만 롤리는, 다른 사람들과 마찬가지로, 왕, 귀족, 평민 간의 사회적·정치적 관계가 변화했다는 일반적인 가설을 전개하기 위해 분명한 어조로 대귀족들이 이전의 군사력을 상실했다고 진술하고 있다. 또한 《의회의

43) *Ibid.*, pp. 163, 183-85.

44) 예를 들어 Marvell, *An Account of the Growth of Popery and Arbitrary Government in England* … (London, 1677), pp. 74-81: "그들 — 즉, 하원의 분파적 구성원들 — 사이에서는 누가 어떤 대귀족의 추종자인지 잘 알려져 있다. 마치 전에 그들이 대귀족 가문의 코트와 배지를 착용했던 것처럼 말이다." 헨리 네빌의 저술에서도 이와 같은 언급이 보인다. 이 책의 12장 2절을 볼 것.

특권》에 나오는 이 구절은 잉글랜드가 봉건적 과거를 가지고 있었다는 점증하는 역사 인식의 한 부분을 이루는 동시에, 무력의 분배를 정치적 역량을 분배하는 지표로 간주하는 피렌체적 전통이 잉글랜드의 정치적 변화를 설명하는 데서 이러한 봉건적 과거가 매우 중요하다는 관념들이 확산되는 데 적절한 패러다임적 콘텍스트를 제공하고 있다. 롤리는 그 스스로의 마키아벨리를 알고 있었다. 또한 훨씬 더 많은 논의를 필요로 할 정도로 역시 그에 대해 알고 있었던 프랜시스 베이컨은 요우먼리*가 그들이 군사적으로 의존해오던 대귀족들로부터 해방되었다는 것을 자신이 쓴《헨리 7세의 역사》(*History of Henry VII*)와《에세이》(*Essay*) 양자 모두에서 암시하고 있을 뿐만 아니라, 제국, 팽창, 그리고 국가의 위대성을 강조하는 콘텍스트 안에서 보병이 군대의 중추를 형성한다는 관념에 대해서도 논의하고 있다.[45] 그는 잉글랜드 요우먼의 강인함과 프랑스 농민들의 비참성을 서로 대비하고, 무엇이 요우먼을 강인한 전사로 만들었는지, 그리고 무엇이 그들의 동의 없이 그들에게 세금을 부과하고 그들을 통치하는 것을 어렵게 만들었는지를 논하는 전통—포테스큐에 의해 가장 권위있게 진술된—을 슬쩍 건드리고 있다.[46] 하지만 일단 이 전통이 마키아벨리적 콘텍스트 안에서 진술되고 나면, 그것은 마치 그러한 콘텍스트를 위해서 만들어진 것처럼 보일 것이 틀림없다.

그래서 제임스 1세 시대의 사고 속에는 마키아벨리즘의 요소들이 존

---

* Yeomanry. 영국 중세, 근대초의 역사에서 젠트리, 즉 신사(紳士) 계층 아래의 독립 자영농으로 구성된 향사(鄕士) 계층을 가리킨다.

45) Bacon, "History of the Reign of King Henry VII," *Works*, pp. vi, 93-95; "Of the True Greatness of Kingdoms and Estates," pp. vi, 446-47. N. Orsini, *Bacon e Machiavelli* (Genoa, 1936)은 양자의 관계에 대한 중요한 연구서이다.

46) Fortescue, ed. Plummer, *The Governance of England* (London: Oxford University Press, 1926), pp. 137-42.

재하고 있었다. 즉 잉글랜드의 정체(政體)를 무기, 정치적 수완, 도덕적 모호성에 의해 한데 묶여 있는 일인, 소수, 다수로 묘사하는 "마키아벨리적" 설명의 요소들이 있었다는 것이다. 잉글랜드를 좀더 높은 도덕적 수준의(아직도 모호한 면이 없는 것은 아니지만) 공화국으로 재구성해야 한다고 권하는 단계는 그러한 설명으로부터 그리 멀리 떨어져 있지 않았을 수 있다. 하지만 실제로는 왕정의 붕괴와 내전을 거치지 않고 그러한 단계로 옮겨 갈 수는 없었다. 하향적 권위와 상향적 관습이 맞아떨어지는 한, 신민들의 특권을 존중해야 하는 왕의 의무는 그의 분별에 의해 이행될 수 있었다. 그것은 왕과 신민들이 권위를 분배하고 공유한 결과가 아니었던 것이다. 미래의 혁명 지도자 존 핌은 1628년 주권자는 만인의 재화에 대해 권리를 가지고 있다고 할 만큼 매우 강력한 하향적 권력 이론을 주장한 만워링을 탄핵하면서, 흥미로운 방식으로 이를 드러내는 언어를 사용하였다. 그는 다음과 같이 말했다.

> 통치형태는 국가의 모든 부분과 구성원으로 하여금 공공선을 위해 작용케 하고 그것을 지향하도록 만드는 그런 것이 되어야 한다. 그러한 부분들이 전체에 힘과 영예를 안겨다 주듯이, 부분들 또한 전체로부터 그들의 지위와 신분 안에서 힘을 얻고 보호받는다. 만약 이러한 상호관계와 교류가 붕괴된다면, 곧 틀 전체가 와해되어 산산조각 나고 말 것이다. 이러한 조화와 상호지원 대신, 한 부분은 정부의 옛 형태를 견지하려고 하고 또 다른 부분은 새로운 형태를 도입하려고 한다면, 그들은 서로를 소멸시키고 서로를 잡아먹는 비참한 상태에 빠지게 될 것이다. 역사는 그러한 경우에 처한 국가와 민족들이 겪은 재앙으로 가득 차 있다. 시간이 흐름에 따라 반드시 어떤 변화가 있어야 하고 모든 변화는 와해를 위한 발걸음이라는 것은 진실이다. 일정불변하고 획일적인 것만이 영원한 법이다. 그러므로 최고의 저술가들은 이러한 주제에 대해 다음과 같은 언명을 남기고 있

> 다. 즉, 그 나라 최초의 제도와 법에 따라 종종 스스로를 개혁하고 재구성하는 공화국이야말로 가장 항구적이며 영속적이었으며, 이는 그렇게 함으로써 자신의 단점을 고치고 시간의 통상적이고도 자연적인 결과에 대처할 수 있기 때문이라는 것이다.[47]

핌의 언어는 계서적 질서와 공화국을 섞어 놓고 있다. 한편으로는 어떤 한 고리가 그 적정한 지위나 신분으로부터 벗어남으로써 무질서 속으로 내던져질 수 있는 "존재의 대연쇄"가 존재한다. 다른 한편으로 그 연쇄는 하나의 "전체"이며, 그 구성원들은 부분을 이루고, 정적인 질서의 준수를 훨씬 넘어선 그들의 참여는 "상호관계와 교류 … 조화와 상호지원"이라고까지 표현할 만하다. 또한 시간의 자연적인 쇠퇴화 효과에 대한 질서의 저항은 마키아벨리가 말한 원리로의 회귀(ridurre ai principii)로 이루어지게 된다. 그러나 이러한 것이 계서제를 재구성하는 것 이상을 말하는 것인지는 여전히 불분명하다. 언어는 왕이 거의 전체의 한 부분임을 시사하는 데까지 이르고 있는데, 이 경우 왕과 다른 각 부분이 "상호 … 교류"—이는 이어서 통치를 공유하는 동반자 관계로 나아가게 될 것이다—를 위해 무엇을 해야 하는지 그것을 구체화할 필요가 있었을 것이다. 그러나 핌이 혼합왕정에서 혼합정체로 옮겨가는 이 결정적인 발걸음을 내딛고 있는 것처럼 보이지는 않는다. 신분의 언어가 그러한 발걸음을 억누르고 있으며, 원리로의 회귀 역시 "위계와 지위"뿐 아니라 고대 관습의 유지로 이루어져 있을 수 있다. 그는 계속해서 다음과 같이 말한다.

> 색슨인의 통치기에는 이러한 법이 남긴 뚜렷한 자취가 있다. 그러한 법은 노르만 정복 이후에도 살아남을 만큼 힘차고 강력했다. 아

47) J. P. Kenyon, ed., *The Stuart Constitution, 1603-1688* (Cambridge University Press, 1966), p. 17. 에서 재인용.

> 니, 그것은 정복으로 희망에 부풀기 시작한 정복자 자신마저도 구속하고 제한할 정도였다. 그가 확인하고 소유하게 된 왕관은 타협을 통해 얻은 것이었고, 그 과정에서 그는 스스로 왕국의 이러저러한 고대 법과 자유를 준수하지 않으면 안 되었고, 이후 그는 매번 하듯이 대관식에서 그것의 준수를 서약하게 되었던 것이다. 그러한 의무는 바로 그로부터 그의 후계자들에게로 전해졌다. 물론 그들이 그러한 서약을 종종 깨뜨려왔다는 것, 그리고 종종 왕의 특허장이나 의회의 법령을 통해 확인되어왔다는 것은 사실이다. 하지만 그러한 특허장과 법령의 기초가 되었던 신민들의 청원은 새로운 것에 대한 청원이 아니라 그들이 고대로부터 물려받은, 그들에게 당연히 주어져야만 하는 다양한 자유들을 요구하는 권리의 청원이었던 것이다.[48]

바로 여기에서 우리는, 1628년 권리 청원(Petition of Right)에 대한 대논쟁이 고조되었을 때 핌이 암시했던 고래(古來)의 헌정(Ancient Constitution)이라는 신화와 만난다. 그러나 신민의 자유가 관습과 생득권, 재산과 상속이라는 유구한 작동 기제들 속에 뿌리박고 있었다 하더라도, 그것은 결코 왕과 인민 간의 확고한 권위의 공유로부터 나올 수도 없었고, 혹은 그러한 것을 수반할 수도 없었다. 핌은 왕이 그 자유를 만들지 않았다는 것을 논증하고, 나아가서는 왕이 그것을 부여하지도 양보하지도 않았다는 것을 내비치는 데는 충분히 성공을 거두었다. 그러나 그뿐이었다. 핌의 논증이 6개월 후 하향적 권위와 상향적 자유는 단지 서로를 결합시킬 신분과 관습을 가지고 있을 뿐이라고 주장한 웬트워스의 논증과 다른 점은 그것 밖에 없었다.

> 군주는 인민에게 관대하고 그들을 보살피는 아버지 같은 존재가 되어야 한다. 인민들의 소박한 자유와 그들의 건실한 권리가 군주들의 눈에는 귀중한 것으로 비쳐야만 한다. 군주의 정부 부서들은 그

---

48) *Ibid.*

> 늘진 곳, 주거, 생활의 안락, 평온, 안전을 위해 있어야 하며, 언제나 왕홀의 보호 아래 있어야만 한다. 반면 신민들은 늘 깨어있는 눈으로 세심하게 왕의 특권들을 살펴야만 한다. 왕의 권위는 질서와 통치라는 아치를 받치는 초석으로서, 전체와 적절한 관계를 가진 부분들을 포함하고 있으며, 일단 그것이 흔들리면 … 구조 그 자체가 붕괴하고 만다. … 실로 이러한 것들이야말로 왕과 그의 인민들 간에 … 관통해야만 하는, 하향적 사랑과 보호, 상향적 충성에 대한 상호 인지인 것이다. 왕의 충실한 종복들은 이 양자를 동등하게 대해야 한다. 즉 그들이 행하는 조언 속에는 언제나 이 둘을 함께 직조하고 짜 넣어야 할 것이며, 어느 한 쪽을 축소하거나 늘이지 않고 양자를 모두 보존하기 위해 공부하고 노력해야 할 것이며, 만일 양자 간에 분쟁의 조짐이 있으면 기존의 낡은 방식에 도전하고 옛 굴레를 벗어 던져서 그것을 일찍부터 차단해야 할 것이다. 왜냐하면 왕의 권리와 인민의 권리가 문제시되도록 상황을 복잡하게 만들면 그들 간의 관계를 적절하고 질서 잡힌 상태로 봉합하기가 결코 쉽지 않을 것이기 때문이다. … [49]

왕과 인민 간의 분쟁은 차단되지 않았고, 그들의 권리에 대한 문제는 봉합되지 않았다. 하지민 이러한 질서에 대한 논쟁이 걷잡을 수 없게 되었을 때 비로소 잉글랜드의 정치질서의 재편은, 공화주의적 의미로서든 마키아벨리적 의미로서든, 롤리의 경우와 같은 사적 소외의 표현 그 이상의 것이 되었다. 일단 권위와 자유 간의 제휴 관계가 붕괴되었다는 사실이 받아들여지게 되자, 통치란 폴리비오스식 혼합정체 안에서 권력을 공유하는 것이라는 점 역시 받아들여질 수 있었고, 이에 대한 좀더 진전된 개념적 탐색의 길도 열리게 되었다. 그러나 왕정과 보통법의 어휘에 매달렸던 사람들에게는 그러한 것에 대한 인정이 결코 쉽지 않았다. 운의 파도가 몰아치는 공화주의 이론의 물결 속으

49) Kenyon, pp. 18-19.

로 뛰어 든 사람들은, 이미 틈이 벌어진 이후에조차도, 여전히 결의론(決疑論)*이나 계시와 같이 신학에 기초한 개념들에 기대고 있었는데, 이는 마키아벨리적 사상 범주들의 발전을 방해하고 견제하는 커다란 장애물이 되었다. 우리는 이제 잉글랜드 마키아벨리즘이—바로 마키아벨리 자신의 사상이 그랬듯이—천년왕국주의적 혁명의 실패 속에서 출현하는 것을 보게 될 것이다. 하지만 또한 예기치 못한 후속 사건들이 있었다는 것도 알게 될 것이다.

* casuistry. 윤리적 문제를 다룰 때, 허용 가능한 것과 그렇지 않은 것을 구분하려는 목적에서 도덕률을 문자 그대로 엄격히 적용하기보다는 문제의 미묘함을 감안하여 좀더 신축성 있게 해석하려는 태도를 가리킨다.

제 11 장

공화국의 잉글랜드화

1) 혼합정체 · 성인 · 시민

[I]

1642년 6월 21일, 내전이 공식적으로 발발하기 약 두 달쯤 전에, 찰스 1세의 고문관 두 명이 — 포클랜드 자작과 존 콜페퍼 경 — 한 문서를 기안한 뒤, 왕에게 그것을 공포하도록 설득하고 있었다. 그 문서는 의회가 아니라 왕이, 잉글랜드는 왕의 시혜를 바라는 왕국이라기보다는 혼합정체라고 선언하는 내용을 담고 있었다. 《의회 양원의 19개 조안에 대한 전하의 답변》(*His Majesty's Answer to the Nineteen Propositions of Both Houses of Parliament*)은, 일찌이 코린 C. 웨스튼이 강력하고도 정확히 주장한 대로,[1] 잉글랜드 정치사상에서 결정적인 문서이며, 특히 마키아벨리적 분석의 문을 연 일련의 열쇠 가운데 하나이다. 이 문서의 핵심은 잉글랜드 정부가 왕, 귀족, 평민이라는 세 신분에 귀속되어 있으며 그 체제의 건강과 생존 그 자체가 세 신분 사이에 균형을 유지하는 데 달려있다는 것이다. 하향적 권위 이론으로부터의

---

1) 앞의 10장 주 38을 볼 것. 26-27쪽에서 누가 이 문서를 썼는지에 대해서 논의하고 있는데, 포클랜드보다는 콜페퍼의 역할을 강조하는 클라렌든의 견해를 따르고 있다. 그러나 포클랜드는 — 그는 이 문서에 반대했던 클라렌든의 친구였는데 — 지식인이었고 콜페퍼는 그렇지 않았다는 점을 지적해야 할 듯싶다.

이렇듯 과감한 결별은 헌정상으로도 맞지 않은 것이었고 왕당파 논쟁의 면에서도 재앙을 초래할 만한 전략적 오류였다. 하지만 그것은 매우 짧은 시간 내에 널리 받아들여지고 다양하게 이용되어 우리에게 그야말로 패러다임적 혁신이란 것이 과연 어떤 것인지 그 명백한 사례를 보여주게 되었던 것이다. 이야말로 수많은 사람들이 그것에 대한 수많은 이유를 찾았던, 일종의 새로운 공식적 언명이었다는 것을 우리는 믿지 않을 수 없다.

결정적인 사실은, 1642년 6월 내전이라는 일촉즉발의 상황으로 몰고 갔던 위기를 더 이상 권위와 관습, 혹은 왕의 대권과 의회의 특권 간의 충돌로부터 야기된 것으로 볼 수 없으며, 이제는 우리 모두가 잉글랜드 정부의 중추 신경으로 인식하고 있는 것 — 왕과 의회의 공동 권위 — 의 훨씬 더 파괴적인 일련의 균열에서 초래된 것으로 간주해야만 한다는 것이다. 그동안 왕의 의사에 반하는 다수의 입법을 강제해왔던 하원은 이제 왕의 동의 없이도 법령을 공포할 수 있는 권리를 요구하는 쪽으로 가고 있었다. 그들은 지방 시민군의 통제권을 의회의 수중에 두어야 한다는 것, 그리고 의회가 적어도 왕의 고문관 선발에 대한 거부권만은 가져야 한다는 것을 주장하고 있었다. 이러한 의회의 요구에 직면해, 《19개조안에 대한 답변》의 기안자들은 왕정적 전통과도, 그들의 동료들과도, 그리고 결국에는 왕과도 다른 생각을 제시하였다. 즉, 그들은 문제가 하향적 권위를 상향적 권위에 맞춰 조정하는 것이 아니라 명기할 수 있는 권력을 공유하는 것임을 인정하고, 아울러 잉글랜드 정치체제를 하나의 권력 공유체로서 제시하고자 했던 것이다. 이러한 의도에서 그들은 다음과 같이 기술하였다.

> 인간 세계에는 절대왕정, 귀족정, 민주정이라는 세 가지 종류의 통치형태가 있는데, 이 모든 것은 또한 각자의 장점과 단점을 가지고 있기 때문에, 당신들의 선조들은 경험과 지혜를 통해 이 세 가지

를 혼합, 주조하여 이 왕국에 (인간의 분별이 고안해 낼 수 있는 데까지) 각각의 단점은 버리고 세 형태가 지닌 장점만을 부여하였다. 세 신분 간의 균형이 유지되는 한, 그들은 (그 물길 양편의 초원을 푸르고 기름지게 하면서) 각자 자신들만의 물길을 따라 함께 흘러갈 것이고, 물이 흘러넘쳐도 다른 편에 홍수나 침수를 야기하지는 않을 것이다. 절대왕정의 병은 참주정이고, 귀족정의 병은 파당과 분열이며, 민주정의 병은 혼란과 폭력과 방종이다. 왕정의 장점은 나라를 하나의 수장 아래로 결집시켜 외부의 침략과 내부의 폭동을 막아내는 것이고, 귀족정의 장점은 공공의 이익을 위해 국가의 가장 유능한 인물들이 모여 국정을 조언하는 것이며, 민주정의 장점은 자유와 그것이 만들어내는 용기 및 근면이다.[2]

여기서 왕은 — 그의 적대자들은 환호했고 그의 추종자들은 당혹해 했지만[3] — 스스로를 그 자신의 왕국의 한 부분으로, 그리고 반드시 상호 균형과 (그것의 기초가 되는) 비례적 평등을 유지해야 하는 세 "신분" 가운데 하나로 기술되어 있다. 하지만 그 언어에 내재한 함의들은 훨씬 더 깊었다. 잉글랜드에서 통치체제는 더 이상 신이나 이성이 명한 권위의 직접적 소산이 아니게 되었다. 그것은 각각의 미덕과 악덕을 가진 세 가지 양식의 정체를 — 존재 가능한 것은 오직 세 가지뿐이므로 — 한데 혼합한, 인간 분별의 고안물인 것이다(17세기에는 "장점"〔conveniences〕과 "단점"〔inconveniences〕이라는 말들이 오늘날에 비해 훨씬 더 거리낌 없이 사용되었다는 점을 기억할 필요가 있다). 이러한 혼합은 곧 균형이며, 각각의 파트너가 그들만의 개별적인 덕성을 발휘하여 다른 편에 도움을 주면서, 동시에 각각의 개별적인 악덕을 서로 견제하도록 되어 있는 결사체이다. 간단히 말해서, 잉글랜드 정

2) 요즘 어법으로 바꾼 텍스트는 Kenyon, *The Stuart Constitution*, pp. 21-23에 있다. Weston, Appendix I, pp. 263-65 참조.

3) 《답변》에 대한 초기의 반응에 대해서는 Weston, pp. 27-35.를 볼 것.

부는 왕정적 요소를 완전히 배제하지는 않으면서 동시에 고전적 공화국으로서 재현되고 있는 것이다. 또한 마키아벨리가 그린 운의 이미지도 얼핏 보인다. 세 요소들이 시간의 고대적 상징인 강을 이룬다는 것이 바로 그것이다. 즉 강이 풍요와 비옥함을 가져다주면서 올바른 물길로 흘러가는 한, 질서와 은총의 강림이라는 주제는 여전히 살아 있다. 하지만 우리가 일단 "홍수와 침수"를 막기 위해 균형이 필요하다는 말을 들은 다음에는, 강이 곧 운의 강이 되고, 그것에 대비하기 위해 군주와 공화국은 덕의 도움을 얻어 제방을 쌓아야 하는 것이다.

《19개조안에 대한 답변》의 기안자들이 하원에 대항해 상원에 호소하는 처지에 놓여 있다는 것을 우리는 곧 알게 될 것이다. 그러나 그들은 잉글랜드 정부가 오직 그것으로 구성될 수밖에 없는 세 요소 간의 균형이라는 것, 그리고 그 균형의 바깥에는 단지 무질서만이 존재할 뿐이라는 것을 암시하고 있었고, 그러한 암시가 가지고 올 반향은 대단히 컸다. 우리는 지금까지 공화주의 이론을 많이 접해 왔기 때문에, 그러한 균형이 곧 덕의 균형이자 권력의 균형임을 잘 알고 있다. 세 구성요소가 지닌 미덕과 그에 상응하는 악덕에 대해서는 이미 진술한 바와 같다. 그렇다면 권력에 관해서는 어떠한가? 바로 앞 인용문의 뒤를 이어 《19개조안에 대한 답변》은 다음과 같이 계속된다.

> 이 왕국에서 법은 왕과 귀족들로 이루어진 상원 그리고 평민들이 선출한 하원에 의해 공동 제정된다. 이 셋은 모두 자유로운 투표권과 개별적 특권을 지니고 있다. 이 법에 따라 통치는 왕에게 위임된다. 전쟁과 평화에 대한 조약의 체결, 귀족의 서임, 국무를 위한 관리와 고문관의 선발… 그리고 이와 비슷한 사항들에 대한 권력은 왕에게 있다. 그리하여 이러한 종류의 통제 가능한 왕정은, 그 권력으로써 권위를 유지하여 법의 강제력을 유지하고 신민들의 자유와 재산을 보호하면서, 대귀족들로부터 존경을 이끌어내고 그들과 관계를 맺어 분열과 파당이라는 질병을 막으며, 평민들이 왕에게 두려움과

> 경외심을 가지도록 함으로써 소요와 폭력과 방종에 빠지는 것을 막기 위한 의도를 가지고 있다. 다시 말해, 군주는 그렇듯 높고 영구적인 권력을 이용하여 그가 이익을 주어야 하는 사람들에게 해를 입혀서는 안 된다. … 하원은(자유의 탁월한 보호자지만, 정부와 어떤 몫을 나누어 가지거나 통치할 사람을 선출하도록 의도되지는 않았다) 세금을 부과하는 데 대한(이는 전쟁은 물론이고 평화의 중추이기도 하다) 첫 번째 안을 발의하는 권한만을 위임받아 있을 뿐이다. … 또한 사법권을 위임받은 상원은 군주와 평민 사이의 훌륭한 칸막이와 제방 역할을 하면서 각자가 다른 부분〔들〕을 침해하지 못하도록 해주고 공정한 판단으로 세 신분 모두가 규칙으로 지켜야 하는 법을 수호한다. … 4)

이미 알고 있는 바와 같이, 각자의 덕에 의해 규정되는 요소들을 특정한 정치적 기능과 연결시키는 것은 아리스토텔레스 이론에서 늘 반복되던 문제였다. 그런데 잉글랜드 정부의 경우 이는 각별히 풀기 어려운 난제로 판명된다. 입법권은 의회 안의 왕(king-in-parliament)이라는 삼위일체 안에 위치하고 있었기 때문에, 세 요소에 할당된 것으로 추정되는 권력들을 서로 구분하는 데 더 이상 사용할 수 없었다. 그리고 바로 앞의 인용문에서 알 수 있듯이, 상원과 하원이 어떤 권력을 행사할 것인가를 구체적으로 열거하는 것보다는 각 요소가 다른 요소들의 권력 남용을 어떻게 견제할 것인가를 진술하는 편이 더 쉽다. 하지만 《19개조안에 대한 답변》의 기안자들이 상원은 "사법권을 위임받았다"고 진술한 의도가 단지 탄핵에서 그들이 맡는 역할을 암시하는 정도인 것으로 보이기는 하지만, 그럼에도 불구하고 그들은 상원이 각별히 각 요소 간을 중재하고 균형을 잡으며 최고 헌법 재판소 혹은 마키아벨리가 말한 자유의 수호자(guardia della libertà)*로서 행동하는 데

4) Kenyon, pp. 21-22.

* 예컨대 로마의 호민관에 해당되는 직제를 말한다. 마키아벨리는 《리비우스

적합하다는 변하지 않는 믿음을 표명하고 있는 것이다(상원은 결코 잔노티식의 주인〔signore〕이 될 수는 없다). 되돌아보면 이는 행정, 사법, 입법의 분리를 추구하면서 상원에는 사법적 기능을 부여함으로써, 결국 "혼합정체"를 "권력분립"과 동일시하는 후대의 이론 쪽으로 한 발자국 다가서는 것이었다. 그것은 잉글랜드 의회제 왕정이 아리스토텔레스적 분석에 얼마나 경도돼 있었던가를 여실히 보여주는 것이었다.

왕, 귀족, 평민이 함께 놀랍도록 균형 잡히고 찬양받을 정도로 성공적인 권력 분배의 일원이 된다는 이론은 18세기 내내 끊임없는 칭송의 대상이 된다. 그러나 《19개조안에 대한 답변》의 목적은 위협을 위한 것이었지 축하를 위한 것은 아니었다. 그것은 새롭고 일반적으로 받아들일 수 있는 헌정이론을 제공하려고 한 것이라기보다는 잉글랜드인들에게 세 신분 간의 균형만이 무정부 상태를 막을 수 있다는 경고를 보내고자 하는 것이었다. 그 문서는 점점 더 일관성이 떨어져가는 언어로 계속해서 만약 왕의 고문관 선임권의 통제에 대한 의회의 요구에 응하게 되면 어떤 일이 벌어질지를 경고하고 있다.

> 〔그것은〕 고문관으로 뽑힌 사람들과 그들을 뽑은 의회와 그들을 뽑는 사람들을 뽑는 평민들 사이에 지속적으로 파당과 불화를 불러일으킬 것이다(이는 전쟁만큼이나 공공의 행복을 파괴하는 것이다). 왜냐하면, 새로운 권력은 틀림없이 원래 그것을 위해 태어나지 않은 사람들을 권력에 취하게 만들고, 서로 동등자 관계인 그들 간에 분열을 조장할 뿐만 아니라, 우리가 그들과 동등해지면 그들은 우리를 경멸할 것이고, 그들보다 열등한 위치에 있는 우리의 평민들에게는 오만함과 불의의 태도를 취할 것인데, 최근에 그들과 비슷한 지위를 획득하게 된 사람들 때문에 고통을 겪고, 그들에게 그러한 지위를 준 사람들의 불만만 시정하려 하며, 또한 그들이 성취한 것을 인간

논고》 1권 5장에서 귀족과 평민 중 누가 이를 맡아야 하는가를 논하고 있다.

> 적 이유에서든 정책적 이유에서든 지키려는 경향이 있으리라는 우려를 생각하면, 이는 오히려 그들에게 더 통탄할 일이 될 것이다. 왜냐하면 큰 변화는 언제나 지극히 위험한 것일 뿐더러, 틀림없이 더 큰 변화를 불러올 것이며, 그러한 과정은 점점 더 증폭될 것이기 때문이다.[5)]

여기서 우리의 귀에 들어오는 마키아벨리적 뉘앙스는 상하 및 신분 관계의 파괴가 무정부 상태를 초래할 것이라는, 이미 친숙한 수사 이상의 무언가가 있다는 것을 경고하고 있다. 우리는 이어지는 다음 구절에서도 비슷한 느낌을 받게 된다.

> 마침내 평민들은… 자신들을 추켜세워 우리와 동격이 되려고 하고 독립적 자유를 주장하며, 일찍이 나머지 모두를 집어삼켰던 바로 그 신분을 집어삼키고 모든 권리와 재산과 가문들의 위엄과 우월함을 파괴할 것이다. 이렇게 됨으로써 우리의 고아하고 비길 데 없이 탁월한 정부형태는 어둡고 혼란스러운 평등의 혼돈 속으로 막을 내릴 것이다. 또한 우리의 많은 귀족 가문의 긴 계보도 잭 케이드와 와트 타일러와 같은 사람들에 의해서 끝이 날 것이다.[6)]

누가 누구를 두려워하고 있는지는 명백해졌다. 그러나 이는 단순히 셰익스피어의 율리시스가 하는 호소가 아니다.* 왕의 신민들은 그들의 당연한 복종 관계를 준수해야 할 뿐 아니라 그들과 이러한 두려움 사이에는 사람들이 만들어 놓은 균형의 유지 이외에는 아무 것도 존재하지 않는다는 것을 경고하고 있는 것이다. 신분에 대한 공격은 곧 신이

---

5) Kenyon, p. 22.

6) Kenyon, p. 23.

* 율리시즈는 트로이 전쟁 중의 비극적 사랑 이야기를 다룬 셰익스피어의 희곡 《트로일러스와 크레시다》에 나온다.

만든 우주적 질서에 대한 공격이며, "상위의 권력들"은 "그들의 도구를 사용하여" 무서운 심판을 내리고 그리하여 원래의 질서를 복구할 수도 있을 것이다.[7] 하지만 균형에 대항한 공격은 운과 바퀴의 회전만이 지배하는 무심한 혼돈 속으로 빠져드는 것일 수도 있다. 혼합정체론이 잉글랜드의 정치적 수사 속에 도입된 것은 그곳에서 폴리비오스적·마키아벨리적 공화국의 교리를 토착화하기 위해서였다. 이 교리에 따르면, 공화국 내에서는 인간 각자가 지닌 미덕으로 누구도 그것으로부터 자유롭지 못한 악덕을 중화시킬 수는 있지만, 역사적으로 볼 때 그러한 공화국도 깨지기 쉽고 균형이 조금만 흔들려도 전복될 수 있는 존재라는 것이다. 균형에 대한 대안이자 동시에 그 반대편에 있는 것은 운이며, 또한 부패일 수도 있다. 하지만 이러한 반테제적 관계가 피렌체와 잉글랜드에서 각각 수행한 기능 사이에는 중요한 차이가 있다. 피렌체인들이 공화국을 선택한 것은 그렇게 하는 것이 자신들의 본성에 부합된다고 보았기 때문이며, 그래서 그들은 운을 그들의 적으로 여겼고 덕과 균형이 유일한 방어 수단이라고 생각하였다. 반면 그 본성상 왕정적이고 관습적인 동물이었던 잉글랜드인들이 균형과 공화국의 수사를 선택한 이유는, 무질서적 상황에 의해 그들의 전통적인 헌정이 위협을 받았으며, 이에 적절히 대응하는 길은 오직 그러한 형태—권력 공유에 대한 논쟁—의 수사를 이용하는 것뿐이었기 때문이다. 결과적으로 이전의 옛 수사적 층위들은 외견상 그대로 남아 있었다. 겉으로는 여전히 질서와 신분의 언어가 주도하고 있었다. 무질서는 언제나 운의 형태를 취했다는 암시도 작동하고 있었지만 부분적으로는 그러한 언어 속에 감추어져 있었다. 앞으로 살펴보겠지만, 이 모든 것이 공화주의적 수사의 논리적 귀결이 될 수밖에 없는 포르투나와 비르투 간의 적나라한 대립 상태를 더욱더 감추고 있었던 것이다.

---

7) Macbeth, Ⅳ, 3, 278-79.

만약 시민들의 공화국이 붕괴된다면, 시민은 자신의 인격적 고결성을 담보해줄 사회적 장치를 상실한 채, 오직 신의 은총이라는 행위만이 그에게 힘을 줄 수 있을 변화하는 개별자들의 세계 속에 내팽개쳐질 것이다. 그리고 신의 은총마저도 받을 수 없다면, 물론 편안한 마음으로 대하기는 힘들겠지만 그가 매달릴 곳이라고는 오로지 마키아벨리적 비르투 혹은 귀차르디니적 분별뿐일 것이다. 잉글랜드인들의 고래의 헌정이 붕괴되었을 때, 그것이 깨지기 쉽다는 것은 실제로 유사 공화주의적 형태로의 재현으로 극화되었다. 그러나 칼뱅파나 아르미니우스파 모두가 똑같이 은총이 그들을 저버릴 수도 있는 상황에 처하지는 않을 것이라는 얘기만이 아니었다. 그들의 대응은 여전히 관습과 신분과 그리고 여전히 신 중심적이며 왕정적인 우주의 이미지에 의해 강화되고 있었다. 단순한 마키아벨리적 반응을 기대할 수는 없었다. 내전기의 사상은 대체적으로 결의론적이었다. 그것은 개인이 살면서 떠받들어 왔던 적법한 권위가 갈등상태에 있을 때 그의 의무는 어디에 놓여 있는가를 묻고 있다. 고전적 공화주의가 이러한 문제를 투영하는 한 방법임에는 분명했지만, 그럼에도 불구하고 그것이 문제의 유일한 해결책은 아니었다.

《왕국론》(1643)에서 예민하고 온건한 성품의 필립 헌튼은 《19개조 안에 대한 답변》에서 일부 시사를 받아 잉글랜드 정체가 혼합정체라는 전제를 받아들인 다음, 어떤 입법자도 창건에 연루되지 않았다는 문제 — 피렌체인들이 베네치아의 경우와 대비하여 제기했던 — 를 암시함으로써 잉글랜드를 어느 정도까지 공화국으로 볼 수 있을지에 대해 언급하였다. 그는 그 거칠고 세련되지 않았던 시대에 인간들이 지혜를 짜내 그토록 정교한 균형을 고안해 냈다는 점에 감탄하였다.[8] 하지만 내전기에 발생한 균형의 붕괴로 인해 제기된 의무와 복종의 문제로 눈

8) Philip Hunton, *A Treatise of Monarchy* (London, 1643), p. 44.

을 돌렸을 때, 그는 그것에 대한 이미 만들어져 있는 해답은 없다는 것을 알게 되었다. 만약 헌정상의 법이 적법한 권위를 분배받은 세 권력 간의 협력과 제휴의 결과라고 한다면, 그들 간의 갈등의 와중에서 그 셋 중 어느 하나에 복종을 명하는 법은 있을 수 없다. 만약 셋 중 어느 하나가 그러한 권위를 지니고 있다면(헌튼은 여기서 과거 잔노티가 제시했던 논점을 밀고 나간다), 그것은 균형의 바깥에 존재하는 것이고 따라서 균형이란 존재하지 않았던 것이 된다.[9] 이러한 전제로부터 많은 논객들이 로버트 필머 경이 제시한(이전에 이미 보댕이 제시한) 결론에 의지하게 되었다. 즉 혼합정체는 무정부 상태이며 사실상 부조리 상태라는 것이다.[10] 논쟁적 이론가라기보다는 결의론자로서 글을 썼던 헌튼은 똑같이 중요한 다른 길을 취했다. 혼합정체는 잉글랜드에서 적법한 것이지만 이제 붕괴되어 버렸다. 따라서 실정법의 형태 안에서는 각각의 개인에게 그들이 어떻게 행동해야 하는지, 어떤 편에 서야 하는지를 말해줄 수 있는 그 어떤 적법한 권위도 존재하지 않는다. 하지만 그는 자신이 어떻게 행동하고 무엇을 선택해야 하는지를 알려주는, 실제적이면서 동시에 도덕적인 정언명령 하에 놓여 있다. 그는 이제 이러한 사실들에 대해 스스로의 판단에 따라야 하고, 이러한 문제들에 대해 스스로의 양심에 의거해야 하며, 이러한 판단과 양심이 자신을 이끄는 대로 행동해야 한다.[11] 결과적으로, 그는 신의 수중에 있는 셈이며, 그리하여 사실상 그의 심판에 호소하고 있다고 해도 무방한 상태이다.

그리하여 헌튼의 논증은 학자들에게[12] 약 40년 후 로크의 《통치에

---

9) Hunton, p. 69. 같은 책 pp. 28-29도 볼 것.

10) Sir Robert Filmer, *The Anarchy of a Limited or Mixed Monarchy* (1648), in Peter Laslett, ed., *Partriarcha and Other Political Writings of Sir Robert Filmer* (Oxford: Basil Blackwell, 1949).

11) Hunton, p. 73.

관한 두 논고》(*Two Treatises of Government*)에 나타나는 "하늘에의 호소"를 상기시켜 주었다. 하지만 양자는 차이가 있다. 우선 헌튼은 적법하지만 무질서한 세계에 깃든 양심의 존재를 전제하고 있는데, 그러한 양심의 파편들은 일부나마 세심한 결의론을 통해 다시 집적할 수도 있다고 본다. 양심에 따라 정치적 상황과 그 직전의 과거의 역사를 평가하려고 하면, 어떤 일이 일어났으며, 어떤 일이 일어날 수도 있었으며, 그래서 이제는 무엇을 해야 하는가를 결정하기 위해 정치적 · 도덕적 분별의 방법을 사용하지 않을 수 없다. 그리고 이것은 도덕과 법의 객관적 기준을 전제로 한 것이기 때문에, 양심은 마키아벨리적 비르투와 로크 양 방향 모두에서 아주 멀리 떨어져 있다. 하지만 두 번째로, 하늘은 어떤 특정한 형태의 권위를 선험적으로 지지함으로써 자신의 의지를 알리지는 않았으며,[13] 그리하여 내전의 와중에서 양심에 의지하고 있는 각 개인은—그 스스로가 자신의 칼에 의존하든 아니든 간에(헌튼은 계속해서 화해의 수단들을 제안한다)—유스 글라디(jus gladii 칼의 법) 혹은 유스 콩퀘스투스(jus conquestus 정복자의 법), 즉 전투의 승패를 통해 재판의 결과를 표현하는 하늘의 심판에 호소하는 것이 당연하다.[14] 이러한 심판 절차를 논한 문헌은 당시에도 이미 많이 있었는데, 비록 헌튼이 이를 이용하지는 않았지만 우리는 바로 이 지점에서 그것에 대해 언급할 수 있을 것이다. 판결이 그에게 불리하게 내려지면, 그는 자신의 잘못이 판명되었다고 결론을 내릴 것이다. 하지만 양심이 그래도 자신이 정당한 선택을 했음을 확신케 한다면, 섭리의 심판은 너무나 심오해서 도저히 알기 어려운 것이라는 생각에 자신

---

12) A. H. Maclean, "George Lawson and John Locke," *Cambridge Historical Journal* 9.1 (1947), 그리고 "The Origins of the Political Opinions of John Locke"(1947), 케임브리지대학교 미출간 박사학위 논문.

13) Hunton, p. 4.

14) Hunton, pp. 77-79.

을 되돌아볼 수도 있다. 정복자의 칼은 자신의 입장에서는 그가 승리를 통해 이룩한 것에 대한, 섭리적이며 동시에 예언적이자 계시적인 권위를 주장하는 데까지 이를 수 있다는 것이다.[15]

하늘에 대한 로크의 호소는 곧 칼에 대한 호소지만, 그 칼은 인민이 부여한 것이지 개인적 양심의 집적체가 부여한 것은 아니다. 헌튼은 분명히 인민을 공화국 혹은 혼합정체의 질서에 의하지 않고는 그 어떤 방식으로든 조직되지 않는 것으로 보고 있는데, 이제 그것은 붕괴되어 각자 개별적인 인간으로 남아 있는 상태이다.[16] 우리는 공화국이 인민을 신과 일체화함으로써 그들을 단결시키는 성약도 아니며, 또한 합리적이고 비종교적인 과정을 통해 그들을 묶는 사회 계약도 아니라는 것을 알고 있다. 그것은 인간적 구성물로서, 불완전한 요소들을 혼합하여 하나의 균형상태로 만든 것이며, 헌튼에게는 또한 보수적이고 적법한 장치이기도 하다. 양심은 그 뒤를 따른다. 하지만 인민이 어떤 선험적 의미에서 이미 하나로 묶여져 있는 상태라면, 하늘에 대한 호소는 아마 미리 예정되어 있었을 것이다. 제 1차 내전에서 가장 강력한 의회파 옹호자였던 헨리 파커는[17] 《19개조안에 대한 답변》에서 자신들에게 유리한 점을 빠짐없이 이용하여 왕의 권위는 다른 권위와 동등하기 때문에 더 우위에 있지 않다는 것을 보여 주었다. 그러나 내전에서 개인은 어디에 복종해야 하는가 하는 문제에 직면했을 때, 그는 인민은 의회 안에서 분리될 수 없을 정도로 묶여져 있다고 주장하였다. 파커는 마키아벨리가 말하는 그 어느 것과도 완전히 구별되어야

---

15) 여기에 대해서는 John M. Wallace, *Destiny His Choice: The Loyalism of Andrew Marvell* (Cambridge University Press, 1968), pp. 22-28을 볼 것.

16) Hunton, p. 73 그리고 위의 주 11을 볼 것.

17) 그에 대해서는 W. K. Jordan, *Men of Substance: A Study of the Thought of Two English Revolutionary, Henry Parker and Henry Robinson* (Chicago University Press, 1942)를 볼 것.

하는 어떤 "국가이성"이 존재한다고 말한다(그는 마키아벨리가 국가이성이라는 이름의 교리를 만들었다고 생각했던 것 같다). 그것은 정치체 혹은 국가가 되려고 하는 인간 단체의 자연적이고 합리적인 충동에 다름 아니다. 그것이 국가 "이성"인 이유는, 인간에게 합리적으로 행동한다는 것은 곧 정치적으로 행동한다는 것이 되기 때문이다. 그리고 의회가 인민을 대표한다는 전제 안에서, 인민이 되겠다는 그들의 의지는 오직 그 정치체 안에서만 표현될 수 있다.[18] 따라서 내전 중의 개인은 자신의 양심에 물어 보거나 섭리의 중재에 호소할 필요가 없다. 그는 단지 자신의 이성에 물어 보면 된다. 그러면 그것은 그를 의회 안에서 하나가 되는 쪽으로 인도해 준다는 것이다.

이러한 유의 아리스토텔레스적 인민주의는 명백히 혼합정체 그 자체를 혼란에 빠지게 하는 동시에 그것을 민주적 주권으로 대체하는 결과를 가져올 수도 있었다. 그러나 내전기의 다른 작가들에 대해서도 마찬가지지만,[19] 과연 파커가 염두에 두고 있었던 것이 정상 상태에서의 주권이었는지 아니면 비상시의 주권이었는지의 문제가 제기된다. 즉 그는 혼합정체를 정상 상태의 국정이 충분히 반영된 것으로 본 반면, "국가이성"은 규범이 붕괴되고 그때처럼 국가가 다시 개인들의 복종을 요구하면서 스스로를 재구성하지 않을 수 없을 때에만 작동되는 것으로 간주했을 수 있다는 것이다. "국가이성"은 그러한 의미에서 리쿠르고스 혹은 마키아벨리가 말하는 오르디나토레(입법자)의 지성과는 전혀 거리가 멀다. 파커는 결코 고전적 공화주의자와 같은 유의 사람이 아니다. 그러나 헌튼과 마찬가지로 파커가 혼합정체가 붕괴되어

18) Parker, *Observations upon Some of His Majesties Late Answers and Expresses* (1642), pp. 15-16, 22-24, 34. 그의 마키아벨리에 대한 폄하에 대해서는 pp. 2, 10, 19, 20을 볼 것.

19) 예를 들어 프린(Prynne)이 그렇다. Lamont, *Marginal Prynne*, 85-118을 볼 것.

홀로 남겨진 개인들이 자기 자신 안에서 어떤 것을 발견해냄으로써 스스로에게 다시 질서를 부여하는 방향으로 나아가야 한다는 말을 하기 위해 혼합정체를 받아들일 가능성과 그가 고전적 공화주의자가 아니라는 사실이 서로 잘 맞아 들어간다는 것은 흥미로운 일이다. 자신 안에서 발견해야 할 그 어떤 것은 헌튼에게는 양심이었고 파커에게는 예정된 정치적 합리성이었다. 그러나 "국가이성"으로부터 인민의 안녕이 최고의 법(salus populi suprema lex)이라는 공식까지는 한 걸음에 달려갈 수 있는 거리이다.[20] 우리는 이러한 공식이 도적 이전의 함의들이 내포하고 있다는 것을 쉽게 알 수 있을 것이다. 도덕적 규범들이 존재하기 이전에 이미, 레스 푸블리카(공공의 것), 포풀루스(인민) 혹은 스타투스(신분)란 말들은 분명히 존재하고 있었다고 말할 수도 있다. 따라서 이성의 첫 번째 명령은 이러한 명칭 가운데 하나에 의해 무언가가 존재해야만 하며, 그것의 제도는 오직 그것만이 권고할 수 있는 규범들에 종속적인 법령에 의해 운영될 수는 없다는 것이다. 이러한 생각은 물론 입법자에게 부과된 무도덕적 정언명령에 대해 마키아벨리가 하지 않으면 안 되었던 모든 말의 배후에 깔려 있었다. 하지만 우리는 여기서 그것과는 상당히 다른 길로 접어들고 있다. 내전이라는 난관에 직면하여 자신의 복종의 향방을 재조정하고자 하는 개인은 결코 입법자가 아니다. 그의 목표는 도시를 세우고 통치하는 것이 아니라 스스로를 권위에 종속시키는 것이기 때문이다. 그러나 그는 정치 이전, 도덕 이전의 상황으로 돌아가 다시 질서를 확립할 자신 안의 그 무엇을 찾지 않으면 안 되는 존재로 스스로를 가시화할 수는 있다. 안녕을 최고로 여기는 법의 주체는 이제 인민이 아니라 자아인 것이다. 그는 행동적 존재로서의 첫 번째 운동이 자신을 주장하고 영속케 하는 것이어야 한다는 데카르트적 발견을 했을 수도 있고, 혹은 자신

---

20) Parker, *Observations*, pp. 3-4.

이 아무 것도 알지 못하는 어떤 존재에 의해, 스스로가 정해 놓지 않은 어떤 목적을 위해 창조되었기 때문에, 그의 첫 번째 의무는 그 목적을 위해 자신을 보존하는 것이라는 그리스도교적 · 칼뱅주의적 발견을 했을 수도 있다. 그는 이제 자신을 사회, 성약, 혹은 계시 이전의 "자연" 상태에 위치시키고, 오직 자신을 보존해야 한다는 근원적 충동과 의무 같은 것에서 출발하여 인지 가능한 권위-구조를 수립하는 방법을 찾을 수도 있다. 만약 그가 이 길을 따라 간다면, 그는 공화국을 창건하는 리쿠르고스의 모습이 아니라 인공적인 리바이어던을 세우고 그것에 복종하는 자연적인 인간의 모습으로 나타날 가능성이 더 크다.

홉스는 잉글랜드의 마키아벨리가 아니라 내전기 급진 정치사상의 대가이다. 보호받을 수도 없고 적법성 역시 사라진 정치 이전의 극단적인 자포자기 상태에 내팽개쳐진 잉글랜드의 개인들은 스스로를 운의 영토가 아니라 자연상태 안에 놓을 여지가 더 컸다. 이는 어떤 의미에서 그들에게는 능력이 있으며, 그들로부터 자기 정당화의 수단을 모두 박탈하기는 어렵다는 것을 보여주는 지표이기도 했다. 그러나 홉스적 인간과 마키아벨리적 인간 간의 중요한 차이는, 자연상태가 비역사적이고 논리상으로 초시간적이라면, 회전하는 바퀴 위의 매 순간은 시간적 연속상의 한 시점을 형성한다는 점이다. 아나쿠클로시스(정체의 순환)는 온전히 세속적이며 시간에 긴박되어 있으며, 그 어디에서도 자연상태와 교차하지 않는다. 그것을 무신론적인 것으로 보는 이유도 사실 여기에 있다. 하지만 자연상태로의 회귀는 — 물론 당시 사람들에게 무신론에 가깝다는 인상을 줄 만한 방식으로 기술될 수도 있었겠지만 — 시간을 벗어났다가, 곧이어 다시 정치와 역사로 복귀할 운동이었다. 모든 계기가, 심지어는 자연이라는 계기조차도 역사 안에 있음을 분명히 하기 위해서 홉스는 예언적인 신을 불러올 수밖에 없었다.[21] 그러나 파커에서 《리바이어던》에 이르는 노선을 따라 형성된 복잡한 사상의 무기고는 왜 혼합정체의 붕괴로 고립된 개인이 마키아벨리적 양극성 관점에서 스스로를 정의하지 않았는지 일련의 또 다른 이유를 제공해 준다.

혼합정체 — 왕의 신민들로 하여금 공화주의적 전통을 받아들일 수 있도록 해준 용어 — 는 덕과 권력의 평형상태를 유지함으로써 안정을 확립할 수 있는 것으로 생각되었다. 균형의 적은 운이었고 운의 적은 덕이었다. 이 경우 사람들은 평형상태 안의 다른 덕을 존중하는 덕을 기대할 것이다. 그러나 혼합정체의 패러다임은 와해의 시기를 개인의 고립과 그들에 대한 포기의 시기로 정의하기는 했음에도 불구하고, 개인들에게 그 시기를 운과 덕의 관점에서 정의하도록 요구하지는 않았다. 첫째로, 너무나 많은 대안적 어휘들이 존재했다. 양심과 하늘에 대한 호소라는 헌튼의 성찰적 계기는 존 M. 월러스가 탐색한 방향[22] — 신의 의지에 분별을 복종케 함으로써 정교하고도 관용적인 경건심의 고봉으로 오른다는 — 으로 발전될 수 있었다. 한편 국가이성과 인민의 안녕이라는 파커의 계기는 분별과 섭리가 홉스의 급진적 자연주의에 길을 내어 주는, 퀜틴 스키너의 탐색 방향으로 발전될 여지가 있었다.[23] 윌리엄 프린과 같은 다른 사람들은 고래의 헌정을 선민에 대

21) *Leviathan*, Bks. III & IV. Pocock, "Time, History and Eschatology in the Thought of Thomas Hobbes," in *Politics, Language and Time*, pp. 148-201을 볼 것.

22) 앞의 주 64를 볼 것.

23) Skinner, "Hobbes's *Leviathan*," *Historical Journal* 7.2 (1964), pp. 321-32; "History and Ideology in the English Revolution," *ibid.* 8.2 (1965), pp. 151-78; "The Ideological Context of Hobbes's Political Thought," *ibid.* 9.3 (1966), pp. 286-317, 그리고 Cranston and Peters (eds.), *Hobbes and Rousseau* (New York: Doubleday Anchor Book, 1972), pp. 102-42에 실린 수정판 논문; "Conquest and Consent: Thomas Hobbes and the Engagement Controversy," in G. E. Aylmer, ed., *The Interregnum: the Quest for Settlement, 1648-1660* (London: Macmillan, 1973), pp. 79-98.

항케 함으로써 이 문제를 다루었고, 유사 공화주의적 수사는 전혀 사용하지 않았다. 둘째로, 내전을 결의론과 복종의 문제를 제기하는 것으로 보는 개인이 자신의 덕을 운에 즉각적으로 노정시킬 만큼 강력한 관점에서 그것을 주장하지는 않으리라는 것은 어쩌면 당연한 일로 보인다. 덕은 역시 행동상의 이상이지 단순히 적법성에 대한 이상은 아니다. 대공위 시대*의 사상에서 시민의 고전적 이상이 어떻게 그 역할을 수행하게 되는지를 이해하기 위해서는, 아직도 갈 길이 남아 있고, 좀 덜 변호적인 반면 좀 더 행동적인 발화(發話)들의 통로를 여행해야 한다. 그러나 더 이상 위축될 여지도 없었던 그 시대의 보수주의는 우리에게 계속해서 무언가를 얘기하려 할 것이다.

[II]

1643년 브룩 경(卿) 로버트 그레빌은 그의 장교들에게 무장을 하고 왕과 의회의 이름으로 찰스 1세에게 맞서라고 용기를 북돋우면서 "로마인들의 그 위대한 공화국 사람, 키케로"에 대해 언급하였다.[24] 또한 "공화국 사람"이나 "애국자"와 같은 말들은 이따금씩 왕, 의회, 평민이 그 안의 어떤 부분도 전체의 이름으로 저항을 받거나 억압당하지 않는 하나의 정체를 형성하고 있다고 생각하는 사람들을 가리키는 데 사용되고 있었다. 하지만 그러한 언어는, 비록 고전적 함의들을 내포하고 있는 것으로는 보이지만, 지금까지 우리가 연구해 오고 있는 다른 사

---

* Interregnum. 정치질서가 붕괴되었다가 다시 확립되는 사이의 불연속적 시기를 뜻한다. 여기서는 찰스 1세의 살해 후 다시 찰스 2세가 복위할 때까지의, 공화국과 올리버 크롬웰의 호국경 체제(1649~1660)를 가리킨다.

24) Robert E. L. Striver II, *Robert Greville, Lord Brooke* (Cambridge, Mass. : Harvard University Pree, 1958), p. 68.

고 양식에 의해 그 발전이 저지되었다. 대학 및 그리스·로마의 역사를 통해 흡수된 공화주의 원리들은 사람들의 마음을 내전 쪽으로 이끌어 가는 데 일조했다는 홉스의 견해는 분명히 에누리해서 들을 필요가 있다.[25] 이제 다음으로 우리는 1640년대 말의 거대한 급진 운동을 지배하던 언어들을 검토해야 한다. 여기서 결정적으로 중요한 발언들은 물론 군대의 장교나 병사들의 선언문에서 발견된다. 이에 따르면, 사회적으로 다양한 출신을 가진 일군의 사람들은, 함께 군사 사회에 동원되어 이 전례 없는 내전에서 이제 막 승리한 후, 자신들은 종교적으로나 비종교적으로나 스스로의 뜻과 힘으로 행동했다고 선언하고 있다. 그들은 자신들이 "결코 국가의 자의적 권력에 봉사하기 위해 고용된 용병이 아니라", "그들 자신과 인민의 정당한 권력과 자유를 지키기 위해 … 부름을 받은" 사람이라고 말했다.

> 그리하여 우리는 그러한 목적들을 위해 판단력과 양심에 입각해 무기를 들고, 그러한 목적들을 계속 수행해 왔으며 … 우리는 당신들의〔의회가〕 빈번히 제공한 정보로부터, 그리고 우리 자신의 상식으로부터 얻은, 우리가 확신해야 하고 옹호해야 할, 우리의 기본적인 권리와 자유에 관한 원리들을 따르기로 결의하였다. … 이러한 공동의 목적은 … 그것이 무엇이든 모든 개별 당파와 이익들에 대한 … 대항을 전제로 한 것이었다.[26]

자신들이 들었던 무기가 공통의 목적을 위한 것이었으며, 이는 상식이라고 천명하는 것은 곧 잉글랜드에서는 이전에 들은 적이 없는 종류의 정치적 자기의식을 천명하고 있는 것과 같았다. 그렇게 하는 것은

25) Hobbes, *Behemoth*, ed. Tonnies, London, 1889; repr. London, Frank Cass, 1969), pp. 3, 23, 43.

26) *A Representation of the Army* (14 June 1647); Woodhouse, *Puritanism and Liberty* (London: E. J. Dent, 1950), pp. 403-404.

하나의 혁명적 행위였고, 따라서 이 문서가 잉글랜드인들이 그들의 진술을 위해 쓸 수 있었던 모든 정치적 언어를 사용하고 있는 동시에 그것을 초월하고 있다는 것은 결코 놀라운 일이 아니다. 예컨대, 고대적 자유에 대한 호소는, 고래의 헌정이론이 주장하듯이, 그것들은 결코 물려받은 것이 아니라 반대로 오래 전에 — 하지만 망각할 정도로 오래되지는 않았다 — 잃어버렸던 것으로서, 이제 다시 되찾아야만 하는 것이라고 주장함으로써 급진적으로 변하였다.[27] 인민의 안녕이 최고의 법이라는 옛 원리에 대한 호소도 있지만, 이것이 이제는 파커의 경우와는 매우 다른 정신에 입각해 있음을 보여주는 한 문서를 인용함으로써 급진 사상의 성격에 대해 좀더 깊이 이해할 수 있을 것이다. 그것의 목적은 더 이상 축소 불가능한 적법성의 원리에 대한 어떤 궁극적으로 보수적인 호소를 하기 위한 것이 아니라, 인민은 신 앞에 그 자체로서 존재하고 그 자체로서 행동한다는 것을 주장하기 위한 것이었다.

> 신은 인간의 재능을 수건 속에 싸여서 더 나아질 수 없는 것으로 주시지는 않았기 때문에, 가장 저열한 봉신도 (이 세상의 눈으로 볼 때) 그에게 부여된 그러한 재능을 사용함에 있어서 태양 아래에 가장 위대한 군주 혹은 사령관과 동등하게 신의 은혜를 받고 또 그에 의해 받아들여지는 법입니다. … 당신〔페어팩스〕이 — 아니 의회 전체 혹은 왕국이라고 해야 겠지요 — 우리의 이러한 봉사를 방해하거나 … 침묵과 자제를 명한다고 해도, 그들이든 당신이든 그 누구도 신에 대한 혹은 우리의 본성에 대한 우리의 의무를 박탈하지는 못할 것입니다.

27) 아직도 종종 그런 경우를 보지만, 이러한 구분을 간과하는 것은 고대적 헌정론을 노르만 멍에설(Norman Yoke)과 혼동하는 것이다. 노르만 멍에설에 대해서는 다음을 볼 것. Christopher Hill, *Puritanism and Revolution*, pp. 50-122. 다음도 볼 것. *The Ancient Constitution and the Feudal Law*, pp. 125-27.

> 그리고 누군가가 각하로 하여금 우리가 모든 질서와 형식을 위반하고 있다고 위증하고 또 우리를 그런 식으로 본다면, 우리는 우리의 공식 선언문과 각종 공식 문서들을 통해 증명된 자연법과 만민법이 우리가 현재 취하고 있는 조치들을 정당화시켜 줄 수 있는 해답임을 각하께 상기시키고자 합니다. 왜냐하면 모든 형식은 단지 그림자와 같은 것으로서, 그 목적에 종속될 뿐이기 때문입니다. 인민의 안전은 그 모든 형식이나 관습 등등보다 더 상위에 있습니다. 또한 인민의 안전이 지닌 정당성은 그것을 성취하기 위한 모든 형식의, 혹은 형식의 변화를 정당한 것으로 만들어 줍니다. 그 어떤 형식도 인민의 안전을 지키거나 성취하는 것 이상으로 적법하지는 않은 법입니다.[28)]

여기서 "인민의 안전"은 ("누군가가 인민을 위해서 죽을 필요가 있다"는 표현에서와 같은) 도덕 이전의 사회화 원리가 아니다. "모든 형식은 단지 그림자와 같은 것"이라는 말을 함으로써, "자연법과 만민법"에 대한 호소는 어느 듯 계시적 린노바치오네(갱신)의 언어로 옮아가고 있다. 인간은 어떤 목적을 위해 창조된 존재이므로 자기 자신을 보존해야 한다는 것이다. 여기서 강조점은 목적 그 자체로, 또한 그것을 추구하는 데 사용해야 할 "재능"으로 옮아가고 있다. 이 문서를 읽은 많은 사람들은 아마 "인민의 안전"이란 말을 단지 목적추구적 피조물 공동체의 물질적 보존에 그치지 않고 어떤 특정 선민의 역사적 목적을 계속 추구해야 한다는 뜻으로 해석했을 것이다. "모든 형식은 단지 그림자와 같은 것"이라는 표현은 계시의 언어이다. 그것은 어떤 세속사도 그러한 목적 앞에서는 무가치하다는 것을 시사한다. 또한 그것은 반율법주의의 소지를 안고 있는데, 왜냐하면 그것이 예표의 소멸을 아주 잘 보여주는 것일 수도 있기 때문이다. 하지만 그것은 여전히, 아퀴나스주의자였던 사보나롤라에게도 이해 가능했던 방식의, 아리스토

28) 11명의 선동가들이 *The Case of the Army Truly Stated* (Oxford, 1647)를 첨부해 페어팩스에게 보낸 편지 중 일부; Woodhouse, p. 437의 주를 볼 것.

텔레스적 언어이다. 인간이 그들 최후의 목적을 성취하거나 혹은 자신들의 프리마 포르마(원초적 본성)을 회복하는 것은 — 비록 이 개념이 신형군(新型軍)*을 구성한 급진파 성인들이 만족할 정도로 반율법적이지는 않았을지도 모르지만29) — 다름 아닌 계시의 콘텍스트 속에서이다. 아리스토텔레스적 목적론의 "목적"은 여전히 예언적 시간의 종말론적 "목적"과 여전히 결합되어 있는 것이다.

이 장(章) 앞의 절에서 채용했던 분석 양식을 적용하여 급진 성인들은 헌튼과 파커가 처했던 것과 동일한 상황에 반응하고 있었다고 주장할 수도 있다. 적법성의 전통적 구조가 모두 붕괴된 상황에서 헌튼은 양심과 하늘에 호소했고, 파커는 홉스에 앞선 자연주의의 방향으로 옮겨 갔다. 또한 마키아벨리주의자들이 덕과 운의 대결에 호소하는 것도 아마 이론적으로는 가능했을 것이다. 그러나 우리의 모형은 운, 자연, 그리고 섭리적 심판의 계기들과 나란히 함께 — 거의 섭리적 심판의 계기의 연장으로서 — 계시적 은총의 계기 역시 탐지 가능하다는 것을 시사하고 있다. 그리하여 군(軍) 급진주의는 그러한 계기를 만나게 해줄 수도 있는 제한된 범위의 언어 중 하나를 채용함으로써 첨예한 개별싱의 계기에 반응하고 있었을 것이다. 그러나 그것이 적절한 설명이 될 수 없었을 것이라는 점은 분명하다. 군인들이 지닌 계시직 확신은 (마

---

* New Model Army. 1645년 의회파에 의해 만들어져 왕정복고 후인 1660년 해체된 새로운 형태의 군대. 직업군인(용병이 아님)이 주축이었고, 어떤 특정 지역을 지키는 수비대가 아니라 전투 발발 지역 어디에나 투입될 수 있는 체제를 갖추고 있었으며, 병사들이 대부분 정치적 · 종교적 급진파였다는 것이 그 특징이다. 뒤에 의회에 대해서도 독립적 위치를 가지게 됨으로써 왕과 의회 양 진영 모두를 무너뜨리고 군사적 공화국을 세우는 데 큰 기여를 하였다.

29) 철저한 반 율법주의자라면 구원받은 인간들의 상태는 단순히 타락하기 이전의 아담의 그것을 회복한 것이 아니라 그것보다 훨씬 고차원적인 것이라고 주장할 수도 있다. 제1장 주 5에서 인용한 로젠마이어의 논문을 볼 것.

치 마키아벨리가 말하는 신군주의 비르투처럼) 그러한 확신에 대한 필요성을 강화시키는 상황을 만들어내는 데 일조했으며, 하나의 독립 변수로서 작동하고 있었다. 그것은 단지 적법성이 사라진 혼돈의 상황을 정상화하려는 의도뿐 아니라, 그것을 명확하게 표현할 수단을 찾는 새로운 수준의 시민의식까지도 보여준다. 퓨리턴 성인에게 특별한 소명이 있다는 생각은 이 군인들에게 더 이상 환원 불가능한 인격 — "재능" 혹은 "본성" — 을 각자가 타고 났다는 생각을 갖게 해주었다. 이것은 각자가 신과 가지는 독특한 관계, 신에 대한 책임 혹은 의무라는 말로 표현될 수 있었고, 또한 그러한 의무를 수행할 수 있도록 이미 각자에게 주어져 있는 권리와 힘의 근본적 평등이라는 말로도 표현될 수 있었다. 지금까지 왈저의 분석은 효력이 있었다. 여기에다 소명은 은총의 행위로서 시간 속의 개인에게 작동하는 것으로 보아야만 한다는 점, 그러한 의미로 인식되는 시간은 예언적으로 혹은 계시적으로 인식될 것임에 틀림없다는 점을 덧붙여 생각해 볼 때 그것은 계속해서 유효하다. 하지만 만약 우리가, 앞의 장에서 제시한 노선을 따라, 잉글랜드의 성인은 — 그에게 전해져 내려온 법과 자유로부터 소외된 존재와는 정반대편에서 — 그의 소명이 그를 그러한 법과 자유로부터 해방시키는 것이 아니라 오히려 그것들을 변형시키기 위해 그를 해방시킨다고 할 정도로 그러한 문제들에 연루되어 있었다는 점을 덧붙여 생각해 보면, 분석상의 수많은 문제점들이 명확해질 것이다. 우리는 이제 왜 그가, 한편으로는 자유의 원래의 형태 속에 내포되어 있던 것이 다름이 아니라 자연적·계시적으로 그 자신 스스로인 인민의 자유였다고 주장하면서도, 동시에 그러한 자유를 원래의 형태로 복원하도록 스스로 소명받았다고 느꼈는지를 이해할 수 있다. 또한 우리는 근본적으로 자유롭고 자연적인 자신 안의 역량에 대한 개인의 확신이, 자신의 법과 자유가 물려받은 것이라는 데 대한 급진적 비판에 근거한 급진적 행동에 참여할 수 있는 그의 능력을 어떤 식으로 강화시켰는지 알 수 있다. 인민의 동의는 고래의 헌정에 내재된 반율법주의였던 것이다. 마지막으로, 우리는 아직 잉글랜드의 사상에서 마키아벨리적 계기와 만나는 지점에 와 있지는 않지만, 사보나롤라적 계기와 비교할 수 있는 그 어떤 지점 — 시민의식, 계시적 확신, 그리고 물려받은 제 2의 본성이 복잡한 관계를 이루고 있던 — 에는 와 있다는 것을 알 수 있다. 더욱이 예언자들은 무장한 상태에 있었다. 이제 그들은 그 자신에 대한 믿음만 계속 유지하면 되는 것이다.

그러므로 1647년의 급진파들은 필연성에 대해 승리를 거두는 자유의 계기 — 진정한 천년왕국이 임박해 있는 것으로 보였을 수도 있고, 혹은 좀더 영적 측면으로 보면 인간 역량이 거의 신성화의 단계에까지 이른 어떤 해방이 도래한 것처럼 보였을 수도 있다 — 를 맞고 있었던 것으로 볼 수도 있다. 몇몇 경우, 복종의 결의론을 제창하는 사람들에게는 권위가 재수립할 수 있고 또 그렇게 해야만 하는 초시간적 계기에 서 있는 셈이었다면, 자유의 교리를 주장하는 사람들에게는 그들의 칼과 정신이 법을 개조하고 자유를 재구성하는 지점에 와 있는 계시적 계기를 맞은 셈이었다. 그러나 푸트니에서[30] 그들과 지휘관들 간의 논쟁은 거의 폭발 직전에까지 이르러 있었다. 지휘관들은 그들 모두가 여전히 자유롭게 벗어날 수 없는 지속적인 필연성의 구조 안에 서 있으며 그것은 비록 성인들이라 해도 벗어날 수 없는 조건임을 이야기하고자 했다(마키아벨리의 예언자들을 무장하게끔 한 것과 같이). 크롬웰의 지지를 업고 있었던 아이어튼은, 어떤 내적 확신이 있다고 해도 그것만으로는 결코 파기할 수 없는, 그런 종류의 계약들이 반드시 있으며, "자연법"을 구실로 부인하기는 힘든 실증법의 구조 또한 틀림없이 존재한다고 주장하였다. 그는 자신이 이렇게 말하는 주요한 이유는, 자연법이 각자가 그 자신의 것을 가져야 한다고 포고할 수는 있어도

30) 이 논쟁들의 텍스트는 모두 우드하우스(Woodhouse)의 책에서 볼 수 있다.

무엇이 각자의 것이 되어야 하는가는 정할 수 없기 때문이라고 천명하였다.[31] 재산, 즉 개별자에 관한 일 — 해링턴은 그것을 "운의 재화"라고 부르게 된다 — 은 보편 원리가 아니라 인간의 결정에 의해서 분배되어야 마땅하다는 것이다.

> 신법도 자연법도 모두 나에게 재산을 주지는 않는다. 재산은 인간의 관행에 의한 것이다. 내가 재산을 가졌고 이것을 나는 즐길 것이다. 인간의 관행이 재산의 기초이다.[32]

만약 인간 사회가 반드시 존재해야 한다면 — 아이어튼은 계속해서 이렇게 천명한다 — 개인은 바로 그것에 의해 규정되어야 한다. 법과 재산이 안정적으로 유지된다면 그것은 틀림없이 각 개인에게 사회적 권리와 인격을 부여해줄 것이다. 그러한 권리와 인격이 없다면 그는 도대체 무엇이란 말인가? 하지만 인간을 현재의 그로 만든 사회적 제도 자체가 인간의 창조물임에 틀림없다. 따라서 개개인은 그가 만들어내지 않은 인간법의 구조 속으로 태어나고 또 그것에 복종해야 한다. 이곳은 잉글랜드이므로, 이러한 것이 어떻게 성취될 수 있는가 하는 문제의 해답은 재산과 관습에서 찾을 수 있다. 개개인의 삶과 이주와 존재의 틀인 보통법이라는 직조물은 까마득히 오래된 관습의 관점에서 토지를 보유하고 상속하고 양도하는 다양한 양식을 규정하는 구조였다. 그리고 아이어튼에게 시민적 참여가 허용되는 개인은 오로지 자유보유권을 가진 최소한의 토지를 상속받은 — 혹은 유증의 수단을 획득한 — 개인이었다. 만약, 일각에서 주장하는 것처럼,[33] 수평파(Level-

---

31) Woodhouse, pp. 54, 58, 60, 63.

32) Woodhouse, p. 69.

33) 예를 들어 C. B. Macpherson, *The Political Theory of Possessive Individualism* (Oxford: The Clarendon Press, 1962), pp. 107-59.

lers) 역시 타인의 집에서 하인으로 살아야 할 정도로 재산이 없는 사람들을 선거권으로부터 배제하려 했다는 것이 사실이라고 해도, 결코 아이어튼과 레인버러 사이의 간격이 메워지지는 않는다. 아이어튼에게 토지는 반드시 자유보유 토지이어야 하고, 아니면 적어도 자유보유권의 법적 개념에 준하는 것이어야 했다.[34] 그것은 반드시 보통법상—보통법 자체가 까마득한 시대로부터 전해져 내려온 관습의 유산이었다—상속 가능한 것으로 인식될 수 있는 것이어야 했다. 왜냐하면 그것 이외에 개인을, 출생시부터 성년이 되고 유산을 상속받는 순간에 이르기까지, 그가 마땅히 지켜야 하는 법과 재산의 구조 안에 고정시킬 수 있는 다른 방법이 없었기 때문이다.[35] 로버트 필머 경 역시 켄트에 조용히 머물면서 가부장제주의 이론을 이용하여 자연적 자유를 부정하는 방법을 찾아내려고 골몰하고 있었다.[36] 그러나 당시에는 아이어튼의 주장이 훨씬 더 널리 알려져 있었다.

개인에게 지워진 필연성은 어떤 중요한 의미에서 특정한 어떤 것을 지칭하는 것이 아니라 그 형식을 가리키는 것이라는 점을 반드시 강조할 필요가 있다. 즉 지금 통용되고 있는 "특정한" 체계가 아니라 법과 재산에 대한 "어떤" 체계에 복종해야 한다는 것이다. 아이어튼은 개혁을 파급력이 크고 매우 지적인 방향으로 인식하고 계획할 수 있었다.[37] 또한 인간을 규정하는 사회적 구조는, 지금까지 살펴본 것처럼, 그 자체가 인간이 만든 것이었다. 그러나 상속 가능한 자유보유 토지를 "영원한 이익"이라고 부르면서 그것이야말로 개인을 상속받은

34) Woodhouse, pp. 57-58.

35) Woodhouse, pp. 66-67.

36) 이 장 주 10에 나오는 라슬릿 편집본의 서론을 볼 것.

37) 예를 들어 *Heads of the Proposals*를 볼 것. Kenyon, pp. 302-308. 완전한 텍스트는 John Rushworth, *Historical Collections of Private Passages of State* (London, 1635-1701), VIII, pp. 731-36를 볼 것.

복종의 구조에 따르게 함으로써 시민이 되도록 한다는 그의 주장은, 결국 그가 인간에 의해 만들어진 것이 사실인 — 하지만 그가 누구인지는 모른다 — 관습과 법에다 개인을 묶어 두려고 했다는 것을 말해주는 강력한 증거이다. 그가 푸트니에서 행한 주장은, 그가 왜 1년 반 후 혁명적 행동을 위해 잉글랜드의 정치가가 취할 수 있었던 몇 안 되는 기회 가운데 하나를 거부했는지를 이념적 측면에서 설명해 준다. 의회를 해산하고 새로운 방식의 선거권에 따라 의원을 다시 선출하자고 주장하지 않고, 의회를 정화하자고 하는 것은 군대 — 고위 장교들에 의해 정치적 행동으로 이끌려 가는 — 가 언제나 전통적 헌정의 요소에 의한 적법성을 요구하게 된다는 것을 인정하는 셈이었다. 따라서 의회의 정화를 주장하는 것은 곧 그들의 행위를 적법한 것으로 만들어 줄 하원을 얻는다는 것만을 목적으로 하원을 정화하겠다는 것에 다름 아니었다.[38] 그러한 태도는 사회구조와 법과 제도가 인간의 정치적 의지에 필수불가결한 것임을 주장하는 아이어튼의 논증 양식으로부터 아주 논리적으로 유추될 수 있다.

1648~1649년의 혁명은 이렇듯 미완의 성격을 지니고 있었기 때문에, 그것을 변호하는 주장들은 그것이 기존의 방식으로부터의 이탈했다는 점을 정당화하는 형식을 취했다(하지만 혁명이라면 이런 점에 대해 변명할 필요가 없다). 예컨대, 왕의 처형 뒤에 잔부(殘部) 의회(Rump Parliament)가 출판한 선언문의 주요 테제는 왕정이 잉글랜드에 정치적 안정을 제공하는 데 실패했다는 — 최근의 위기 상황에서뿐만 아니라 전 역사를 통해 — 것이었다.[39] 그리고 덧붙여 상원의 폐지에 대한

---

38) Kenyon, p. 294; David Underdown, *Pride's Purge* (Oxford University Press, 1971).

39) *A Declaration of the Parliament of England, Expressing the Grounds of their Late Proceedings, and of Setling the Present Government in the way of a Free State* (London, 22 March 1648/9), pp. 6, 14, 17. 상원에 대한 언

정당화도 필요했기 때문에, 이는 균형정체가 고안된 목적에 비추어 볼 때《19개조안에 대한 답변》의 혼합정체는 이미 실패했으며, 따라서 더 나은 것으로 대체되어야 마땅하다는 주장으로 쉽게 이어질 수 있었다. 더군다나 세습적이거나 수구적인 귀족계급에 대한 극도로 나쁜 감정이 군 급진주의의 한 부분으로 남아 있었고, 이는 수평파의 몰락 후에도 여전했다. 그러나 잔부 의회 선언문의 방어적 기조는 1649년과 그 이후 몇 년간의 주요 이론 논쟁의 기조를 암시하고 있었다. 즉 이른바 참여 논쟁(Engagement controversy)[40]이 그것인데, 이는 독립파(Independent) 사상이 급진적 신념을 상실한 후 모색해야만 했던 다양한 방향을 보여주고 있다. 왜냐하면, 참여란 현재의 정부에 복종하기로 약속하는 것과 진배없는 것이었고, 이는 곧 법적 정부가 아닌 사실상의 정부에—적법한 권위가 아닌 실질적인 권력 소유자에 대해—복종하는 문제에 관한 복잡하고도 중요한 논쟁으로 이어졌기 때문이다. 간단히 말해서 이제 권위에 대한 결의론적 탐색이 재개되었고, 이는 파국적 상황 하에서도 지속되고 있었던 잉글랜드 보수주의의 힘을 증언하는 것이었다. 그처럼 무미건조한 주제에서 그토록 중요한 사상이 산출된 것이다. 이 논쟁의 뒤얽힌 전략에 대해 분석하다 보면 홉스의 방향으로 갈 수도 있고, 혹은 마키아벨리적이고 공화주의적인 해결책의 부활을 위한 조건들 가운데 몇몇으로 갈 수도 있다.

이론상으로나 1649년의 실제 상황으로나 사실상의 지배란 곧 칼에 의한 지배였다. 이 논쟁에 참여한 모든 사람들이 직면한 문제는 어떤

급에 대해서는 p. 20을 볼 것. 또한 *The True Portraiture of Kings of England* (London, 1650)도 볼 것.

40) 여기에 대해서는 다음을 볼 것. Wallace (위의 주 15); Skinner (위의 주 23); Wallace, "The Engagement Controversy, 1649-52: An Annotate List of Pamphlets," *Bulletin of the New York Public Library* 68 (1964), pp. 384-405.

조건 하에서 인간의 법에 의해 수립된 정부가 붕괴되고 인간의 권력에 의해 수립된 정부에 자리를 내주었던가를 정확히 설정하는 것이었고, 그 과정에서 권력은 어떤 양식을 통해 스스로의 정당화를 시도했는지를 결정하는 것이었다. 가장 간단하고 명확한 전략은 섭리에 직접 호소하는 것이었다. 이러한 것들이 나타난 것은 신의 불가사의한 의지에 의한 것이었고, 신의 피조물로서는 신의 도구에 결코 저항할 수 없다는 것이었다. 그러나 이러한 논증은 수많은 반대 논증에 취약했을 뿐 아니라, 그 당시 고도로 다양한 방식의 논증을 펼치던 지식인들에게는 권력의 정당화 과정에 대한 생각을 좀더 발전시킬 수 있을 것처럼 보이는 유혹적인 다른 수많은 길들이 있었다. 예컨대 그것은 단지 섭리적인 것에서 예언적인 것으로 옮겨가는 한 발걸음에 불과했다. 크롬웰은 자신이 그 일에 대한 소명을 느끼지 않았다면 절대로 그 일에 뛰어들지 않았을 것이라고 반복해서 주장했는데, 그를 둘러싸고 있었던 사람들은 언제나 크롬웰과 자신들의 역할을 곧 실현될 예언들과 곧 도래할 계시적 종말 혹은 천년왕국이라는 콘텍스트에서 해석하고 있었다. 그러나, 크롬웰은, 권력을 잡은 1653년 이후, 더 이상 자신이 종말론적 시나리오 안에서 어떤 특별한 역할을 해야 하는 것으로 보지 않았고, 그의 권력이 언제나 존재했던 권력이라고 누차 주장했다는 사실은 주목할 만하다. 그리고 그것은 앞서 검토한 성인들의 분열된 정신의 전형이었다. 라먼트의 견해에 따르면, 그것은 신적인 통치로부터 (폭스적인 의미에서) "신 없는 통치"로의 결정적인 전환을 보여주는 지표였다.[41] 호국경 자신도 자신의 권위는 예언법적 권위라기보다는 사실상의 권위라는 것을 암암리에 인정할 의사가 있었다. 그럼에도 불구하고 다윗식 왕권의 수사가 새로이 갱신된 예표적 전조들을 가지고 그에게 달라붙어 있을 수도 있었다.[42] 그러나 그가 보여준 태도는 그리스도를

---

41) Lamont, *Godly Rule*, ch. 6, pp. 136-62.

42) J. A. Mazzeo, "Cromwell as Davidic King," in *Renaissance and Seven-*

앙망하는 성인들이 지금 잉글랜드를 통치하고 있다는 교리가 왜 소수자의 서언(誓言)으로 남게 되었는지에 대해 많은 것을 설명해 준다.

사실상의 권위에 대한 논쟁*은, 엄밀히 말해, 완전한 계시적 조망을 받아들일 수 없었고 다만 그 자체로서 남아 있었다. 계시는 모든 인간적 권위는 전복되었거나 곧 그렇게 될 수도 있으며, 진정한 그리스도 왕국이 임박했음을 선포하고자 했다는 점에서 이미 반율법주의로 성장한 상태에 있었다. 그리고 이러한 것이 사실이 아니며, 구정부의 붕괴와 신정부의 수립이 인간의 지속적인 시간 안에서 일어났다는 가정 하에서만, 참여의 문제가 논쟁의 가치를 가질 수 있었다. 섭리에 대한 호소는 시간을 다루는 전략에서 첫 번째 수단이었다. 하지만 사건이 계시적인 것이 아니라면, 그것은 유일무이한 것이 아니라 때때로 일어나는 혁명이라는 부류의 사건들 중 하나에 지나지 않을 것이다. 아스컴의 《통치의 혼란과 혁명》(*Confusions and Revolutions of Government*)은 바로 이 논쟁의 중요한 텍스트일 뿐만 아니라 핵심적인 저작이다.[43] 만약 정부가 때때로 붕괴한다면 권위는 어떻게 복구되는가? 혹은 차이는 있지만 유사한 언어로 말하자면 그러한 곤경의 상태에서 개인의 복종이 지닌 본질은 무엇인가? 존 월러스는 잘 짜여진 앤드류 마블의 사상에 대한 꼼꼼하면서 재기발랄한 연구를 통해 적어도 이 시점에서는 섭리적 조망이 아직 다 소진되지는 않았음을 보여주고 있다. 그는 마블이 풍요롭고 복잡다단한 시적 재능을 발휘하여, 개인이 그러한 사건들—개개인의 사람들이 느낀 어떤 의무감(pietas)은 그러한

---

teenth Century Studies (New York: Columbia University Press, 1964), pp. 183-208, 그리고 Wallace, *Destiny His Choice*, ch. 3, pp. 106-44. 여기서 크롬웰을 주제로 한 마블의 시들에 대한 해석이 논의되고 있다.

* de facto argument. 합법적 권력보다는 실질적 권력에 복종하는 문제를 둘러싼 논쟁.

43) 아스컴에 대해서는 Wallace, *Destiny His Choice*, pp. 30-48, 45-48, 54-58.

사건들에 내재한 바로 그 모호성 덕분이었다—에 연루되어 있다는 생각을 더 발전시킬 수 있었다고 본다. 그렇지만 마블에 대한 이러한 해석을 받아들인다면, 적법성이 완전히 파열되었다는 관념을 표현하기 위해 말하자면 마블 및 여타 사상의 좀더 낮은 층위에서 어떤 언어가 사용되고 있었는지를 아는 것이 중요하다. 만약 그러한 적법성의 파열이 인간사에서 어떤 규칙성을 가지고 나타난다면, 모든 정부는 권리가 아니라 무력에 의해 창건된 어느 시점으로 소급될 수 있을 것이다. 또한 어떠한 정부도 그 시초에는 지극히 불의적인 것이 사실이라는 주장이 피력되고 있는데—특히 앤터니 아스컴과 마차먼트 니덤에게서—그 관점은 필경 영락없이 마키아벨리적인 것으로 보인다. 아스컴은 "이것이야말로 그 속에서 우리가 그토록 고통스럽게 움직이고 있는 순환"이라고 썼는데,[44] 이 말은, 비록 그가 자신의 저술에 점철된 고통에서 벗어나는 길로서 입법자나 공화국을 제안하는 데까지 나아가고 있지는 않지만, 폴리비오스식의 순환을 암시하는 것으로 보기에 충분하다. 즉 섭리와 자연의 결합이 그의 사고를 계속 지배했던 것이다. 마찬가지로 마블은—월러스의 분석에 의하면 이는 단지 그가 제시한 비전의 한 차원에 지나지 않지만—《호라티우스 송가(頌歌)》(*Horatian Ode*)에서 올리버 크롬웰에게 명확히 로물루스와 같은 마키아벨리적 군주-입법자로서의 이미지를 수없이 부여하고 있다. 그는 말하자면 행위의 과정에서 어쩔 수 없는 불법과 잔혹함을 행사하지 않을 수 없었다는 것이다. 그는 또 《크롬웰 … 하의 통치 일주년에 부치는 송가》(*Ode on the First Anniversary of the Government under … Cromwell*)에서 올리버 크롬웰을 예언적 권위를 회복시킨 다윗과 같은 인물이자 단 한 번의 창조적 행위로 시간의 불안정한 측면들을 서로 연결시킬

---

44) *Confusions and Revolutions* (2nd ed., 1649), pp. 73-74. Nedham, *The Case of the Commonwealth of England Stated* (1650), ed. Knachel (Charlottesville: University of Virginia Press, 1969)도 참조.

수 있는 고전적 입법자와 같은 인물로 그리고 있다.[45] 다윗이 기름 부음을 받기 전 그와 사울과의 관계나 그 이후 스루야의 아들들과의 관계가 모호하다는 점에서, 그가 로물루스와는 별로 다르지 않다는 사실은 다시 되새길 만하다. 마키아벨리적이자 예언적인 조망들로부터 그리 멀리 떨어져 있지 않은 지점들이 존재하고 있었던 것이다.

그러나 칼의 시기는, 군주, 입법자 혹은 예언자 — 마키아벨리의 화랑(畵廊)에는 이 모든 유형이 다 나타나는데 — 에 의해 장악될 수도 있었겠지만, 또한 아주 상이한 방식의 규범 속에 있는 인물들에 의해 장악될 가능성도 있었다. 우리는 이미 헨리 파커를 다루면서 이 같은 점을 목격한 바 있다. 만민법(jus gentium) 체계 속에서는 이 순간 정복자가 개입할 가능성이 있었다. 그는 칼을 하늘이 자신의 편이라는 증거로 삼아 자신의 행위가 아무리 폭력적이고 초법적이라 해도 그에 맞서서는 안 된다고 말했을 것이다. 이런 정복자의 전형은 성서 속의 니므롯 — 신이 꼭 싫어하지만은 않은 권력을 가진 원시적 전제 군주였던 — 도 노르만공 윌리엄도 아니었다.[46] 니덤을 비롯한 여러 작가들에게 유스 콩퀘스투스(정복자의 법)는 집단적으로 군대를 소유하는 데 있는 것으로 보일 수 있었다. 무장한 잉글랜드인들은 이와 같은 상황 속에서 자연적이자 동시에 섭리적인 통치권을 입증하는 존재일 수 있다는 것이다. 이러한 지점으로부터 한 걸음 더 나아간다면, 그것은 물론 정복자를 성인과 동등시하는 것일 수 있을 것이다. 하지만 만약 걸음을 다른 쪽으로 내딛는다면, 그것은 인민의 안녕이 최고의 법이라는

---

45) Mazzeo, "Cromwell as Machiavellian Prince in Marvell's *Horatian Ode*"; "Cromwell as Davidic King," *op. cit.*; Wallace, *Destiny His Choice*, chs, 2-3; Felix Raab, *The English Face of Machiavelli*, pp. 144-46; Pocock, "The Onely Politician," pp. 284-85.

46) 이들 다른 전형의 정복자에 대해서는 다음을 볼 것. Wallace, *Destiny His Choice*, pp. 22-28, 98-102, 132-34.

원리, 국가이성, 그리고 자연상태로 이르게 되었을 것이다. 그것은 우리가 그동안 이미 연구해 온 길이었고, 또한 스키너가 일련의 논문[47]을 통해 그 시초부터 사실상의 권위에 대한 논쟁이 택했던 섭리주의적 전략에서 결정적으로 이탈한 것임을 보여준, 바로 그 길이었다. 여기서 결정적이라고 한 이유는, 바로 그러한 콘텍스트 속에서 홉스가 《리바이어던》(1651)을 탈고하여 출간하였을 뿐 아니라, 인식상의 한 층위에서 볼 때 그 저작의 의도 역시 동일한 콘텍스트를 가지고 있었음에 틀림없기 때문이다. 홉스의 책은, 잉글랜드 혁명기에 출현한 어떤 책보다도, 적법성의 거의 총체적인 부재 속에 놓인 채, 유기(遺棄) 상태의 정국으로부터 인위적으로 다시 권위를 창출하려고 애쓰던 인간 개인을 가장 급진적으로 그려낸 한 폭의 초상화였다. 그것은 구조상 마키아벨리적 비전과는 전혀 달랐고, 그리하여 잉글랜드 사상에서 마키아벨리가 지니는 역할의 중요성을 부차적인 것으로 축소해 버렸던 것으로 보일 수도 있다.

그러나 사실상의 권위에 대한 논쟁은 마키아벨리즘의 어떤 요소들이 갖는 중요성을 오히려 극대화했다고도 볼 수가 있다. 우리는 군주와 입법자와 순환의 주기(週期)가 말하자면 칼의 시기로부터 출현하는 것을 관측할 수 있다. 하지만 공화국은 그 스스로가 단지 안정을 이루기 위한 하나의 실질적 장치 — 이론상으로는 그랬을 수도 있었겠지만 — 라고만 주장하지는 않을 것이었다. 그것은 고전적 공화국이 사실상의 "칼의 시기"가 군대의 급진주의와 만나는 그 시점에 하나의 행동주의적 이상으로서 잉글랜드 사상 속에 출현했다는 이 길고 긴 이야기를 통틀어서도 매우 흥미로운 발견 중 하나이다. 그러한 급진주의가 아직은 그 의미를 완전히 인식치는 못한 상태에서 수행한 혁명은 이러한 형식을 빌려 개념적·정치적 문제를 촉진시켰던 것이다.

---

47) 이 장의 주 23을 볼 것.

푸트니에서 수평파에 반대한 한 발언자—나다니엘 리치 대령을 말한다. 그는 이후 약간 보수적인 색채의 5왕국파가 되었으나 여전히 호국경의 적이었다—는 빈민들에게 투표권을 부여하자는 법안을 공격하였다. 그것은 그들이 자신들의 권력을 재산권 폐지에 사용할 것이라는 통상적인 이유뿐 아니라, 이런 조치는 빈민들이 반드시 의존하기 마련인 소수의 유력자들에게 부적절한 무게가 쏠리는 결과를 초래할 것이라는 좀더 현실주의적 주장에 근거한 것이었다. 그는 이와 유사한 일이 로마 공화국 말기에도 있었다는 것을 지적하였다. 왕을 끌어내리고 그 자리에 황제를 옹위하는 것은 쓸데없는 짓이라는 것이었다.[48] 리치의 연설이 중요한 것은, 비록 그가 앞으로의 전망에 대해서는 긍정적이기보다 부정적인 태도를 취한 것이 사실이기는 하지만, 그것이 피렌체 사상 속에서 하나의 표준 테마였던 공화주의적 자유와 평민 군대 간의 연대라는 고전적 유래를 가진 관념의 존재가 적어도 한 장교의 마음속에 담겨 있었음을 보여주고 있기 때문이다. 그러나 우리는 이제 스스로를 "단순한 용병이 아니라" 자유로운 시민-군인 단체로 규정함으로써 정치적 문제에 대한 그들의 개입을 정당화하는 것이 결코 군대 어휘의 경계를 넘어선 것이 아님을 알게 된다. 이러한 주장은, 만약 그것이 충분히 마키아벨리적인 관점에서 이루어지기만 한다면, 잉글랜드를 인민 공화국으로 변모케 하는 결과를 가져올 수 있었다. 그것이 비록 섹스비와 레인버러의 언어는 아니었지만, 그래도 수평파를 억압한 이후 자신의 말을 광범위한 청중에게 도달하게 할 만한 위치에 있던 한 작가에 의해 그러한 이데올로기가 열정적으로 발산되었던 시간과 장소를 찾아내기란 어렵지 않다.

문제의 작가는 다름 아닌 마차먼트 니덤이었다.[49] 그는 내전과 잔

48) Woodhouse, p. 64.

49) 니덤의 활동에 대한 이러한 재평가에 대해서는 다음을 볼 것. Pocock, "James Harrington and the Good Old Cause: A Study of the Ideological

부 의회 기간 중의 지배 개념들을 뒤섞어 내놓은 저널리스트로서, 번뜩이는 재치를 가졌으나 단 한 가지, 성실성이나 일관성은 부족한 인물이었다. 그는 한때 왕당파 활동으로 인해 투옥되었으나, 《잉글랜드 공화국의 사례 진술》(*The Case of Commonwealth of England Stated*)을 쓰고 1650년에 그것을 간행함으로써 감옥에서 풀려났다. 이 책은 이른바 사실상의 권위에 대한 복종을 호소한 것인데, 어떤 점에서 마키아벨리적 요소를 포함하고 있으나, 동시에 《리바이어던》을 쓰기 이전의 홉스의 저작에 광범위하게 의존한 주장들에 근거하여 정복자의 칼에 복종할 것을 권고하고 있다. 잔부 의회는 그 대가로 그에게 신정부가 발행하는 주간지인 《메르쿠리우스 폴리티쿠스》의 편집인 자리를 부여했으며, 그는 이후 오랫동안 이 직위를 유지하였다. 1650년 여름, 그는 여기에다 주요한 글들을 게재하기 시작했는데, 처음에는 《잉글랜드 공화국의 사례 진술》에서 발췌한 글을 싣다가, 뒤에 자료가 고갈되자 아직 책으로는 나오지 않은 다른 논설들을 실었다. 그는 이 일을 1652년 중반까지 계속했으므로, 던바 전투와 워체스터 전투 기간도 이에 포함되는 셈이다. 당시는 수평파에 대한 억압에도 불구하고 연대 체제에 대한 급진적 열광이 여전히 높은 수위에 달해 있을 때였다. 니덤이 쓴 글은 초지일관 급진적이며 민주적인 기조를 유지하고 있다. 예컨대, 신법적 권위에 대한 한 장로교 목사의 주장은 적그리스도의 것이라는 비난을 받고 있으며,[50] 스코틀랜드의 평민들은 족장의 권력에서 해방되어야만 한다는 것이다.[51] 그리고 무엇보다도 이 논설

Context of His Writings," *Journal of British Studies* 10. 1 (1970), pp. 36-39. 다음도 볼 것. J. Frank, *The Beginnings of the English Newspaper* (Cambridge, Mass. : Harvard University Press, 1961) ; Knachel, ed., *The Case of the Commonwealth*, introduction.

50) *Mercurius Politicus* 99 (22-29 April 1652), 1553-56; 114 (5-12 August 1652), 1785-89.

51) *Ibid.*, 65 (28 Aug.-4 Sept. 1651), 1033-34; 73 (23-30 Oct. 1651),

들은 잉글랜드 최초로 고전적 · 마키아벨리적 관점의 공화적 민주주의를 표현하고 있다. 민주 정부라고 불릴 수 있으려면, 그것은 반드시 평민의 무장[52]과 함께 그들이 선출하는 하원의원 및 장관의 신속한 승계 — 해링턴이 이를 가리켜 "교대"(rotation)이라 부르게 되겠지만, 니덤은 "회전(revolution)"이라 부른다 — 에[53] 기초하지 않으면 안 된다. 그는 세습귀족과 상원에 대해 반복하여 강한 불신을 피력하고 있는데, 그들은 만일 계속해서 규칙적으로 해산되지 않으면 거의 언제나 서로 다를 바 없는 존재가 되어 버린다는 것이다.[54] 로마 공화국의 정치는 투쟁적인 평민의 관점에서 제시되고 있다. 아테네 — 이 시기에는 희귀한 존재였던 — 가 스파르타보다 더 선호되고 있다.[55] 보통 혼합정체의 시금석으로 간주되는 베네치아는 "영구 귀족"의 원형이 되고 있다.[56] 만일 균형과 신속한 관직 교대가 이루어지지 않는다면, 어떤 양식의 공화적 권력이라도 그것은 사실 "군주제적"이다. 권력 행사의 주체가 일인이든 혹은 다수든 그것은 문제가 안 된다.[57]

1161.

52) *Ibid.*, 103 (20-27 May 1652), 1609-13.

53) *Ibid.*, 74 (30 Oct.-6 Nov. 1651), 1173-75; 78 (27 Nov.-4 Dec. 1651), 1237; 79 (4-11 Dec. 1651), 1255-56; 91 (26 Feb.-4 March 1652), 1442 ("revolution").

54) *Ibid.*, 70 (2-9 Oct. 1651), 1100-1101; 72 (16-23 Oct. 1651), 1142-43; 73 (23-30 Oct. 1651), 1158; 84 (8-15 Jan. 1652), 1334, 1337; 86 (22-29 Jan. 1652), 1365-68; 89 (12-19 Feb. 1652), 1409-13.

55) *Ibid.*, 71 (9-16 Oct. 1651), 1126; 73 (23-30 Oct. 1651), 1158; 84 (8-15 Jan. 1652), 1335; 88 (5-12 Feb. 1652), 1394; 91 (26 Feb.-4 March 1652), 1445.

56) *Ibid.*, 70 (2-9 Oct. 1651), 1100; 73 (23-30 Oct. 1651), 1158; 84 (8-15 Jan. 1652), 1338.

57) *Ibid.*, 72 (16-23 Oct. 1651), 1143; 87 (29 Jan.-5 Feb. 1652), 1385; 92 (4-11 March 1652), 1457-62; 100 (29 April-6 May 1652), 1569-73. 특히 마지막 자료를 볼 것.

수평파 등장 이후 글을 썼고 또 그들을 조롱했던 니덤은 영어로 민주적 관념들을 표현하는 새로운 방식을 찾아냈다. 그것은 그에 앞선 길고도 복잡한 역사를 가지고 있었다. 우리의 목적을 위해 문제시되는 것은 그가 무장 시민에 대한 고전적 이상과 투쟁적인 무장 평민에 대한 마키아벨리적 이상에 기초한 시민적·평민적인 삶(vivere civile e popolare)을 기술하고 있었다는 점이다. 그가 이렇게 한 것은 군대가 스스로 혁명 운동에 이바지할 수 있다는 주장을 명시하기에 적절한 패러다임들이 바로 이러한 형태로 입수 가능했기 때문이다. 저널리스트로서의 그의 됨됨이는 그다지 찬양할 만한 정도까지는 아니었지만, 그럼에도 불구하고 그는 여전히 꽤 괜찮은 민주적 형태로 사실상의 권위 이론을 명시하고 있었다. 군대만으로는 혁명적 주장들을 충분히 밀어붙이기 힘들기 때문에 이러한 이론이 필요하게 된 것이다. 《잉글랜드 공화국의 사례 진술》에서 끌어온 논설들을 보면, 군대와 평민들은 만민법 속에서 발견되는 정복자의 법을 행사하는 존재로 나타난다.[58] 하지만 니덤이 주장한 사실상의 권위 이론의 경향은 어떤 종류의 권력이라도 그것이 효과적인 권위를 발휘한다면 그것에 복종해야 한다는 주장으로 이어질 수도 있었다. 만약 가정하여 그 권력이 크롬웰 호국경의 것이고 니덤이 《메르쿠리우스 폴리티쿠스》에서 우호적으로 썼던

58) *Ibid.*, 17 (26 Sept.-3 Oct. 1650), 277-78; 18 (3-10 Oct. 1650), 293-96; 19 (10-17 Oct. 1650), 309-12; 20 (17-24 Oct. 1650), 325-26; 21 (24-31 Oct. 1650), 341-43; 22 (31 Oct.-7 Nov. 1650), 357-59; 23 (7-14 Nov. 1650), 373-74; 24 (14-21 Nov. 1650), 389-90 (잉글랜드 왕); 25 (21-28 Nov. 1650), 407-408; 26 (28 Nov.-5 Dec. 1650), 423-25 (니므롯과 이스라엘 왕); 27 (5-12 Dec. 1650), 439-40; 28-30 (12 Dec.-2 Jan. 1651), 칼에 대한 복종의 필요성에 대해 광범위하게 다룸; 31 (2-9 Jan. 1651), 503-504, 예속 상태에서 기원한 정체; 35 (30 Jan.-6 Feb. 1651), 567-68, 정복민이 자신들의 자유를 상실하는 데 수반되는 위험성; 75 (6-13 Nov. 1651), 1189-91; 93 (11-18 March 1652), 1457-60; 98 (15-22 April 1652), 1540.

군대의 요소들이 그 반대편에 서 있다면 그 자신은 어정쩡한 위치에 서게 될 것이며, 잉글랜드 마키아벨리즘의 역사는 새로운 출발을 하게 될 것이었다.

[III]

1656년 여름 막바지 혹은 가을, 제임스 해링턴이 《오세아나》(*Oceana*)*를 출간한 정황에 대해 우리가 알고 있는 바를 감안할 때, 그 저술의 직접적인 배경은 호국경이 1654년 이래 추진해 온 방식에 대해 군대 내의 일부 집단들 사이에서 점증하던 불만이었던 것으로 보인다.[59] 군대 조직의 정서를 대변하지 않는 지휘부가 권력을 장악하는 것을 싫어한 전직 장교들과 해링턴 사이에는 보이지 않는 접점들이 존재하고 있었다. 그들에게 이 지휘부는 의회 의원을 자주 교체해야 한다는, 1647년 이래 계속 요구되어온 사항을 들어줄 어떤 의지도 없어 보였으며, 오히려 군대를 행정권의 수장인 호국경의 통제 하에 두려고 했을 뿐이었다. 그래서 1656년 호국정의 일부 유력자들이 어떤 의도를 가지고 있는가에 대해 이런저런 소문들이 떠돌았던 것도 놀랄 일이 아니다. 이러한 소문은 결국 1657년 봄 《겸손한 청원과 조언》(*Humble Petition and Advice*)[60]으로 그 모습을 드러냈는데, 이는 크롬웰의 몰락을 향한 결정적인 반혁명 단계의 시작이었다. 그것은 호국정을 세습군주국으로 바꾸고, 현재 헌정을 구성하는 "한 사람"과 단원(單院) "의

---

* "오세아나"란 대양국(大洋國)이란 의미이다. 여기서는 그냥 원어 발음으로 표기하기로 한다.

59) 더 상세한 내용에 대해서는 다음을 볼 것. Pocock, "James Harrington and the Good Old Cause," *loc. cit.*

60) Text in Kenyon, *The Stuart Constitution*, pp. 350-57.

회" 간의 균형을 유지하기 위해 지명 선출로 이루어지는 "또 하나의 의회"를 만들라는 제안을 담고 있었다. 이는 분명히 14, 5년 전 《의회 양원의 19개조안에 대한 전하의 답변》에 기술된 통치형태로 돌아가는 것이었고, 사실 《겸손한 청원과 조언》에서 우리는 그것을 시사하는 "3신분"(the three estates)이라는 말을 찾아 볼 수 있다.[61] 이제 강력한 귀족층의 확립은 물론, 역사상 존재했던 어떤 체제로의 복귀에도 격렬히 반대하는 것이 "선한 옛 대의"(the Good Old Cause)를 전파하는 잔존 공화주의의 특징이 되기에 이르렀다. 우리는 《겸손한 청원과 조언》에 이러저러한 내용이 담겨 있을 것이라는 예견이 전년도 여름의 반대 담론들을 설명해줄 것이라고 추측해 볼 수도 있다. 어쨌든 니덤이 1650년에서 1652년 사이 《메르쿠리우스 폴리티쿠스》에 논설로 실었던 글을 왕과 귀족의 침해 행위에 대한 분노를 약간 누그러뜨린 정도로 수위 조정을 해서 1656년 6월 《자유국가의 우수성》(*The Excellency of a Free State*)이라는 책으로 간행했을 때 — 이후 그가 이 일을 포함하여 자신을 해링턴과 연관시킨 것을 후회했다는 증거가 있다[62] — 혹은 헨리 베인 경이 거의 같은 시기에 《치유의 질문》(*Healing Question*)을 내놓았을 때, 이 두 책 중 오직 하나만이 당국에 의해 박해를 받게 된다. 니덤의 이 저작에 의하면, 군대는 정의를 위해 정복에 나선 "신의 인민"이었으나 이제는 불행히도 내분을 겪고 있기 때문에, 잉글랜드에서 성인들의 통치를 이루어내는 그 본연의 기능으로 다시 복귀해야 한다는 것이었다.[63]

그러나 《오세아나》는 스스로의 직접적인 콘텍스트를 뛰어 넘는 저작들 중 하나이다. 이 책의 역사적 의미는 그것이 패러다임적 신기원

---

61) Kenyon, p. 353 (제7절).

62) Pocock, "James Harrington and the Good Old Cause," pp. 38-39.

63) Margaret Judson, *The Political Thought of Sir Henry Vane the Younger* (Philadelphia: University of Pennsylvania Press, 1969).

을 이룩했다는 것이다. 그것은 시민적 휴머니즘과 마키아벨리적 공화주의에서 끌어온 개념들에 의지하여 잉글랜드 정치 이론과 역사를 대폭적으로 개정하였다. 그러한 개정이 이루어진 데는, 잉글랜드의 군사 공화국을 무장 평민(popolo armato)의 통치로서 정당화하려는 충동이 그 직접적 이유로 작용하였다. 하지만 잉글랜드인들의 정치 의식을 명료하게 만드는 데 어떤 양식들이 사용 가능했는가에 관한 그동안의 오랜 탐색으로, 우리는 시민적 삶의 언어가 경쟁적 대안들의 틈바구니 속에서 스스로를 확립하기 위해 어려운 투쟁을 벌였다는 것을 충분히 알 수 있게 되었다. 우리는 해링턴에게서 잉글랜드의 마키아벨리라 할 만한 인물의 역할 — 덕과 운 사이에 극적 투쟁의 장을 마련하거나, 혹은 형제를 고발하는 일을 맡거나, 잉글랜드의 도덕 의식 속으로 칼을 찔러 넣어 그 상처로 인해 비명이 터져 나오도록 하는 등 — 을 기대하지는 않을 것이다. 그러한 특징은 홉스를 위해 준비된 것이었다. 해링턴의 목적은 다음과 같았던 것으로 보인다.[64] 첫째, 전통적인 "고대적" 혹은 "균형적" 정체가 기초했던 토대들은 항상 불안정했을 뿐 아니라 지금에 와서는 아예 사라져 버리고 없다는 점을 보여줌으로써 그러한 정체에 반대하는 모든 주장을 아예 원천 봉쇄하고자 하는 것이다. 둘째, 후(後)사보나롤라적 시기라 부를 만한 때의 한 일원으로서, 이 같은 고대적 관례와 관습의 초월이 계시적 과정이라기보다는 세속적 과정이라는 것(우리는 이 둘 모두 가능했다는 것을 잊어서는 안 된다), 그래서 성인들의 지배는 필요치 않다는 것을 보여주는 것이다. 첫째 목적을 위해 그는 무력의 소유를 권력의 배분과 시민적 덕성의 발휘 양쪽 모두에 결정적인 것으로 묘사한 마키아벨리적 이론에 기초하여

64) 필자는 케임브리지대학 출판부에서 간행 예정인 해링턴의 정치저술들에 대한 편집본을 준비 중이다〔*The Political Works of James Harrington* (London, 1977) — 옮긴이〕. 다음도 볼 것. Pocock, *The Ancient Constitution*, ch. 6, pp. 124-47.

시민적 칼의 역사를 구성하였다.[65] 두 번째 목적을 위해 그는 시민권 이론을 전개하였는데, 이에 따르면 잉글랜드인들은 시민이며 잉글랜드 공화국은 스스로를 선택한 성인들의 어떤 과두정보다 더 신에 가까이 서 있는 존재라는 것이고, 이는 첫 번째 논증들의 입장에 합치되는 것이었다. 전자의 측면에서 그는 재산권의 필요성에 대한 아이어튼의 확신과 자유의 기회에 대한 레인버러의 신념 사이에 존재하는 간격을 이어줄 이론적 교량을 놓았을 뿐 아니라, 잉글랜드의 자유토지보유자를 파르나수스산[66] 로부터 지상으로 귀환한 고전적 시민으로 묘사하는 수단을 발견한 것이었다. 후자의 측면에서 그는 퓨리턴적 천년왕국 의식의 발전 속에 존재하는 이상하면서도 중차대한 한 시기에 홉스와 서로 등을 맞대고 서 있었던 셈이었다. 하지만 그는 긴 역사적 안목에서 볼 때 홉스와는 다소 다른 모습을 보이는데, 이에 대해서는 이후의 장들에서 설명될 것이다.

해링턴의 저작은 "봉건제에 대한 마키아벨리적 고찰"로 간주된 바 있었다.[67] 1642년 이전 세대의 잉글랜드 학자들이 봉신의 지위, 즉 기사의 봉사와, 종속적 봉건 토지보유권(dependent military tenures)* 일반—색슨족 혹은 노르만족과 함께 잉글랜드에 들어왔다가, 이후

---

65) Oceana, "Second Part of the Preliminaries." 관련 사항에 대해서는 다음을 볼 것. Toland, ed., *The Oceana and Other Works of James Harrington* (1771), pp. 57-72.

66) 트라이아노 보칼리니의 《파르나소 통신》(*Ragguagli di Parnasso*)은 해링턴이 가장 애호하던 자료 중 하나였다.

67) Pocock, *Ancient Constitution*, p. 147.

* 주군으로부터 봉토를 받는 대신 그에게 군사적 의무를 행하는 봉건제 하의 토지보유 형태를 말한다. 따라서, 소수 유력 대귀족을 주군으로 모시는 다수의 봉신(기사)이 곧 이러한 형태의 토지보유권자이다. 만일 봉신들이 주군의 권위로부터 벗어나게 되면 그들은 비종속적(nondependent), 따라서 비봉건적 토지보유권을 갖는 것이 된다. 찰스 1세 하의 정국상황이 바로 이러했다. 아래의 해링턴에 대한 관련 논의를 볼 것.

정확히 확정하기는 힘든 어느 시점부터 점차 법과 사회에 대한 지배력을 잃어간 이 제도는 잉글랜드사 시대 구분의 분수령으로 생각되었다 — 의 성격이 어떤 것인가에 대해 점차 이해의 폭을 넓혀나가고 있었다는 흔적이 있다. 진성(眞性) 봉건제의 기사와 봉신에 대한 역사적 인식은 좀더 최근 유력자가 자신의 가신들에 기초하여 가지고 있었던 군사적 권력에 대한 기억 — 우리는 이미 베이컨과 롤리가 그러한 기억을 마키아벨리적 콘텍스트에서 표현했음을 발견한 바 있었다 — 과 혼합되는 경향이 있었다. 해링턴으로 하여금 권력의 배분에 대해 생각하도록 해준 이러한 이미지의 중첩은 색슨족과 함께 잉글랜드에 유입되었다가 단지 헨리 7세가 제정한 법안 때문에 사라져 버린 봉토(feudum)에 기초하고 있었다.[68] 귀족의 군사력이 쇠퇴한 것이 정치적 권력에서의 중요한 변화로 이어졌다는 것, 혹은 그로 인해 왕이 평민들과 직접 얼굴을 맞대는 상황이 나타났다는 것 등은 별로 새로운 주장이 아니었다. 해링턴이 제기한 결정적으로 새로운 점은 — 이러한 혁신성으로 그는 잉글랜드에서 시민적 휴머니스트 사상의 진정한 선구자가 된다 — 무기의 소유를 정치적 인격에 필수적이라 본 마키아벨리적 이론에 근거하여 이러한 인식들을 유럽과 잉글랜드 양쪽의 정치권력에 대한 일반적 역사 속에 편입시킨 것이었다. 피렌체인들은, 설사 어떤 사람이 자기 자신을 위해서가 아니라 다른 사람들을 위해 무기를 소지한다 해도, 그는 그로써 시민이 될 자격이 없다는 점을 강조하였다. 왜냐하면 그가 공화국의 통제를 받는 시민이 되고자 한다면, 무기의 사용 — 이는 권력과 덕성 어느 쪽을 주장하기 위해서든 결정적인 행동인데 — 을 자신의 통제 하에 두어야 했기 때문이다. 그들은 로마 공화국이 제국으로 변화한 것을 무장한 개인성의 상승과 몰락이라는 측면에서 인식하였다. 해링턴은 잉글랜드의 법 고증학에 밝았기 때문에,

68) Toland, pp. 60-65.

이 지점에서 새로운 차원 — 그가 말했듯이 마키아벨리가 간발의 차이로 놓친 것[69] — 을 첨가할 수 있었다. 그것은 한때 봉건적 보유권의 한 기능으로 간주되었던 무기의 소지가 사실 재산의 소유에 기초한 것임이 밝혀졌다는 것이다. 봉신의 지위와 자유토지보유권 간에는 결정적인 차이가 있었다. 그것은 한 사람의 칼이 주군의 것인지 혹은 그 자신과 공화국의 것인지에 대한 여부를 결정하였다. 또한 자유토지보유자의 지위가 가지는 기능은 자유로운 공적 행동과 시민적 덕성을 위해 무기를 해방시키는 것이며 이는 결과적으로 인격의 해방을 초래하였다. 이제 인격의 정치화는 잉글랜드 정치사상의 언어 속에서 완벽한 표현을 획득하게 되었다. 신의 신민이었던 잉글랜드인은 그들이 지닌 칼과 자유토지보유권 덕분에 이제 비로소 정치적 동물이 된 것이다.

만약 정치적 인격의 기초가 부동산이든 동산이든(물론 후자의 가능성은 더 작지만) 간에 재산이라면, 그것은 아리스토텔레스의 오이코스(oikos)보다는 좀더 분명하게 물질적인 어떤 것에 뿌리박고 있는 셈이며, 그리하여 해링턴은, 극히 도덕적인 부패, 즉 시민적 인격의 실제적 와해야말로 정권 쇠퇴의 주요 원인이라고 본 마키아벨리와는 달리, 그것을 그리 강조하지 않는 경향이 있었다. 어떤 정권이 "부패"하게 되는 것은, 시민들이 그것에 적합한 덕성들을 보여주지 못해서라기보다는 정치적 권위의 분배가 당연히 그것에 결정적 요소가 되어야 마땅한 재산의 분배와 적절히 연결되지 못해서라는 것이 해링턴의 생각이었다.[70] 이러한 일이 발생했다는 것은, 아마 동등자들이 서로 주군과 봉신처럼 행동하려 했거나, 혹은 주군과 봉신이 서로 동등자처럼 행동하려 했을 것임을 뜻한다. 어떤 경우든, 정치권력은 더 이상 객관적 자유의 배분에 의해 정당화되지 않는 방식으로 행사될 것이므로, 강제적이고 전제적으로 부과되는 상황에 이르거나 또는 (결국 같은 것이지

69) Toalnd, p. 39.

70) Toland, p. 68.

만) 약화되고 손상된 상태가 되어, 종국에는 실제의 토지 배분에 따른 권위의 배분이라는 결과를 초래할 것임에 틀림없다. 고전적인 6개 정체 유형론 — 군주정, 귀족정, 민주정은 그 각각이 공익을 지향하는가 혹은 지배 계급의 이익만을 위하는가에 따라 정당한 것으로, 혹은 불법적인 것으로 규정되었다 — 은 이제 그 각각이 실제적인 토지 배분과 연결되거나 혹은 연결되지 않을 수 있도록 변형이 가능하게 되었다. 하지만 해링턴은 이에 머물지 않고 투르크 유형의 군주정과 "고트적" 혹은 봉건적 유형의 군주정으로 구분했는데, 전자에서는 일인이 모든 토지를 소유하고 나머지는 그의 뜻에 따라 그것을 보유하며, 후자에서는 소수가 왕의 토지를 보유하며 다시 다수가 그 소수의 토지를 보유한다는 것이다. 그에 따르면, 후자는 균형이 불안정하고 제대로 짜여 있지도 않을 뿐만 아니라 진정한 군주국이라 부를 수도 없는 것이었다. 후자, 즉 고트적 유형에서의 봉건적 반란과 투르크 유형(로마 제국 후기도 이에 속했다)에서의 궁정 근위대 — 예니체리나 프라이토리아니 같은 — 의 반란은 군주정이 설사 아무리 순수한 형태에 있다고 해도 결코 진정으로 안전한 통치방식이 될 수는 없다는 것을 확신케 해준다는 것이다.[71)]

해링턴은 재산을 "운의 재화"로 묘사했고,[72)] 그래서 그것의 분배를 규제하는 어떤 특별한 사회법의 개념도 가지고 있지 않았다. 그러나 그는 인간의 입법에 의해 그것이 재분배되거나, 혹은 거꾸로 그러한 재분배가 저지될 수도 있다고 생각하였다.[73)] 또한 당시 잉글랜드인들의 개념적 콘텍스트 상으로 볼 때, 그가 포르투나의 관념으로까지 나

---

71) Toland, pp. 37, 50, 65-67, 129-30, 248-52.

72) Toland, pp. 36-37.

73) 이러한 점은 — 좀 지나칠 정도라고 생각하지만 — 다음에서 강조되고 있다. J. R. Pole, *Political Representation in England and the Origins of the American Republic* (London: Macmillan, 1966).

아가서 각각의 통치양식이 필연적으로 역기능의 형태로 퇴보할 것이라든지, 또는 자신이 제시한 6개 정치 유형론이 폴리비오스적인 순환 속에 영원히 갇혀 있을 것이라든지 하는 주장을 하지는 않았을 것이라는 점은 분명하다. 그러나 그는 오직 토지보유자들로 이루어지는 민주정만이 — 즉 자유토지보유자들의 데모스 혹은 다수가 비교적 평등하게 토지를 소유하고 있는 사회만이 — 자기 안정화의 폴리테이아(정체)를 창출할 만큼 다양화되고 균형 잡힌 정치적 권위를 배분할 필요가 있는 인적 자원(마키아벨리가 마테리아〔질료〕라고 불렀음직한 것)을 소유하고 있다고 주장하였다. 그리고 그러한 공화국은 이론적으로 볼 때 영원불멸할 수도 있었다.[74] 그는 또한 사실상 순환적 패턴을 따르는 서양 세계의 정치적 권위의 역사를 다음과 같이 제시하였다. 모세와 리쿠르고스, 솔론과 로물루스는 자유 토지를 보유한 전사(戰士)의 공화국을 세운 농경적 입법자로 그려지지만, 그들의 업적은 로마의 정복과 라티푼디움의 성장으로 무화되고 말았다. 그라쿠스 형제가 이를 저지하려다 실패한 후, 로마 제국의 황제들과 그 가신 군대는 황제와 원로원이 토지와 군사력을 나눠가지는 불안정한 군주정을 세웠다. 이러한 권력체제의 요동 속에서 용병으로서의 부름을 받고 나타난 고트족은 전 제국을 넘어뜨리고 군주정과 귀족정 사이의 불균형상태에 있는 봉건체제를 세웠다. 해링턴은 "고트적 균형"(Gothic balance) 혹은 "현대적 분별"(modern prudence)이 전통적으로 정치적 걸작품 — 이는 《19개조안에 대한 답변》에서 표현된 유의 사고에 대한 암시이다 — 이라고 칭송되어 오기는 했지만, 그럼에도 불구하고 왕과 귀족 간의 "레슬링 시합"

---

74) Toland, pp. 178-80. 다음을 볼 것. Z. S. Fink, *The Classical Republicanism: An Essay in the Recovery of a Pattern of Thought in Seventeenth-Century England* (Evanston: Northwestern University Press, 1945); Charles Blitzer, *An Immortal Commonwealth: The Political Thought of James Harrington* (New Haven: Yale University Press, 1960).

이상은 전혀 아니라고 말했다. 그것은 쌍방이 서로의 권력에 맞출 수도 없고 그렇다고 독립적일 수도 없는 상황으로 인해 불안정이 지속되는 체제였다.[75] "오세아나"—즉 그가 약간 이상적으로 그린 잉글랜드—에서는 "현대적 분별"이 앵글로색슨족의 침입에서 시작하여 튜더가의 도래에 이르는 동안 계속되는 것으로 되어 있다. 하지만 헨리 7세—그의 초상은 주로 베이컨에 의존한 것이다—는 마치 잔노티가 메디치가에 부여한 것과 아주 흡사한 역할을 수행하였다. 그는 봉건적 토지보유자(military tenants), 즉 봉신(해링턴은 이들을 가신〔retainers〕과 혼동하고 있다)을 주군인 유력자의 권위로부터 해방시킴으로써 장차 왕 자신에게 해를 가할 힘을 그러한 유력자들로부터 박탈하였고, 그리하여 봉신들을 그들에 대해 왕이 아무런 보유권도 갖지 않는 토지소유자(잔노티의 메디오크리, 중시민)로 격상시키는 길을 열어 놓았다.[76] 왕 자신의 패퇴는 찰스 1세를 위해 준비되어 있었다. 그는 평민 세력의 도전을 받고 나서야 귀족들이 자신의 것을 견지할 아무런 권위도 갖지 못한 것을 알게 되었고, 그리하여 군대에 의한 통치를 강행할 수밖에 없었다. 하지만 결코 왕을 위해 싸우려 들지 않을 자유토지보유자들 외에는 병사가 될 만한 인적 자원이 없었기 때문에 그는 페배했고 그의 왕국은 몰락하고 말았다.[77] 이제 무장한 토지소유 "평민들"이 들판을 장악하고 있었고, 그래서 모세와 리쿠르고스가 했던 일이 다시 일어날 수도 있었다. 한 바퀴의 순환이 끝을 맺었으므로, 영원불멸의 공화국을 건설할 기회가 다시 도래하고 있었던 셈이다. 해링턴은 아이어튼을 능가하였다. 그는 재산의 역사 속에 정치의 닻을 내렸지만, 그것은 단순히 전통적 유산이 아니라 일련의 순환하는 변형

75) Toland, pp. 63, 129.

76) Toland, pp. 64-65, 364-66. 베이컨—《헨리 7세의 역사》(*History of Henry VII*) 및 《에세이》(*Essay*)—에 대한 언급은 pp. 32, 64를 볼 것.

77) Toland, p. 65.

물들로 이루어져 있는 것이었다.

더욱이 그는 잉글랜드 고래의 헌정이 인민들의 천재성에 맞추어진 관례와 관습의 구조 혹은 일인, 소수, 다수의 전범적 균형이라는 주장을 이론적으로 와해시키는 작업을 완수하였다. 수평파들처럼, 만약 그러한 고래의 헌정이 노르만족의 강탈적 행위에 근거한 것임을 입증치 못했다면, 그는 그것을 불안정한 형태의 순환체계 — 잉글랜드에 결코 평화나 질서를 가져온 적도 없었고 가져올 수도 없는 — 안의 한 단계로 묘사하고 말았을 것이다. 그는 구체제의 일관되지 못한 상황들이 사람들로 하여금 개인의 양심에 따라 왕과 의회 중 어느 하나를 선택하게 만들었으며, 그 누구도 그런 선택을 했다는 이유 때문에 처벌받는 것은 정당치 못하다는 것을 논증할 태세를 갖추고 있었다.[78] 그는 적어도 앞서의 결의론적·사실상의 권위에 대한 논쟁으로부터 자라나온 것으로 보일 수도 있을 정도까지는 그렇게 주장할 작정이 되어 있었던 것이다. 아스컴과 니덤의 전통 속에서 모든 정권은 칼에 근거하고 있는 것이 아닌가 우려할 수도 있는 독자들을 향해, 그는《리바이어던》보다 훨씬 더 낙관적이고 적극적인 결론으로 귀착하는 칼에 대한 시민적 이론과 시민적 역사를 제시하였다. 그의 포폴로 아르마토(무장 평민)는 니덤의 상상과는 달리 정복자의 법을 행사하는 집단적인 니므롯이 아니며, 또한 베인이 그렸던 대로 신비적인 택함을 받은 일단의 성인들도 아니다. 여기서 말하는 칼은 리바이어던의 칼이나 기드온의 칼을 뜻하는 것이 아니라, 공화국 인민들로 하여금 시민적 덕성의 구조를 확립하도록 해주는 토대를 의미하는 것이다.

해링턴의 구도 안에서 정치적 개인은 여전히 시민적 휴머니즘에 대한 모든 피렌체적 구도에서 전제되었던 — 그것이 어느 정도로 회의적이든 간에 — 시민적 덕성의 한 요소이다. 하지만 우리는 이미 해링턴

78) Toland, p. 69.

이 개인의 인격의 기초로 도덕적인 것보다는 물질적인 것을 더 강조했다는 사실을 알고 있다. 《오세아나》에는 16세기 혹은 그 뒤 18세기의 경우와 비교할 때 부패와 관련된 도덕적 타락에 대한 언급이 적다. 해링턴의 "인민"이 가장 두려워했을 만한 것은 정부의 부재이다.[79] 이때 그가 말하는 정부란 강제력을 지닌 군주가 아니라 사람들을 덕성의 기회로 안내하는 "제도", 즉 오르디니(ordini)를 뜻한다. 마키아벨리의 경우가 그렇듯이, 무기의 소지는 개인으로 하여금 한 책임 있는 도덕적 존재로서 자신의 사회적 권력과 정치참여를 주장케 할 수 있는 본질적 매개물이다. 하지만 비종속적 보유권에 따라 토지를 소유하는 것은 이제 무기 소지를 위한 물적 토대가 된다. 해링턴은 그러한 방식의 보유가 봉신의 지위와는 다른 사회적 종속의 양식들을 수반할 수도 있다는 점에 대해서는 생각해 보지 않았던 것 같다. 무기의 중요성을 강조함으로써 그는 만일 군사적 봉사의 의무를 부과하지 않는다면 어떤 것도 상관없다는 식으로 모든 방식의 보유권을 똑같이 취급하게 될 가능성도 있었다. 하지만 푸트니에서의 아이어튼과 레인버러처럼, 그는 진정한 자유토지보유의 상태와 예속의 상태 사이에 놓인 광대한 중간지대를 탐색하지는 않았지만, 그럼에도 불구하고 그 양자의 주장에서 추출된 요소들을 자신의 논증 속에 조합해 넣었다. 그는 아이어튼과 같이, 토지의 양도와 세습이야말로 공화국에 대한 어떤 종류의 관심이나 참여에도 필수불가결한 것임을 주장하였다. 해링턴은 하인이란 결코 공화국의 한 부분이 아니며, 따라서 그들로 인한 위험은 마치 외국의 적으로부터 오는 위험처럼 공화국 바깥에서 오는 것[80]임을 천명하였다. 하지만 그는 레인버러가 그랬듯이, 시민의 경제적 자율이라는 영역 안에 임금을 받고 일하는 사람도 포함시켰던 것으로 보인다. 물론 이 경우에도 그는 자기 소유의 집에 거주해야 하며 타인의 집이나

79) Toland, p. 469 (*A System of Politics*, IV, pp. 18, 19, 22).

80) Toland, pp. 77, 138.

가계에서 기거하는 하인이 아니어야 한다는 단서를 붙였다.[81] 경제에 대한 해링턴의 태도는 그동안 많은 논쟁의 대상이 되어 왔는데, 한 연구자는 그가 토지를 기본적으로 이익을 위해 사고파는 시장의 상품으로 생각했으며, 이로 인해 그가 주장한 시민층이란 곧 부침과 유동의 상태에 있는 사업가 계급이었을 것이라는 점을 입증코자 하였다.[82] 그러나 그의 마음속에 있는 경제는 그리스적인 것으로서, 폴리스에 대한 오이코스의 관계 위에 기초하고 있었다는 것을 입증할 만한 증거가 있다. 토지의 획득은 곧 상속자에 대한 증여를 위한 것,[83] 즉 상속 재산의 안정성에 기초한 가계 혹은 오이코스를 찾아내기 위한 것이 된다는 것이다. 그렇게 되면 그 가계의 아들들은 공화국의 부름에 응해 자유롭게 무기를 들고 투표를 할 수 있게 되는 것이다. 아리스토텔레스가 그랬듯이, 토지의 목적은 이익이 아니라 여가이다. 즉 그것은 공적 영역 또는 집회에서 자신의 덕을 과시하기 위해 행동하는 기회를 잡고자 하는 것이다. 우리는 여기서 시민적 탁월성의 정신으로 돌아간다. 정치란 각별히 "젠틀맨의 천재성"에 적합한 것이기는 하지만,[84] 그렇다고 해서 가난한 자유토지보유자들이 칭찬은 하되 비판적 입장을 견지하는 다수의 역할로부터 소외되는 일은 없다는 것이다.

해링턴은 재산이 동산이나 부동산의 형태로 존재할 수 있다는 점을 알고 있었고, 그래서 재산과 권력 간의 관계에 대한 자신의 일반 법칙은 부동산의 경우와 마찬가지로 동산의 경우에서도 작동할 수 있다고 단언하였다.[85] 하지만, 비록 그가 홀란드에 대해 잘 알고 있었고 그

81) Toland, p. 247. 그런 유의 사람은 재산을 평등하게 만들기 위해 자신의 투표권을 사용하는 데는 아무런 관심도 없을 것이라는 주장이 여기서 제기되고 있다.

82) C. B. Macpherson, *The Political Theory of Possessive Individualism*, ch. 6, esp. pp. 82-88.

83) Toland, p. 480 (*A System of Politics*, X, 4-5).

84) Toland, p. 53.

곳의 한 잉글랜드 연대(聯隊)에서 복무한 적도 있었다는 말이 있기는 하지만, 그는 어디에서도 군사적 · 정치적 구조가 상품 및 화폐 재산에 기초한 사회의 특징을 끌어오지 못하고 있다. 홀란드인들은 무장한 고전기의 사람들과는 아주 거리가 멀다는 사실이 그에게 어려움을 가져다주었을지도 모른다. 홀란드와 제노바 — 베네치아가 아니라는 점이 주목된다 — 는 단지 "무역 수지가 토지 수지를 잠식하는가"의 여부에 대한 한 논의 속에서 완전히 상업적인 사회 유형으로 등장할 뿐이다. 이는 고리대금업이 토지재산에 미치는 충격을 검토하는 대목이다. 이윤 추구의 사회인 홀란드와 제노바가 고리대금업을 규제할 필요를 느끼지 못했다는 것은 분명하다. 고대 이스라엘과 스파르타의 경우 고리대금업을 엄격히 제한할 수밖에 없었는데, 이는 그곳의 정치체제가 토지의 분배에 기초하고 있었고 반면 농경지는 한정되어 있었기 때문에 부채로 인해 부동산이 다른 사람의 손에 넘어가는 것을 막기 위해서였다.[86] 같은 이유로, 근대의 유대인들은 농업 경영자의 환경으로 복귀할 수 있는 땅에 재정착해야만 했다.[87] 그러나 오세아나는 그곳의 상인들에게 이자를 받고 돈을 빌려주는 관습을 충분한 정도까지 허용하고 있다(비록 외견상으로는 유대인이 이 분야에 재진입하는 것을 막고 있기는 하지만). 고리대금업으로 인해 토지 제도가 흐트러질 가능성은 없으며, 오히려 그것 덕분에 고무되고 풍요롭게 될 수 있다는 것이다.[88] 부르주아 성향의 학자들은 해링턴이 17세기 잉글랜드에서 투기로 인한 이익을 정당화하고 있는 것을 발견하고 기분이 좋았을지 모르지만, 그 기분 때문에 그가 토지 세습과 관련하여 땅을 돈으로 사고파는 것을 긍정적이기보다는 부정적으로 보았다는 사실에 눈을 감아서는

---

85) Toland, pp. 38, 228.

86) Toland, pp. 228-29.

87) Toland, pp. 33-34.

88) Toland, p. 229. pp. 100-101도 볼 것.

안 될 것이다. 재산의 목적은 안정과 여가였다. 그것은 개인을 권력과 덕성의 구조 속에 붙잡아 놓았고, 그가 이를 행동으로 옮길 수 있도록 자유롭게 만들어 주었다. 매매 이익이 시민적 인격의 기초가 될 수 없다는 것은 그것의 유동성에 이유가 있었다. 해링턴은 "쉽게 온 것은 쉽게 가는 법"이라고 말했다.[89] 자신이 가졌던 것이라면 언젠가는 그것을 잃을 수도 있었다. 한때 자신이 지녔던 인격 역시 상실될 수 있었다. 일찍이 공자가 말했듯이, 뛰어난 사람은 결코 이용당하지 않는 법이다. 시민적 인격 또한 한낱 상품은 아니었던 것이다.

물론 오세아나의 교역량이 확대되려면 공화국의 영토가 늘어나야 한다는 것은 자연스러운 일일 수 있었다. 해링턴이 무장 평민 공화국은 "팽창을 지향하는 공화국"이 되어야 한다고 한 마키아벨리의 주장에 호응하고 있는 한 이유가 바로 이것일 수도 있다.[90] 하지만 둘 사이에는 중요한 차이점이 있다. 평민 공화국은 사람들의 손에 무기를 쥐어주어야만 하며, 이 무기는 장식이나 의례를 위한 것이 아니라 실제로 사용하기 위한 것이라는 것이 양자가 공통적으로 가진 생각이었다. 그러나 마키아벨리 — 그는 앞서의 브루니처럼 로마가 에트루리아의 자유 도시들을 정복한 사실에 의해 영향을 받고 있었다 — 는 폴리비오스식 공화국이 다른 공화국 및 왕국과 인접해 있는 모습을 그리고 있었기 때문에, 이웃 동등자들과의 전쟁이 불가피하다고 생각하였다. 그러므로 로마의 운명은 마키아벨리에게 다른 민족의 덕성을 파괴하고 궁극적으로는 자기 자신의 덕성마저도 말살하는 사기 파괴적인 것으로 보였다. 하지만 해링턴은 잉글랜드에 대해 다음과 같이 썼다. "바다는 베네치아를 성장케 했지만 오세아나의 성장은 바다를 복종케 한다."[91] 양자 모두가 바로 코앞에 있는 적들의 끊임없는 위협을 물로써 절연시

89) Toland, p. 227.

90) Toland, pp. 178-85.

91) Toland, p. 34.

키고 있는 섬이었다. 하지만 베네치아가 단지 상인, 장인, 선원들만을 위한 터전으로서, 독립 시민층의 부재를 통해 제국과 민주정으로부터 스스로를 멀리하고 있는 데 반해, 잉글랜드는 섬이자 동시에 농경지로서, 국내에서는 민주주의자가 되며 해외에서는 정복자가 되는 무장 평민들을 길러낼 수 있는 곳이었다. 더욱이 테라 페르마(육지의 땅)와의 접촉의 부재는 자유와 덕성을 전복시킬 수도 있는 인접 공화국이 존재하지 않으며, 그래서 오세아나는 자기 부패의 두려움 없이 영토를 확장할 수도 있다는 것을 의미하였다. 하지만 해링턴은 이러한 것이 현실 세계에서 정확히 무엇을 뜻하는지에 대해서는 분명한 말을 하고 있지 않다. 언젠가 마블은 크롬웰을 가리켜 공공의 칼을 지닌 자로서 "자유가 없는 모든 국가에 액운을 가져오는 존재가 될 것"라고 단언한 적이 있는데, 이러한 분위기에 젖어든 해링턴은 잉글랜드야말로 인접한 유럽을 고트족(아마 교황의 경우도 포함하여)의 멍에로부터 해방시킬 패권 국가라 상정하고 있다.[92] 하지만 대륙적이기보다는 대양적인 다른 대안적 비전도 있는데, 그것은 옛 거주민들이 줄어든 아일랜드를 식민화하는 것으로서, "그곳에서는 때가 되면 모든 시민들이 자신의 집에 살게 될 것"이었다[93](아일랜드의 퓨리턴 군대는 반〔反〕호국정 논객들의 피난처였고, 해링턴의 동료와 찬양자들 중 몇몇이 그런 부류에 속했다). 그의 말은 계속 다음과 같이 이어진다. "그곳에는 다른 대농장들이 있고, 공화국은 더 많은 것을 소유하게 될 것이다."[94] 그의 생각이 나중에 아메리카 13개 식민주에서 누리게 될 중요성에 비추어 볼 때, 당시 해링턴은 대서양 너머의 텅 빈 아일랜드의 식민화를 그리고 있었던 것이라 말하고 싶은 유혹이 있다. 하지만 그의 글 속에는 "인도 제도의 식민지들"[95]에 대한 언급이 나오는데, 이는 당연히 머지않은 시

92) Toland, pp. 185-88.

93) Toland, p. 103.

94) Toland, p. 100.

기에 독립하게 되는 아메리카의 정주지들을 말하는 것이다. 그러나, 오세아나의 부패하지 않는 팽창이 도대체 어디에서 수행될 것인지는 여전히 모호하지만, 확실한 것은 해링턴이 앞서의 잔노티처럼 마키아벨리가 《리비우스 논고》 서두에서 제시한 두 가지 대안 중 최선의 것을 취할 작정이라는 점이다. 즉 오세아나는 무제한적 팽창의 측면에서는 로마가 되어야 하며, 영속적인 안정성과 자유와 덕성의 측면에서는 베네치아가 되어야 한다는 것이다. 이러한 목적에 따라 그는 보통의 경우보다 훨씬 더 긴 연설에서[96] 자신이 만든 입법자를 내세웠다. 이 연설에서 그는 로마-베네치아 반테제가 최초로 제시된 《리비우스 논고》 1권 6장의 구절 전체를 반복한 뒤, 평민들을 무장하는 데 드는 비용 때문에 귀족과 평민 간에 끊임없는 투쟁(제국의 부가 투쟁에 대한 상으로 주어졌을 때, 그것이 공화국에 미친 결과는 치명적이었다)이 있었다고 한 마키아벨리의 주장은 틀렸다고 결론짓는다. 마키아벨리를 비판한 친 베네치아파와 마찬가지로, 그 역시 로마의 내부 투쟁은 평민의 동요가 가져온 결과가 아니라 평민의 무장과는 인과적으로 무관한, 귀족이 관직을 세습적으로 독점한 결과라고 주장하였다. 베네치아는 귀족정을 다수에 의해 선출되고 다수 사이에서 교대되는 정체로 만듦으로써 이 문제를 해결하였고, 그래서 평민의 무장 해제가 베네치아에 내적 평화를 가져온 원인이라는 마키아벨리의 생각은 틀린 것이었다.[97] 고트적 균형의 파괴와 세습적 봉신제의 소멸로부터 나타난 오세아나에는 섬이라는 상황과 토지를 소유하고 무기를 소지한 평민들이 있었다. 잉글랜드는 가장 고요한 공화국, 즉 베네치아의 교대식 귀족정을 채택하기만 하면 되는 것이다. 그러면 단번에 베네치아와 로마가 될 수 있었다. 잉글랜드식 카이사르를 두려워할 필요는 없었다.

---

95) Toland, p. 41.

96) Toland, pp. 132-44.

97) Toland, pp. 139-40.

오세아나의 "제도들"은 해링턴의 글 속에서 유토피아적 세세함을 가지고 지루할 정도로 길게 반복된다. 그것의 목표는 지역 공동체 혹은 "부족"(tribes) — 똑같이 그리스 · 로마적 또는 히브리적 울림을 가진 용어 — 의 빈번한 집회에 기초한 모든 시민의 참여라는 구도를 완성하는 것이다. 이러한 집회들은 많은 점에서 전통적인 잉글랜드 제도 하의 지방 의회를 닮았다. 그것은 특히 지방 시민군을 소집하여 훈련시키는 기능과 전체 의회에 내보낼 하원의원을 선출하는 기능을 조합한 데서 그러하였다. 실제로 시민층이 오세아나의 의회와 상원의원을 뽑는 베네치아식 투표에서 "최상의 힘"을 발휘하는 것도 바로 그들이 기병대와 보병대를 들락거릴 때이다. 해링턴은 의식적으로 시민군(milizia)과 경찰(polizia)*의 정체성을 극화하고 있다.[98] 그러나 투표에서 뽑힌 사람들은 적절한 의미에서의 대표자라기보다는 자신의 차례가 오면 국정에 참여하여 봉사하는 시민에 더 가깝다. 이와 함께 제비뽑기도 복잡하고 의도적으로 베네치아식으로 만들어진 구조 속에 들어오는데, 이러한 틀 안에서 다양한 집회와 회의들이 선임되고 기능을 하게 되는 것이다. 해링턴도 베네치아의 신화가 지닌 어떤 측면, 즉 덕이 기계화된 것처럼 보이게 된다는 것, 그리고 사람들의 행동을 이해 가능하게는 해주지만 동시에 그러한 행동의 의도가 어디에 있는지는 무관심하게 만드는 과정들이 나타난다는 것 등을 모르지 않았다(콘타리니에게서 특징적으로 나타나는 짙은 플라톤적 색조가 그의 정치저술 중 가장 체계적인 것으로서, 맨 나중에 쓴 저작에서 나타나고 있다).[99] 하지만 그의 주요 목적은 시민적 참여를 통해 개인이 지닌 덕성을 발산하자는 데 있었다. 하원의원직을 포함한 관직의 빈번한 교대 — 니덤은 이를

---

* 여기서 'milizia'란 무장한 인민을, 'polizia'란 폴리테이아, 즉 국가의 군대를 말한다.

98) 헤르메스 데 카두체오의 연설을 볼 것. Toland, pp. 92-94.

99) *A System of Politics*, IV (Toland, pp. 468-70) ; IX (pp. 478-79).

"레볼루션"(회전)이라 불렀다 — 가 이루어진다. 이는 평민의 선택이 우월하다는 것을 확인하기 위해서가 아니라 개개인의 참여라는 현실을 확인하기 위한 것이다. 개인은 빈번히 관직을 맡아야만 한다. 또한 시민적 기능을 타인에게 위임하거나 양도해서는 안 된다. 해링턴이 쓴 로테이션(교대)이란 말은 — 그는 이것을 베네치아식이라 생각하고는 있었지만 — 마키아벨리로 말하자면 원리로의 회귀(ridurre ai principii)에 해당된다. 이는 행동 속의, 또한 행동을 통한 덕의 끊임없는 재생이며, 그가 유토피아를 묘사하는 기술적 용어로 쓰기 좋아했던 천문학 언어들 — "성운"(galaxy), "제 1 동인(動因)"(primum mobile), "천체"(orb) — 은 빛, 온기, 생명의 자기 영속성을 함축하고 있다. 그가 혈액의 순환을 발견한 윌리엄 하비를 언급하고 있다는 점 역시 이와 같은 맥락에서 이해될 수 있다.

교대는 또한 귀족정 문제에 대한 그의 해결책이기도 하다. 그의 체계 속에서 소수로서의 기능들을 이행하는 상원의 구성원은 — 주목할 점은 입법자의 과업이 일단 행해진 다음에는 일인을 위한 역할은 별로 없다는 것이다 — 한 번에 3분의 1씩 규칙적으로 선임되고 규칙적으로 퇴임한다. 즉 그들은 사회적 집단으로서의 자질에 의해서가 아니라 그들이 수행하는 정치적 기능에 의해 규정되는 것이다. 고전적·르네상스적 전통에 따르면, 이러한 기능은 법안과 정책안을 제출하는 것으로 엄격히 제한되는데, 이렇게 제출된 동의안 중에서 적당한 것이 사람들 혹은 회의체들에 의해 선택된다. 용어 사용에서 "토의"(debate)와 "결과"(result)의 과정을 완전히 분리하는 것[100]이 곧 덕을 기계화하고 결정과정상의 요소들을 구별하며 분배함으로써 사람들로 하여금 사심 없이 행동하지 않을 수 없게 만드는 해링턴식 방법이다. 그러나 소수를

100) Toland, pp. 43-45, 48, 50-51, 71, 214-15, 416, 418-19. 귀차르디니에 대해서는 이 책 1권, 424-425쪽을, 역시 같은 구분을 한 잔노티에 대해서는 이 책 1권, 468-472, 492-493쪽을 볼 것.

다수의 집합체로부터 규칙적으로 뽑아 올렸다가 다시 돌려보내는 것은 소수를 기능하게 하기 위해서라면 굳이 귀족계급이 있어야 할 필요성이 없다는 것을 보여주려는 그 나름의 방식이었다. 그럼에도 불구하고 약간의 사회적 분화는 있어야만 했다. 모든 아리스토텔레스적 기법들은 사회적 특성과 정치적 기능 간의 관계에 기초하고 있다. 상원은 평민들에 의해 기사 신분 출신들에서 선출될 것이며, 그것을 위한 재산상의 자격으로 연간 100파운드 이상의 수입이 있어야 한다.[101] 하지만 더 중요한 점은 그가 다수란 사람들을 재능이 뛰어난 소수를 직접 눈으로 봐야 믿게 된다는 생각에 집착했던 것 같이 보인다는 것이다. 그는 20인 중 6인은 더 탁월한 능력을 지닐 것이며, 나머지 14인은 그들을 따르게 될 것이라고 말한다. 그들의 선출을 확실케 하는 정교한 메커니즘을 확립할 필요는 없으며, 가장 중요한 예방책은 "토의"와 "결과"의 분리가 6인과 14인이 각각 본연의 기능을 수행하는 것을 도와주도록 확실히 조치하는 것이다.[102] 해링턴은 분명히 마음속으로 이 두 집단 간의 재능의 차이가 곧 부와 출생과 지위의 차이에 대응한다는 생각을 가지고 있었을 것이다. 6인은 젠트리로서, 14인에 비해 더 많은 재산과 여가와 경험과 전통을 소유하게 될 것이다.[103] 하지만 문제는 14인의 경우, 자신들 스스로 이러한 자격 조건들을 인식한다는 식으로 방치함으로써, 그들 중 누구를 선택할 것인가를 규제하기 위한 그 어떤 세습상, 재산상의 자격제한도 부과되지 않고 있다는 점이다. 물론 잉글랜드의 사회사상에서 이 경우가 처음이 아니라는 것은 확실하지만, 잉글랜드의 공화주의 이론에서는 이제 처음으로 마주치게 된 경의(敬意; deference)의 개념 — 근대의 학자들이 선호하는 말을 사용하자면 — 은, 일찍이 아리스토텔레스, 마키아벨리, 귀차르디니에 의

101) Toland, p. 78.

102) Toland, pp. 44-45, 236-38.

103) Toland, pp. 53, 125, 127.

해 우리에게는 친숙한 것이다. 특히 귀차르디니는 그것을 넓은 헌정(governo largo)의 귀족층과 좁은 헌정(governo stretto)의 귀족층을 조심스럽게 구분하려는 의도로 사용한 바 있다.[104] 해링턴에서 존 애덤스에 이르는 대서양 사상[105]에서의 그 역할은 귀족정과 민주정 간의 관계 — 어떤 유의 혼합정체론에서도 결정적인 — 가 상대적 자유와 유동성과 솔직함이 허용되는 사회에서 가장 잘 정립된다는 점을 논증하기 위한 것이었다. 즉 귀족정이란, 비록 그것이 인격만큼이나 재산에 기초한 것이기는 하지만, 제도적 현상이라기보다는 어디까지나 자연적 현상이며, 그것이 가장 잘 작동되는 것은 제도적으로 정착된 때가 아니라 다수의 인정을 받는 때라는 것이었다. 니덤이나 해링턴의 견해에 따르면, 갈등이나 부패 없이 귀족정이 정착 상태에 이르기란 어려운 일이었고, 또한 굳이 그런 시도를 할 필요도 없었다.

그러나 해링턴의 저술이 시간상으로 베인이나 밀턴 혹은 5왕국파의 저술들과 일치하는 것은 다른 종류의 귀족정, 즉 세습적 질서보다 더욱 가공할 성격의 귀족정이 존재할 가능성을 고려해야만 한다는 것을 의미하였다. 그것은 다름이 아니라 성인이라는 영적 경험의 엘리트에 의한 통치로서, 그들의 자격은 본성상 다수가 판단할 수 없는 것이었다. 이 문제를 심층적으로 이해하기 위해서는 해링턴이 잉글랜드를 전통 시대가 아니라 고전기라는 시간적 콘텍스트 속에서 보는 데 성공했다는 점을 생각지 않을 수 없다. 이제 잉글랜드 역사는 공화주의적 덕성이 부상하고 몰락했다가 다시 부활하는 과정의 일부로 보이게 되었고, 이러한 인상은 초기 브루니 이후의 피렌체사가 그랬던 것보다 더 강력했다. 현 시기는 잉글랜드가 리비우스 시대의 로마 이래 한 번도

104) 이 책 1권, 248-257, 385-386, 413-414, 421쪽을 볼 것.

105) 특히 다음을 볼 것. Gordon S. Wood, *The Creation of the American Republic* (Chapel Hill: University of North Carolina Press, 1969); 이 책 15장.

존재하지 않았던 방식으로 무장 자유민의 공화국을 재건할 수 있는 좋은 기회를 만난, 그런 때였다. 인간이 원래 그렇게 되어야 하는 대로 삶을 영위하는 사회, 즉 공화국 재건의 시기는 계시적 시기, 즉 은총이 역사 속에서 이루어지는 시기에 대한 개념을 첨가하지 않고는 생각하기 어렵다는 것이 지금까지 이 책에서 반복되어 온 테마였다. 해링턴이라고 해서 이에 예외는 아니다. 그의 책 한 곳을 보면, 오세아나는 "샤론의 장미이자 계곡의 백합과도 같다"는 구절이 나온다. 입법자는 오세아나의 개국을 찬양하여 〈솔로몬의 노래〉라는 서사시의 전곡을 노래하는데,[106] 정통 그리스도교인이라면 누구라도 "그리스도의 신부"로서의 교회상을 떠올리게 될 것이다. 다른 곳을 보면, 모세의 공화국이 성부의 지배 하에 있었던 것이라면 오세아나 공화국은 성자의 지배를 받는 것으로 되어 있다.[107] 그러나 이야말로 시민들 모두가 신 앞에서 평등하다는 주장에 자신들의 방식으로 도전하기 위한 성인들의 통치가 출현하는 순간인 것이다.

선민(選民; Elect Nation)이라고 하는, 모든 신도들의 성직(聖職)에 대한 각별히 잉글랜드적인 주장은 그것이 최초로 출현한 이후 속인주의와 계시적 언어의 흥미롭고도 특징적인 혼합 속에서 세속 권위의 우위를 확인하는 것이 되어 왔다. 교황이란 눈크스탄스, 즉 영원한 현재의 관점으로부터 작용하면서 시간 속에서 신의 현전을 나타내는 존재라는 주장이 만약 틀렸다고 한다면, 세속 공동체는 그리스도가 시간 속으로 되돌아올 날을 기다리는 신도들의 공동체라는 역할을 상정해 볼 수 있었다. 교황의 최고권에 대한 도전을 바탕으로 세속 권위가 어떤 영적 권위보다 더 우월하다고 주장하는 것은 적그리스도의 축출을 위한 시험대가 되었고, 그리하여 로마 가톨릭의 성직자들, 아르미니우스파 주교들, 스코틀랜드 장로파들이 하나씩 하나씩 적그리스도의

106) Toland, p. 188.

107) Toland, p. 187. Cf. p. 195.

역할을 맡아 무대에 등장하였다. 1650년대의 독립파에게 로마는 여전히 적(敵)의 전형이었으나, 신법상 장로교는 다음번으로 순서가 매겨졌다. 해링턴의 입법자—크롬웰 역시 그 일부이다—가 자신이 맡은 과업을 끝맺는 시점으로 가고 있을 때, 그에 대한 칭송은 주로 외국의 침략자, 특히 스코틀랜드인에 대해 그가 거둔 승리들을 향한 것이었다.[108] 그러나 타인에게는 접근 불가능한 영적 권위와 소명의 선택권과 혹은 교화의 권한을 주장하는 성인들의 통치는 그것의 영적 역할로 말미암아 기본적으로 동일한 질서 속에 있는 세속 공동체에 위협을 초래하였다. 그래서 윌리엄 프린은 퀘이커교도들을 가리켜 가면을 쓴 예수회원이거나 프란체스코파라고 선언했던 것이다.[109] 홉스는《리바이어던》제3권과 4권에서 이 모든 위협에 대항하는 요새를 세우는 일에 착수한 바 있다. 그는 자신만의 지극히 개인적인 방식으로 급진적 프로테스탄티즘의 논증들을 사용하였고, 이를 통해 세속의 어떤 행위자도 그리스도의 승천과 재림 사이의 시간에 각별히 그로부터 연유한 권위, 혹은 사울을 세우는 것으로 끝난 모세의 신정과 그리스도가 돌아와서 죽은 자를 되살린 뒤 몸소 다스릴 신정 사이의 시간에 신으로부터 직접적으로 나온 권위를 행사하는 것이 불가능하다는 점을 입증하고자 하였다. 이 중간 시기 동안 무대의 주역이 될 리바이어던의 자연적이고도 인공적인 공적 권위는 사실상 신의 재림을 예언하는 설교와 해석에 대한 단절 없는 지배력을 가지고 있었다. 하지만 이런 힘의 행사는 그러한 예언적 언사가 끊임없이 반복되는 한에서만 가능했다. 그 언사들은 물론 리바이어던의 영적 사이비 경쟁자들을 휩쓸어 버리겠지만, 동시에 리바이어던을 계시적 시간의 틀 속에 위치케 해주며 그리스도가 돌아와 신정이 부활함으로써 그의 권위가 더 이상 지속될 수 없게 될 때에 대해 말해준다는 것이다.[110]

---

108) Toland, p. 199. 하지만 적그리스도의 이름은 언급되고 있지 않다.
109) Lamont, *Marginal Prynne*, p. 141 & note.

홉스와 해링턴 — 절대군주의 이론가와 참여적 덕성의 공화국 이론가 — 은 그들이 지지하는 두 가지 이데올로기가 그렇듯이 필시 서로 상충할 것처럼 보일 수도 있다. 사실 해링턴은 홉스의 권력 이론과, 그리스 · 로마적 유산에 대한 그의 혐오와, 공공적 · 행동적 덕성을 사적 · 자발적 예속으로 대체한 행위에 대해 강력한 공격을 퍼부었다.[111] 그러나 양자 사이에게는 자신들이 동일한 적을 가지고 있다는 더 깊은 공통의 정서가 존재하고 있었다. 홉스처럼 해링턴 역시도 사도들에 의해 임명된 최초의 장로와 부제(副祭)들이 성직 계승을 통해 임명된 것이 아니라 회의체들을 통해 선출되었다고 판명되기를 노심초사 기다리고 있었다.[112] 또한 대부분의 독립파들이 그렇듯이 — 그들이 에라스투스파 쪽이든 회중파(congregationalist) 쪽이든 어느 편으로 기울든 간에 — 그는 이것이 교황파, 감독파(episcopalians), 장로파 모두에 대항하는 결과가 되기를 바라고 있었다. 이 주제에 대해서는 그가 논증을 끌어 왔을 만한 수많은 문헌들이 존재하고 있었다. 그를 홉스와 가깝게 만든 것은 장로와 부제들을 선출한 주체가 공적 기구였다는 점, 그리고 — 적어도 해링턴에게는 — 에클레시아이(ecclesiae 초독교회)가 아테네적 의미의 명사인 에클레시아(ekklesia 민회)와 같이 시민의 집회였다는 점을 보여주고자 하는 두 사람의 공통된 마음이었던 것이 틀림없다.[113] 두 사람에게는 성직자를 택하는 일은 시민적 주권에 의해 수행된 시민적 선택이라는 것을 입증코자 하는 충동이 있었다. 또한 해링턴과 홉스는 주권 이론에서 서로 대단히 다른 면이 있었

110) Pocock, *Politics, Language and Time*, pp. 148-201.

111) Toland, pp. 35-37, 38-39, 42-43, 45-46, 49-50, 53, 54, 65, 71, 241.

112) *Prerogative of Popular Government*, Book II (Toland, pp. 304-54) ; *Art of Lawgiving*, ch. VI (Toland, pp. 398-400) ; *Leviathan*, Book III, ch. 42 (ed. Oakeshott, Oxford: Basil Blacwell, n. d.), pp. 322-83.

113) Toland, pp. 48, 316-17; *Prerogative of Popular Government*, Book II, *passim*.

지만, 그럼에도 불구하고 홉스가 말한 리바이어던에 예속된 모든 왕국에서의 예와 같이, 자기 충족적인 폴리스 혹은 공화국의 경우도 그 자신의 일에 대한 주권을 가질 수 있다는 공통적 측면이 존재하고 있었다. 그래서 두 사람의 적은 동일했다. 해링턴은 국교파(Anglicans)인 헨리 해먼드에 반대하여 최초의 성직 임명 문제에 대해 아주 긴 논증을 하고 있는데, 그 목표는 헤먼드의 저작에 나오는 구절—홉스를 공격하고 있는—로서, 그는 한 페이지 한 페이지, 한 주장 한 주장을 세밀히 따라가면서 비판하고 있다.[114]

홉스는 리바이어던의 왕국이 모세의 신정에서 행사된 직접적인 신의 통치와 그리스도의 재림으로 행사될 역시 직접적인 신의 통치 사이에 있는 현재의 시간을 장악하고 있는 것으로 생각하였다. 그는 결과적으로 앞에서 말한 신정들과 군주정의 특징이 일치한다는 점을 강조하였다. 신은 모세에서 사무엘에 이르는 대리 통치자들을 통해 행사했던 권위를 이후 그리스도의 인성(人性)을 통해 발휘하게 된다는 것이다. 그러나 해링턴은 모세의 공화국이 진정한 고전적 공화국이었으며, 신앙의 관리를 뽑는 권위는 국가 관리를 뽑을 때와 같이 동등한 신분의 사람들에게 있었다고 주장하였다.[115] 그는 이런 말을 하면서 자신이 홉스와 동반자임을 느끼지 않을 수 없었다. 최우선적인 목표는 자신들이 독립적으로 파생한 영적 권위를 가지고 있다는 성직자들의 주

114) Toland, pp. 335-54; Henry Hammond, *A Letter of resolution to Six Quaeres of Present Use in the Church of England* (1653), in *Works of Henry Hammond* (London, 4 vols., 1671-84), vol. I (1674). 제5 "문제"(quaere)는 성직 임명에 관한 것으로서, 《리바이어던》 1권 42장(pp. 512-29)에 대한 공격에 답하고 있다. 해링턴은 해먼드의 공격이 실패했다고 결론지으며 홉스의 이름을 거명하고 있다.

115) Toland, pp. 46-48, 75, 99, 147, 166-67 (*Oceana*); 234-41, 272-74, 283-84, 320-33, 357 (*Prerogative of Popular Government*); 363, 372-98 (*Art of Lawgiving*).

장을 박멸하는 것이었다. 그렇게 되면 공화국은 군주국만큼이나 효과적으로 스스로의 시민적 주권을 주장할 수 있을 것이다. 신정에 대한 호소—성직의 독립성을 부정하는 또 다른 양식—는 계속 되풀이될 것이었다. 모든 시민이 동등한 정치체제인 공화국은 신 앞에서도 모두가 동등하게 자유를 누리는 정치체제라는 것이 해링턴의 반복된 주장이었다. 결과적으로 공화국은 곧 신정인 것이다. 그것은 그리스도가 왕이 되는 왕국이다.[116] 사보나롤라가 이미 오래 전에 이런 말을 한 적이 있지만, 당시 베인과 5왕국파도 여전히 똑같은 얘기를 하고 있었다. 하지만 해링턴이 보기에 그들의 주장은 틀린 것이었다. 왜냐하면 그들은 스스로를 다른 시민들에게는 해당되지 않는 엘리트 혹은 선택받은 자로 간주하면서 그들만을 위한 권위를 요구하고 있기 때문이다.[117] 그들은 자신들을 위해 그런 주장을 함으로써 공화국을 부정하고 그리스도의 왕국을 부정하고 있었던 것이다. 그들의 역할은 적그리스도의 경우에서 그리 멀지 않았다.

그러나 시내산 안에서조차도 공화국은 단순히 계시의 문제만은 아니었다. 해링턴은 계시를 통해 발전하고 구현된 시민 사회의 제도들이 인간 이성에 접근 가능한 것이었으며, 신은 결코 이해 가능한 자연적 질서에 반하여 행동하지는 않았다고 주장하였다.[118] 마키아벨리가 결코 아이러니를 제거할 수 없는 방식으로 모세와 이교도 입법자들을 병치했던 지점에서, 해링턴은 모세가 이방인이자 이교도인 미디안족 출신의 장인 이드로로부터 시민적 제도의 토대에 대한 조언을 받아들이는 대목을 수없이 반복 인용하였다.[119] 예언자와 입법자, 신성한 말

116) Toland, pp. 187 윗 부분과 194.

117) Toland, pp. 469 (*A System of Politics*, IV, 23) ; 574 (*A Discourse upon this Saying* …) ; 580-84 (*A Parallel of the Spirit of the People with the Spirit of Mr. Rogers*).

118) Toland, pp. 214-15, 248, 272-73, 300, 342, 347, 371-72, 401.

씀과 자연 이성이 조화를 이루며 작동하는 곳이 바로 여기라는 말을 그는 하고 싶었던 것이다. 그러나 더 심층적 의미에서 공화국은 홉스에서 발견되는 모든 것을 넘어선 천년왕국적인 어떤 측면을 보여주고 있었다. 만약 신정이 모세의 인물에 나타난 신의 직접적 재현을 통해 수행되었고, 또한 장차 재림 그리스도의 인물에 나타날 신의 또 다른 현현을 통해 수행될 예정이라면, 자연적으로나 인공적으로나 신의 유일한 대표자인 리바이어던은 결코 신정을 수행할 수 없으며 단지 신정의 부활만을 기다릴 수 있을 뿐이다. 하지만 만약 이스라엘이 공화국이라는 것이 그것을 신정으로 만들었다면, 부활한 공화국 오세아나는 이스라엘과 로마가 동시에 소생한 것으로서, 어떤 이해 가능한 의미에서 그리스도의 왕국이 재림한 존재일 수도 있다. 그러므로 오세아나에는 그리스도의 신부라는 이미지를 포함한 다른 계시적 의미들이 부여되고 있는 셈이다. 리바이어던은 다만 시간의 종말과 함께 올 그리스도의 왕국을 기다릴 수 있을 뿐이다. 반면 오세아나는 이미 도래한 그러한 왕국, 천년왕국과 사후 세계를 한데 모은 그런 존재일 수 있었다. 필멸의 신과 불멸의 공화국 사이에는 차이점이 있었던 것이다.

그러나 오세아나라는 고요한 건축물 속의 예표와 음영들 중 천년왕국적인 것은 오직 소수에 불과했다. 이보다는 해링턴과 홉스가 프린과 마블처럼 영적 경험을 정치적 경험에 종속시키는 것으로 끝을 맺고, 이러한 목적을 위해 역설적이지만 자신들의 사상이 결코 도피할 수 없는 예언적 차원을 사용했다는 느낌을 받을 가능성이 더 많다. 홉스는 극히 희귀한 경우를 제외하고는 모든 것에서 직접적인 종교 경험을 가질 가능성을 의도적으로 깎아내리고, 신앙생활을 리바이어던에 복종하고 신의 권세와 예수의 구원론적 사명을 인정하는 정도로 축소해 버렸다. 해링턴은 휴머니스트적 길을 따라 성인의 역할을 무화시키고—

119) 다음의 예를 볼 것. Toland, pp. 48, 74 and *passim*.

"모여든 회중"[120] 을 위한 구원적 기능은 유지하지만 — 시민들에 의한 시민적 덕성의 실행을 그리스도 왕국을 위한 유일한 전제조건으로 삼는 쪽으로 나아갔다.[121] 그의 성직자는 단지 신의 말씀을 해석하는 학식 있는 사람들이어야만 했다. 왜냐하면 그들은 말씀이 행해질 당시의 고대 언어들을 알고 있어야 하기 때문이다.[122] 성령 강림절*은 거의 사라져 버렸다. 그러나 천년왕국 혹은 재림의 임박을 함축하는 종말론적 수사(修辭)가 사용 가능한 상태에 있었기 때문에, 해링턴은 — 홉스에 대해서도 사실일 수 있지만 — 그의 공화국이 대단히 세속적인 시간 속에 존재하고 있다는 말을 가능한 한 자제하였다. 그는 관습이나 은총으로는 도저히 안정을 유지할 수 없는 세계 속의 시민적 인간을 묘사하기 위해 마키아벨리가 썼던 것과는 다른 방식으로 비르투와 부패라는 말을 사용하였다. 그리고 그러한 조망은 해링턴의 관념들이 더 이상 천년왕국을 지향하지 않는 사회 속에서 사용될 때 다시 복귀하게 될 것이었다.

---

120) Toland, p. 55.

121) Toland, pp. 489, 490.

122) Toland, pp. 82, 166-69, 421, 476.

* Pentecost. 부활절 후의 일곱 번째 일요일.

제12장

공화국의 잉글랜드화

2) 궁정 · 지방 · 상비군

[I]

앞의 두 장에서 우리는 스튜어트 · 퓨리턴기 잉글랜드의 언어와 사상에서 정치를 인식하는 시민적 · 마키아벨리적 양식의 출현과 그 확립 과정에 대해 검토하였다. 거기에 담겨 있던 개념적 세계는 피렌체의 경우와는 매우 달랐고, 우리는 잉글랜드를 고전적 공화국으로 그리는 것이 왜 필요하게 되었는지 이해하기 위해 먼 길을 에둘러 가야만 했다. 하지만 그것은 지금까지 이 책이 의지해 온 모형의 구축에 사용한 것과 여전히 동일한 패러다임이 지배하는 동일한 세계로 묘사될 수도 있다. 특수한 사건들이 상존하는 세계는 제대로 이해되지 못했고, 단지 인간적 불합리성의 결과, 즉 정치적 통제의 대상이 되는 세속적 불안정의 영역으로 간주되었을 따름이다(물론 그러한 불안정을 만들어낸 것이 정치의 죄는 아니겠지만). 관습과 은총과 운의 패러다임들은 역사적 존재의 위험한 통로에서 지성을 인도하는 데 유용한 어휘를 제공하였다. 내전으로 인해 한때 영속적인 질서의 재현으로 생각되었던 왕국이 고통을 겪고 있을 때, 우리는 "자연의 계기"를 초시간적인 것으로 격리시키고 그로부터 지극히 자연적 현상으로서의 권위를 재구성하고자 하는 한 사상가 집단(어떤 의미에서는 홉스도 그 일원이다)을 만나게 된다. 하지만 니덤의 이질적인 주장들, 홉스와 해링턴 간에 보이는 모순 관계는 자연과 권위에 대한 호소가 운과 정체의 순환과 공화국에 대한 호소와 가까이서 공존하고 있으며, 나아가 후자의 경우는 다시 은총, 교화, 계시에 대한 호소와 공존한다는 점을 우리에게 보여주었다. 그러므로 퓨리턴에 의한 급진적 충격들이 모두 소진된 상태의 잉글랜드 정치사상은 끊임없이 사이쿨룸(역사)의 인식론이 던지는 도전에 직면했다는 것, 그리고 잉글랜드를 고전적 공화국으로 보는 비전은 우리에게 친숙한 언어들이 그러한 도전을 제기하고 동시에 그것에 대한 해결책까지도 알려준다는 측면에서 그것에 맞서는 수단으로서 만들어졌다는 것 등이 바로 우리의 주장이다.

그러나 17세기 말에서 18세기에 이르는 시간 동안 서양의 정치·사회사상은 중세 후기에서 근대 초기의 단계로 이행하였다. 역사에 대한 자기이해의 능력이 엄청나게 증대된 것이 이러한 이행의 한 특징이었고, 만일 세속사 — 그동안 우리가 관심의 대상으로 삼아온 — 에 대한 지극히 제한된 인식론이 대폭 수정되지 않았다면 이러한 이행은 가능하지 못했을 것이다. 이 시대에 인식론적 변화가 일어난 원인을 따지자면 그 수도 많고 복잡하기도 하겠지만, 그럼에도 불구하고 우리는 공화주의적 휴머니즘의 언어가 그 과정에서 중요한 역할을 수행했으며, 결과적으로 그것의 탄생에 일조한 인식론과 모순 관계에 돌입했다는 것을 알게 될 것이다. 르네상스기의 시민적 휴머니스트들은 하나의 보편적 가치 공동체이자 개별성의 세계에서 발생하는 한 현상으로서의 공화국을 건설한다는, 거의 해결 불가능한 문제에 직면해 있었다. 따라서 그들의 이론은 공화국을 모든 합리성과 모든 가치를 동원하여 덕의 총체성으로서의 안정 상태에 머물도록 하는 일종의 장치라고 보았다. 이는 르네상스 이후 계몽주의 시대까지를 꿰뚫는 근본적인 문제들이었다. 하지만 브루니, 마키아벨리, 해링턴으로 이어지는 지적 계보 속에서 혼합정체론, 무장론, 그리고 재산론은 — 적어도 마키아벨리의 저변을 흐르는 비관주의를 무시할 수 있는 사람들에게는 — 덕의 총체성을 구체적이고 다루기 쉬운 종류로 변환시키는 안정성의 획득을 위한 일련의 규범들을 제공해주었다. 우리는 앞으로 이러한 것들이 역사적 변화를 측량키 위한 매개 변수의 역할을 했다는 것을 알게 될 것이다. 이 이론들은 그렇게 될 때까지 단지 역사적 이해에 대한 기술적 어휘를 풍부하게 만드는 것만으로도 그것을 위한 역량을 엄청나게 증대시켜 나갈 수 있었다. 그러나 동시에 사상가들은 안정성, 합리성, 덕성을 정의할 때 바로 그러한 이론들 때문에 변화를 부정적으로 볼 수밖에 없었다. 즉 그러한 안정성을 규정하는 규범들로부터 벗어난 운동이라는 것이다. 따라서 변화를 쇠퇴 및 질적 저하와 동등시한 고대적 관념이 여전히 고수되고 있었다. 이 상황에서 새로운 점이 있다면 이제 변화가 완전한 무질서로서가 아니라 인식 가능한 사회적 · 물질적 과정의 관점에서 정의될 수 있다는 것이었다. 덕의 반테제는 운이 아니라 부패로 바뀌었다. 역사를 이해하는 서양인들의 역량 증대는 가치와 역사, 덕성과 역사, 인격과 역사 사이에 존재하는 잠재적 투쟁을 더 날카롭고 더 깊이 인식하는 형태로 표현되었다. 또한 18세기 동안 진보 이론이 발전했던 이유는 이러한 대조적 측면을 이해하지 않고는 이해가 불가능하다. 그러한 것이야말로 시민이 됨으로써 자기 성취가 이루어진다고 본 고전적 인간상이 최종적으로 기여한 점이었다. 낭만적 인격 이론은 필연적인 반응이었다.

이러한 사상운동들은 주로 잉글랜드 및 아메리카의 콘텍스트 속에서 고찰될 것이다. 그리고 그 예비 단계로, 17세기 중엽의 혁명적 변동에 뒤이어 관습과 은총과 운의 언어 속에서 어떤 일반적 변화들이 일어났던가를 물어야 할 필요가 있다. 첫째, 은총과 계시의 측면에서 잉글랜드 정치를 표현하는 습관은 1660년 이후 다소 급격한 쇠퇴를 겪었다는 점이 주목되어야 한다. 이제 신정(神政)과 선민(選民)의 어휘는 — 이미 각성에 의해 약화되었겠지만 — 부활한 국교주의가 다음 세기 이후 말살하고자 했던 "광신"(enthusiasm)의 분위기의 일부가 된 것으로 보였다. 사실 계시적 차원은 너무 총체적인 시대적 사고의 일부였기 때문에 그냥 취소하거나 무화할 수가 없었다. 그것은 설교와 문학과 여론의 몇몇 영역들 속에 여전히 잔존하고 있었다.[1] 하지만 그것은 급진적 가능성을 가진, 인정된 정치 언어로서는 이미 오랜 쇠퇴과정을 겪었고 온전히 되살아난 적도 없었다. 존 폭스의 《행전과 유적》은 순교사(殉教史)와 잔혹한 이야기의 자료로서 여전히 잔존하고 있었지만, 이제 더 이상 잉글랜드 지성의 핵심적 골격의 일부가 될 수는 없었다. 그러나 어네스트 투버슨[2]은 계시론이 계속해서 그것의 특성을 수행한—비록 그것이 세속화의 수단이라는 역설적 기능이긴 했지만—몇 개의 길이 있었다는 것을 보여주었다. 혁명적 천년왕국파는 천년왕국을 점점 더 인간 지성의 합리적 세력들이 정화되고 계몽되고 지배로부터 자유롭게 되는 시대로 그리기 시작하였다. 또한 합리적 종교가 예언적 "광신"을 점차 압도하게 되었지만, 계시적 양식은 여전히 살아남아 광교파(廣教派) 전통의 잉글랜드 국교도들에게 미래의 유토피아—인간은 그곳에서 신이 그들에게 가르쳐야 하는 모든 것을 그로부터 배워야만 한다—를 그리는 한 가지 수단으로 호소력을 가지게 되었다. 잉글랜드의 지적 무대에는 역설의 징후들이 존재하고 있었다. 톨런드를 비롯한 공화주의자들은 많은 점에서 퓨리턴의 후예였음에도 불구하고 예언적 전통에 대한 적대자이자 이신론자가 되었고, 반면에

---

1) William M. Lamont, "Richard Baxter, the Apocalypse and the Mad Major," *Past & Present* 55 (1972), pp. 68-90; M. C. Jacob & W. A. Lockwood, "Political Millenarianism and Burnet's *Sacred Theory*," *Science Studies* 2 (1972), pp. 265-79.

2) Ernest Tuveson, *Millennium and Utopia: A Study in the Background of the Idea of Progress* (Berkeley-Los Angeles: University of California Press, 1949); *The Redeemer Nation: The Idea of America's Millennial Role* (Chicago: University of Chicago Press, 1968).

계시적 사상 양식은 스스로 "광신"의 적대자라고 자처한 국교회 광교파로 이어졌다. 그러나 천년왕국으로서의 공화국은 후기 퓨리턴 공화주의에 담긴 계시적 함의들을 알려 준다는 점에서 우리의 주제에 아주 중요한 것이었다. 또한 "광신"에 대한 반감이 그렇게 크지 않았던 아메리카 식민지에서는 "계시적 휘그주의"에 대한 얘기가 가능하다는 점을 투버슨이 알고 있었다는 사실도 의미가 있다. 아마 사람들은 이때까지도 메시아주의의 흔적이 있는 얘기들을 들을 수 있었을 것이다. 그러나 천년왕국에 대한 기대가 합리적 낙관주의와 합리적 설명의 구도들을 제시하기 위한 하나의 인식틀로 사용되었다고 말하는 것과, 그러한 구도들을 공급할 만한 능력이 결여된 곳에서 그것은 단지 하나의 대용품으로 쓰였을 뿐이라고 말하는 것은 그 의미가 다르다. 천년왕국에 기대를 품는 시대는 아직 끝나지 않았지만, 현재로서는 관심의 초점에서 멀어진 상태에 있었다.

반면 관습의 언어는 왕정복고기 및 그 이후에 내내 잔존했다가 뒤에 다시 되살아난 것으로 보인다. 해링턴의 저작은 상원의 부활과 3신분에 의한 통치—이러한 공식이 등장하는 《19개조안에 대한 답변》은 일인, 소수, 다수의 고전적 균형을 왕, 상원, 하원이라는 전통적 구조와 등치시키고 있다—의 복귀를 막으려고 했으나 결국 실패한 시도라는 이데올로기적 콘텍스트를 가지고 있었다. 1658년에 시작된 왕정복고 과정의 모든 단계들—전통적 선거권과 세습귀족제, 그리고 역사 속에 존재해 왔던 왕정 그 자체로 돌아가는 것—은, 점점 더 얇아지는 "혼합정체"의 베일 아래, 먼 옛날부터 이어져온 관습으로부터 그 정당성과 권위가 연유한다고 주장하는 바로 그 고래의 헌정(Ancient Constitution)으로의 복귀를 의미하였다. 호국정 시기 동안 보통법을 옹호했던 고등법원 재판장 매튜 헤일 경(1675년 사망)의 저작들은 관습 철학을 가장 명석하게 표현한 것[3] 중 하나이다. 관습 철학이란 용례(usage), 인정(認定; presumption)[4], 시효(prescription) 등을 핵심 개념으로 삼는 것으로서, 그 전통은 포테스큐, 에드워드 쿡, 에드먼드 버크로 이어진다. 사실 헤일이 죽은 지 몇 년 후, 고래의 헌정이론은 로버트 브래디가 이끄는 토리당 학자 집단의 공격으로 엄청난 피해를 입게 되었다. 그는 잉글랜드 역사에 대한 봉건적 해석을 이용하여 헌정이 오랜 연원을 가지지도 않았고 관습적인 것도 아니며 단지 왕의 조치와 사회 변혁의 결과일 뿐이라는 논증하려 하였다.[5] 그러나 역사 속에 존재했던 헌정이 이제 와서 그것의 고대적 토대를 포기할 것이라고 주장하는 것은 지나친 단순화일 것이다. 코린 웨스튼[6]의 주장에 따르면, 배척파(Exclusionists)*가 하원의 오랜 연원을 주장한 것은 — 이는 브래디와 그 측근들의 항변에 반박하는 셈이 되는데 — 1642년 《19개조안에 대한 답변》이 그들에게 양보한 것으로 보였던 양원 입법권을 주장하려는 데 그 의도가 있었고, 반면 토리당 저술가들은 이러한 주장을 논박하고 의안 제출권을 원래대로 왕의 권한으로 남겨두려는 의도를 가지고 있었다는 것이다. 만약 이 해석이 받아들여질 수 있다면, 배척파의 주요 목적은 왕의 권위를 관습의 위에 두려는 것이

---

3) Pocock, *The Ancient Constitution*, pp. 170-81; *Politics, Language and Time*, pp. 216-22, 262-64.

4) 하지만 폴 루카스는 버크가 이 용어의 규범적인 법률적 용례를 수정하고 있다고 지적한 바 있다. Paul Lucas, "On Edmund Burke's Doctrine of Prescription: Or an Appeal from the New to the Old Lawyers," *The Historical Journal* 11. 1 (1968), pp. 35-63.

5) *The Ancient Constitution*, pp. 182-228.

6) Corinne Weston, "Legal Sovereignty in the Brady Controversy," *The Historical Journal* 15. 3 (1972), pp. 409-32.

* 1678년에서 1681년 사이, 찰스 2세가 후사 없이 죽고 나면 가톨릭교도이던 동생 요크 공(뒤의 제임스 2세)이 뒤를 이을 것이라는 소문 때문에, 전국적으로 이른바 "배척 위기"라고 명명된 히스테리 현상이 일어났다. 샤프츠베리를 비롯한 휘그당 귀족들이 요크 공을 왕위 계승에서 배척하자는 배척법(Bill of Exclusion)을 의안으로 제출함으로써 위기는 더욱 고조되었다.

아니라 헌정이 단지 형식적인 권력 분배로 축소 가능하다는 점을 부인하려는 것이었다고 말할 수 있을 것이다. 관습의 진정한 성격은 과거의 왕과 의회가 어떤 시기적 필요성에 의해 취한 복잡한 과정과 조치들 속에서 찾아야만 한다는 것이 그들의 주장이었다. 그러한 관점은 모든 시기가 나름의 독특성을 가지며 비상한 사건들의 연속적 흐름의 일부라고 주장한 헤일의 관습 철학과 완전히 배치되지는 않는다. 아주 중요한 것이기는 하지만 한 가지 차이점이 있다면, 역사가는 개별성을 가진 과거의 각 시기들을 알고 되살려내려 하지만 법률가는 단지 각 시기가 서로 연속하면서 존재한다고 가정할 뿐이라는 것이다. 그러나 보통법 학자들이 존재하는 곳이면 어디서나, 관례와 전통과 고대적 연원의 언어는 틀림없이 번성하게 되었을 것이다. 실제로 그것은 18세기를 통해 다른 수많은 사상의 양식과 어깨를 나란히 했고, 따라서 버크 자신이 그것을 다시 주장한 것도 결코 의고주의나 호고주의의 산물만은 아니었다.[7]

우리 모형의 세 번째 언어에 대해서는 좀더 심층적인 역사를 추적해야겠지만, 일단은 그것이 더 이상 운 관념의 우위성에 기초하고 있지 않다는 점을 상기할 필요가 있다. 칼뱅주의적 예정설, 수많은 전거들로부터 성장한 이차적 인과 관계의 어휘, 그리고 아마도 형상과 목적인(目的因)에 대한 아리스토텔레스적 강조의 쇠퇴 등은 임의적이고 비합리적이며 변형적인 힘으로서의 외적 상황에 대한 개념을 크게 잠식하였다. 또한 변화하는 사회적 조건들 역시 어떤 영향력을 행사하고 있었다는 주장도 가능할 것이다(보통 그렇게 말하고 있기도 하다). 남성 혹은 여성의 "운"이 어떻게 하여 유산, 획득물, 혹은 지참금 등과 같이 주로 금전적인 의미를 가지게 되었는지를 보여주기 위한 한 흥미로운 역사 의미론 연구가 이루어 질 수도 있다.[8] 하여튼 우리는 이제

7) Pocock, *Politics, Language and Time*, pp. 227-31.

8) 옛 용어법은 용병을 의미하는 "soldier of fortune," 혹은 해적을 뜻하는

"버추"(virtue), "비르투스"(virtus), "비르투"(virtù) 라는 용어들이 로마와 르네상스기의 함의에서 대단히 중요한 의미를 갖지만, 그 반테제는 더 이상 상황적 포르투나가 아니라 역사적 부패가 되는 한 시기로 들어가게 될 것이다. 우리는 이미 이에 대한 일반적인 이유를 알고 있다. 당시 점차로 받아들여지고 있던 일련의 패러다임 속에서 공화국에 덕의 존재를 가능케 하는 데 필요한 물질적·도덕적 조건들은 이미 확립되어 있었다. 이제 문제는 입법적·정치적인 것으로 보였으며—이 조건들이 확립될 수 있는가? 만약 그렇다면 계속 유지될 수는 있는가?—의지주의적·카리스마적 용어가 아니라 물질적·도덕적 용어로 답하는 것을 허용할 것인가에 있는 것으로 생각되었다. 군주의 비르투는 입법자, 원로원 의원, 혹은 시민의 덕성과 비교할 때 별로 큰 관심사가 아닌 것으로 보였다. 그러나 이 문제들이 스스로를 드러내는 정확한 모습들을 이해하기 위해서는 마키아벨리적·해링턴적 공화주의의 공식들이 어떻게 해서 왕정복고기 잉글랜드의 헌정적 왕국에서 적절한 것으로 보이게 되었는지를 이해하지 않으면 안 된다.

[II]

이런 일이 일어나기 시작한 시기는 일단 편리하게 1675년으로 상정할 수 있다(사실 이보다 훨씬 더 이른 시기로 상정된 적은 아직 없었다). 그 해는 헤일이 죽고 의회의 봉건적 기원에 관한 논쟁이 다시 진행되기 시작한 때이기도 하다. 잉글랜드 정치에 대한 신해링턴적 해석이라

"gentleman of fortune"(아직도 이 말을 실제로 쓰는 사람이 있다고 할 때) 등의 용례 속에 잔존하고 있다. 흥미로운 점은 여성의 "virtue"에 대한 관념은 여성의 "fortune" 관념 만큼이나 특히 성차별적인 의미를 갖게 되었다는 사실이다.

불려 왔던 것[9]을 최초로 쓴 사람은《신분이 높은 한 사람이 지방의 친구에게 보내는 편지》(*A Letter from a Person of Quality to His Friend in the Country*)[10]라는 제목의 팸플릿 저자였다. 그는 다름 아닌 존 로크였을 수도 있는데, 어쨌든 그만큼이나 샤프츠베리 백작과 가까웠던 인물이었을 것이라는 점은 확실하다.[11] 혹은 상원에서 연설했던 샤프츠베리 자신이었을 수도 있다.[12] 어느 정도 샤프츠베리적인 다른 팸플릿들 역시 이들과 같이 묶일 수 있을 것인데, 1677년 좀더 독립적인 인물이었던 앤드류 마블은 동일한 지적 흐름에 속하는《로마 가톨릭 무리와 폭정의 출현에 대한 설명》(*Account of the Growth of Popery and Arbitrary Government*)을 간행하였다. 끝으로 1680년 배척법에 대한 논쟁이 정점에 달했을 때, 해링턴 자신의 오랜 동료이자 엄격하게 말해서 전혀 배척파가 아니었던[13] 헨리 네빌이《부활한 플라톤》(*Plato Redivivus*)을 출판하였다. 이는 해링턴의 이론을 왕정복고기의 다양한 현실 상황에 적합한 형태로 다시 고쳐 쓰고자 한 첫 단계의 최고작으로 받아들여질 수도 있는 정치 대화편이었다.

신해링턴주의 이론을 최초로 피력한 이 저작을 이해하기 위해서는 우선 세 가지 상황을 아는 것이 중요하다. 첫 번째 상황은 샤프츠베리가 후원제도(patronage)와 직위와 연금 제공을 포함하는 여러 수단을

---

9) Pocock, *Politics, Language and Time*, p. 115. 이 글이 처음 간행된 것은 1966년이었다. "브래디 논쟁"이 1675년에 시작되었다는 데 대해서는 다음을 볼 것. Pocock, *The Ancient Constitution*, ch. 7.

10) Printed in *State Tracts ⋯ in the Reign of Charles II ⋯* (London, 1693), pp. 41-56, and in Parliamentary History of England, IV, xxxviii-lxvii.

11) 이 문제에 대한 논의는 다음을 볼 것. K. H. D. Haley, *The First Earl of Shaftesbury* (Oxford: The Clarendon Press, 1968), pp. 390-93.

12) Printed in *State Tracts ⋯ in the Reign of Charles II ⋯*, pp. 57-61.

13) 《부활한 플라톤》은 가톨릭 계승자를 왕위에서 배척하자는 것에 대해서가 아니라 그의 권력을 어떻게 제한할 것인가에 대해 논증하고 있다.

동원하여 하원에 "궁정파"(Court Party) 세력을 구축하기 위해 노력하던 왕의 장관 댄비와 투쟁하고 있었다는 것이다. 두 번째는 그가 알려지기로는 이처럼 불길한 영향력을 직업군대 혹은 "상비"군의 성장과 연계시키는 쪽을 택했다는 것이다. 세 번째는 그의 주장이 상원에서의 연설 — 그는 상원의원의 자리에 있었다 — 로만 그치지 않고, 그를 이은 네빌처럼 상원의 지속적인 존속이라는 사실에 아주 단단히 결박되어 있었다는 것이다. 댄비는 이러한 상황을 타개하기 위해 왕들로 하여금 의회 통제의 기술을 배우도록 하는 데 정책의 초점을 맞추었다는 것이 지금 통상적으로 받아들여지는 견해이다. 호국경 올리버와 두 스튜어트가의 왕은 이런 일에 영 서툴렀다. 이러한 상황이 우리의 목적에 왜 중요한가 하면, 샤프츠베리에 의해 촉진된 논쟁적 반격이 "궁정"과 "지방"이라는 옛날의 반테제 관계를 새로운 형태로 다시 고쳐 쓰도록 했기 때문이다. 이 새로운 형태의 개작 활동은 시민적·공화적 "부패" 개념에 기초한 것으로서, 해링턴에 크게 의존했을 뿐 아니라 "권력분립"(separation of powers)으로 알려진 이론의 발전에도 결정적 역할을 한 어떤 방식을 통해 이루어졌다. 바로 이때부터 공격의 포화를 받게 된 "궁정"은 더 이상 조신이나 왕의 대권의 공복(公僕)들로 채워져 있지는 않았다. 그렇다고 "각료"(minister) — 휘그 이데올로기에서 통상 오명(汚名)을 뜻하는 핵심용어 — 로 구성되었는가 하면 그렇지도 않았다. 사람들은 그들이 의회를 행정부 정책에 순종적으로 만들기 위해 마키아벨리적 계기를 이용하는 것으로 간주하였다. 이러한 시도에 적대적인 야당 정치가들은 그러한 마키아벨리적 계기를 "부패" — 단지 그것이 왕의 총애가 갖는 적절한 수준을 넘어서 수뢰와 매수에까지 이른다는 의미에서 뿐만 아니라, 귀차르디니가 처음 우리에게 말했던 바와 같이 공적 권위를 사적 권위로, 독립을 종속으로 바꾸어 버린다는 의미에서 — 라는 말로 부름으로써 그것이 불법임을 표현하려고 했다. 후원제도는 자신들이 대표하는 평민들만큼이나 독립적이어야 하는 하원의원들을 그들에게 후원을 제공하는 궁정과 각료들에 종속적인 존재로 만들어 놓았다는 것이 "지방" 이데올로기 선구자들의 주장이었다. 종속은 단순한 매수보다 더 지속적인 만큼 더 나쁜 것이었다. 만약 어떤 의원이 궁정 쪽에 투표하는 대가로 돈지갑을 받는 것이 나쁜 일이라면, 궁정의 선물이라는 명목으로 연금을 받거나 관직을 차지하는 것은 그보다 열 배는 더 나쁜 일이었다. 왜냐하면 이는 그 의원의 이익을 영원히 궁정에 영합하도록 만들 것이기 때문이다. 이로부터 "지방"파 정치 강령에서 결코 충족된 적은 없었지만 가장 자주 반복되는 요구 사항 중 두 가지가 나타나는데, 첫째는 하원으로부터 관직 보유자 혹은 "낙하산 관리"(placemen)를 쫓아내라는 것이고, 둘째는, 의원을 규칙적으로 재선출을 위한 예비 후보자 집단으로 되돌려 보내는 것이야말로 그들이 궁정에 종속되지 않도록 하는 최선의 방법이라는 견지에서, 의회 의원을 짧은 간격으로, 즉 자주 교체 — 매년 교체가 확보되지 않는다면 3년에 한 번이라도 — 해야 한다는 것이다.

이러한 요구 — 1647~48년 및 "선한 옛 대의"의 반향들과 함께 — 가 마키아벨리적 "원리로의 회귀"로 의식되었을 뿐 아니라, 광신주의자들에 의해서는 거의 사보나롤라적 린노바치오네(갱신)로까지 간주되기까지 했다는 사실을 인식하는 것이 중요하다. 그것은 해링턴이 교대라는 메커니즘을 통해 겨냥했던 것과 동일한 원리, 즉 독립성과 자유와 덕성의 영속적인 갱신을 확보하려는 의도를 갖고 있었다. 사람들은 자유롭고 독립적이었으며, 하원의원의 역할도 그래야만 했다. 선거의 시기는 곧 — 우리는 여기서 해링턴의 작품에 나오는 헤르메스 데 카두체오[14]의 환희를 상기해야 한다 — 자유와 자연과 정치적 순진성의 시기였고, 그러한 것들을 통해 통치의 기본 원리가 확인되었다. 마키아벨리 역시 동의했겠지만, 그러한 것이 너무 자주 확인되기란 어려운

14) Toland, pp. 92-94. Cf. 이 책 11장 주 98.

일이었다. 그러나 만약 사람들과 하원의원들의 자유가 그들의 독립성에 근거한다면, 해링턴을 읽었던 사람들과 또한 그를 읽을 필요가 없었던 사람들에게 이는 곧 자유와 독립성이 재산에 근거하고 있다는 뜻이 된다. 주(州)와 특별시의 젠트리와 자유토지보유자들 — 통상 "지방"이란 용어는 바로 그들을 포괄하는 것이었다 — 은 이런 식의 어휘들을 통해 스스로를 고전기의 포풀루스(populus), 즉 덕의 공동체로 규정하고, 자신들의 덕성이 그들 소유의 자유토지보유권에 근거하고 있다고 간주할 만한 자격이 있는 사람들이었다. 하지만 "부패"의 위협이 현실화되는 것도 바로 그 점에서였다. 직위와 연금은 일종의 재산이었고, 그것이 아니라면 적어도 생계를 이어주는 정도는 되는 것이었다. 따라서 그것을 받는 사람은 주는 사람에 의존하지 않을 수 없게 된다. 마블은 그런 식의 수혜자를 유사 봉건제의 감청색 제복을 입은 가신에 비교하였다. 그리고 부패한 하원의원의 의존 대상인 후원자는 지배적인 "권력자"(particular men)의 강력한 파당 — 피렌체적 어휘로는 "세타"(setta) 또는 "인텔리젠차"(intelligenza) — 이 될 수도 있겠지만, 불법적인 새 통치 기관("각료") 혹은 옛 통치 기관("궁정" 또는 "행정부")을 형성하는 왕당파 행정 각료로 그 본래의 권한을 넘어섬으로써 부패하게 되었거나 혹은 부패의 과정에 있는 사람들이 될 수도 있었다. "균형정체"와 "권력분립"의 언어는, 입법부 구성원들이 행정부가 통제하는 자원들에 경제적으로 의존함으로써 초래된 "부패"를 덕과 자유의 주적(主敵)으로 표현했을 때 새로운 의미 —《19개조안에 대한 답변》이나 "논의"와 "결과"를 분리하려는 해링턴의 친베네치아적 소망에서 발견되는 모든 것을 넘어서는 — 를 얻게 되었다. 이러한 위협 앞에 행정부와 입법부에 대한 권력배분 혹은 "분립"상의 형식적 약점은 사실 부차적인 것이었다. 핵심용어는 바로 "부패"였고, 이는 잉글랜드 헌정이론이 시민적 공화주의의 범주와 어휘에 동화되는 더 진전된 단계의 특징이기도 했다.

마블은 하나가 아니라 두 개의 부패 기관이 작동하고 있다는 것을 예리하게 꿰뚫어 볼 수 있었다. 각료들의 부패를 비난하는 야당 정치가들은 단지 그들을 교체한 뒤 그들 자신의 도구를 가지고 그러한 기관들을 계속 작동할 작정이었을 수도 있다. 《로마 가톨릭 무리와 폭정의 출현에 대한 설명》에서 그는 현재는 "네이미어적" 노선으로 알려진 것 — 궁정파, 야당 정파(政派), 그리고 독립적인 평의원 혹은 "지방파 구성원" — 을 따라 초기 의회의 초상을 그려내었다.[15] 그러나, 루이스 네이미어 경과는 달리, 그는 장관과 정파 지도자와 그 각각의 추종자들에게 서로 더하지도 덜하지도 않게 똑같이 부패에 대한 책임을 돌림으로써 그것이 끼친 해악을 극대화하였다. 덕은 오직 지방파 구성원들에 의해서만 대변된다는 것, 덕에 대한 그들의 옹호는 수동적인 것까지는 아니지만 정태적이라는 것, 그리고 부패는 오직 토지 외에 다른 수입을 갖지 않겠다는 의지를 가지고 동시에 행정관직을 소유하고 있지 않거나 그렇게 하려고 애쓰지 않는 사람만이 피할 수 있다는 것 등이 바로 이러한 마블의 관측으로부터 나온 주장들이었다. 그리고 다시 이로부터, 모든 권력은 부패하며, 권력이 실제로 행사되거나 추구되는 곳으로 간주되는 정부 그 자체와 의회는 재산, 독립성, 덕의 부패 구조라고 생각지 않을 수 없다는 주장들이 그 뒤를 이었다. 권력을 그 자체로서 반대하는 이데올로기는 통상 지방이 궁정과 재산에 기초한 통치를 불신하던 잉글랜드와 같은 국가에서 오랫동안 뿌리내려왔던 것으로서, 이제 시민적 어휘의 채택으로 인해 그 힘이 크게 강화되고 있는 상황이었다. 또한 그들 자신이 밖으로 내세우는 가치들에 반하지 않고는 관직을 가질 수 없다는 것은 지방파에게는 항상 반복되는 문제였다. 이에 대해 존슨 박사는 애국심(patriotism)(이 용어는 17세기 이

15) 1677 ed., pp. 74-81. Grosart, ed., *Complete Works of Andrew Marvell* (Fuller Worthies Library, 1875), IV, 322-32. 파당과 가신 간의 유사성에 대해서는 Grosart, p. 331을 볼 것.

래 "지방"과 "공화국"의 함의들을 전달하게 되었다) 이야말로 악당의 마지막 피난처라는 말을 그의 어록에 남겼다. 일단 행정부가 입법부에서 다수를 손에 넣고 또한 그것이 후원제도를 통해 이루어졌다는 것이 기정사실이 되어 버리자 — 이는 샤프츠베리와 마블이 댄비를 비난하는 과정에서 그렇게 된 것이었다 — 문제는 이제 돌이킬 수 없는 상태가 되었다. 시민적 공화주의는 입법권 및 의회 안의 왕이라는 사실과 궁극적으로 양립 불가능한 것이었다. 하지만 당분간 후자는 그것에 대한 비판에 대해서뿐 아니라 스스로의 행위에 대해 다른 어떤 것보다 더 유연하고 의미심장한 어휘를 제공하게 될 것이었다.

해링턴에게는 궁정이든 부패든 혹은 관직이든 그 어떤 것도 정치적 분석의 주요 요소가 아니었다. 그의 시각은 지나치게 낙관적이고 천년왕국적이었다. 하지만 연사들이 그의 저작에서 직접 가져온 관념들을 이용했던 유일한 의회 논쟁이 리처드 크롬웰의 의회에 있던 공화파가 《겸손한 청원과 조언》에서 주장된 "또 하나의 의회"(Other House)를 인정치 않기 위해 벌였던 장기 투쟁이었다는 사실은 의미가 깊다. 앞서 우리는 이 팸플릿을 《19개조안에 대한 답변》 및 고래의 헌정에서 제시된 3신분의 복귀를 특징짓는 것으로 보았다. 하지만 "또 하나의 의회"에 반대하는 해링턴의 전투는, 역사에 존재했던 옛 귀족계급의 복원이 불가능하기 때문에 교대식이 아닌 "상설"(standing) 상원은 대개 고위 장성과 여타 군사 유력자들로 이루어질 수밖에 없다는 가정 하에서 수행된 것이었다. 그리고 복고주의자들의 반격이라고 해 봤자, 해링턴의 가정과는 반대로, 고래의 헌정의 옹호자인 "옛 상원의원들"을 불러오자는 것이 유일하였다. 군 장교들을 가리켜 (세습적은 아니지만) 수구(守舊) 귀족이라고 공격하는 것은 대체로 상원에 그들을 포함시키는 것이 결국 헌정상으로 군 세력과 그것을 유지하기 위한 과세를 강화하는 결과를 낳을 것이라는 가정에 근거하고 있었다. 그들은 아마 종신 동안 의석을 차지할 것이고, 그들의 상속자도 그럴 것이며, 그들을 먹여 살리는 세금을 매기는 쪽으로 투표할 것이다.[16] 그러므로 1659년의 논쟁은 "낙하산 관리"(placemen)와 부패에 반대하는 그러한 항변이 아주 일찍이 그리고 특별하게 표출된 하나의 예였다. 이러한 항변은 후일 더 강도가 높아지게 되지만 — 군 출신 상원의원들은 국가의 종속물이자 의회를 국가에 종속케 하는 수단이 될 것이었다 — 어쨌든 공격의 대상이 낙하산 군 장교들이었다는 데서 더 큰 의미가 있다. 1675년쯤이면 "상비군"이라는 말은 잉글랜드 정치 논쟁에서 상용 어구가 되어 있었고, 친샤프츠베리적 저술가들은 규칙적으로 그 말을 부패와 결부시키면서 시민군의 이상과 반대되는 의미로 사용하고 있었다.

> "상설의회"(standing Parliament)와 "상비군"(standing Army)은 마치 배꼽 아래는 한 몸이고 그 위로는 분리된 쌍둥이와 같다. 둘은 함께 태어났고 혼자만으로는 오래 살 수 없다.[17]
>
> 우리는 유일무이하게 고대적 연원을 가지고 있을 뿐 아니라 우리나라의 진정한 힘인 "합법적 시민군"과 "상비군"에 대해서도 똑같은 말을 할 수 있다. "시민군"은 "잉글랜드의 자유"를 위한 것이 되어야 하며 그 외 다른 어떤 것도 될 수 없다. 그렇지 않으면 그것은 스스로 파멸에 이르기 때문이다. 하지만 "상비군"은 "대권" 외의 다른 어떤 것을 위한 것도 될 수 없다. 그것이 "나태한 삶"과 "생계"를 이어가는 것도 바로 이러한 대권에 의해서이다.[18]

1642년의 내전은 왕과 의회가 주(州) 시민군의 통제를 놓고 논쟁하는 가운데서 발발한 것으로, 이는 군조직이 새로운 모형으로 재편되기

---

16) Pocock, "James Harrington and the Good Old Cause." Cf. 이 책 11장 주 49.

17) *Two Seasonable Discourses*, in *State Tracts … in the Reign of Charles II …* p. 68.

18) *A Letter from a Person of Quality to His Friend in the Country*, p. 70.

전 잉글랜드에 유일하게 존재했던 무장 세력들 간의 싸움이었다. 군 내부에서 크롬웰의 호국정에 반대한 세력 중에는 신형군을 주장하는 이상주의자들이 있었는데, 그들은 여전히 스스로를 무기를 든 평민이라 믿고 있었고 자신들이 국가 수장의 직접 통제를 받는 데 대해 분개하였다. 1660년의 왕정복고—그 자체는 무료 숙영을 하기보다는 차라리 스스로를 해산하겠다는 군의 의도에도 일부 그 원인이 있었다—와 함께 시민군 통제권을 왕에 부여한다는 것이 분명하게 천명되었다. 하지만 이러한 원칙에는 명시되지 않았지만 그럼에도 불구하고 전혀 모호하지 않은 필요조건이 붙어 있었다. 그것은 왕이 통제권을 행사할 수 있는 것은 오직 주 시민군—그들의 자연적 지도자인 젠트리의 지휘 하에 있는 무장한 자유토지보유자들—에 한정된다는 점이었다. 논리적 견지에서 왕에게는 자신에 좀더 직접 의존하는 시민군이 필요하다는 것을 인정하는, 해링턴에게서 영감을 받은 일부 필사본 논문들이 현재 전해지고 있다.[19] 그리고 소수의 충실한 왕당파들은 정확히 바로 이러한 이유로 해서 봉건적 보유권—봉건적 주군은 잉글랜드란 나라의 구현으로서, 모든 토지소유자들의 땅이 그에 대한 직접적인 봉사와 충성 맹세에 묶여 있다는 것[20]—의 폐지를 애통해 했다. 왕은 무장한 토지소유자들을 지휘하되, 단 그것은 지방의 경우에 한정되어야 한다는 것이 왕정복고기의 인식이었다. 만약 왕이 그 외의 다른 어떤 군사력을 갖고자 시도한다면, 이는 사실상 지극히 민감한 뇌관을 건드리는 격이 될 것이었다. "왕의 호위대가 용병이라 위험하다"는 것이 기병대의 한 과격파 연사가 하원에서 말한 내용이었다.[21]

---

19) 예를 들자면, British Museum, Lansdowne MSS. 805, fols. 75-82.

20) 이러한 주장을 한 사람으로 가장 잘 알려진 인물은 페이비언 필립스였다(직접적인 해링턴적 방식은 아니었다). 다음을 볼 것. Pocock, *The Ancient Constitution*, pp. 215-17.

21) Colonel Strangways, 29 April 1675; *Parliamentary History*, IV, 696. Cf.

"상비군"이란 용어는 이미 해링턴에게 알려져 있었고, 그는 이 말을 무언가 정치적으로 바람직하지 않은 것을 가리키는 것으로 사용하였다. 즉 그는 이를 고대의 참주가 자신의 불법적 권력을 확립하기 위해 이용하는 호위대처럼, 최고의 권력자가 언제든지 이용할 수 있는 직업적 군대로 본 것이다. 다만 그 역시 오세아나의 입법자 및 국부(國父)로서, 결코 부패하지 않고 사실상 초인적인 덕성을 지닌 인물로 인정받는 아르콘 경에게 잠시 이를 허용하고 있기는 하다.[22] 해링턴은 또한 이 말을 좀더 정밀한 군사적 의미에서 "출정군"(marching army)에 대한 반테제로도 사용했는데, 이는 실제의 적군이나 당면한 위험에 대항하여 출진하는 군대를 의미하였다.[23] 그래서 "상비군"은 실제로 존재는 하되 전투에는 나가지 않는 그런 것으로, 1689년의 권리 장전(Bill of Rights)에서 의회의 허가를 얻게 되어 있는 "평화시의 상비군"과 흡사하였다. 그러나 오세아나의 질서 하에서는 상비군과 출정군 모두가 시민으로 구성되며, 그래서 상비군을 오직 한 장관의 권위에 종속시키는 것은 국가를 정치적으로 위태롭게 만들 수 있다는 것이다. 하지만 1675년이 되면 이 용어의 의미에 대단히 중요한 변화가 일어난다. 즉 이때부터 상비군이 국가가 지휘하고 유지하고 특히 봉급을 주는 직업장교와 장기복무 병사들로 구성된 군대를 뜻하는 경우가 생기기 시작한 것이다. 그러한 군대는 어떤 통치자도 고용이 가능한, 자유로운 상태의 동료들 집단이 아니라는 점에서 이탈리아 작가들이 말하는 콘도티에리(condottieri 용병대)와는 달랐고, 개인적으로 어떤 군주에게도 종속되어 있지 않다는 점에서 마키아벨리의 "수디티"(sudditi 가신)이나 "크레아티"(creati 예속자), 혹은 해링턴의 "자니세리"(janissery 근위대)나 "바살"(vassal 가신)과도 달랐다. 그들은 합법적 · 공적 권위

Ibid., pp. 461, 467, 604-608.

22) Toland, *op. cit.*, pp. 200, 203-204.

23) Toland, pp. 77, 101, 114, 190, 207.

에 봉사하지만, 사사로운 돈이 아니라 공적 권위에 의해 걷히고 공적 관리에 의해 지출되는 돈으로 상시적인 봉급을 받으면서, 일찍이 마키아벨리가 "기술"(arte)이라고 불렀던 것을 사용하는 상근 직업군인으로서의 잉글랜드인들이었다(혹은 잉글랜드인들일 수도 있었다). 이는 당시의 세계에서 무언가 새로운 것이었다. 30년 전쟁에 이용되었던 용병대는 대체로 콘도티에리였고, 설사 그들이 국민군의 맹아적인 면모를 갖고 있었던 때가 가끔 있었다고 해도 정부가 그들을 유지할 만한 힘을 곧 잃어버리는 일이 다반사였다. 자신들을 고용했던 군주가 파산하면 결국 그들은 자체의 식량과 기타 공급품을 조달하기 위해 끊임없이 농민들을 공격하는 전투 같지도 않은 전투를 치르면서 가는 곳마다 농촌 지역을 마구 짓밟아 놓았다. 결국 새로운 것은 국가가 그들을 상시적으로 유지할 수 있도록 해주는 강력한 재정구조였다. 이러한 측면에서의 능력이 얼마나 새로운 것이었는가는 20년 전 해링턴이 그것을 불가능한 것이라고 단호하게 말했던 사실에서 잘 나타난다. 그는 납세자들의 강력한 저항에 부딪힐 것이기 때문에 결코 군대를 직접 과세에 의해 유지할 수는 없으며,[24] "군대에 봉급을 주는 은행도 없을 뿐 아니라 만일 군대에 봉급을 주는 은행이 있다면 그것은 곧 은행이 아니게 될 것"이라고 말했던 것이다.[25] 설사 그가 홀란드와 제노바는 예외일 수도 있다는 말을 했을 수도 있다 해도—그가 정말로 그랬는지는 확실치 않다—그는 동시에 "은행이 있는 곳은 십중팔구 공화국"[26]이라는 말을 했다는 사실도 알아야 한다. 또한 이 거대한 공동체들조차도 과연 17세기의 토지에 근거한 군대를 언제까지나 먹여 살릴 수 있겠는지 의심할 만한 확실한 이유들이 있었다. 결국 군대는 오직 전사들을 토지에 정착시킴으로써 유지될 수 있다는 것, 그리고 이러한 것

24) Toland, p. 67.

25) Toland, p. 227.

26) Toland, p. 230.

이 아시아적 노예 왕국, 봉건 귀족정, 혹은 공화적 시민층이 확립되는 방식을 통해 이루어질 것인지가 문제라는 것 등이 해링턴의 이론 전체를 관통하는 중요한 측면들이었다.[27] 상업 사회가 영속적인 (필요시에만 존재하는 것이 아닌) 직업군대를 유지할 수 있다든지, 혹은 왕국이 군사적 관료제의 힘을 빌려 그러한 사회를 통치할 수 있다든지 하는 생각은 모두 거부되었다.

그러나 1670년대 말쯤이면 그러한 가능성이 표면화되기 시작하고 있었다. 잉글랜드 왕이 거느리는 호위대와 여타 군 조직들은 이후의 경우와 비교해도 그 수가 더 많지는 않았지만, 이미 그 형태는 영속적인 것으로 변하고 있었다.[28] 궁정에는 군대에 봉급을 주고 무기를 제공하기 위한 관료 부서들이 설치되어 있었는데, 그동안 의회가 잘 내려고 하지 않았던 갖가지 교부금이 바로 필요한 재정을 조달하는 잡다한 (그리고 의심스러운) 창구들이란 소문이 있었다. 댄비 같은 장관들이 후원제도를 이용하여 상하 양원을 부패시키고 있다고 믿거나 또는 그런 믿음을 피력한 사람들에게 이는 이중 위협이었다. 즉 교부금은 관리나 민간 관료로 일하는 사람들의 수를 증가시키는 동시에, 의석에 앉아 행정부에 종속된 군대의 유지를 위해 교부금과 세금을 내도록 투표할 가능성이 있는 직책 보유자의 수를 늘리는 결과를 초래한다는 것이다. 그 과정이 자기 증식적이고 암적이었기 때문에, 의회는 스스로의 부패와 예속을 가중시키고 있는 셈이었다. 그것은 1659년의 불만 사항이 새롭고 더 심각한 형태로 나타난 것이었다. "또 하나의 의회"(Other House)라는 소리를 들을 정도였던 군사 귀족 대신, 군사적 · 시민적 부속물들이 하원에 접목되고 있었고, 신형군 — 사실 그것은

27) Toland, p. 65.

28) 이러한 군대의 성격이 대해나 최근의 연구로는 다음이 있다. J. R. Western, *Monarchy and Revolution: The English State in the 1680s* (London: Routledge and Kegan Paul, 1972).

한 번도 새로운 의미에서의 "상비군"이었던 적은 없었다—이 스스로를 유지할 수 있도록 해줄 행정조직을 끊임없이 찾아야 하는 데 반해, 복고 왕정은 전통적인 헌정 관계를 조종하고 혼란케 함으로써 스스로의 군사력을 증강할 수 있는 행정조직을 갖추어 나가고 있었다.

샤프츠베리는 1675년 10월의 연설에서 이렇게 말했다.

> 상원을 통해 사법을 관장하고 행사하며 또한 의회의 상하원과 함께 중요사에 대해 의논하는 왕은 본인이 인정하며 그 아래에서 태어났고 봉사해야만 하는 정부입니다. 만약 장차 의회 없이 군대를 통해 통치하는 왕이 출현한다면, 그것은 본인이 인정하지도 봉사할 필요도 그 아래에서 태어나지도 않은 정부일 것입니다.[29]

어쩐지 불길하게 보이는 이 언어는 《19개조안에 대한 답변》에서 기술된 3신분의 균형을 다시 불러내는 주문의 냄새를 풍긴다. 하지만 적법성에 대한 위협은 단지 군사 독재에서만 오는 것은 아니었다. 샤프츠베리는 아마 그의 연설을 듣고 있던 청중들(그의 동료 의원들)이 찰스 1세가 5인 위원회 혹은 크롬웰에게 잔부 의회를 축출하라고 요청한 일을 기억했으면 하고 바랐을 것이다. 하지만 잠재적인 위협은 강제가 아니라 부패에서 오는 것이었다. "군대를 통해 통치하는 왕"이란 크롬웰이 아니라, 자신의 신분들에 의존하지 않고 상비군을 조달하고자 하는 대륙의 어떤 권력자를 뜻한다.[30] 샤프츠베리의 연설을 둘러싼 수사학적 배경은 잉글랜드의 경우 의회의 부패가 이러한 일을 발생케 할 것이라는 점을 명백하게 알려주고 있다. 직업장교야말로 이러한 부패의 결과이자 동시에 원인이며, 이런 식의 해악을 끼칠 수 있는 그의 능력은 직업군인이 되고자 한 스스로의 결정이 그로 하여금 자신을 고

29) *State Tracts … in the Reign of Charles II …*, p. 60.

30) Pocock, *Politics, Language and Time*, pp. 121-23.

용할 수 있는 국가에 종신토록 의존하게 만든다는 사실에서 연유한다. 해링턴은 — 군사 조직에 대한 최신 조류에 얼마나 잘 알고 있었는지는 의문이지만 — 프랑스에서 "고트 왕정"이 잔존한 주요 이유 중 하나가 프랑스 귀족들이 이제 자신들의 경력을 왕에 의존하게 되었던 것이라고 주장하였다. 대검(帶劍) 귀족들은 왕의 군대에서 봉사할 생각을 하고, 법복(法服) 귀족들은 왕의 법정과 행정 쪽에서 일하고 싶어 한다는 것이다.[31] 잉글랜드의 자유토지보유자들이 이러한 봉사 귀족으로 변모하기는 어려웠으나, 지나치게 직위를 추구함으로써 부패할 가능성은 있었다. 우리는 로도비코 알라만니가 그런 과정에 대해 말할 수도 있었다는 것을 기억한다. 하지만 이제는 잉글랜드에서 전통적으로 자유토지보유자의 자유를 옹호해 온 의회가 어느 덧 부패의 수단으로 변해 스스로의 본성들을 바꾸어 버리는 악몽의 시나리오가 작동할 가능성이 존재하게 된 셈이다. 바로 이러한 것이 잉글랜드 시민군의 신화가 힘을 얻고 또한 그것이 해링턴식의 형태를 취하게 된 배경이었다. 팸플릿 작가들은 시민군이 자멸하려고 하지 않는 한 자유에 반하여 행동할 수는 없을 것이라고 천명한 바 있는데, 이는 어디까지나 무장한 평민들의 재산과 독립성을 전제로 한 말이었다. 해링턴에게 이는 공화국을 피할 수 없는 것으로 만들기 위한 전제소선이었나. 시민군은 1675년의 사람들에게 궁극적으로 전통적 · 균형적 정체라는 형상이 부여될 마테리아(질료) — 토지를 보유한 개개인들의 덩어리 — 였고, 부패를 막으면서 왕과 상원과 하원의 구성요소로 복원된 혼합정체에서 자유와 덕성과 안정을 보장하는 존재였다. 위협적인 새로운 양식의 부패 현상이 나타나고 있었지만, 시민군은, 이제 막 요구되기 시작한 빈번한 의회 선거의 경우와 마찬가지로, 덕의 부활을 위한 하나의 수단으로 간주될 수 있었다. 정부로 하여금 토지를 소유한 개개인들의 덩

31) Toland, pp. 252-56.

어리와 직면케 하는 것이라면 무엇이든 "원리로의 회귀"라고 말할 수 있었다.

앞서 1675년의 해링턴적 부활에 결정적인 것으로 언급한 세 번째 상황은 그것이 상원의 지속적 존속이라는 콘텍스트 속에서 발생했고, 또한 샤프츠베리의 연설에서처럼 상원 그 자체의 물리적 배경 하에서 일어났다는 것이었다. 차후 다시 상기하게 되겠지만, 해링턴은 현재의 귀족계급이 더 이상 봉건 귀족이 아니며, 이제 잉글랜드는 공화국으로서 통치되어야 할 때가 되었다고 주장한 바 있다. 여기서 그가 생각한 공화국이란, 더 이상 다수가 의지하는 어떤 사람들이나 혹은 자신들에게만 한정된 세습권력을 행사하는 어떤 계급이 아니라, 그들의 현저한 여가와 경험 덕분에 동료시민들에 의해 빈번히 교대 선출되며 동시에 결과와는 엄격히 분리된 토의 — 혹은 법안 상정 과정 — 의 권한 혹은 상정된 법안 가운데에서 어떤 것을 뽑는 권한만을 행사하는, 재능과 기능을 가진 귀족들이 소수의 역할을 담당하는 그런 정체를 말한다. 이처럼 세밀하게 규정된 "자연 귀족정"(natural aristocracy)(당시 그렇게 불렸던 것처럼)의 정의는 오랫동안 권위 있는 것으로 받아들여져 왔다. 이미 보았듯이, 리처드 크롬웰의 의회에서 있었던 논쟁은 크롬웰식의(당시 베인, 밀턴 등이 제안한 성인〔聖人〕 귀족정은 말할 나위도 없고), 비세습 수구(守舊) 귀족의 확립을 두고 진행되었지만, 구 귀족제를 선호하는 쪽의 반발을 야기하였다. 그 이유는, 구 귀족이 의회에서 가지는 권위가 전통적 헌정의 일부라는 것, 그리고 자연 귀족정이 《19개조안에 대한 답변》에 의해 구 귀족에게 부여된 중재적·균형적 의미의 기능을 빼앗아가기 때문이라는 것이었다. 해링턴 그 자신은, 상원이 결코 봉건적 봉신제로 되돌아갈 수는 없기 때문에 현재의 재산 분배의 틀 속에서 그들이 설 자리는 없다는 점을 여전히 확신하고 있었다. 사실 1660년 이후의 시기에 그들이 자신들의 헌정적 기능에 비례하는 사회적 권력을 행사했는지의 여부는 아직도 분명치 않은 상태이다. 그러나 우리는 이제, 봉건적이지는 않지만 여전히 세습적인 귀족계급이 역설적으로 신해링턴적 헌정의 장치 일부로서 옹호되는 시기에 대해 얘기할 필요가 있다. 샤프츠베리는 1675년 10월 동료 의원들에게 이렇게 천명하였다.

> 상원의원 여러분, 여러분 각자의 권리를 주장하는 것은 여러분의 이익일 뿐 아니라 나라의 이익이기도 합니다. 하원과 잉글랜드 젠트리로 하여금 그들이 선호하는 바가 무엇인지를 생각하게 합시다. 왜냐하면 귀족 없이 혹은 군대 없이 통치한 군주는 없기 때문입니다. 만약 여러분이 어느 한 쪽을 원하지 않는다면 다른 쪽을 택하십시오. 그렇지 않으면 왕국은 결코 스스로를 오래 지탱하지 못할 것이며 민주적 공화국으로 굴러 떨어지는 것을 막기 힘들 것입니다. 여러분들이 지닌 상원의원으로서의 직분과 평민들의 대의는 동일합니다. 그리고 적의 대의도 역시 동일합니다. 상원의원 여러분, 여러분은 왕의 총애를 얻고 싶습니까? 스스로로부터 미래의 역량을 빼앗고 대신 왕의 편에서 봉사하고자 하는 것은 잘못된 길입니다. …[32]

이러한 언어는 틀림없이 해링턴적이다. 봉건 귀족의 쇠퇴가 내전을 야기했다고 설명하는 대목 — 왕은 신민들을 복종케 하는 데 이세 더 이상 귀족에 의존할 수 없기 때문에 군사적 통치를 시도하지 않을 수 없었다. 왜냐하면 "귀족을 박탈당한 왕국은 하늘 아래 군대 외에는 피난처가 없기" 때문이다 — 에서는 《오세아나》에 나오는 구절[33]에 대한 직접적인 암시가 보인다. 하지만 그 의미는 이상하게도 뒤바뀌어져 있다. 상원은 평민의 봉건적 상위자로 표현되고 있지 않으며, 상원이 평민과 군대의 통치 사이에 서는 것이 바로 그들 자신의 이익이라는 것이다. 군대의 통치가 가져오는 위험은 귀족층의 붕괴가 낳은 결과 —

32) *State Tracts … in the Reign of Charles II …*, p. 59.

33) Toland, p. 65.

해링턴에게는 그랬지만 — 가 아니라 귀족과 평민과 심지어는 왕까지도 포함하는 모든 계층들에 공통적인 적들이 꾸민 음모 때문이라는 것이다. 이 적이라는 존재는 전통적인 혼합정체를 무너뜨리려 하고 있으며, 새로운 종류의 부패와 새로운 종류의 상비군을 확산시키고자 획책하는 것이 분명하다는 것이다. 우리는 당시에 나온《신분이 높은 한 사람이 지방의 친구에게 보내는 편지》에서 이와 비슷한 생각들이 피력되어 있다는 것을 알 수 있다.

> 만약 군사 정부가 누군가에 의해 획책되지 않는다면, 상원을 깎아내리고 격을 떨어뜨리기 위해 궁정이 그토록 고통스러운 일들을 수도 없이 자행해야 한다고 하는 것은 분명히 잘못된 자문(諮問)이 될 것일세. 왜냐하면 귀족의 권력과 상비군의 권력은 하나가 올라가면 하나는 내려가도록 되어 있는 두 개의 양동이와 같기 때문일세. 나는 자네에게 우리의 모든 역사, 혹은 이웃 북부 왕국들의 모든 역사를 숙고해 보라고 하고 싶네. 귀족계급이 감소하는 것만큼 그와 똑같은 정도로 상비군과 군사적·자의적 정부가 문 안으로 들어선 것이 아닌지, 그리고 일단 권력과 힘을 얻게 될 때 그들은 언제나 귀족에게는 약간의 영향력도 허용치 않았던 것이 아닌지를 따져보아야 할 걸세. …[34]

앞서와 똑같이, 역사적인 것으로부터 규범적인 것으로 강조점이 이동했다는 것은 이로써 명백하다. 해링턴에게 문제는, 일단 귀족층이 봉건적 권력을 상실케 되면 평민들은 자유롭게 되며, 왕은 오직 군사력만으로 그들을 통치할 수도 있다는 것이었다. 물론 왕에게 군대가 없으면 이는 실패하게 될 것이다. 1675년의 사람들에게 귀족은 상비군 통치의 역사적 선구자지만, 동시에 그것을 저지하는 유일한 보장책

---

34) *State Tracts … in the Reign of Charles II …*, p. 55.

이기도 한 것이다. 상비군 통치라는 것이 모든 "이웃 북부 왕국들"에서 귀족 권력의 폐허 위에 세워졌던 것이기 때문에, 잉글랜드에서는 더욱 더 귀족층을 보존해야 할 필요가 있다. 그러나 해링턴의 경우에서와는 달리, 귀족의 힘과 평민의 자유는 결코 반테제적인 것이 아니다. 양자는 서로 불가분적이며, 상원은 《19개조안에 대한 답변》에서 얘기한 혼합정체 — 해링턴은 이를 고트적 불안정과 "현대적 분별"이라고 비난하면서 그 존재를 부인한 바 있다 — 의 필수불가결한 일부이다. 더욱이 여기서 사용된 "북부"란 말은 "고트" — "고트족"으로 알려진 게르만 침입자는 스칸디나비아 북부 지방, 즉 "종족들의 공장"(officina gentium)으로부터 연유했다고 주장되었다 — 와 동의어로 흔히 쓰이는 것으로, "고트적" 통치는 한때 널리 퍼졌으나 지금은 오직 잉글랜드에서만 잔존하고 있는 하나의 통치양식으로 표현되고 있다. 그것은 "군사적 · 자의적 정부"의 반대이며, 귀족이 스스로의 필연적 반테제인 상비군에게 자리를 내주지 않는 곳에서만 존재할 수 있다. 상원, 빈번히 교대되는 의회, 그리고 시민군의 이름들이 고대적 혼합정체 쪽에 함께 열거되고 있다. 그 적은 해링턴이 전혀 생각지 못했던 것으로서, 후원제도와 군대의 직업화로 인한 의회의 부패이다. 그리고 해링턴에게는 새롭고 혁명적인 세력이었던 시민군은 고대적이고 고트적이며 세습귀족과 비교될 만한 것이 되어가고 있다. 한때 그가 부정했던 모든 것이 이제 존재할 수도 있는 상황이 된 것이다.

신해링턴적이라 불리는 해석에는 잉글랜드 정부에 대해 해링턴 자신이 설명했던 역사적 질서를 완전히 전복하는 내용이 들어 있었다. 《19개조안에 대한 답변》과 고래의 헌정을 그가 제시한 규범들 — 시민권과 무기, 무기와 토지 간의 관계 — 과 조화시키려는 시도가 바로 그것이었다. 해링턴적 자유는 고트적 · 잉글랜드적 폐허 위에 세워진 것이 아니라 바로 그 과거 안에서 존재하게 되었다. 이처럼 시간적 순서를 전복한 것은 다음과 같은 두 가지 사실의 필연적 결과였다. 첫째는 왕과 귀족이 스스로의 존재와 적법성을 모두 유지했던 세계를 받아들이겠다는 결정이었고, 둘째는 후원제도와 군대 운용의 권력을 되찾은 궁정이 의회에서 지방이 갖는 독립성을 위협하는 주요 요인이라는 믿음의 축적이었다. 부패란 말이 해링턴의 어휘 속에서 특히 중요한 용어가 된 적은 없었다.[35] 그의 주요 관심사는 봉건적 형태의 종속성으로부터 벗어나는 것이었다. 하지만 공화주의적・마키아벨리적 언어 — 해링턴 자신이 잉글랜드에서 그것을 대변하는 인물인데 — 는 부패 이론을 설명하기에 적합한 수단이었고, 그래서 우리는 지금, 1670년대의 샤프츠베리와 지방파 사상가들이 왜 그러한 이론에 매력을 느꼈는지, 무언가 그 이유가 될 만한 점들을 살펴보고 있는 것이다. 해링턴보다 훨씬 더 오래 살았던 그의 한 절친한 친구[36]는 이제 그의 이론을 새로운 형태로 진술하기 위해 애쓰고 있었다. 옛 봉건제가 어떻게 해서 현대의 부패로 옮겨갔는지 그 역사적 맥락을 제공하는 것이 그의 의도였다.

헨리 네빌은 해링턴과 대단히 가까웠기 때문에, 토머스 홉스는 그가 《오세아나》 저술에 일부 참여한 게 아닌가 하고 의심하기까지 할 정도였으며,[37] 1659년에는 공화주의적 후위(後衛)의 활동적 구성원이었다. 리처드 크롬웰의 의회에서 논쟁이 진행되고 있었을 때, 그는 전통

---

35) Toland, p. 68.

36) 해링턴은 상당히 오랜 시간을 외견상 무기력한 상태로 지내다가 1677년 세상을 떠났다. 네빌은 1694년까지 살았다. 네빌에 대해 우리에게 접근 가능한 전기적 정보에 대해서는 다음을 볼 것. Caroline Robbins, "Introduction" to her *Two English Republican Tracts* (Cambridge University Press, 1969), pp. 5-20. 여기에는 《부활한 플라톤》의 전문이 수록되어 있다. 1659년 논쟁에서 그가 수행한 역할에 대해서는 나의 다음 글을 볼 것. "James Harrington and the Good Old Cause."

37) John Aubrey, *Brief Lives*, ed. Oliver Lawson Dick (London: Secker & Warburg), p. 124.

귀족을 고래의 헌정 상의 자유의 일부분으로 보는 수많은 주장들을 들었고 또 그것에 반대하였다. 하지만 그로부터 불과 20년 후, 그는 이런 종류의 이론을 바로 그 자신의 목적을 위해 사용하였다. 그가 1680년에 간행한 정치 대화편 《부활한 플라톤》은 현재 잉글랜드가 겪는 혼란들이 고래의 헌정의 쇠퇴 때문이며,[38] 따라서 이러한 혼란이 공위시대에 나타났던 무정부주의적 레슬링 시합 같은 것일 수는 없다는 가정을 받아들이고 있다. 하지만 그는 고래의 헌정이 귀족의 봉건적 지배 위에 그 토대를 두고 있었으며, 그것의 쇠퇴는 재산상의 균형이 변화함으로써 평민들이 귀족의 통제에서 해방된 결과라는 것을 확신하고 있다. 그러나 만약 봉건 시대가 무정부 상태와 절대왕정 사이를 오간 시대가 아니라 헌정적 자유가 존재했던 시대라면, 모든 시기에 걸쳐서 비귀족 신민들이 어떤 위치에 있었는지에 대해 틀림없이 무언가 말이 있었을 것이다. 1680년이란 해는 휘그당 저술가인 페티트와 애트우드가 필머 사후 재간된 그의 저작들에 의해 부인되었던 하원의 고대적 연원을 격렬한 어조로 주장했던 해였고, 이어서 로버트 브래디가 이끄는 봉건기에 대한 전문가들이 다시 그것을 부인하고 있던 해였다.[39] 네빌은 자신의 해링턴적 혹은 신해링턴적 관점으로부터 이 점에 대해 양면적 태도를 보이고 있다. 한편으로 그는 (매우 1659년식 논조로) 이렇게 말하고 있다.

> 우리 선조들의 시대에는 우리 하원의 구성원 대부분이 대영주에게 봉사하고 그의 푸른 색 외투를 입는 것을 명예로 생각하였다. 그리고 그들이 영주의 행렬을 따라갈 때, 그 자신의 집에서 영주의 저택까지 그를 호위해 갈 때, 그가 갈 통로를 열어줄 때, 그리고는 당시 (대단히 정당한 일이지만) 그렇게 부른 대로 스스로 하원의 자리에

38) Robbins, *Two English Republican Tracts*, pp. 76, 81-82, 132-35, 144-50.
39) Pocock, *Ancient Constitution*, pp. 187-95.

> 앉기 위해 그곳으로 갈 때를 명예로 생각하였다. 당신은 그런 상태의 의회에서 영주들의 지시 없이도 어떤 안이 통과될 수 있었다고 생각하는가?[40]

그러나 몇 페이지 앞에서는 이런 말을 하고 있다.

> 그리고 나는 내가, 그 시대〔즉 헨리 3세 치하〕 이전에 우리의 요우먼리 혹은 평민층은 공식적으로 의회에 모인 적이 없었으며, 사실상 그들이 의존하던 귀족들에 의해 둘러싸여 그들에 의해 대표되었다는 것을 믿는 경향이 있었다는 사실을 고백하지 않으면 안 되겠다. 하지만 나는 이제 템플의 미스터 페티트와 그레이스인의 미스터 애트우드가 최근에 간행한 박학한 담론을 보고 사실이 그렇지 않았다는 것을 확신하게 되었다. 내가 이 젠틀맨들에 대해 언급하는 것은 그들의 "명예를 위해서"이다.[41]

네빌은 하원의 유구함을 주장하지 않을 수 없었는데, 그 이유는 모든 종류의 자유가 사실은 왕의 선물이었음을 보여주기 위해 토리당이 그것을 부인하고 있었던 데다가, 봉신제의 지배가 개혁되고 보존되어야만 할 고대 자유 정권의 일부였다는 자신의 신해링턴적 입장을 지지할 필요가 있었기 때문이다. 그러나 그가 해링턴과 가까운 사이였다는 사실은 그가 지금 수행하고 있는 역할이 얼마나 역설적인가를 극명하게 보여준다. 평민들이 귀족과 왕 모두로부터 해방될 때까지 자유는 존재하지 않았다고 주장한 1656년의 혁명가는, 사실 그와 동일한 이유에서 평민들은 왕이 그들에게 자유를 주었을 때까지 자유를 갖지 못했다고 주장한 토리당의 브래디에 더 가까웠던 것이다. 만약 네빌이 애트우드나 앨저넌 시드니와 함께 봉건 사회의 봉신제적 요소를 탐색

40) Robbins, *Two English Republican Tracts*, p. 134.

41) *Ibid.*, p. 120.

하여 "바로"(baro)와 같은 단어들이 귀족이든 아니든 모든 자유인들에게도 적용되는 말이었다고 주장하는 데[42] 동참할 수 있었더라면, 해링턴적 자유를 고대적인 것으로 보이도록 하려는 그의 시도는 더욱 설득력을 얻었을 것이다. 하지만 이러한 모호함은 봉신제의 쇠퇴가 고래의 헌정이 쇠퇴하는 과정의 일부였다는 그의 주장에 더 강력한 토대를 제공해주었다. 왕이 단지 봉신들과 함께 일을 처리하고 있었을 때, 그들은 왕을 대신하여 평민들의 질서를 유지하였다. 하지만 봉신들의 권력이 쇠퇴함에 따라 왕은 점점 더 독립적이 되어가는 토지소유 평민층과 직접 얼굴을 맞대게 되었으나, 정작 그들에 대해 영향력을 발휘할 만한 어떤 수단도 가지고 있지 않은 상태였다. 따라서 상원은 혼합정체론이 당위적인 것으로 처방해 준 중개자로서의 역할을 하는 데 실패하였다(적어도 이 점은 원래의 해링턴적 해석에서 그대로 존속하고 있었다).[43] 네빌은 그들에게 다시 그런 역할을 맡길 아무런 의도도 갖고 있지 않았다. 그는 왕과 의회가 행정권을 공히 행사하는 일련의 회의들을 설치하자고 제안하였다. 하지만 비록 봉건적 권력은 박탈당했으나 여전히 세습적인 의회 소집권을 유지하고 있는 귀족층이 계속해서 토지소유자 계급의 명목상의 그리고 명예상의 지도자로 행동할 수 있다는 것은 그의 주장에서 분명히 나타난다. 지금에 이르러 그들 사이를 구별케 할 만한 것은 아무 것도 없었고, 만일 잔노티라면 이제 모두가 메디오크리(중시민)라고 했을 법한 그런 상황에 놓여 있었다. 하지만 그의 핵심적인 주장은 봉신제의 쇠퇴가 왕의 행정권과 대권을 왕이 아무런 통제도 할 수 없는 의회의 평민층과 직접 대면하도록 만들었다는 것이다. 그리고 그가 제안하고자 하는 것 같은, 권력을 재분배

42) 애트우드는 이 사례를 다음의 저작에서 길게 논하고 있다. *Jus Anglorum ab Antiquo* (1681); *The Lord Holles his Remains* (1682). 시드니의 경우는 다음을 볼 것. *Discourses on Government* (3rd ed., London, 1751), p. 387.

43) Robbins, *Two English Republican Tracts*, pp. 135, 145-48.

하는 헌정상의 어떤 해결책이 나올 때까지는 왕과 평민 사이의 관계가 불안정할 수밖에 없었다. 어쩔 수 없는 막다른 골목 앞에서 간교하지만 무능한 각료와 조신들은 교묘한 제안으로 왕을 속이게 될 것이며, 만약 그것이 성사된다면 이는 당연히 평민들을 부패케 하는 결과를 초래할 것이다. 하지만 샤프츠베리나 마블보다 더 낙관적인 네빌은 이러한 장치들이 모두 실패할 것이라고 생각한다.[44] 특히 그는 해링턴적 시각을 공유하고 있었고 신형군에 대한 기억도 새로웠기 때문에, 왕권을 강제할 능력이 있는 상비군을 잉글랜드 평민층으로부터 모집할 수는 없다고 생각하게 된다.[45] 그러나 비록 네빌 자신이 고도로 발전된 부패 이론 같은 것을 가지고 있지는 못했지만, 그럼에도 불구하고 그것을 둘러싼 역사적 콘텍스트를 제공하는 데 일조하였다. 이제 우리는, 평민에 대한 봉신의 권력이 쇠퇴하자 왕이 사용하지 않을 수 없게 된 필연적인 수단이 바로 부패라는 주장을 할 수도 있게 되었다. 귀족계급의 역사는, 약간 일치되지 않는 점은 있지만, 부패되지 않은 고래의 헌정에 대한 신화와 유사할 수도 있다. 만약 무장과 토지보유에서 독립적인 위치에 있는 자유민 시민군이 그러한 신화의 일부로 될 수 있다면, 군사 관료제라는 새로운 현상은 바로 그것의 부패한 적대자들이라는 자리에 딱 맞은 대상이 되는 것이다.

해링턴적 이론을 외형적으로 다시 고쳐 쓰는 일은 — 우리는 이를 신해링턴적 형태라 지칭해 왔는데 — 이제 완결되었다. 그것에는 두 가지 본질적인 특징이 있었다. 첫째는 상원을 받아들인 것이었다. 상원은 이제 더 이상 봉건 귀족도 아니었고 수구(守舊) 귀족이라고 비난받지도 않았으며 오히려 왕과 평민 간의 자연적 중재자로서 간주될 수도 있을 정도였다.[46] 둘째는 앞서 해링턴이 현재에 위치시켰던 무장

44) *Ibid.*, pp. 178-82, 198-200.

45) *Ibid.*, p. 180.

46) *Ibid.*, pp. 192-94.

한 자유토지보유자의 공화국을 과거로 쫓아버리는 것이었다. 네빌은 해링턴의 친구이자 외형상 문학적 계승자로서 1659년부터 이론을 행동으로 옮기기 시작했는데, 만약 해링턴적 이론의 핵심 사항들이 복원된 고래의 헌정 하에서 살아남으려면 그것을 다시 고쳐 쓰는 일이 필수적이라고 생각하였다. 또한 샤프츠베리 서클의 구성원들 역시 마블이나 네빌처럼 이제 후원제도, 낙하산 관리, 상비군을 정치질서에 위협을 가하는 주적으로 간주하게 되었고, 그리하여 의회의 역사적 구조와 고전적(그리고 역사적) 시민군을 동일시하는 것이 시급히 요구된다고 생각했을 가능성이 있다. 그러나 해링턴식 경로를 뒤집은 결과는 심각했다. 정치적 규범은 이제 과거지사가 되어 버렸고, 해링턴이 린노바치오네(갱신)로 보았던 역사 운동은 통상적인 쇠퇴의 패턴을 재개하였다. 신해링턴주의자들의 동기는 부패를 비난하는 것이었다. 그들은 스스로 변화를 모두 부패로 간주하지 않을 수 없는 대가를 치렀다(우리는 그들 자신이 천년왕국에 호소하는 것을 부인했다는 사실을 상기할 필요가 있다). 더욱이 부패와 쇠퇴에 노출된 것은 이제 고래의 헌정이었고, 따라서 균형정체의 형태가 머리에 그려지기 시작했을 것임에 틀림없다(1642년 이후로는 그렇게 되는 것이 정상적이었다). 하지만 귀족과 평민 간의 관계에서는 더 이상 심각한 혼란이 일어나시 않고 있었기 때문에, 문제가 되는 것이 신분상의 균형이 아니라 권력상의 균형이라고 본 것도 당연한 일이었다. 입법부 침해의 위협을 가한 것은 행정부였고, 후원제도의 문제는 한 세기 이상을 헌정적 권력 간의 분리와 상호 의존에 대한 논쟁으로 점철되도록 만들었다. 하지만 행정부에 의한 침해 행위를 부패로 규정하는 것은 입법 행위의 영역을 침범하는 것 이상의 문제를 내포하고 있었다. 사람들에게는 그러한 침해 행위들이 입법부 조직은 물론 구성원 개개인을 행정부에 종속케 할 위험이 있는 것으로 보였음이 틀림없다. 그러한 종속성이 부패라고 지칭되는 것은 반드시 독립성이 존재해야 하는 곳을 그것이 차지하고 있기 때문이다. 고전적 부패 개념을 원용함으로써 《19개조안에 대한 답변》 이전에는 거의 알려지지 않았던 잉글랜드 헌정이론 그 자체를 상당한 정도로 다시 고쳐 쓰지 않을 수 없게 되었다. 그렇게 연원이 오랜 한 이데올로기가 그토록 급속히 광범위한 지지를 얻었다는 것은 댄비에 대한 샤프츠베리의 공격이 제기한 논제들이 잉글랜드 정치 대중들에 얼마만큼의 중요성을 갖고 있었는지를 잘 보여주고 있다고 하겠다.

토리당은 《부활한 플라톤》에 대해 중요하다고 볼 만한 아무런 반응도 나타내지 않았는데,[47] 이러한 사실은 찰스 2세의 통치 말년이 이데올로기적 혼란으로 가득 차 있었음을 말해주고 있다. 신해링턴적 공격이 시작되었을 무렵인 1675년, 봉건제에 대한 한 저작의 간행으로 일련의 논쟁이 촉발되었고, 이는 브래디 논쟁으로 이어졌다. 1679년에 필머의 유고작들이 재간행됨으로써 세 가지 결과가 야기되었다. 첫째, 로크의 《통치에 관한 두 논고》(*Two Treatises on Government*)와 티를의 《왕이 아닌 가부장》(*Patriarcha non Monarcha*),[48] 그리고 가부장 정치 테제에 반대하여 합의적 권위를 옹호한 다른 저작들의 집필이 시작되었다. 둘째, 1675년에 시작된 반봉건 논쟁을 페티트와 애트우드가 계속한 것은 이제 평민의 유구함을 부정한 필머의 저작들에 대한 응수이자 동시에 브래디와 그 동맹자들에 대한 반격이라는 의도를 갖게 되었다. 셋째, 앨저넌 시드니의 《통치론》(*Discourses on Government*)이 외견상 독립적으로 집필되었다(이 저작은 1683년 그의 죽음에 한 원인이 되었다). 본질적으로 1675년 신해링턴적 논쟁의 연장이었던

---

47) 다음의 두 책이 1682년에 간행되었지만, 별 의미는 없었다. W. W., *Antidotum Britannicum*; Thomas Goddard, *Plato's Demon*.

48) 이 당시 로크와 티를의 저술들에 대한 복잡한 이야기는 다음에서 찾을 수 있다. Peter Laslett, "Introduction" to John Locke, *Two Treatises on Government*, ed. Peter Laslett (Cambridge University Press, 1960; 1963), ch. 3.

《부활한 플라톤》은 페티트와 브래디 간의 전투 속에 휘말려 들었는데, 이는 네빌이 하원에 대한 페티트의 주장을 수용하기로 작정했기 때문이다. 토리당 저술가들은 단지 그 점에서만 그것을 인지하였다. 브래디와 그 동료들은 신 토리당이라기보다는 구 왕당파였으므로, 후원제도와 상비군보다는 특권과 세습적 계승의 옹호에 더 관심을 가지고 있었다. 그들은 봉건제의 쇠퇴를 후원제도의 행사와 연결 짓는 네빌의 주장에 아무런 반응도 보이지 않았다. 그러나 다음 세대에 가면 이에 대한 대답이 나오는데, 봉건제는 이미 쇠퇴해 버렸기 때문에 오히려 후원제도가 필요하며 따라서 결코 부패가 아니라는 것이 그 골자였다.[49] 그러한 역사해석은 신해링턴주의자들이 아닌 해링턴을 인용함으로써 도달될 수도 있었겠지만, 좀더 통상적으로는 봉건적 과거에 대한 브래디의 주장을 받아들임으로써 그렇게 될 수 있었다. 혁명 정치의 변화무쌍한 패턴 속에서 이러한 주장은 휘그당의 이익에 기여하게 되었고, 1698년까지 휘그당 지도자들은 스펠먼과 브래디의 저작에 대한 공격을 재개하고 있었다.[50]

1688년에 이르면 휘그당은 여전히 거의 혁명적 성격의 야당이었던 반면, 궁정파에 반대하는 지방파의 신해링턴적 이론은 필머를 반박해야 하는 절박한 필요성에 부응해야만 했고, 구특권 · 비저항파의 마지막 공세를 이겨내야만 했으며, 끝으로 1688년 혁명을 정당화하지 않으면 안 되는 상황에 놓이게 되었다. 일반적으로 말해서, 이러한 행동들이 반(半)공화주의적 혹은 신해링턴적 관점에서 볼 때 최상의 조치는 아니었다. 물론 시드니가 자신의 《통치론》을 통해 절대 왕권이 신

49) 아래의 248-249, 267-268쪽을 볼 것.

50) 뒤에 런던 주교가 되는 에드먼드 깁슨은 1698년 스펠먼 저작의 편집을 완료하였다(Pocock, *Ancient Constitution*, p. 243). 다음을 볼 것. G. V. Bennett, *White Kennet, 1660-1728: Bishop of Peterborough* (London: S. P. C. K., 1957).

민들을 부패하게 만들 뿐 아니라, 혼합정체의 구조를 사실상 귀족 공화정으로 매우 엄격하게 규정하여 그것을 덕성과 동일시한다고 비난한 점을 반드시 마음속에 새길 필요는 있다. 그는 마치 과거로부터 들려오는 목소리처럼, 사람들에게 1650년대의 "선한 옛 대의"와 나아가서는 이전 한 세대의 타키투스주의까지도 상기시키고 있는 것이다.[51) 시드니의 《통치론》은 저자의 순교적 죽음으로 다음 세기에 정전화되기에 이르렀지만, 그것이 막상 간행된 때는 1698년이라는, 중요한 의미를 가진 해였다. 대단히 역설적이지만, 당시 이 저작은 15년 전보다 오히려 덜 시대착오적인 것으로 보였다. 후원제도와 부패에 반대하는 논쟁은 곧 근대적 통치에 대한 공격이었고, 특권과 가부장 정치에 반대하는 논쟁은 과거를 땅에 묻어버리고자 하는 시도에 다름 아니었다. 하지만 고전적 공화주의의 언어를 수반한 것은 바로 전자의 경우였고, 로크가 기여한 쪽은 후자의 경우였다. 1680년대에 휘그당의 이데올로기였던 혼합물은 1688년 혁명을 뒤이은 10년 동안 산산조각이 나 버렸고,[52) 신해링턴적 테제는 파괴적인 경제 변화의 시대 속에서 급진적 반작용의 한 수단이 되었다.

---

51) Algernon Sidney, *Discourses on Government*, II, section 11-30; III, sections 1-10.

52) Caroline Robbins, *The Eighteenth-Century Commonwealthman: Studies in the Transmission, Development and Circumstances of English Liberal Thought from the Restoration of Charles II until the War with the Thirteen Colonies* (Cambridge, Mass.: Harvard University Press, 1959), esp. chs. 2, 3. 팜플렛에 나타난 휘그적 연대의 붕괴에 대한 설명으로는 다음을 볼 것. Anon. *A Collection of State Tracts Published on Occasion of the Late Revolution in 1688 and during the Reign of King William III* (London, 3 vols., 1706), vol. 2, "Advertisement."

제13장

신마키아벨리적 정치경제

토지 · 무역 · 신용을 둘러싼 아우구스투스기의 논쟁

[I]

1688년 혁명을 뒤이은 반세기는 최근까지도 거의 연구된 적이 없지만, 그럼에도 불구하고 잉글랜드 정치사상사에서 매우 중요한 시기이다. 그 주요한 이유는 바로 이때가 엄격히 말해서 1707년을 기점으로 잉글랜드의 정치사상이 "잉글랜드적"(English)인 것으로부터 "브리튼적"(British)인 것으로 변환되는 것을 목도하는 시기이기 때문이다. 문제의 시대가 시작되는 때에 살았던 잉글랜드인 존 로크와 그 시대의 끝자락에 자신의 저작을 쓰기 시작한 스코틀랜드인 데이비드 흄 사이의 영어권 문화에서 우리는 정치 이론가나 철학자 중 이름난 거장들을 찾을 수 없다. 하지만 그 시기는 어떤 측면에서 내전과 공위 시대의 경우 이상으로 급진적이고 중대한 변화와 발전이 있었던 때이다. 특히 우리는 이 시기가 정치사상이 변화를 분명히 인식하고 정치의 경제적 · 사회적 토대와 정치적 인격 문제에 열중한 때였고, 그리하여 조온 폴리티콘(정치적 동물)이 근본적으로 자신의 본성에 영향을 미친 물질적 · 역사적 변화의 과정 속에서 참여적 관측자라는 근대적 성격을 드러낸 때였다는 것을 입증할 수 있다. 그리고 이러한 인식상의 변화가 정치경제 이론에서 신해링턴적일 뿐 아니라 신마키아벨리적 스타일의 발전을 통해 일어났으며, 이는 잉글랜드가 주요한 상업적·군사적·제국적 강국 브리튼으로 바뀌어 출현한 데 대한 반응의 결과라는 것 역시 입증 가능하다. 관측된 일련의 과정과 관측에 뒤따른 언어상의 변화는 물질적·세속적 의미에서 급진적 퓨리터니즘 세대에서 탐지되는 그 어떤 것보다도 더 혁명적이었다. 그리고 이러한 현상들 중에는 근대성 비판으로서 나타난 마키아벨리적 사상이 들어 있었다는 것을 발견하게 된다.

우리는 이러한 사상사적 발전에 대해 연구하면서, 1688년 혁명 그 자체의 정당화든 또는 로크의 정치적 저작들이든 그 어느 쪽에도 결정적 역할을 맡기지 않을 것이다. 제임스 2세의 폐위는 그 성격상 정치적 권위의 제한성—이러한 제한성은 마키아벨리적 전통 속에서 언제나 우연적 세계의 한 특징으로 나타났는데—을 재검토하는 것, 그리고 상호 상쇄적인, 전통과 동의의 관습 간의 관계를 강조하는 것에 불과할 수도 있었다.[1] 제임스 2세—그는 아마도 잉글랜드 정치 해석사에서 가장 독단적인 인물일 것이다—는 결코 샤프츠베리가 본 댄비나, 볼링브로크가 본 월폴처럼 잉글랜드 신마키아벨리즘 신화학을 건설할 부패의 한 원형으로 나타난 적이 없었다. 로크의 경우, 현재는 그를 종합적 고찰 속에 포함시키기에는 좋지 않은 시기라는 점을 인정해야만 한다. 라슬렛이 시작하고 던[2]이 계속한 로크의 역사적 역할에

---

1) 이러한 결론은 다음의 자료에 대한 전반적인 연구에서 나온 것이다. *State Tracts … on occasion of the Late Revolution* (이 책 12장 주 52를 볼 것), I (1705). 제임스 2세의 몰락에 대한 신해링턴적 분석에 대해서는 다음을 볼 것. *Some Remarks upon Government, and Particularly upon the Establishment of the English Monarchy, Relating to this Present Juncture*, signed N. T. (pp. 149-62). 이 저작은 의식적으로 비도덕적이며 "마키아벨리적"인 색조를 유지하고 있다.

2) John Dunn, *The Political Thought of John Locke: An Historical Account of the Argument of the Two Treatises of Government* (Cambridge University

대한 재평가의 혁명적 결과 중에는 그에 대한 신화가 파괴되었다는 충격적인 사실이 들어 있었다. 물론 그는 여전히 위대하고 권위 있는 사상가이기는 하지만, 그의 위대함과 권위는 그러한 것들을 역사적 사실에 맞지 않게 당연시하는 습관 때문에 크게 왜곡되어 왔다는 것이다. 그는 어떤 종류의 고전적 혹은 마키아벨리적 공화주의자도 아니었기 때문에, 우리가 연구하고자 하는 전통의 형성에 직접적으로 기여하는 바가 없다. 차라리 그를 그러한 전통의 적대자들 중 한 자리에 놓고 그것이 얼마나 비중 있는 위치인지를 토론하는 편이 더 나을 수도 있다.[3] 하지만 로크의 중요성을 낮추는 것은 당분간의 전략적 필요 때문이다. 뒤에 그가 돌아와서 우리의 논의 속에 자리잡기 전에, 우선은 그를 뺀 역사적 콘텍스트를 재구성할 필요가 있다.

윌리엄 3세를 왕으로 받아들인 것은 그를 불러온 사람들도 충분히 예견했거나 바랐던 일이 아닌 어떤 것을 의미하게 되었다. 즉 대륙에서 일어나고 있던 일련의 큰 전쟁에 잉글랜드—잉글랜드의 군대와 돈—가 개입하게 된 것이다. 이로 인해 상비군이 거의 지속적으로 증강되었는데, 제임스 2세와 위그노 박해의 시대 속에서도 1670년대에 사람들이 상상했던 그것의 불길한 역할은 전혀 사라지지 않고 있었다. 더욱이 1688년에서 1697년 사이에 있었던 9년 전쟁(아메리카 역사가들은 이를 윌리엄 왕의 전쟁이라 부른다)의 끝 무렵에, 두 가지의 더 진전된 거대한 결과가 모습을 드러내었다. 홀란드와의 동맹 하에서 치러진 이 전쟁이 해상 쪽에서 입힌 손실은 이제 끝나가는 홀란드 전쟁의 시

Press, 1969) ; "The Politics of Locke in England and America in the Eighteenth Century" in John W. Yolton, ed., *John Locke: Problems and Perspectives* (Cambridge University Press, 1969), pp. 45-80.

3) Isaac F. Kramnick, *Bolingbroke and His Circle: The Politics of Nostalgia in the Age of Walpole* (Cambridge, Mass.: Harvard University Press, 1968), pp. 61-63.

대에 대한 어떤 사실들을 분명하게 만들어 주었다. 그것은 잉글랜드는 이제 무역 국가—스코틀랜드가 그토록 바라던 그런 것—라는 것, 그리고 시대적 가정들에 따라 상업은 곧 공격적인 행위라는 것, 즉 그것은 어떤 무역 사회로 하여금 타 무역 사회가 획득할 수도 있는 어떤 것을 획득케 하는 것이며, 이를 위해서는 전쟁이 적절한 수단인가의 여부까지도 고려할 수 있다는 것이었다. 나라의 번영이라고 불리는 무언가가 이해 가능한 연구 영역이며, "정치 산술"(political arithmetic)로 지칭되는 기술, 즉 개개인이 나라 전체의 재산 속에 넣거나 빼내는 재산의 양을 측정함으로써 그들 각각이 정치적 선에 얼마나 기여하는지를 계산하는 계량적 평가의 수단[4]이 존재한다는 것이 이러한 인식의 확대된 측면이었다. 무역(Trade)이라 알려진 한 실체가 대단히 신속한 속도로 정치 언어에 편입되어, 어떤 연설가도 팸플릿 작가도 혹은 이론가도 결코 그것을 무시할 수 없으며, 전쟁기에는 대외관계 및 국력의 개념과 밀접하게 연관되는 어떤 존재가 되기에 이르렀다.

그러나 잉글랜드가 주요 전쟁에 휘말리면서 초래된 두 번째 결과는 훨씬 더 장기적 측면에서 인지되었다. 1690년대에 시작된, "금융혁명"(financial revolution)[5]이라 불려온 것을 통해, 국가 번영을 정권의 안정과 정부 활동의 확대, 그리고 가장 중요한 점으로서 전쟁의 수행 등과 직접 관련짓는 수단을 발견하기에 이르렀다. 잉글랜드 은행(Bank of England)과 국채(National Debt)가 아주 중요한 위치를 차지하게

4) 이 기술의 창시자는 윌리엄 페티 경이라고 알려져 있었다. 다음을 볼 것. E. Strauss, *Sir William Petty: Portrait of a Genius* (London: The Bodley Head, 1954); William Letwin, *The Origins of Scientific Economics* (New York: Doubleday Anchor Books, 1965).

5) P. G. M. Dickson, *The Financial Revolution in England: A Study in the Development of Public Credit, 1688-1756* (London: Macmillan, 1967); Dennis Rubini, "Politics and the Battle for the Banks, 1688-1697," *English Historical Review* 85 (1970), pp. 693-714.

된 새로운 재정 제도들은 본질적으로 많든 적든 국가에 자본을 빌려주는 투자자들을 고무하기 위한 일련의 장치였다. 그들은 물론 투자 총액에 대한 대가로서 이자를 보장받지만, 그것은 동시에 미래의 정치 안정에 투자하는 것이었고 또한 투자라는 행위 자체가 정치 안정을 강화하는 효과가 있었다. 국가는 투자 자본의 도움으로 대규모의 군대와 관료 기구들—이러한 것들로 인해 정치적 후원제도 하의 자원이 부수적으로 증가하였다—을 지속적으로 유지할 수 있었고, 그 일이 눈에 띄게 번창하는 한 더 많은 투자를 유치하여 더 큰 규모의 전쟁을 더 오래 수행할 수 있었다. 콘도티에레(용병 대장)—단기 군사 계약업자—의 시대는 끝났고, 관료 국가의 한 팔인 군사 행정가가 그 자리를 차지하였다. 그러나 투자액이 증대됨에 따라 두 가지 새로운 결과가 나타났다. 첫째, 국가는 정서상 현재의 자본금으로 지불될 수 있는 것 이상으로 빚을 더 끌어들여 더 많은 활동을 할 수도 있다는 분위기에 젖어 있었고, 그래서 앞으로 거두어들일 세입과 장래에 이루어질 투자를 담보로 차용금의 상환을 투자자들에게 보장하였다. 이리하여 국채가 탄생하였고 그 빚은 후대로 계승되었다. 주목할 사실은, 국채 제도에도 불구하고 이전 세대의 세금들과는 달리 효과적 징수로 세입이 급속히 증가한 토지세로 여전히 전쟁 비용을 충당할 수밖에 없었다는 것이다. 국가는 이미 너무 강력하고 지나칠 정도로 정당화된 존재였기 때문에, 초기 스튜어트 시대처럼 국가에 대해 감히 조세저항을 할 수는 없었다. 둘째, 다량의 투자액이 의미하는 바는, 국채 보유자에게 공공자금으로부터 나오는 상환금을 배당받을 수 있게 하는 증표 격인 배당표, 티켓, 명찰 등이 사고팔 수 있는 재산이 되었다는 것인데, 그 가치는 국가의 정치적·군사적·재정적 거래에서 공적 신용도가 높거나 낮음에 따라 상승하거나 하강하였다. 채권 보유자와 채권 중개인, 채권을 사고파는 사람들이 무대에 등장하였다. 그들이 무리지어 보고 있는 숫자와 그들이 잉글랜드의 정치 언어 속에 도입한 개념은 무역이 아니라 신용(Credit)이었다.

아우구스투스기* 정치사상의 지배적인 양식으로 급속하게 발전되고 있던 정치경제의 스타일은, 정치 평론가들이 공공의 부 및 정치 안정과 덕의 원천으로 토지와 무역과 신용 간의 다양한 관계들을 모색하고자 하는 가운데서 그 모습을 갖추게 되었다. 여기서 특히 강조되는 것은 정치 안정과 덕이기 때문에, 우리는 정치경제의 역사 첫 장(章)이 동시에 계속되는 시민적 휴머니즘의 역사 중 한 장을 차지한다는 점을 반드시 인식할 필요가 있다. 또한 아우구스투스기 논쟁은 새로운 재정에 대한 비판자들이 그것을 후원제도와 군국주의, 부패와 상비군 간의 연합의 연장이라고 비난하는 상황으로부터 그것의 해링턴적이자 마키아벨리적인 성격을 도출하였다. 그러한 성격은 이미 1675년 논쟁에서 구상되어, 이후 정치 논쟁에서 뺄 수 없을 정도로 널리 퍼졌기 때문에, 신질서의 옹호자들은 그것의 공리와 가정들 중 많은 것을 받아들이지 않을 수 없었다. 논쟁은 이러한 노선을 따라 진행되다가 아우구스투스기 중반쯤에 이르러 일련의 정점에 도달하게 된다. 첫 정점은 대략 1698년에서 1702년 사이에 있었던 "상비군 논쟁"(stading army controversy) 혹은 "필전"(筆戰; paper war)인데,[6] 여기서 존 톨런드, 존 트렌처드, 월터 모일, 앤드류 플레처, 찰스 대버넌트 등이 지방 편

---

* Augustan. 대략 18세기 전반기 앤 여왕, 조지 1세, 조지 2세 치세의 잉글랜드 문학 양식을 가리키는 용어. 조지 1세가 스스로를 아우구스투스 카이사르로 보이고 싶어 한 데서 연유하였다고 한다. 이 시기 문학적 조류의 특징에 근거하여 신고전주의 시대, 이성의 시대, 풍요의 시대 등으로 불리기도 한다.

6) Robbins, *The Eighteenth-Century Commonwealthman*, pp. 103-105; Frank H. Ellis, introduction to his edition of Swift, *A Discourse of the Contests and Dissensions between the Nobles and the Commons in Athens and Rome* (Oxford: The Clarendon Press, 1967); W. T. Laprade, *Public Opinion and Politics in Eighteenth-Century England to the Fall of Walpole* (New York: Macmillan, 1936).

에서, 대니얼 디포와 조나단 스위프트가 궁정 편에서 글을 썼다. 두 번째는 앤 여왕 치하의 "마지막 4년"인데, 토리 편에 선 스위프트가 휘그인 애디슨 및 — 전선(前線)이 약간 바뀌었는데 — 디포와 대립하였다.[7] 세 번째는 남해 위기*의 폭풍이 몰아칠 동안인데, 당시의 저널리즘 영역은 《카토 서한》(*Cato's Letters*)과 《독립적 휘그》(*The Independent Whig*)를 쓴 존 트렌처드와 토머스 고든에 의해 장악되었다. 마지막 정점은 1726년에서 1734년 사이로, 볼링브로크가 월폴을 파멸시키려 한 때이다. 그는 《장인(匠人)》(*The Craftsman*)을 통해 저널리스트적 전투를 감행했고, 당시의 대(大) 작가들 대부분이 이를 지지한 반면 《런던 저널》(*The London Journal*)과 허비 경(卿)은 이에 반대하였다.[8] 이 모든 논쟁에서 논증의 주 노선은 놀랄 정도로 일목 정연해서, 우리는 1698년의 디포와 35년 후의 월폴 측 작가들에게서 "지방" 이데올로기로 알려지게 된 것의 도전에 맞서기 위해 만들어진, "궁정"적 경제·정치·역사 이론의 윤곽을 살펴볼 수 있을 정도이다. 이 시대의 끝 무렵이 되면, 세기 중반 몽테스키외와 흄이 전개한 논쟁의 최종 요약판이 어떤 방향인가가 명확해진다. 그리고 이러한 이데올로기의 무대는 프랑스 혁명 때까지는 크게 바뀌지 않고 지속된다.

윌리엄 3세 치하 말년에 일어난 "필전"은 "상비군 논쟁"으로도 알려

---

7) Michael Foot, *The Pen and the Sword* (London: Macgibbon and Kee, 1957); Richard I. Cook, *Jonathan Swift as a Tory Pamphleteer* (Seattle and London: University of Washington Press, 1967); James O. Richards, *Party Propaganda under Queen Anne: the General Elections of 1702-13* (Athens: University of Georgia Press, 1972).

* South Sea Crisis. "남해 거품"(South Sea Bubble)이라고도 부른다. 1720년 남해 회사가 남아메리카에서 큰 이익을 거두고 있다는 소문에 주식 값이 폭등했으나, 그것이 근거 없는 것임이 밝혀지자 주식 값이 다시 급락함으로써 많은 투자자들이 손해를 본 현상.

8) Kramnick, *op. cit.*

져 있는데,[9] 그 이유는 그것이 주로 1697년의 평화 조약 직후 왕에 속한 잉글랜드군 및 외국군을 감축하라는 지방파의 요구에 집중되어 있기 때문이다. 하지만 그것은 또한 고대적인 것부터 아주 현대적인 것까지 적어도 세 가지 의미에서 부패의 문제를 내포하고 있었다. 첫째, 외국인과 여성을 포함한 조신들이 아일랜드 땅을 과도할 정도로 많이 수여받았다는 것이 알려졌다. 둘째, 하원에서 플레이스맨(낙하산 의원)을 배제하자는 요구가 다시 일어났다. 셋째, 가장 혁신적인 것으로, 공채 배당금으로(그것을 어떻게 얻었든 간에) 살아가는 이자 생활자인 채권 보유자와 채권 중개인에 의해 의회와 사회가 "부패"했다는 비난이 아주 널리 퍼지기 시작하였다. 시민군에 대한 찬사와, 이미 친숙한 얘기지만 행정부에 의한 부패를 비탄하는 소리가 한데 어우러졌고, 그 결과 전쟁 및 상업과 덕성 간의 관계에 대한 새로운 분석과 잉글랜드 및 유럽의 역사과정에 대한 새로운 논쟁이 전개되었고, 이는 그 저변의 모호성과 함께 새로운 시대에 대한, 그리고 그 시대 안에서의 신마키아벨리적 사상의 성격을 드러내었다. 이에 대한 최상의 연구를 시작하기 위해서는 먼저 앤드류 플레처, 찰스 대버넌트, 대니얼 디포의 저작들을 탐색할 필요가 있다.

플레처[10]는 스코틀랜드인으로, 지각 있는 북부 브리튼인의 오랜 가계 중 어떤 측면에서는 잉글랜드인 자신들보다도 그들의 논쟁 언어를 더 잘 이해했던 첫 번째 가계의 일원이었다. 그는 1685년 먼머쓰 공

9) Lois F. Schwoerer, "The Literature of the Standing Army Controversy," *Huntington Library Quarterly* 28.3 (1964-65), pp. 187-212; Dennis Rubini, *Court and Country, 1688-1702* (London: Rupert Hart-Davis, 1967).

10) Robbins, *Eighteenth-Century Commonwealthman*, pp. 9-10, 190-84. 그의 《정치 저작》(*Political Works*)은 1732년에 간행되었고, 이후 반복해서 재간되었다. 다음도 볼 것. Lord Buchan, *Essays on the Lives and Writings of Fletcher of Saltoun and the Poet Thomson* (London, 1792).

제임스 스코트와 사이가 틀어져 있다가, 말 한 필을 두고 벌어진 싸움에서 톤튼의 한 명사(名士)에게 총격을 가한 후 급히 서머셋을 떠났다. 이러한 얘기를 들으면 그가 구식의 흉포함을 가진 인물이란 인상을 받을 수도 있겠지만 그것은 오해이다. 그는 지적으로 대단히 조예가 깊었던 애국 이념가로서, 아마 패트릭 헨리와 리처드 H. 리와 동시대를 살았던 칭송받을 만한 인물이었을 법하다. 그는 《시민군 관련 통치론》(*A Discourse of Government with Relation to Militias*)에서, 지금까지 신해링턴적 역사관을 피력했던 그 누구보다 더 진전된 해석을 제시하였고, 그러한 역사관 속에 잠재한 양면적 측면들을 잘 보여주었다.

그는 서기 400년에서 1500년 사이의 고트적 통치양식이 토지보유 신민들 손에 칼을 쥐어줌으로써 유럽에 자유를 보장했다고 주장한다. 왕의 바론들이든 바론의 바쌀들이든 모두가 무기를 쥐고 있었고, 그래서

> 이러한 상태에서는 상비군 같은 것은 없었고 모두가 자신의 땅에서 살아가고 있었다. 나라를 방어하기 위한 군대가 필요하게 되면, 왕은 바론들을 자신의 깃발 아래 불러 모았고, 다시 그들은 자신들의 바쌀들을 데리고 왔다. 약 1,100년 동안 유럽의 군대는 이런 식으로 유지되었다. 그리고 이러한 통치체제는 칼을 신민의 손에 쥐어 주었다. 왜냐하면 바쌀들은 왕보다 바론들에게 더 직접적으로 의존하고 있었고, 따라서 이러한 체제가 그들의 자유를 지키는 데 효과적이었기 때문이다. 바론들이 자신들의 힘을 그러한 제한적 군주국을 파괴하는 데 쓸 수는 없었다. 그로 인해 스스로의 영광이 파괴되기 때문이다. 왕 역시 바론들의 특권을 침범하지 못했는데, 설사 그러한 시도를 하려 해도 자신이 의존할 수 있는 군대가 왕에 소속된 바론들 외에는 없었기 때문이다.
>
> 나는 그러한 군주국들의 다른 한계점에 대해서는 크게 강조하지 않았다. 나는 신민의 손에 칼을 쥐어주는 것보다 사람들의 자유를 지키는 데 더 핵심적인 것은 그 어떤 것도 없다고 생각한다. …

> 나는 바론들의 전성시대에 존재했던 그러한 군주국들이 어떤 결함들을 가지고 있었다는 점을 부인하지 않는다. 즉 그러한 결함들로부터 자유로운 통치체제는 거의 없었다는 것이다. 하지만 어쨌든 그러한 통치체제들을 계속 유지하도록 해준 균형이 존재하고 있었고, 왕의 권리침해에 대항하는 효과적인 대책이 마련되어 있었던 것이다.11)

플레처는 이처럼 주군에게 봉신이 종속되는 측면에 대해서는 슬쩍 넘어가는 전형적인 휘그적 태도를 취함으로써, 해링턴이 제시했던 "고대적 분별"과 "고대적 헌정" 사이의 날카로운 구분을 다시 한 번 제거해 버렸고, 무장한 자유민들의 균형 잡힌 공화국—그것이 왕과 귀족과 평민으로 구성된 장치를 가지고 있음에도 불구하고 해링턴은 이를 제대로 통제되지 않는 불균형상태로 간주한 바 있다—을 "현대적 분별"의 시대 속에 자리하도록 만들었다. 봉건적 토지보유권은 이제 왕과 바론 간의 평형상태를 보장함으로써 균형을 위한 수단이 되었고, 나아가 평민과 바쌀 간의 관계에 그러한 균형상태를 부여함으로써 자유와 평등을 위한 수단이 되었다. 땅과 칼이 주군의 손에 있는 해링턴의 바쌀과는 달리, 플레처의 바쌀—그는 어쨌든 스코틀랜드인으로 생각되었을 테니까—은 스스로의 땅뙈기에 긴박됨으로써 자유토지보유자들의 손에 칼을 쥐어주는 데 일조한 것으로 보인다. 1215년 혹은 다른 시기의 바론들은 그들이 자신들의 봉건적 특권을 지키고 있을 때조차도 그것이 동시에 고대적 균형과 비르투와 자유의 원칙들을 지키고 있었던 것으로 보였을 수 있다.

그러나 이러한 상태는 이미 지나가버렸기 때문에 그것을 다시 되살릴 수는 없었다. "1500년경에는" "유럽 대부분의 나라에서 정권교체"가 있었고, 그 결과 옛 정체는 모두 사라지고 오직 "고대적 용어와 외관

---

11) *A Discourse of Government with Relation to Militias* (Edinburgh, 1698), pp. 7-9.

상의 형태"만 남았기 때문에, "어떤 신분의 사람이든 일반적으로 말과 이름에 현혹되고 있는 실정"이라는 것이다.[12] 해링턴도 봉건적 토지 보유권이 동일한 시기에 폐지되었다고 보았으나, 이를 자유화의 과정으로 간주하였다. 그 조치를 시행한 헨리 7세는 정작 자신이 해방시킨 힘이 어떤 것인지 이해하지 못했지만, 그럼에도 불구하고 바로 그로부터 자유화가 시작되었다는 것이다. 그것은 본질적으로 바쌀을 군역으로부터 해방시킨 법적 행위였다. 물론 영주들이 궁정에서 막대한 비용이 드는 호화로운 생활에 탐닉하고, 헨리 7세가 판 수도원 토지를 산 사람들이 자신들의 해방된 "근면성"을 그 토지에다 쏟아 부었을 때, 이에 따른 광범위한 사회적 결과들이 발생했던 것 역시 사실이다. 플레처에게 그러한 과정은 의도되지 않은 것으로 보였다.[13] 그 기원은 생각보다 훨씬 더 사회적인 데 있었고 그 결과도 대단히 양면적이었다는 것이다.

> 나는 그처럼 예견되지 않은 수많은 사건들에 연루된 원인, 기회, 복잡성을 원래의 상태로부터 추론해 보고자 한다. 동일한 시기에 일어난 수많은 사건들은 커다란 변화를 야기하였다. 학문의 부흥, 인쇄술과 자침(磁針)과 화약의 발명을 그러한 변화의 주요 항목으로 거명하면, 처음에는 아주 이상하게 들릴 수도 있다. 이러한 것들은 그 자체로서 아주 훌륭하며, 화약을 제외한 다른 것들은, 만약 그것이 통치에 미칠 장기적 영향을 적절한 처방으로 미연에 방지했더라면, 세계에 무한한 이익을 줄 수도 있었을 것이다. 그처럼 이상한 결과들, 또한 그처럼 상이한 성격을 가진 결과들은 비상한 종류의 발명품들을 수반하고 있다.[14]

---

12) *A Discourse of Government with Relation to Militias*, p. 5.

13) *A Discourse of Government with Relation to Militias*, p. 6.

14) *A Discourse of Government with Relation to Militias*, pp. 9-10.

우리는 혁신이 위험하고 예측 불가능한 성격을 지니고 있다는 것을 안다. 하지만, 관습의 틀을 박탈당하는 것이 인간에게 어떤 결과를 가져올 것인가에 관심을 두었던 마키아벨리와는 달리, 플레처의 관심사는 인과 관계, 즉 인간 사회의 복잡한 연관 속에서 어떤 행위가 초래할 장기적 결과에 집중되고 있었다. 그가 거명하는 혁신적 사항 중에서 학문의 부흥과 인쇄술의 발명은 이전의 "고트적" 유럽인들에게 문화적 다양성을 경험토록 해주었고, 나침반의 발명은 세계 무역의 길을 열었다. 화약이 지니는 중요성은 아직 부각되고 있지 않다.

> 이러한 수단을 통해 고대의 사치품에 아시아와 아메리카의 사치품이 더해졌다. 마치 모든 시대, 모든 나라가 유럽을 쾌락의 심연에 빠뜨리려고 함께 작정한 것 같다. 의복과, 집에서 쓰는 각종 장구 및 가구들의 유행이 끊임없이 바뀜으로써 그러한 물건들은 더 값비싼 것이 되었다.
>
> 이러한 물건들은 모든 정치체제가 의존하고 있는 생활방식을 깡그리 바꿔 놓았다. 사실 지식이 엄청나게 증가하고 모든 측면에서 섬세하고 세심한 취향이 강조되면서, 투박함이나 무지와는 도저히 떼려야 뗄 수 없이 뒤섞여 있다고 고백할 수밖에 없는 소박하고 군사적인 생활방식도 변하지 않을 수 없게 되었고, 그리하여 사람들은 자신들이 모든 점에서 마치 승리자라도 된 양 생각하게 되었다. 하지만 동시에 그들은 그런 호화로운 생활방식과 분리될 수 없는 무언의 사악한 측면들은 고려하지 않았다.[15]

곧 알게 되겠지만, 사치의 위험성은 그것이 여성적 취향이나 나아가서는 변화무쌍한 유행을 만들어내는 데 있는 것이 아니라 결국 선택과 전문화로 이어진다는 데 있다. 고트적 전사들이 하는 일이라고는 땅을 갈고, 무기를 들고, 자신의 자유를 주장하는 것 외에는 없었다. 세련

15) *A Discourse of Government with Relation to Militias*, pp. 12-13.

된 르네상스인이라면 지식을 추구하거나 사치나 쾌락이나 유행을 탐닉했을 것이고, 그래서 스스로를 방어하는 일에는 아무런 관심도 두지 않았을 것이다. 그런 르네상스인이 영주라면 빚을 지고는 바쌀의 역(役)을 지대로 바꾸었을 것이다. 그가 평민이라면 바쌀이 되는 대신 그저 차지인으로 있는 것에 만족했을 것이다. 그 사이에 왕은 신민들이 자신들을 보호해줄 용병을 고용하기 위해 기꺼이 세금을 낼 용의가 있음을 알게 되었다. 그리고 전쟁을 길고 돈이 많이 드는 공성전(攻城戰)으로 바꾸어 놓은 화약의 발명은 이러한 과정을 그 시초부터 강화시키는 결과를 가져왔다. 일단 세금으로 군대 봉급을 주게 되자, 세금은 군대에 의해 징수되었고 거의 모든 유럽지역에서 자유는 끝이 났다.[16] 그러나 직업군인에 의한 통치가 이루어지게 된 이유는 바로 신민들이 스스로 무장하기보다는 다른 대안들을 더 선호하는 쪽으로 선회할 수 있게 되었기 때문이다. 그들은 자신이 하기 싫은 것을 돈을 주고 다른 사람에게 시킬 수 있게 되었다. 하지만 자신들이 이러한 면제권을 사면서 거꾸로 남에게 양도한 것이 무엇인지를 알게 되었을 때는 이미 돌이킬 수 없는 상황에 처한 뒤였다. "사치품"은 문화, 여가, 그리고 선택을 위한 지름길이다. 이런 물건들은 그것에 부수되는 질병을 가지고 온다. 플레처의 주장 대부분은 투박함과 무지가 전사의 자유와 불가분의 관계에 있다는 것이며, 이는 아마도 원시적 자유민이 여전히 교육 가능한 존재라는 의미로 보인다. 하지만 문화적 물건들을 사기 위해 자유의 수단을 파는 "사치스러운 생활방식"은 부패와 불가분의 관계에 있다.

플레처는 신해링턴적 관점을 정교화해서, 18세기 사회사상을 당혹케 만든 수많은 문제들 중에서도 가장 난점에 해당하는 것을 눈앞에 드러내는 데까지 나아갔다. 즉 자유 및 덕성은 외견상 문화와 도저히

16) *A Discourse of Government with Relation to Militias*, pp. 13-15.

양립할 수 없는 것처럼 보인다는 점이 바로 그것인데, 후자는 상업 그 자체보다도 인간 욕구의 다양성이란 문제에 이르는 길을 더 활짝 열어 놓았던 것이다. 자유민이라면 오직 자유만을 원해야 하며, 오직 공익의 성취에만 전념해야 한다. 일단 그가 자신의 자유를 다른 어떤 상품과 바꾸게 된다면, 설사 그 상품이 지식 그 자체라 할지라도 그의 행위는 부패에 다름 아니게 된다. 휴머니스트들은 개인의 시민적 · 도덕적 자율성을 이룩하기 위한 전제조건이 바로 무기와 토지라는 점을 강조했지만, 그것을 돌이킬 수 없는 역사과정의 형태로 제시함으로써 오히려 딜레마를 가중시켰다. 패러다임적 사회형식으로서의 덕성은 이제 과거사가 되었다. 하지만 자유의 시대는 또한 야만과 미신의 시대였고, "고트적"이란 용어는 극단적 양면성을 지닌 채 앞의 두 의미로 모두 사용될 수 있었다. 상업이란 것은 곧 문화 그 자체의 활동적 형태였다. 만약 한 인간 앞에 자신이 선택할 수 있는 수많은 욕구들이 놓여 있다면, 그리고 현재의 욕구를 위해 미래의 욕구를 뒤로 미루면서 그 욕구들 간에 우선권을 부여한다면, 그는 이미 교환을 결과하는 쪽으로 길을 잡은 셈이다. 아리스토텔레스적 의미의 시민에게는 무엇이 더 우선적인지를 결정하기 위한 도덕성이 있었다. 하지만 동등한 가치를 가진 한 상품을 다른 상품으로 바꾸는 장사꾼에게 설사 어떤 도덕성이 있었다고 해도, 그러한 도덕성은 시민의 덕성 — 이는 지금까지 서양인에게 알려진 유일한 세속적 덕성이다 — 과 뚜렷하게 연결되지 않았다. 시민적 덕성은 여전히 개인에게 자신이 부패하지 않으면 절대로 양도할 수 없는 자율성을 요구하고 있었다. 플레처가 원했던 바가 단지 자기 충족적인 농민 전사들의 농경 세계를 되살리는 소박한 것이었을 뿐이라고 생각한다면 이는 아마 잘못일 것이다. 그는 절망적인 상황에 빠진 스코틀랜드 사회에 어느 정도의 상업적 번영을 유발케 하는 것이 결코 부정할 수 없는 긴급한 문제라는 점을 자세히 논구하였다.[17] 하지만, 그가 생각한 자유의 역사, 그가 쓴 "시민군 관련 통치론"을 보면, 부르주아 이데올로기라는 상인 시민의 도덕이 열렬한 요구에도 불구하고 아직은 겉으로 나타나지 않고 있던 1700년경의 사상적 상황이 잘 나타나고 있다. 그가 모든 자유토지보유자들을 위한 군사훈련 계획에 대해 기술하고 있는 이유도 — 톨런드가 비슷한 시기에 쓴 《개혁 시민군》(*The Militia Reformed*)에서 그랬던 것처럼[18] — 바로 이 때문이다. 그것은 본질적으로 시민적 덕성의 교육을 위한 수단이었던 것이다.[19] 인간은 더 이상 고트 시대의 바론과 바쌀이 아니다. 그들은 선택 가능한 대안과 상업과 부패의 기회를 가지고 있다. 부패를 돌이킬 수 없는 것으로 만들 직업군대가 필요하지 않게 하기 위해서는 시민군을 조직해야 한다. 하지만 공화국에 대한 이 엄격한 봉사 양식은 무장 상태 속에서 그것을 실현함으로써 사람들에게 검약과 사적 욕구의 포기와 — 1528년에서 1530년 사이 피렌체에서 행해졌던, 청빈을 칭송하는 시민군 설교에 상당하는 것까지도 보인다[20] — 요약하자면 사회제도 그 자체가 이제 더 이상 보장해주지 못하는 덕성을 가르쳐 줄 것이다. 그러한 시민군을 구성한다는 것은 곧 입법적이고 교육적인 행위일 뿐 아니라 원리로의 회귀를 지향하는 것이며, 좋은 법, 좋은 교육, 좋은 군대를 갖는 것과 같다. 그러나 교육은 오히려 사회발전 과정을 방해하는 인식 양식으로서의 오랜 경력을 이미 시작한 바 있었다.

그러나 잉글랜드 역사에 대한 신해링턴적 해석은 특이하게도 공격의 대상이 될 여지가 있었다. 비판자라면, 브래디의 책이나 혹은 책상

---

17) "First" and "Second Discourses on the Affairs of Scotland" in his *Political Works*.

18) *State Tracts*, II, pp. 594-614.

19) *A Discourse of Government with Relation to Militias*, pp. 50-62.

20) *A Discourse of Government with Relation to Militias*, p. 54. 이러한 설교들은 시민군 그 자체의 구성원으로, 전장에서 제외된 성직자들에 의해 이루어졌다. Cf. p. 52.

위에 펼쳐져 있는 해링턴 그 자신의 저작을 따라, 고트 시대는 평민이 귀족에게 종속되어 있던 때로 어떠한 균형이나 자유도 존재한 적이 없다고 주장했을 법하다. 디포는 플레처와 트렌처드에 대한 답변에서[21] 이렇게 항변하였다.

> 농노와 바쌀의 역(役)이 평민들의 분노를 불러일으키기 시작하고 평화와 상업으로 그들의 부가 증대되었으나 바론의 권력은 여전히 너무 비대한 상태에 이르자, 그 결과 폭동과 내전과 전투가 빈번히 일어났다. 아니 때로는 왕과 무관한 분쟁도 발생할 정도였다. 한 귀족이 다른 귀족을 침범하는 일이 일어났고, 이런 상태에서는 힘이 약한 자가 가장 큰 고통을 겪게 되어 있었다. "그리고 그 모든 것에 대한 대가는 가난한 사람들의 피였다." 평민들은 그들만의 특권을 획득했고, 왕과 바론은 "평형상태"를 받아들이지 않을 수 없었는데, 우리는 이를 의회라 부른다. 그리고 바로 이로부터 우리가 익히 들어왔던 적절한 균형이란 것이 나타났다. 독자들을 굳이 이러한 시대와 상황 속으로 인도할 필요는 없겠지만, 이 적절한 균형은 우리가 현재 딛고 서 있는 토대이다. … 그리고 나는 이러한 균형상태가 어떤 점에서든 옛날의 "고트식" 통치양식에 비해 훨씬 더 나은 것이 아닌지, 그 여부를 모두가 한번 판단하도록 해보고 싶다. …[22]

그러나 이런 말이 있다. "사치로 인해 바론은 점점 더 빈곤해진 반면 평민들은 더 부유해지자, 그들은 바쌀의 권리를 임차권, 지대, 벌금 등과 바꾸었다"는 것이다. 평민들은 그렇게 했고, 그리하여 그

---

21) Daniel Defoe, *An Argument Showing that a Standing Army, with Consent of Parliament, Is not Inconsistent with a Free Government* (London, 1698), reprinted in J. T. Boulton, ed., *Daniel Defoe* (New York: Schocken Books, 1965). 이는 다음의 책에 대한 대답이었다. John Trenchard & Walter Moyle. *An Argument Showing that a Standing Army is Inconsistent with a Free Government and Absolutely Destructive to the Constitution of the English Monarchy* (London, 1697).

22) Boulton, pp. 44-45.

> 들 자신의 역에 대한 권리를 획득하였다. 정국은 바뀌었고, 그로부터 "하원"이 출현하였다. 나는 "잉글랜드"가 그러한 변화를 존중할 합당한 이유를 가지고 있기를 바란다. 사람들로 하여금 아직 "고트식" 제도가 남아있는 "폴란드"에서는 평민들이 도대체 무슨 자유를 누리고 있는지 생각해 보라고 하자. 그러면 만족할 것이다.[23]

자유와 균형정체는 고대적인 것이 아니라 현대적인 것으로, 평민들이 봉건적 지배로부터 해방된 데 기초한 것인데, 그 해방의 시기는 해링턴이 비정한 때쯤이었다. 디포는 2년 뒤에 쓴 풍자시 〈진짜 잉글랜드인〉(*The True-born Englishmen*)에서, 50년 전 수평파가 읊었을 법한 말로 동일한 점을 지적하였다.

> "노르만인"의 대대적인 침입으로 우리는 알게 되었지
> 이후 정복자가 무엇을 하리라는 것을…
> 그들은 군대를 상주시켰네
> 그리고 군인들을 나라의 자유토지보유사로 만들었다네…
> 악당은 이제 부자가 되어 "나리"라 불리게 되었지
> 새 이름으로 돼먹지 않은 자만심을 충족시키려는 짓이었지
> 그리고 "둠스데이북"에 자신의 폭정을 기록해 놓았지.
>
> 그리고 여기서 고대의 특권이 시작되었다네
> 우리의 가엾은 귀족들이 그렇게 칭송하던 게 바로 그것이라네
> 그건 프랑스 군대로부터 나온 것이지
> 노르만 놈들이 데리고 온 녀석들 말이지…
>
> "정복"은, 요즘 사람들이 말하는 것처럼,
> 땅을 소유하는 권리를 줄 수 있겠지.
> 하지만 가장 오래 가는 칼은 시민적인 것

---

23) Boulton, p. 45.

> "프랑스인을 잉글랜드인으로" 만들어버리니, 그것이 바로 악마가 아니고 뭐겠나.[24)]

그러나 릴번이나 해링턴에게는 그처럼 과거로부터 정당성을 박탈하는 것이 색슨적 자유 혹은 고대적 분별의 천년왕국적 부활을 위한 서곡으로 보였다. 디포의 기대는 부활적인 것도 아니고 계시적인 것도 아니었다. 그는 현대인으로 휘그 도당(Junto Whigs)과 잉글랜드 은행과 상비군을 옹호하는 글을 썼다. 그는 불과 2백 년 전에 발견된 균형정체의 이름 아래 이성에 의해서든 계시에 의해서든 자유나 덕성이 고대에 연원을 가지고 있다고 주장하는 것 — 그의 계승자들은 이후 정체가 회귀할 어떤 원리가 있다는 사실 자체를 부인하게 된다 — 을 받아들이지 않았다. 평민들은 "평화와 상업으로 그들의 부가 증대"되었을 뿐이다. 고트식 정체에 종지부를 찍은 것이 다름 아닌 상업의 원리라는 점에서는 — 물론 가치의 표지가 뒤바뀌기는 했지만 — 디포도 플레처와 다를 바 없었다. 디포가 상인들을 독자로 삼고자 했던 것은 사실이지만, 그렇다고 그가 단지 자신의 글을 읽어줄 독자와 저술을 위한 동기를 제공할 목적으로 상인 부르주아지의 망령을 불러냈다는 것은 너무 단순한 생각이다. 그는 1698년의 《반(反)시민군론》(*An Argument Showing that a Standing Army, with Consent of Parliament, Is not Inconsistent with a Free Government*)에서 이렇게 썼다.

> 나는 "테라 피르마"〔땅〕에 자신의 몫을 가지고 있고 그래서 자유의 보존에 관심이 있는 소박한 잉글랜드의 자유토지보유자들에게, 생명보다 자유를 더 사랑하며 그것을 돈을 받고 팔지 않는 주민들에게, 이 논고를 전하고 싶다. 이들이야말로 상비군의 존재를 가장 우려할 만한

---

24) Defoe, *The True-Born Englishman. A Satyr* (1701), lines 195-96, 205-206, 209-15, 229-32 (Boulton, pp. 59-60).

> 이유가 있는 사람들이다. 왜냐하면 그 대가로 무언가 자신들이 가진 것을 잃기 때문이다. 배의 안전에 대해 가장 관심이 큰 사람은 누구인가? 그는 배 밑바닥에 자신의 하물을 실은 사람이 아니겠는가.[25)]

이런 식의 언어는 마치 아이어튼이 푸트니에서, 혹은 1711년이나 1731년에 스위프트와 볼링브로크가 "토지 이익"에 극구 찬사를 보내면서 했던 말처럼 보인다. 우리가 디포에게서 알 수 있는 것은, 일단 토지가 그것에 딸린 역(役)으로 평가되지 않게 된다면, 그때부터는 상업과 화폐의 유통이 토지를 "임차권, 지대 등"으로 평가하도록 만들 것에 틀림없다는 점을 그가 아주 잘 이해하고 있었다는 사실이다. 그리고 토지가 지대의 재원(財源)이 되는 것은 그것을 사고팔 수 있는 상품으로 만드는 것과 같지 않다. 그가 주장하는 바는, 세금이 부역을 대신할 때라야 하원은 공급권을 행사함으로써 균형정체 안에서 적절한 역할을 수행할 수 있다는 것이다. 그는 〈진짜 잉글랜드인〉에서 대구(對句)를 사용하여 신해링턴주의자들의 시민군 숭배에 가차 없는 공격을 퍼붓고 있다(이 시에서 "그"란 윌리엄 1세를 가리키는데, 그는 이미 상당히 불쾌한 어조로 윌리엄 3세를 그와 비교한 바 있다).

> 어떤 의회도 그의 군대가 해산시킬 수는 없었다네.
> "그는 돈을 모을 수 없으니, 그건 〔급료를〕 땅으로 주었기 때문이라네."[26)]

1698년 디포가 쓴 《반시민군론》의 전체적인 지향점은 직업군대라 해도 의회가 그것에 주는 급료의 재원을 장악하고 있는 한 쉽게 통제할 수 있다는 사실을 보여주려는 것이었다. 그러나 이러한 주장은 상비군

25) Boulton, pp. 37-38.
26) Lines 203-204 (Boulton, p. 60).

의 존재 바로 그 자체가 의회를 부패하게 하고 지출을 거부할 수 있는 능력을 떨어뜨린다든지, 혹은 돈의 힘은 행정부 쪽에 전대미문의 부패의 수단을 제공한다든지 하는 등의 지방파 측 반론에 직접 응답하는 것은 아니었다. 디포는 전쟁과 통치의 성격이 바뀌었다는 점을 인정하였다.

> "잉글랜드"는 이제 이전의 "잉글랜드"와는 달리 전투의 방식과 인접 국가 및 우리 자신의 상황이라는 측면에서 볼 때 각양각색의 상황들에 처해 있다. 시민군이 왜 현재의 전쟁에서 활용하기에 적합하지 않은지, 아니 (나는 이렇게 주장할 수도 있을 것 같다) 왜 적절히 활용될 수 없는 것인지에 대해서는 몇 가지 이유가 있다.[27]

그는 상업화 이전의 시민군으로, 혹은 플레처와 톨런드가 자신들이 주장하는 시민군을 통해 배울 수 있다고 본 상업화 이전의 도덕성으로 되돌아갈 필요가 있다는 것을 부인하였다. 그러나 그의 현대주의가 어떤 새로운 도덕성 개념으로의 변천을 함축하고 있다는 징후는 아직 없다. 단지 좀더 넓은 범위의 자유에 대해 말하고 있을 뿐이다. 그리고 이러한 것이 사실인 한에서는 평민의 해방은 그것에 앞선 고트적 세계에 비해 도덕적으로 더 불안한 세계로 진입하는 결과를 수반할 수도 있다. 디포가 고트 세계의 봉건적 유혈적 참사와 무질서를 과장했을 수도 있다. 하지만 그것은 자기 충족적이고 자치적인 아리스토텔레스적 윤리의 측면에서 옹호될 수는 있었다. 만약 그가 다른 대안을 제시하지 못한다면, 상업적 정체로의 이행에는 어쩌면 새로운 형태의 마키아벨리적 비르투를 탐색하는 결과가 수반될 수도 있겠지만, 어떤 마키아벨리적 범주에도 불구하고 그러한 비르투도 그것이 기반을 확립하기 전에 이미 부패하고 말 것이 틀림없다는 절망적인 주장에 묻혀버릴 수

---

27) J. T. Boulton, ed., *Daniel Defoe*, p. 38.

도 있다.

이 지점에서 거명될 수 있는 적절한 이름이 바로 로크이다. 그는 《통치에 관한 두 논고》—비록 이 논쟁이 있기 9년여 전에 간행되기는 했지만—에서 단순히 빈 땅을 차지하고 그것을 경작하는 것으로 이루어지는 사회란 자연법을 관장하기 위한 제도적 정부가 거의, 혹은 전혀 필요치 않은 가부장적 집단 이상의 것이 될 것 같지는 않다고 주장하였다.[28] 이러한 상태를 바꾸어 놓은 것은 다름 아닌 화폐의 발명이었다. "환상과 동의"(fancy and agreement)가 금은에 허구적 가치를 부여했다. 이들 귀금속은 사람들에게 진짜 가치를 가지는 소비재보다 더 내구성이 강한 덕분에 비축이 가능했고, 상품과 토지에 교환가치를 부여하는 데 사용할 수 있었으며, 인간의 자연적 욕구들(아마 타인을 지배하는 권력도 이에 포함하는 것이 타당할 것이다)을 충족시키는 데 필요한 많은 사람들을 부리는 수단으로 쓰일 수 있었다.[29] 따라서 약간은 허구적이고 또 약간은 영속적인 실체인 화폐는, 가계와 부족의 자연적 지도자들 사이의 교환 관계를 요구하는, 순수히 가부장적 사회보다 더 큰 규모의 사회와, 아브라함과 롯 사이의 시기에 나타난 것보다 좀더 복잡한 문제들을 다룰 수 있는 정부와, 사회 속에 존재하는 개인이 직면하는 점점 더 정교화되는 재산권 개념들을 위한 전제소선이었다. 로크의 저술 속에 담긴 이러한 주장의 존재로부터 대단히 장기적 결과를 초래하는 몇몇 결론들이 도출되었고, 동시에 이에 대한 반론도 격심해졌다.[30] 만약 가부장제 이후의 정부가 단지 화폐 교환의 증대가 가져온 결과일 뿐이라는 것이 그의 주장이라고 받아들인다면, 우리

28) *Second Treatise*, # 36-38; Laslett, ed. (Cambridge), pp. 334-38.

29) # 46-50; Laslett, pp. 342-44 ("fancy and agreement": p. 342). # 37, pp. 335-36도 볼 것.

30) Macpherson, *The Political Theory of Possessive Individualism*, ch. v; Dunn, *Political Thought of John Locke*, chs. 15-20.

는 그가 다음과 같은 의도도 가지고 있었을 것이라는 추론을 피하기는 어렵다. 즉 화폐에 기초한 사회 속의 정부는 교환 관계를 관장하는 이상의 일을 해서는 안 되며, 개인은 단지 자신의 재산이 가진 교환가치가 유지되고 있는지를 감시하는 정도로만 그러한 정부에 참여할 뿐이라는 것이다.[31] 더 나아가면 다음과 같은 논증도 가능하다. 즉, 로크는 옛 유목 및 가부장제적 과거에 대해, 점점 더 농경적인 것으로 보이는 재산 개념에 기초한 아리스토텔레스, 마키아벨리, 해링턴, 플레처의 참여적·시민적 덕성을 일축하면서, 정부 하의 개인은 정부의 보호를 받기는 하지만 자기 창조적 시민으로서 통치행위에 적극적으로 참여하지는 못하는 관계 속에서 덕이 사유화되고 그 기초를 교환에 두는 사회에 살고 있다고 주장하려 했다는 것이다.

앞서 제시한 이유들로 인해 로크의 의도 문제는 여기서 생각지 않을 것이며, 아우구스투스기의 독자들이 그의 저작에 대해 가졌을지도 모르는 견해들도 별로 고려할 생각이 없다. 그러나 우리는 시민적 혹은 참여적 이상이 주로 과거에 존재한 것으로 인정되는 농경적 양식의 재산권 관점에서 표현되기에 이르렀다는 것, 그것이 사회적 인격 이론을 사용했으며, 이 경우 덕성은 시민적 성격을 계속 유지할 뿐 아니라 그 자체의 상실 없이는 결코 팔아넘길 수 없는 물적 토대 위에 근거하고 있다는 것, 그것은 부패와 아주 흡사하게 보이는 근대성을 인정한다는 것, 그리고 그것은 새로운 사회에 쉽사리 적용할 수 있는 어떤 시민적 혹은 도덕적 인격 이론도 알지 못한다는 것 등의 주장에는 믿을 만한 이유가 있음을 알고 있다. 우리는 이제 플레처와 디포 간의 대결에 의해 촉발된 분석을 따라가야 한다. 동시에 "자유주의자"(liberal) 혹은 "부르주아"—사람들이 선호하는 용어를 쓰자면—의 사유화 지향적 전환, 혹은 상업 사회에서 개개인이 공화국에 대해 가지는 관계가 단

---

31) 마르크스, 스트라우스, 뵈겔린 학파가 이러한 해석에 모두 의견을 같이 하고 있다.

지 시민적이거나 유덕한 것만이 아닐 수도 있다는 점을 인정하는 쪽으로의 전환을 여러 가능성 중 하나로 마음속에 새길 필요가 있다.

[II]

우리는 이미 플레처도 디포도 토지와 무역 간의 단순 대결만을 염두에 둔 것이 아니라는 것 — 이는 우리가 아우구스투스의 정치를 단순히 신사와 상인 간의 대립으로만 보아서는 안 된다는 경고이다 — 그리고 양자가 각각 서로 상반되는 방식을 통해 한 원리를 다른 원리로 바꿈으로써 완전히 정당한 역사를 구성하는 일이 얼마나 어려운지를 보여주고 있다는 것을 알고 있다. 역사 문제의 출현은 마키아벨리적 분석을 요구하고 있는데, 아우구스투스기 초의 신해링턴적 사상가 중 가장 야심적이었던 인물은 정치경제학자 찰스 대버넌트였다.[32] 그의 저작들은 1695년에서 1710년경까지의 시기에 걸쳐 있는데, 그동안 그는 처음에는 9년 전쟁(당시는 마지막 단계에 와 있었다)을 속행해야 하는 필요성을 용인하다가, 이어 "필전"에서, 그리고 전쟁과 후원제도와 재정을 축소하려는 지방파의 시도에서, 격렬하면서도 때로는 의문스러운 태도를 보이는가 하면,[33] 에스파냐 계승 전쟁에 잉글랜드의 참여가 불가피함을 다시 한 번 용인하는 입장을 피력하기도 하였다. 당시 대부분의 작가들처럼 — 그리고 그들의 지적 선조에 해당하는 르네상스 휴머니스트들처럼 — 그는 별로 확실한 이유도 없이 자신의 입장과

---

32) 다음의 저작이 그의 경력에 대한 연구로는 유일한 것으로 보인다. D. Weddell, "Charles Davenant (1656-1714) : A Biographical Sketch," *Economic History Review*, ser. 2, vol. 11 (1958-59), pp. 279-88. *D.N.B.*도 볼 것.

33) Ellis, *op. cit.*, n. 6.

주장들을 이리저리 바꾸곤 했다. 하지만 그의 사상에 담긴 지적 골격 같은 것은 찾아낼 수 있는데, 그의 행동보다는 더 조리 있게 다양한 가정(假定)과 문제들을 표현했던 언어가 바로 그것이다. 이러한 언어는, 상반된 정치 관점에도 불구하고, 양 진영의 작가들이 상당한 정도로 공유하고 있던 것이었다. 그것은 전쟁에 대한 마키아벨리적 문제와 상업에 대한 아우구스투스기적 문제를 향한 그와 그들의 양면적 태도 주변에서 그 모습을 갖추었다. 대버넌트는 플레처나 톨런드나 혹은 (이때에는) 트렌처드 이상으로 과연 전쟁이 부패한 형태의 재정을 발생케 하는가의 문제에 빠져들어 있었다. 그의 사상이 우리에게 던지는 중요한 의미는 물론 무역의 문제를 넘어서 신용의 문제까지 보고 있었다는 것이지만, 동시에 이런 작업이 전쟁이 제공하는 맥락 속에서 이루어졌다는 점 역시 지적할 만하다.

그의 사상의 출발점은 프랑스 왕이 추구한 것으로 생각되던 보편 왕국의 위협이며, 그와 관련된 연대는 1695년과 1701년이다.[34] 그는 이러한 위협에 대항하는 주장을 펼치고 있는데, 그 방식이 마치 밀라노 제국주의자들에 대항한 피렌체 공화주의자들의 항변이나, 혹은 로마 제국주의자들에 항거하는 가운데 만들어진 에트루리아의 신화를 생각나게 한다. 보편 왕국은 시민적·종교적 자유에 대한 위협인데, 그 이유는 그것이 모든 권위를 한 곳에 모으려 하기 때문이다. 나아가 그는 에스파냐의 역사가 페드로 메히아와 논쟁을 벌이고 있는데,[35] 후자는 칼 5세가 무역을 증진시켰다고 주장한 바 있다. 대버넌트에 따르면, 보편 군주는 모든 덕성을 자신의 지배 하에 넣은 뒤 결국 그것을 파괴

34) Sir Charles Whitworth, ed., *The Political and Commercial Works of ⋯ Charles D'Avenant* ⋯ (London, 1771), vol. I: "An Essay upon Ways and Means"(written in 1695), pp. 4-10; vol. IV, "An Essay upon Universal Monarchy"(1701), pp. 1-42.

35) *Political and Commercial Works*, IV, 29-37.

해 버린다. 마찬가지로 그는 모든 상업을 통치의 중심부에 집중시킨 뒤 전쟁과 폭정과 주민 절멸을 통해 결국 그 모든 것을 파괴한다.[36] 종교의 중심지, 자유의 중심지, 권력의 중심지, 무역의 중심지는 많을수록 좋다. 지구의 저장품들은 그것이 덕이든 상업이든 결코 어느 한 장소에 집중되어서는 안 되며, 그것을 소유한 사람들이 서로 도움이 되도록 분산되어야 한다.[37] 공화국은 상업 사회이며, 따라서 세계 정부의 단일 중심지만이 존재하는 것보다는 다수의 상업 공화국이 존재하는 편이 더 낫다.

그러나 이러한 독립적 공화국과 그 이웃들 간에는 무역이 있으면 전쟁도 있기 마련이다. 대부분의 공화국은 영토를 보존하기보다는 늘리려고 한다.[38] 무역과 전쟁이라는 이 두 측면 간의 관계에 대한 대버넌트의 사상은 탐색하면 할수록, 더욱더 양면적 성격이 분명하게 드러난다. 자신의 저작 대부분을 통해, 그중에서도 특히 1687~1702년의 전쟁 사이의 시기를 다룬 부분에서, 그는 전쟁이 상업 공화국에 치명적이라는 사실임을 주장하고자 하는 것처럼 보인다. 하지만 여기서 사용된 "전쟁"(war)이라는 용어의 정확한 의미는 "토지에 기초한 군대에 의해 수행되는 전쟁으로서, 반드시 공적 대부(貸付)에 의해 뒷받침되어야 하는 것"이었다. 더욱이 이제는 되돌릴 수 없는 과정들에 의해 이미 새로운 세계로 진입했다는 것을 인정하는 데까지 나아간다.

> 이 전쟁이 끝난다면 그것은 대립하는 양쪽 서로에 대한 증오심이 없어져서도 아니요, 전투를 할 사람이 부족해서도 아니다. 어느 쪽이든 전쟁 치를 돈이 먼저 떨어지는 편이 항복하지 않을 수 없는 것이다.
>
> 왜냐하면 이제 전쟁의 양상이 우리 선조들의 시대와는 아주 딴판

---

36) *Works*, Ⅳ, 33-34, 40-41.

37) *Works*, Ⅰ, 348-49: Ⅳ, 36-39.

38) *Works*, Ⅳ, 4-5.

> 으로 바뀌었기 때문이다. 신속한 원정(遠征)이나 개활지에서의 전투에서는 용기가 승패를 가름한다. 하지만 이제 전쟁의 모든 기술은 돈으로 귀착된다. 작금에 와서는 가장 용맹무쌍한 군대를 가진 군주가 아니라 자신의 군대를 먹이고 입히고 봉급을 줄 수 있는 돈을 가장 잘 확보하는 군주만이 승리와 정복을 장담할 수 있다.[39)]

일찍이 마키아벨리는 돈을 중시하는 이런 식의 주장을 긴 논증을 통해 반박한 바 있다. 하지만 대버넌트는 마키아벨리에 동조할 생각이 없었다. 그 이유는 전쟁 이론 그 자체에 대한 그의 관심 때문이라기보다는 이제 전쟁을 치르는 나라들이 군대를 돈으로 유지하는 상업 사회라는 자신의 확신—마키아벨리는 베네치아를 비우호적인 눈으로 보고 있었기 때문에 이런 견해에 동의하지 않았다—때문이었다. 그러나 그가 토지에 기초한 군대를 유지하는 데 대해 말해야 하는 모든 것은 그것의 치명적인 결과를 강조하는 셈이 되는데, 그 이유는 그것이 언제나 공채(public debt)의 부담을 증가시키기 때문이다. 그는 마치 해링턴처럼 이렇게 얘기한다. 홀란드인은 잉글랜드인보다 이를 더 잘 견뎌낼 수 있다. 왜냐하면 그 나라는 바다와 적국들 사이에 끼어 있는 완전한 상업 사회이므로, 사람들이 서로에 대해 부채를 짊어지고는 지속적으로 견뎌 나갈 수 있으며, 또한 이 부채를 지탱할 만큼의 검약을 실천할 수 있기 때문이다.[40)] 반면 일부는 상업에 또 일부는 토지에 기초한 잉글랜드의 경우, 군대 유지를 위한 부채는 주로 토지 젠트리에 연유하고 있으며,[41)] 부채가 의회로 복귀하는 하원의원들의 권력이 주로 작동하는 이러한 집단에 집중될 때 그로 인한 부패는 최악의 수준에 이를 것이다.[42)] 하지만 이윤이 남는 사업을 유지하기 위해 돈을 빌

---

39) *Works*, I, 15-16.

40) *Works*, I, 67, 142, 253-55 (페이지 숫자가 잘못 매겨져 있음), 390-91.

41) *Works*, I, 61, 77, 269, 276; II, pp. 296-97.

려야 하는 상인들은, 공채가 화폐 시세를 상승케 할 뿐 아니라 투기 행위와 공적 신뢰성의 약화를 초래할 것이라고 생각하였다.[43] 국가 내의 한 집단이 다른 집단에 대해 빚을 진다는 것 자체가 좋지 않은 현상이지만, 잉글랜드의 경우는 이것이 최악의 방식으로 진행될 가능성이 있었다. 공공기금 제도는 직업적 채권자 계급을 자라게 할 것이 틀림없는데, 이들은 공공채무를 유발하는 상황을 극대화할 만한 권력과 이익 관계를 동시에 갖게 됨으로써, 평시에도 상비군을 유지하고, 런던을 왕국 내의 한 상업 중심지에서 왕국 전체에 빚을 지우는 그만의 이익을 추구하는 곳으로 변모케 하며,[44] 토지 젠트리를 종속적인 상태로 떨어뜨려 의회를 무의미하고 무능력한 곳으로 만들고자 할 것이다. 결과적으로 파당들이 나타나겠지만, 채권자 집단의 우두머리들은 자신들의 목적에 맞게 이 파당들을 어떻게 조종해야 할지도 잘 알 것이다. 그로 인해 공적 신뢰성이 약화되면 될수록—일반 사람들의 무역에 대한 의지도 포함해서—정부는 더 많은 돈을 빌리게 하려는 채권자 집단의 뜻에 종속될 것이고 더 많은 수의 의회 의원들이 부패하게 될 것이며, 따라서 그들은 자신들이 할 수 있는 온갖 수단을 동원하여 파당을 조장하게 될 것이다. 대버넌트는 《현대 휘그의 진짜 모습》(*The True Picture of a Modern Whig*)에서 이런 종류의 사람들을 소름끼치는 모습으로 풍자하고 있는데, 일부러 정체를 파괴하는 그들의 권력을 무한한 것으로 그려 놓았다. 대화의 끝 부분에 가면, 채권자 연합이 재무부 업무를 중지시키고 의회를 폐쇄하는 음모를 꾸미는 장면이 나온다.[45] 요점은 그들이 그렇게 하지 않을 어떤 이론적 이유도 없다는 것이다. 왜냐하면 모든 부와 사회적 권력을 장악할 수 있는 유

---

42) *Works*, I, 79.

43) *Works*, I, 155-56, 268-69; III, p. 329.

44) *Works*, IV, 217-18.

45) *Works*, IV, 127-80, 183-266. 대화편은 2부로 나뉘어져 있다.

리한 입장에 서 있기 때문이다. 모든 것이 공공신용(public credit)에 종속되지만, 정작 공채는 동산(動産)의 한 형태가 된다. 그것을 소유하고 다루는 사람들이 곧 모든 것 — 당시 막 나타나기 시작한 인간의 사회 인식과 마음까지도 포함해서 — 을 소유하고 다루게 되는 결과가 초래될 것이다. 그는 앞서 이미 다음과 같은 말을 한 적이 있다.

> 오직 인간의 마음속에만 존재하는 모든 것 중에서도 신용(Credit)보다 더 환상적이고 멋있는 것은 없다. 그것은 결코 강제되는 것이 아니다. 그것은 평판(opinion)에 매달리며 우리의 희망과 공포의 감정에 의존한다. 그것은 대개 찾지 않는 가운데 오지만 종종 아무런 이유도 없이 사라져 버리기도 한다. 그것은 한번 잃고 나면 다시 되찾기 어렵다.
>
> 그것은 많은 경우 국가사를 관장하는 지혜나 혹은 전장에서의 용기와 업적에 의해 획득케 되는 명예나 명성과 아주 흡사하다. 유능한 정치가나 위대한 지도자라 할지라도 때로는 불의의 사고로, 실수로, 불운으로 인해 수치를 겪고 현재의 인기와 평판을 상실할 수도 있다. 하지만 그의 진가가 발휘되는 때가 오면 이는 되찾을 수 있다. 마찬가지로 신용도, 비록 당분간은 모호하고 어려움에 처해 있을지 몰라도, 만일 근저에 안전하고 튼튼한 토대가 마련되어 있다면 어느 정도까지는 그것을 되찾을 수 있을 것이다.[46]

대버넌트는 여기서 지식 사회학의 영역으로 들어가고 있다. 그는 투자 사회의 인식론이라 부를 만한 것에 대해 논의하고 있는 것이다. 신용, 즉 평판은 돈과 전쟁이 사회의 작동 속도를 배가하는 곳에서 취해야 할 유서 깊은 경험적 능력을 위해서는 아주 적절한 형태이다. 인간은 공익에 대한 평가를 끊임없이 투자와 투기 행위로 바꿀 것임에 틀림없고, 그래서 정치적 행위는 과거에 대한 기억보다는 미래에 대한

---

46) *Works*, Ⅰ, 151 ("Discourses on the Public Revenues," 1698).

평판에 기초하게 된다. 여기서 그는 1697년의 평화 직후에 쓴 저작을 통해, 신용이 자애롭고 합리적인 방식으로 작동하는 모습을 그리고 있다. 인간이 서로를 시험할 수 있는 조건들이 존재하고, 또한 그들의 진정한 모습만큼이나 공통의 관심사라는 것이 존재하기 때문에,

> 인간의 마음은 고요하고 평안한 상태가 될 것이다. 상호 편리성 덕분에 그들은 서로를 돕고 싶은 마음이 들 것이다. 그들은 어떤 상업국가도 진짜 채권을 통해 생활하고 사업을 영위한 적이 없었다는 것을 알게 될 것이다. 또한 사람들을 함께 연결하고 묶는 데는 상호간의 믿음과 신뢰가 복종과 사랑과 우정과 대화만큼이나 필요하다는 것도 알게 될 것이다. 경험이 가르쳐 주듯이, 인간 개개인이 얼마나 허약한 존재인지 그리고 얼마나 서로 간에 의존적인지를 알게 될 때, 서로를 돕고 이웃의 도움을 청하게 될 것이고, 이런 일들이 쌓이면 점차로 신용도 증대할 것임에 틀림없다.47)

이를 보면 투자와 교환에 대한 시민적 도덕성과, 나아가서는 사실상 상업적 윤리를 그리스도교적 윤리와 동등시하는 관념이 시작되는 분위기를 알 수 있다. 신용이 신뢰성으로 바뀌고 상호 간의 믿음과 신념으로 변화하는 것은 사람들이 자신들의 복지가 상호 부조에 달려 있다고 인식할 때이다. 그들은 인간이 결코 혼자 살 수 없으며, 서로가 서로를 이루는 구성원이고, 또한—20세기에 있었던 금융상의 대공황을 가라앉히기 위해 한때 사용되었던 말로 표현하자면—두려움 그 자체 외에는 아무 것도 두려워 할 것이 없다는 것을 인식한다. 그들은 이제 홉스적 자연상태를 떠나 로크적 자연상태로 들어왔다고도 할 수 있겠다. 하지만 "오직 그 자신에만 의존"하며 그러한 자율성으로부터 시민이 될 만한 강인함을 끌어내고자 하는 사람은 곧 자신의 토지를 향유

---

47) *Works*, Ⅰ, 152.

하는 데서 나오는 자존상태에 덕성의 뿌리를 가진 독립적 인간에 다름 아니다. 대버넌트의 저작을 뒤이어 몽테스키외를 비롯한 다음 세기의 사회 이론가들은, 스파르타적, 로마적, 혹은 고트적 덕성이 극히 독립적인 개인들의 토지소유에 기초해 있었기 때문에 비인간적일 정도로 가혹한 측면이 있었으며, 인간이 믿음과 우정과 그리스도교적 사랑을 향유할 수 있는 역량을 가진 존재로 사회화된 것도 상업과 예술이 확산되고부터였다는 결론에 이르게 된다. 마키아벨리가 설정한 시민적 덕성과 그리스도교적 덕성 간의 대립은 사실상 토지라는 부동산에 근거한 도덕성으로부터 동산에 근거한 도덕성으로 이행하는 가상적인 역사과정의 형태를 통해 반복되었다.

그러나 대버넌트의 새로운 도덕성이 기초한 인식론적 토대는 극히 취약하며, 그가 완전한 이행을 성취하고 있는 것도 아니다. 신용은 "평판에 매달리는" 동시에 "우리의 바람과 두려움의 감정에 의존"한다. 왜냐하면 그 지식의 대상물이 전적으로 실재적이지만은 않기 때문이다. 우리가 언급하는 사람들과 사물, 우리로 하여금 그렇게 행동토록 하는 사람과 사물에 대한 우리의 평판도 단지 신용을 이루는 일부에 불과하다. 왜냐하면 이 이론은 금과 지폐가 우리의 느낌을 표현하고 그것을 행동으로 바꾸는 상징적 매개체가 됨으로써 동시에 그것들이 그 나름의 허구적 가치를 획득하게 되는 그런 사회를 전제하고 있기 때문이다. 우리가 소통하는 언어는 그 스스로를 구체화하여 욕구의 대상물이 됨으로써 그것이 전달하는 지식과 의미가 왜곡되고 합리성의 수준이 하락하는 결과를 초래하였다. 대부와 공채 제도는 언어의 계수기를 매매 가능한 상품으로 바꾸어 놓았고, 그리하여 상품가치를 조작하는 사람들—《현대 휘그의 진짜 모습》에 나오는 정치꾼이자 주식 중개인인 톰 더블과 같은—은 "언어적 대화"를 통제하고 변조하는 입장에 놓여 있는 것이다.

대버넌트는 신용을 공감과 평판이라는 확고한 기초를 가진 것으로 그럴 수 있었고, 더블과 같은 인물들이 번성하는 상황에 대처하는 처방도 가지고 있었다. 잉글랜드는 가능한 한 빨리 토지에 근거하며 공채로 재정을 충당하는 군대로 전쟁을 수행하는 방식을 포기해야 한다. 부채는 자체적으로 갚아야 하며, 장래의 세대에 부과되는 세금을 저당잡히는 방식은 종결되어야 한다. 정치꾼과 투기꾼은 후원제도와 파당의 조장과 여타 형태의 부패로 고래의 헌정의 균형을 깨뜨리는 짓을 그만 두어야 한다.[48] 그러면 인간 상호간의 신뢰성과 공화국은 다시 한 번 진정한 무역 원리들에 대한 이해로 강화된 "진정한 공적(功績)"의 "토대" 위에 서 있게 될 것이다. 대버넌트의 사상이 공화주의적·마키아벨리적 가정들 위에서 작동하고 있다고 전제할 때, 상업 국가로서의 잉글랜드는 분명히 로마보다는 베네치아에 가깝다는 것은 흥미롭다. "테라 피르마"(육지)에서의 전쟁과 용병의 사용은 피해야 할 것들이다. 그가 상비군에 대해 가한 공격을 트렌처드, 톨런드, 플레처가 시민군에 대해 쏟아낸 찬사와 연관시켜 보면, 시민군의 기능은 대외 전쟁과 정복을 위한 것이 아니라는 것, 또한 그것은 제국적 덕성이 아니라 시민적 덕성을 보존하기 위해 존재한다는 것 등의 주장이 가능해진다. 칼은 (그것에 부수적인 모든 것과 함께) 신민의 손에 쥐어져 있어야 한다는 원칙은 반드시 유지되어야 한다. 하지만 잉글랜드는 상업 공화국이지만 베네치아보다는 덜 과두적이고 따라서 — 마키아벨리가 지적했듯이 — 팽창을 추구하고 부수적인 비르투를 발전시키지 않을 수 없기 때문에, 그러한 특성에 맞는 전쟁 양식이 있을 수 있었다. "바다는 베네치아의 성장을 지배했지만, 오세아나의 성장은 바다를 지배한다." 해링턴이 염두에 두었던 팽창이 구체적으로 어떤 종류였는지는 불확실하다. 바다 너머에 농작물 플랜테이션을 만드는 것이었을 가

---

48) *Discourse upon Grants and Resumptions* (1699), in *Works*, III, 1-298, 이 《교부금과 정금(正金) 지불에 대한 논고》는 이 주제에 대한 대버넌트의 주요 에세이였다. Ellis, pp. 16-27.

능성이 있다. 그리고 이제 대버넌트를 비롯한 신해링턴적 전통 속의 작가들은 로마의 식민지 건설 및, 그것을 잉글랜드, 아일랜드, 그리고 남북 아메리카에 원용하는 일에 대해 논하고자 하고 있는 것이다.[49] 하지만 적어도 1621년 이후, 간헐적으로 하원의 지방파 그룹들은 지방에 과도한 토지세를 물리는 육지에서의 전쟁에 반대하여 대(對) 에스파냐 혹은 프랑스 전쟁을 해상에서 벌일 것을 요구하였다. 대버넌트의 글 속에는 장래에 다른 지방파 및 토리당 팸플릿 작가들에 의해 전개될 주장들에 실마리가 될 만한 것들이 다수 포함되어 있다. 전쟁은 해상에서 수행되어야 한다. 왜냐하면 그로 인해 프랑스와 에스파냐의 무역이 타격을 입는 반면 잉글랜드의 무역은 촉진되는 효과가 있을 뿐 아니라, 상비군 장교와 병사들과는 달리 수병들이 헌정에 위협을 가할 수 없고,[50] 국채와 그 결과로 야기되는 부패도 없을 것이기 때문이다. 물론 이렇게 되면 해군이 국가의 명령 하에 들어가고, 무역이 은행과 궁정과 신용 구조와 밀접하게 관련된 대규모 주식회사들의 손에 떨어질 것이라는 난점이 있기는 했다. 하지만 지방파는 해상에서의 밀매와 약탈 전쟁에 열광하였고, 이런 태도에는 마키아벨리적 함의들이 담겨 있다.

대버넌트가 무역과 해군력을 일종의 팽창적 비르투로 보았는가의 여부와는 무관하게, 무역 그 자체를 향한 태도의 저변에는 비르투를 향한 마키아벨리의 태도만큼이나—그리고 그와 아주 유사한 이유로—도덕적 모호함이 깔려 있다. 토지에 가치를 부여하기 위해서는 무역이 필요하다. 공화국이 유지되려면 개인의 덕성 못지않게 무역이 필

---

49) *Works*, Ⅱ, 1-76 ("On the Plantation Trade"); Moyle, *Essay on the Roman Government*, in Robbins, *Two Republican Tracts*. 다음을 볼 것. "introduction," pp. 26-27; "The Excellent Use of Colonies," *William and Mary Quarterly*, 3d ser., vol. 23, no. 4 (1966), pp. 620-26.

50) *Works*, Ⅰ, 408.

요하다.

> 왜냐하면 모든 국가가 스스로의 농경과 노동과 예술과 제조업을 영위하는 데 필요한 어떤 물품들을 가지고 있기 때문이다. 그것은 공화국의 뿌리에 공급되는 수분과 같다. 만약 그것이 제거된다면 정체(政體)는 소비적·소모적이 되어 종국에는 사멸에 이른다(정체도 인간 육체와 같이 질병과 죽음 그 자체에 종속되어 있으므로). 그리고 인간 육체가 시간이 야기하는 쇠멸 현상들을 치유하기 위해 끊임없이 자양분을 받아들이지 않으면 생존할 수 없듯이, 나라 또한 때때로 해외로부터 구호품과 힘을 보강하는 것들을 받아들이지 않으면 오래 견딜 수 없는 법인데, 이를 위해서는 교통을 잘 관장하고 확대하는 것만큼 좋은 방법이 없다.[51]

그러나 약간 뒤에 가면 이런 말이 나온다.

> 무역이 그 본성상 해로운 것이라는 점은 의심의 여지가 없다. 그것으로 쌓이는 부는 사치를 초래한다. 그것으로 인해 사기와 탐욕이 발생하며, 반면 덕성과 소박한 풍속이 사라진다. 사람들은 타락하게 되고, 외국의 지배든 자국의 지배든 반드시 예종의 상태로 귀결되는 부패가 시작된다. 리쿠르고스는 유례없이 완벽한 통치 모형을 통해 공화국으로부터 무역을 깡그리 몰아냈다. 그러나, 다른 나라들의 형세와 상황을 감안할 때, 그것은 우리에게 필요악과 같다. 교통의 확대가 이루어지는 곳이 아니면 자연적으로 성취될 수 없는 그러한 해군력이 없다면, 우리는 끊임없는 공격과 침입에 시달리게 될 것이다. 그러나 만약 무역이 나라의 안전에 도움이 될 수 없다면, 스파르타가 그랬듯이 여기서도 그것을 더 이상 장려해서는 안 된다. 그리고 만약 해운업과 선원수를 늘리지 않는다면, 무역이 우리를 안전하게 만들 것이라고 기대하지는 못할 것이다.[52]

51) *Works*, II, 75 ("On the Plantation Trade," 1698).

또한 이와 거의 동시에 쓴 〈대외무역은 잉글랜드에 이롭다〉는 제목의 글에서 대버넌트는 이 현상에 대한 역사를 제시하고 있다.

> 설사 그럴 마음이 있다 해도 앞으로는 선조들이 살았던 방식으로 살 수는 없을 것이다. 육상에서든 해상에서든 인접 국가들의 힘이 놀라울 만큼 증대되고 있기 때문에, 아마도 언젠가는 천연 자원과 수입만으로는 도저히 유지될 수 없을 정도로 큰 함선들을 만들어 스스로를 지키지 않으면 안 될 때가 올 것이다.
>
> 따라서 산업과 잘 운영되는 무역이 베풀어 줄 수도 있는 그러한 인위적인 도움을 받아야 한다. 만약 대외전쟁과 같은 일을 치르지만 않고 살아갈 수 있다면, 대외무역이 감소되어도 아마 별 상관하지 않을 것이다. 그것은 사람들에게 지불되는 돈을 벌게도 해주지만, 동시에 우리를 방어해줄 바로 그 사람들을 먹여 살리기도 하는 것이다.
>
> 인류는 자신의 노동과 땅의 산출로 살아 왔다. 적어도 부패가 사기와 탐욕과 강제를 야기하기 전까지는 그랬다. 하지만 강한 자들이 약한 자들을 침범하기 시작했을 때, 힘이 권모술수에 의해 유지되기 시작했을 때, 인류는 도시를 건설하고 사람들을 훈련시키고 나라를 세웠다. 그리고 많은 사람들이 좁은 공간에 갇히게 되자, 그들은 필수품을 인근에서 구할 수 없게 되었고, 그래서 좀더 먼 곳의 도움을 청하지 않을 수 없었다. 이로 인해 우리가 무역이라 부르는 것이 출현하였다. 처음에는 단지 물물교환이 있었을 뿐이었다 … 〔이어 화폐의 기원에 대한 한 구절이 나옴〕.
>
> 대제국을 이루었던 경우에도 사실 무역에 대한 관심은 그다지 크지 않았던 것처럼 보인다. 제국은 힘으로 시작되었고 힘으로 유지되었다. 그들이 가졌던 부는 정복된 나라로부터 빼앗은 전리품 덕분이었다. 제국은 오직 전쟁과 그것을 위한 훈련만을 주목표로 삼았다. 힘이 있으면 언제나 부는 따라오며, 철이 있으면 다른 곳의 금은도

---

52) *Works*, II, 275 ("Essay upon the Probable Methods of Making a People Gainers in the Balance of Trade," 1699).

> 얻을 수 있다는 것을 알았기 때문이다.
>
> 처음으로 무역을 시행하고 발전시켜 정규적인 방법으로 만든 것은 아주 힘센 나라들에 둘러싸인 소국들이었다. 그래서 기록상 최초의 무역업자들은 페니키아인, 아테네인, 시칠리아인, 로도스인이었다. 그들의 도움으로 많은 공화국들은 강력한 적에 맞서 오랫동안 유지될 수 있었다.[53]

대제국이 어떻게 해서 상업 공화국을 집어 삼키게 되었는지, 그래서 세계의 모든 부가 어떻게 한 곳으로 모였다가 — 마키아벨리의 유한한 비르투 혈통처럼 — 지금은 흩어져버렸는지(또 다시 보편 왕국의 위협을 받고 있기는 하지만), 대버넌트의 설명은 계속된다. 무역은 비르투와 같이 혁신적인 힘이며 자연적 질서의 교란자이다. 여기서 자연적 질서라 함은 우리에게 전통 속에서 형성된 인격을 물려주는 제 2의 본성이 아니라, 각각이 원하는 것을 스스로의 노동을 통해 공급받는 원시시대의 자연경제를 가리킨다. 그 기원은 폭력의 기원과 닭이 먼저냐 달걀이 먼저냐 식의 관계에 있다. 아니 만약 교환과 무역이 강도행위와 사기 이후에 나타난 것이라면, 양자는 사치, 즉 자신이 필요한 것 이상을 가지려는 욕구에서 연유한 것이다. 무역과 부패 간의 관계는 대단히 복잡하다. 무역은 전쟁을 낳고, 전쟁은 부채(이는 궁극적으로 무역에 치명적이다)를 낳는다. 사치는 강도 행위/전쟁, 교환/무역을 동시에 야기시키고, 후자는 다시 화폐 — 교환의 상징적 매개물의 사용 — 를 만들어내는데, 이 화폐가 금화 사용에서 지폐나 채권으로 확대되면 부채가 발생하고 결국에는 부패가 출현하게 되는 것이다. 근본적으로 상업이 갈등을 야기하는 것은 불가피해 보인다. 그것은 유한하고 지역적인 공화국들 간에 나타나는 세력 관계의 한 양식으로, 각각이 지닌

---

53) *Works*, I, 348-49 ("Discourses on the Public Revenues…," II, 1, 1698).

개별성의 원인이자 결과이기도 하다. 상업은 소규모 공화국의 발전과정에서 자유와 번영을 주기도 하지만 동시에 그것이 쇠퇴하는 원인을 제공한다.

그러나 마키아벨리적 비르투가 공화국 안팎의 권력과 공화국 내의 덕성 양자를 정의하는 데 동시에 기여했던 반면, 무역 — 공화국 밖에 존재하는 힘의 한 양식 — 은 물질적인 것을 만들어내기는 하지만 공화국의 내적 존재성에 어떤 도덕적 기여를 하지는 못한다. 자연적 덕성들은 원시경제의 측면에서 아주 잘 표출된다. 자신의 잉여 필수품을 다른 잉여 필수품과 공정한 방식으로 바꾸는 행위 속에는 교환적 덕성이 존재할 법도 하다. 하지만 여기서 무역은 사치, 즉 자신이 필요한 것 이상을 가지려는 욕구, 필요치 않은 어떤 것을 가지려는 욕구로 정의된다. 그것은 힘을 가지게 해주며, 경쟁적인 세계에서 그것을 갖지 못한 공화국은 사멸할 수도 있다. 무역은 또한 부패를 가져오지만, 그것을 막을 수 있는 그 자신의 덕성을 제공하지는 못한다. 대버넌트가 반복해서 주지시키는 바로는, 입법자와 통치자가 부패에 대항하는 수단으로 장려할 만한 덕성이 있기는 하지만, 문제는 그것이 다름 아닌 사치를 부정하는 검약[54] — 자신이 필요한 것 이상을 가지지 않으려는 의지, 인공적인 물건들 사이에서도 자연경제의 기준에 맞추어 살려는 의지 — 의 덕성이다. 상인은 검약을 행해야만 한다. 하지만 그는 상인이기 때문에 더 이상 검약을 행하지는 못할 것이다. 만약 상인들이 부패에 휘말리지 않고 전쟁을 수행하려 한다면 검약해야 한다. 하지만 그들이 전쟁과 무역 어느 쪽에도 기대지 않고 살아갈 수 있을 정도의 검약을 기대하기에는 때가 너무 늦어버렸고, 따라서 그들이 부패를 피할 수 있는 여지는 많지 않다.

검약이 이른바 프로테스탄트 윤리의 일부라는 것은 이미 잘 알려져

---

54) 예컨대 *Works*, Ⅰ, 389-92를 볼 것. 대너번트의 책 390쪽에 나오는 귀차르디니의 언어를 주목할 것.

있다. 상인들은 바로 그러한 수단을 이용하여 탐욕과 낭비에 대한 이중적 비난을 피해 나갔다. 일찍이 단테는 이러한 것들이 재산은 많으나 신심이 부족한 데서 연유한다고 생각하였다. 상인들은 자신이 필요한 것 이상을 스스로 거부하면서 잉여 이익을 주식에 재투자함으로써 자신은 물론 다른 사람들에게도 새로운 물건들이 유통되도록 하는 데 기여하였다. 아우구스투스기의 정치경제는 상인들로 하여금—금융업자들의 경우가 더 심했지만—그들이 과연 자유토지보유자들이 그랬던 것과 같은 의미에서의 시민적 덕성을 보여줄 수 있는지 입증해 보라는 압력에 직면하고 있었던 시기였다. 자유토지보유자들이 오직 자신의 세습지를 개량하고자 노심초사하면서 사익을 공익과 연결시키는 시민적 활동에 참여하는 모습을 그려보기는 어렵지 않았다. 하지만 끊임없이 다량의 허구적인 표지들(tokens)을 교환함으로써 부의 증식에 몰두하는 사람들에게 이런 역할을 부여하기란 훨씬 더 어렵다. 검약은 바로 이런 상인들의 시민적 덕성을 표출케 할 수 있었다. 그들은 상품의 유통이 공익에 기여한다는 가정 하에, 사적 욕구를 공익에 기꺼이 종속시키고자 하는 스스로의 의지를 바로 검약과 재투자라는 행위를 통해 보여주었던 것이고, 그 대가는 차후의 몫으로 다시 돌아오게 되어 있었다. 이렇게 보면, "프로테스탄트 윤리"를 발견한—발명한 것은 아니지만—사람들이 다름 아닌 아우구스투스기 논쟁가들이었다는 것은 결코 놀라운 사실이 아니다. 그러한 종류의 윤리가 사람들의 마음속에 이미 자리잡고 있었는지의 여부는 알 수 없지만, 공적인 논쟁에서 처음으로 그것의 필요성을 천명한 사람들은 바로 그들이었을 것이다. 하지만 대버넌트도 인정했듯이, 그것은 어떤 식으로도 자신에 특유한 물적 토대가 없는 도덕성이었다. 상인에게는 원시상태의 농민(그는 왜 그래야 하는지 물어볼 필요도 없었다)이 하던 바로 그런 식의 검약이 요구되었다. 그는 자신의 인공적 자아 대신 자연인을 모방해야만 했다. 그는 이를 위해 스스로의 행동이 야기하는 부정적 효과를 제한할 필요가 있었다. 그와 함께 한 덕성은 자신이 만든 것이 아니라 단지 우연히 그에 특유한 것이 되었을 뿐이었다.

[Ⅲ]

대버넌트의 마키아벨리적 경제학을 분석함으로써, 우리는 윌리엄 3세, 앤 여왕, 조지 1세 치하의 지방 및 궁정, 휘그 및 토리 저술가들이 토지, 무역, 신용에 대해 과연 어떠한 태도를 취했는지, 그 틀을 제시해 보고자 하는 지점에 이르게 되었다. 이미 분명한 사실이지만 이 저술가들은 시민적 휴머니스트의 계승자들이다. 왜냐하면 그들은 덕성을 사회적인 삶과 사적인 삶의 물적 토대로서만이 아니라 도덕으로 보고자 했기 때문이며, 또한 그러한 덕성이 논의될 수 있는 범주들을 제공하기 위해 마키아벨리와 해링턴을 이용하고, 잉글랜드에서 아우구스투스기 양식의 정치 수사학을 급속한 속도로 발전시키는 데 관심을 보였기 때문이다. 그들은 15세기 휴머니스트들이 그랬듯이 어떤 일관된 정치적 입장을 가지고 있지 않았다. 스위프트, 대버넌트, 디포 ― 더 이상 나아갈 수는 없겠지만 ― 는 각각의 삶에서 상이한 집단, 상이한 시기에 속한 인물들이었다. 그들에 앞선 사람들도 역시 그랬지만, 참여와 일관성, 금전 만능주의와 야심의 문제에 대한 평가를 가지고 그들이 취한 입장이 왜 변화했는가를 설명하기는 힘들다. 그보다는 그들이 양자택일과 이견과 혼란스러운 점들로 가득 찬 지극히 양면적인 수사(修辭)를 사용하고 있었을 뿐 아니라, 그들 스스로가 이런 측면들에 대해 잘 알고 있었고 어느 정도로는 그 함정에 걸려들었다는 사실을 인식하는 것이 매우 중요하다. 앤 여왕 치세의 저널리스트와 논객들이 수행한, "토지에 기초한" 이해와 "돈에 기초한" 이해를 두고 일어난 대논쟁을 파헤쳐 보면, 양쪽 어느 편에서도 정말로 이론이라

할 만한 것이나 반테제라 할 만한 것이 없었으며, 상이한 목적을 위해 사용되거나 서로 공유되지 않은 가정들도 거의 없었다는 점을 알 수 있다.

첫째, 플레처에서 볼링브로크에 이르기까지 지방 및 토리 저술가들은 토지를 독립적이고 가문이 좋은 사람들이 지닌 덕성의 기초라고 칭송하였고, 그래서 할리-세인트 존*의 토리당이 토지 이익을 옹호하는 당이라고 주장해도 손색이 없었지만, 궁정파 저술가든 휘그 저술가든, 혹은 디포든 애디슨이든 어느 누구도 토지란 것이 본질적으로 토지 옹호자들이 말한 대로의 것이 아니라고는 꿈에도 생각하지 않았다. 그들은 사실, 만일 돈과 무역이 없다면 토지보유자를 독립적인 존재로 만드는 데서조차도 토지는 아무런 가치를 발휘할 수 없다고 주장할 수도 있었다. 또한 토지 외에 다른 어떤 부도 없는 사회 — 고트 시대의 잉글랜드, 당시의 폴란드, 혹은 스코틀랜드의 하일랜드 등 — 에는 자유도(차지인들이 영주에 종속되어 있으므로) 문화도 없다고 주장하는 일련의 수사적 노선도 찾아 볼 수 있었다. 토리 스타일뿐 아니라 휘그 스타일도 불만을 품은 지방파에 의해 사용될 수 있었다는 사실을 일단 무시한다면, 당시의 사회 비평가들은 이러한 비난들을 자신이 사는 땅을 떠나지 않는 지방의 지주와 그의 고(高) 교회** 정치에 적용할 수도 있었다. 애디슨은 일간지 《스펙테이터》(*Spectator*)의 로저 데 코벌리 경이 어떻게 해서 《자유토지보유자》(*Freeholder*)의 여우 사냥꾼으로 전락할 수 있는지,[55] 그리고 이어서 그가 어떻게 필딩의 주인공 스콰

---

* 17세기 말, 토리당을 복구한 로버트 할리와 그와 지도권을 놓고 경쟁한 헨리 세인트 존을 가리킨다.

** High Church. 로마 가톨릭적 전례가 믿음에 중요하다고 생각하는 잉글랜드의 교파.

55) Edward A. Bloom and Lillian D. Bloom, *Joseph Addison's Sociable Animal: in the Market Place, on the Hustings, in the Pulpit* (Providence: Brown University Press, 1971), *passim*.

이어 웨스턴의 직계 선조가 되는지를 보여주고 있다. 그러나《톰 존스》(*Tom Jones*)를 보면, 웨스턴과 얼간이 여우 사냥꾼, 그리고 존경할 만한 독립적 인물 올워씨 간에는 조심스럽지만 균형이 유지되고 있다. 지방 젠트리 출신의 인물은 양면적인 성격을 보이고 있는데, 토머스 배빙턴 머콜리가 웨스턴을 한 계급의 초상으로 받아들인 것도 이 때문이었다.[56] 아우구스투스기에 웨스턴 같은 인물은 수없이 만날 수 있었겠지만, 그렇게 할 필요를 크게 느낀 사람은 없었다.

설사 독립성과 덕성의 농경적 가치가 이 시대의 사회적 인식으로 여전히 지속되고 있었다 해도, 플레처와 대버넌트는 토지를 무역—신용은 말할 것도 없고—에 종속적인 것으로 보는 주장을 받아들였고, 디포는 그것을 강력하게 밀어붙이기까지 할 정도였다. 스위프트를 디포나 애디슨과 대비할 때도 마찬가지다. 신해링턴주의자들은 무역과 금은이 세계 속에 유입되어 토지의 사회적 성격을 돌이킬 수 없을 정도로 바꾸어 놓았다는 것을 시인하였다. 이미 살펴보았듯이, 그들은 단지 이러한 변화가 어느 정도로 깊숙이 부패를 만연케 했는지, 또 그 부패는 어느 만큼이나 저지될 수 있는 것인지에 대해 양면적 정서를 가지고 있을 뿐이었다. 그러나 부패는 주식 중개인, 파당, 상비군이라는 악마적 삼위일체를 동반한 신용의 형태를 취하고 있었다. 처음에는 스위프트, 뒤에는 볼링브로크가 "토지에 기초한" 이해와 "돈에 기초한" 이해 간에 거대한 대립 구도를 설정했을 때, 그 속에 담긴 휘그적 전쟁과 휘그적 재정에 대한 그들의 비난에는 항상 이러한 것들이 무역을 무시하고 파괴하는 데 일조했다는 규탄이 들어 있었다. 또한 "토지에 기초한 이해"를 정의할 때 그들은 거의 언제나 상인은 배제하면서도 금융업자는 포함하는 입장을 견지하였다.[57] 무역이 돈을, 돈은 다시

56) Macaulay, *History of England*, ch. 3.

57) "돈에 기초한 이해"에 대한 스위프트의 가장 일관된 분석은 다음에서 볼 수 있다. *The History of the Four Last Years of the Queen* (ed. Herbert

신용을 수반한다는 것을 긍정하거나 혹은 부인해야 하는 때까지는 무역 역시 토지와 마찬가지로 불변적 가치를 가지고 있었다.[58] 분명히 전술적인 이유 때문이겠지만, 휘그는 토리에게 무역의 적이라는 오명을 씌우고, 유능하고 인정 많은 상인들 — 일간지 《스펙테이터》의 앤드류 프리포트 경과 같은 — 을 자신들의 대의의 상징으로 묘사하며, 무역에는 마찬가지로 자애로운 형태의 신용이 수반된다는 것을 주장하면서, 그들은 이 모든 것들을 지지한다고 말하였다. 그러나 무역은 대버넌트에 의한 경우에서처럼 이론적 비판을 받기는 했지만, 그럼에도 불구하고 공격적 논쟁의 대상이 되는 것은 피할 수 있었다. 아우구스투스기 논쟁은 농경적 이해와 사업적 이해, 장원과 시장을 대립적으로 보고자 한 것이 아니었으며, 아직 미숙하나마 두 명제들 간에 충돌이 진행 중이라는 인식에서 나타났다고도 말하기 어렵다.

신용의 경우, 일부 양면적 태도를 공유하는 동일한 패턴을 다음의 결정적인 사례에서 탐지할 수 있다. 어떤 당에 속한 저술가든 주식중개, 즉 투기적 방법으로 공채채권의 시장가치를 조작하는 것을 옹호하려고 한 사람은 없었다. 그러한 행위가 나쁘다는 것은 이미 보편적으로 인정되고 있었다. 이러한 측면에서 스위프트는 앤 여왕기 각 당(黨) 논객들 중 차별적인 주장을 펼친 인물이었나. 그는 앞서 대버넌

Davis, with an introduction by Harold Williams; Oxford: Basil Blackwell, 1964), pp. 68-78. 특히 다음과 같은 구절들을 주목할 것. "무역상의 위험과 어려움 때문에 돈을 손에서 썩히고 있는 사람들"(p. 68); "부를 무역과 제조업뿐 아니라 지대와 토지 개량에서 얻는 한 왕국"(p. 69): "새로운 토지와 재산이 저당권자들의 손에서 튀어나왔다."(p. 70); "무역과 진정한 국가 이익에 극히 해로운"(p. 71). 다음의 것도 볼 것. *The Examiner, 1710-11* (ed. Davis, Oxford: Basil Blackwell, 1957), pp. 5-7, 62-63, 124-25, 134-35, 162-67; *The Conduct of the Allies* (in *Political Tracts, 1711-14*, ed. Davis, 1964), pp. 9-10, 16, 18-19, 41, 53-59.

58) 다른 논제도 마찬가지지만 이 논제 역시 다음에서 분명히 나타난다. Davenant, *Works*, I, 160.

트가 그랬듯이, 직업적 채권업자—"돈에 기초한 이해"라는 말이 진정으로 의미하는 바는 바로 이것이었다—야말로 전쟁을 통해 공채의 한도를 늘리고 그것의 가치를 그들에게 의존케 하고자 끊임없이 획책하는 무리들이라며 공격의 화살을 퍼부었다.[59] 반면 디포는 고교회 성직자들과 자코뱅 비밀당원들이 약간은 미신적이고 약간은 공론적인 자신들만의 목적을 위하여 기우(杞憂)와 군중 폭동을 통해 공공신용을 하락시키려 한다면서 반격에 나섰다.[60] 요약하자면, 토리는 채권 보유자를 휘그는 채권 중개인을 공격한 것이었다. 핵심 논제는 주식중개가 아니라 채권으로 이루어진 신용이 필요악 이상의 것인지 아닌지 하는 것이었다. 하지만 여기에서도 직접적인 대립은 찾아보기 어렵다. 디포는, 무역 없이는 토지가 잘 되기 어렵듯이, 무역도 돈, 즉 채권이 아닌 돈 혹은 지폐가 아닌 금화 없이는 잘 될 수 없다고 주장하였다.[61] 그는 물론 더욱 일관성 있는 사례를 확보하고 있었으나, 그의 적들이 지속적인 반대 연설을 통해 주식중개가 나쁘다고 반박을 가했을 때 그는 바로 그 주식중개가 부패라는 것을 부인하지 못했다.[62] 그들은 그들대로, 공공기금이 토지수입으로부터 나오는 것이라든지,[63] 혹은 공채가 무역에는 파멸적 효과를 초래한다든지 하는 등의 주장을

59) 이 책 위의 주 57에 제시된 참고문헌을 볼 것.

60) Defoe, *Review* (published for the Facsimile Text Society in 23 facsimile books; New York: Columbia University Press, 1928), vol. Ⅶ, no. 26, pp. 97-99; no. 45, p. 175; no. 47, pp. 181-84; no. 48, pp. 186-87; no. 49, pp. 189-91; no. 50, pp. 195-96; no. 51, pp. 197-99; all in facsimile book 17; also *passim*. 휘그를 곰에 비유한 스위프트의 공격에 대해서는 다음을 볼 것. *Examiner*, no. 35 (*ed. cit.*, p. 125).

61) *Review*, facsimile books 17-22, *passim*.

62) *Review* (facsimile book 19), vol. Ⅷ, no. 55, p. 222 (황소에 대한 공격); no. 56, pp. 225-27; no. 59, pp. 237-40; no. 60, pp. 241-44 (곰); no. 68, pp. 273 (페이지가 잘못 매겨져 있음)-75.

63) Swift, *Conduct of the Allies*, in *Political Tracts, 1711-14*, p. 56.

할 때, 토지와 무역과 신용 간의 상호 의존성을 분명히 인정하고 있었던 셈이다. 일반적으로 말해서, 지방과 토리의 직접적인 공격 대상은 통상 잉글랜드 은행이 아니라 국채였다는 점은 주목할 만하다. 1699년에서 1700년 사이에 해링턴의 저작들을 편집하여 재간했던 — 해링턴과 신해링턴주의자들의 역사관 사이의 간격을 감안할 때 그 자체가 양면적 성격의 행동이었다 — 존 톨런드는 후일 그가 그렇게 한 것은 지방파 지도자 로버트 할리를 위해서였다고 주장하였다.[64] 하지만 그 편집본을 헌정 받은 인물은 런던시의 주 장관이자 시 참사회 회원이며 시 의원이었던 메이어 경이었고, 잉글랜드 은행이 해링턴의 통치체계를 완벽하게 예증하고 있다는 것도 책 속에서 분명하게 진술되고 있다.[65] 당시 톨런드가 정치적 도박을 벌이고 있었다는 것은 명확한 사실이다.[66] 하지만 비록 그가 그렇게 하기는 했지만, 심지어는 1700년에 가서도 잉글랜드 은행과 지방이 단순한 적대자의 관계에 있지는 않았다는 것은 틀림없는 사실이었을 것이다. 모든 분석을 마친 결과로 도출되는 사항은, 파당 간의 충돌이 가장 극심했던 때에조차도 토지와 무역, 혹은 심지어 토지와 신용 간에는 단순한 대립 구도가 존재하지 않았다는 것, 대충 구분한 이해 집단 간의 정치라는 측면에서보다는 공통 인식과 상징의 세계 속에서 움직이며 공통 가치체계를 통한 경쟁적 이점을 얻기 위해 그것을 해석하려 하는 정치가, 논객, 그리고 그

64) Pierre Des Maizeaux, *A Collection of Several Pieces of Mr John Toland* (London, 1726), II, 227; 하지만 이러한 주장은 1710년 그가 할리에게 보낸 편지에 나타난다.

65) Toland, *op. cit.*, pp. ii-iii; dedication.

66) "필전"에 참여한 몇몇 저술가들은 심지어 자신들의 적조차도 그들이 어느 편에 서 있는지를 알고 있다는 데 당혹감을 감추지 못했다(Ellis, *op. cit.*, p. 38, n. 1). 대버넌트의 《현대 휘그의 진짜 모습》에는 톨런드가 사악한 톰 더블의 공모자 "미스터 고스펠스콘"으로 나온다(그 자신이 바로 부분적으로 디포의 초상이기도 하다). Davenant, *Works*, IV, 240-42.

들의 지지자들이라는 측면에서 생각해 볼 필요가 있다는 것 등이다. 또한 그들은 물질세계와 도덕세계 양쪽 모두에서 변화가 진행 중임을 스스로 예리하게 인식함으로써 새로운 정치와 경제에 대한 자신들의 공통 경험을 개념화하고 있었다는 것, 그리고 그러한 변화에 대한 자신들의 평가 수단이 도덕적으로 모호하다는 것을 깊이 의식하게 되었다는 것 등도 분명한 사실로 보인다.

아우구스투스기의 신마키아벨리즘은 다음과 같은 방식으로 그 특징을 정리할 수 있다. 잉글랜드인들은 아리스토텔레스와 시민적 휴머니스트의 범주들을 이용하여 스스로를 시민적 개인으로 보기 시작했는데, 이렇게 되려면 자신들의 독립성, 여가, 덕성을 위한 물적 토대—아리스토텔레스의 오이코스에 해당하는—가 있어야만 했다. 오이코스적인 이 등가물의 본성은 처음에는 마키아벨리가 무장의 관점에서, 두 번째는 해링턴이 재산의 관점에서 묘사해 왔던 것이었다. 또한 17세기 사회구조의 다양한 현실로 인해 자유토지보유자의 이미지가 하나의 패러다임으로서 확립되었다. 그들의 토대는 부동산 혹은 토지재산이었다. 이는 사고파는 것이 아니라 세습되는 것으로서 보통법이라는 유구한 구속력에 의해 보호받으며, 그들에게 시민군과 의회 선거라는 관련 구조 속의 구성원 자격을 부여함으로써 시민적 덕성을 보장케 해주었다. 1675년경 의회 후원제도와 직업군대, 그리고 자신의 수입으로 앞의 두 제도를 유지하는 이자 생활자(rentier) 계급이 출현함으로써, 국가라는 건축물 전체—현재 고래의 헌정을 떠받치고 있는 신분 혹은 권력층 간의 균형까지도 포함해서—가 부패의 위협에 직면하였다. 이와 함께 새로운 형태의 사회적 요소들이 이 건축물을 가득 채우게 되었는데, 그들이 지닌 경제적 자산(재산이라고 할 수는 없겠지만)—연금, 관직, 신용, 채권 등—은 행정적 권력에 종속적이며 따라서 덕을 발휘할 수는 없는 것으로 규정되었다. 그러나 9년 전쟁을 거치면서 이 모든 것이 불가피한 것으로 보이기에 이르렀다. 왜냐하면 잉글랜드는 이제 장기 복무 병사와 장기 공채를 바탕으로 전쟁을 치를 수 있는 능력을 가진 나라였고, 대외전쟁에 대한 개입은 이런저런 방식으로 대외무역의 확대와 상호 연관되어 있었기 때문이다.

하지만 아우구스투스기 사상의 한 중요한 경로 속에서 무역의 문제 — 해링턴의 덕의 정치에서는 이차적 중요성밖에 가지지 못했던 — 는 새로운 부패의 원인들 중에서도 가장 늦게 인지된 것이었다. 부동산 세계의 인식론적 토대에 가해지는 것으로 보였던 위협도 바로 이러한 딜레마의 차원 속에 존재하고 있었다. 로크는 돈을 자연경제로부터 정치경제로의 이행에서 결정적 요소로 규정하면서, 원래 교환의 목적으로 금은에 가치를 부여한 것은 다름 아닌 "환상과 동의"였다고 말한 적이 있는데, 우리는 여기서 바로 이러한 지적을 떠올리게 된다. 일단 토지의 가치를 차지인들의 부역이 아니라 그들이 지불하는 지대에 두게 되면 — 잉글랜드 역사에 대한 신해링턴적 해석에서 이는 양 정치 진영 모두가 인정했던 것이었다 — 시민 스스로를 규정하는 부동산은 그 자체가 환상과 관례라는 허구적 요소들의 혼합체로 정의될 것임에 틀림없었다. 시민은 이제 플라톤의 동굴의 경우보다도 인식론적 토대가 더 불안한 세계 속에서 살게 되었다. 하지만 로크는, 동의의 취약성을 세습토지의 견고한 실재에다 기대게 했던 것과 똑같이, 그 귀금속의 내구성을 넌지시 언급하면서 그것의 환상적 속성을 부인하였다. 금은은 쌓아둘 수도 있고 녹도 쓸지 않는다는 것이다. 당시 대부분의 기품 있는 독자들은 인격을 위한 가장 튼튼한 토대로 역시 토지만한 것이 없다고 생각했을 것이다. 토지는 세대를 거치면서 세습되며, 필요할 때까지 무기도 벽에다 걸어 둘 수 있도록 해줄 것이다. 사람들에게 실재적 가치를 가진 물건 역시 이 손에서 저 손으로 교환될 수는 있을 것이다. 하지만 동산은 시민적 인격의 토대가 되지 않는다는 반론이 있었다. 이런 식으로 온 것은 동일한 방식으로 가버릴 것이기 때문이다. 그러나 부동산과 동산 간의 차이는 아직 후자가 비실재적이라는 것은 아니었다. 가치의 상징적 재현인 돈에는 일부 비실재적인 측면이 있었다. 하지만 스스로가 상징화하는 것들을 영속케 하는 돈의 능력 덕분에 그것은 여전히 인간 생존에 유용한 매개물이었다. 1691년 로크는—그는 1696년 잉글랜드 화폐를 개조하는 데 일조했고, 잉글랜드 은행의 주식을 보유한 최초의 사람 중 하나가 되었다—인간 세계에 문명의 조건을 확립하는 것이 재산이라는 원칙을 양보하지 않고도 인간은 이익을 기대하면서 빌려준 돈이라는 재산을 가지고 있다고 주장할 수 있었다.[67]

로크가 과연 신해링턴적 사회 비평가들을 공격하려 했는지는 분명치 않다. 그리고 그들이 로크를 공격할 필요성을 느끼고 있었다는 징후도 거의 없다. 그러나 1688년 혁명이 있은 후 10년 내에 동산에 의한 부동산의 전복 현상은 실재가 허구와 환상에 의해 위험에 처한 것으로 생각되는 단계로 진입하였다. 대버넌트는 앞서 이미 살펴본 구절들에서, 이제 신용이야말로 국가 번영을 궁극적으로 결정짓는 요소라고 단언한 바 있다. 그것은 "오직 인간의 마음속에서만 존재"하고, "그 어떤 것도 그보다 더 환상적이고 멋지지 않으며," "사람들의 평판과 감정에 의존"하고, "찾지도 않았는데 왔다가 이유도 없이 사라지는" 그런 종류의 것이다.[68] 그는 공공재정에 의존하는 경제에서는 모든 것이—토지 그 자체의 가치를 포함해서—자본화될 수 있는 비율에 종속된다는, 당시 이미 알고 있던 사실을 넌지시 언급하고 있다. 이는 사람들로 하여금 서로 간의 신뢰성에 의존하도록 만들고, 이는 다시 장기적으로는 사람들의 도덕적·물질적 현실 인식에 의존하지만, 단기적으로 그것을 결정하는 것은 평판과 감정, 희망과 두려움이다. 이렇게 되면, 자본화 비율은 결국 지폐나 채권 유로 환원되면서 부패한 투

67) Kramnick, *Bolingbroke and His Circle: The Politics of Nostalgia in the Age of Walpole*, pp. 42, 61-63.

68) *Works*, Ⅰ, 151 ("Discourses on the Public Revenues," 1698).

기꾼들의 조작에 노출되는 상태에 이른다. 지폐는 금과 동일한 힘에 의해 제조되고 금과 동일한 기능을 가지고 있지만, 외형적으로 내구성이 떨어지므로 훨씬 더 자기 본위적인 경향이 강하다. 이제 모든 사람, 그리고 모든 세속사가 종이돈과 같은 것이 될 것이며, 그것은 모든 것이 금으로 변하는 것보다도 더 나쁘다.

새로운 경제의 관측자들에게는 신용이야말로 인간사에서의 평판과 감정과 환상의 힘을 상징할 뿐 아니라 그것을 현실화하도록 하는 것이었다(물론 사람들은 여전히 토지에 대한 인식을—그것 역시 투기에 의해 완전히 침식되기 전까지는—실재적인 재산에 대한 인식이자 동시에 자신들의 실재적이고 자연적인 인간 관계들에 대한 인식으로 보았을 가능성은 있다). 신용을 변덕스러운 여성으로 의인화한 것이 토리보다는 휘그 저술가들, 특히 디포와 애디슨의 고안품이라는 것은 놀라운 사실이다. 스위프트는 앞서 《이그재미너》(*Examiner*)에서 토지를 제외한 모든 형태의 재산이 "일시적이거나 상상적인 것에 불과하다"는 식의 공격을 퍼붓기 시작했는데,[69] 이 둘은 당시 그것을 계속 이어받아 공격을 계속하고 있던 상태였다. 신용의 의인화는 일찍이 1706년 디포의 《리뷰》(*Review*)에 나타나는데, 그렇게 근엄한 모습을 하고 있지는 않다.

> 돈에게는 여동생이 하나 있는데, 무역에 근무하는 아주 유능하고 친절한 관리이다. 이 여동생은 돈보다 손위의 친척이 없을 때면, 물론 돈의 동의와 함께, 그리고 그녀와 같은 도당(徒黨)이라는 가정 위에서, 돈을 아주 잘 도와준다. 그녀는 시간에게 자주 자신의 자리를 제공하며, 무역의 모든 목적에게도 완벽하게 대답해주는 등, 하여튼 돈 그 자신은 물론 다른 모든 의도와 목적들에게도 잘 대해준다. 돈의 여동생은 오직 계약 조건 하나만을 데리고 언제나 그리고

69) *Examiner*, n. 34; *ed. cit.*, p. 119. 이 구절은 하원에서 토지보유자 외의 다른 모든 사람들을 제외하자는 자격법(Qualification Act)을 옹호한 것이다.

꼼꼼하게 돈을 위로하고, 시간이 그녀와 함께 하도록 해주며, 돈의 좋은 성품을 유지하도록 노력한다. 하지만 실망스러울 때면 기분도 언짢고 머리도 아프고 짜증도 나고 해서 오랫동안 다 같이 어딘가로 나가 버리곤 한다. 이 여동생의 이름은 우리말로 "신용"이라 하는데, 어떤 나라에서는 명예라고도 하며, 그 외 다른 나라에서는 뭐라고 부르는지 잘 모르겠다.

그녀는 수줍음을 타는 아가씨로, 자기 자신에 대해서는 감탄할 정도로 신중하다. 하지만 동시에 대단히 필요 불가결하고 유능하며 근면한 피조물이다. 그녀는 아주 특별한 어떤 자격을 가지고 있으며 자신의 행동에서도 아주 품위가 있다. 선인의 세계라도 그녀의 이름을 잘 알기 전에는 그녀의 호의를 잃게 된다. 아무런 목적도 없이 그녀에게 하루 종일 구애하는 사람들도 있지만, 누구도 그녀의 책 속에 들어가 본 적은 없다.

만약 그녀가 화나게 되면 다시는 우리와, 그리고 세계의 어떤 것과도 친구가 되기는 극히 어렵다. 하지만 그녀가 가장 호의를 보이는 대상은 그녀 자신을 필요로 하지 않는 사람들이다. 그녀는 그들이 마치 거지처럼 자신을 무시하고 거칠게 대하고 조롱하고 거부해도 그들의 문가에 서서 기다리며 결코 떠나지 않는다. 하지만 그들은 스스로를 돌보는 것이지 결코 그녀를 원하지는 않는다. 왜냐하면 만약 그들이 그렇게 하면 그때부터 그것에 의존하게 되고, 그녀는 그들에게 실컷 보복하려 들면서 다시는 화해하려 하지 않을 것이고, 그렇게 되면 탄원의 세계로 들어가 일정 기간 동안 번영이라는 가혹한 벌을 받게 된다.

이 숙녀가 얼마나 무소불위인지, 자신의 행동이 얼마나 제멋대로인지를 생각해 보면 이상할 정도이다. 만약 그녀에게 구애한다면 당신은 그 때문에 그녀를 잃게 되거나, 혹은 그녀를 터무니없는 가격으로 사지 않으면 안 될 것이다. 만약 그렇게 하면, 그녀는 언제나 당신을 질시하고 의심하게 될 것이다. 그리고 만약 그녀를 합의 문서에게 풀어 주지 않으면 그녀는 사라져서, 아마 당신이 살아있는 동안은 절대로 돌아오지 않을 것이다. 그리고 오랜 탄원과 엄청난

난관을 남겨 놓는다.[70]

르네상스 휴머니즘 연구자들이라면 아무런 주저 없이 이 구절의 수사적 의미를 식별해 낼 수 있을 것이다. 디포는 신용을 정확히 마키아벨리가 포르투나와 오카지오네(기회)를 묘사하기 위해 사용한 관용어를 가지고 기술하고 있다. 또한 백 년 전 조반니 카발칸티가 피렌체에서 정치 조작이 성공하는 것을 보고 판타지아의 우월성을 확신한 사실도 여기서 적절히 떠올릴 수 있다.[71] 이 모든 여신들처럼 신용 역시 인간의 특수한 의지와 욕구와 감정 등의 상호작용으로 생겨난 세속적인 것들의 불안정함을 예증한다. 그래서 그녀가 악의적이고 비합리적으로 작용하는 모습을 그려 놓은 1706년의 다른 구절들도 별로 놀랍지 않다.

> 무언가가 사람들이 빚을 질 때까지 쉬지 못하게 하다가, 그 다음에는 다시 그 빚을 갚을 때까지 쉬지 못하게 한다. 그 무언가는 누구도 신용하지 않는다. 그리고 다시 모든 사람을 다 신용한다. 그것은 사람들이 빚을 전혀 갚을 수 없게 될 때까지 빌려주다가 모든 빚을 다 갚을 수 있는 사람들을 망가뜨린다. 세계의 어떤 나라도 우리와 같이 무역에서 그렇게 미친 짓을 하지는 않는다.
>
> 채무자는 채권자를 남용하고, 그래서 굶주린 채권자는 채무자를 살해한다. 보편 상업의 과정 속에서 동정심은 인간본성으로부터 날아가 버린다. 그리고 "잉글랜드인들"은 다른 모든 경우에는 관대하고 부드럽고 아주 동정심이 강한 사람들이지만, 유독 채무자들에게만은 광폭하고 미친 폭군과 같은 존재가 된다.[72]
>
> 국가가 전쟁 덕분에 부유해진다는 것은 미스터리가 아닌가? "잉글

70) Defoe, *Review* (facsimile book 6), vol. Ⅲ, no. 5, pp. 17-18; 다음도 볼 것. pp. 19-20, and no. 6, pp. 21-24; no. 7, pp. 25-27.

71) 이 책 4장 주 22를 볼 것.

72) *Review* (facsimile book 7), vol. Ⅲ, no. 92, p. 365.

랜드"는 해적으로 인해 그렇게 많은 배를 잃어버릴 수도 있는데 오히려 늘어났다니? 왜 전쟁은 무역보다 더 큰 미스터리이며, 무역 그 자체가 전쟁에서〔원문에 그렇게 되어 있음〕보다 더 미스터리란 말인가? 배가 나포되면 왜 "동인도" 회사의 주식 값이 오르는가? 광산 투기로 연금은 올라가는데 주식 값은 거꾸로 떨어진다. 광산에서 손실을 보면 주식에서 그것을 되찾는다. 사람들이 이런 역설에도 놀라지 않는 것은, 이런 이상한 일들이 매일같이 일어나기 때문인가?

만약 이런 일들에 대한 답을 원한다면, 위대하나니 상상의 힘이여! 라는 외침 속에서 그것을 찾을 수도 있겠다.

무역은 미스터리다. 그것은 결코 그 모습을 완전히 드러내지도 이해되지도 않을 것이다. 그것이 어떤 가시적인 원인도 없이 작동할 때 그것은 중대한 위기와 때를 조우한다. 그것은 발작적 경련과 신경질적 혼란을 비롯한 극히 설명이 어려운 감정들로 고통을 겪는다. 때로는 일반적 유행이라는 악령에 들리기도 하는데, 단순한 귀신 들림처럼 통상적인 조치로 사라지기도 한다. 오늘 그것은 사물의 행로를 따르고 원인과 결과에 종속되어 있지만, 내일이 되면 이색적인 계획에 의해 작동되는 인간 환상의 폭풍과 유독 가스의 폭력을 겪는다. 그리고 나면 만사가 역풍 속으로 들어가서, 운동은 점점 더 상궤를 벗어나 부자연스럽고 설명 불가능하게 변한다. 무역에서는 일종의 광기가 모든 상황에 개입되며, 어떤 사람도 그것에 대해 합리적인 설명을 할 수가 없다.[73]

하시만 제어할 수 없는 환상의 힘 — 여기서 디포는 이것이 초기 자본주의가 인간사에 들여온 주요 수입품으로 간주하고 있는 것 같다는 것이 휘그와 무역 장려론자들의 생각인데 — 은 단지 움직이지 않는 차축 주위를 중심을 벗어난 채 움직이고 있는 운의 수레바퀴만은 아니다. 그가 주지하고 있다시피, 그것은 인간사의 새롭고도 거대한 힘의 일부로, 새로운 양식의 전쟁과 번영, 유럽에서의 새로운 세력 균형,

73) *Review* (facsimile book 8), vol. Ⅲ, no. 126, pp. 502-503.

새로운 행성 정복을 만들어낸다. 이러한 측면에서 신용은 포르투나보다는 오히려 혁신적이고 정복적인 힘 비르투를 더 닮았다. 후자는 마키아벨리적 비전의 가장 역동적인 순간들에서 포르투나로 상징되는 무질서를 만들어낸다. 그런데 이 포르투나는 대단히 비합리적이고 비도덕적인 수단에 의해 지배되기 때문에, 앞서의 역동적인 순간들이 치유하고자 했던, 바로 그 무정부 상태의 일부로 보일 수도 있다. 대버넌트와 디포의 언어야말로 마키아벨리 이후 그의 핵심적 사고방식을 다시 보여주는 최초의 경우라고 주장할 만하다.

그러나 디포가 폭발적이고 비합리적인 사회적 혁신 현상을 묘사하는 데 적절하다고 생각한 언어가 설사 마키아벨리에 의해 제공되었을 수 있다 하더라도, 신용이 하고 있던 것이 부패로 비난받을 수 있다는 식의 언어와 제한은 해링턴을 통하여 — 그리고 동시대인들에게 인식 가능한 형태로 — 전달된 것이었다. 1710년 디포는 — 그는 다음해에 스위프트의 《이그재미너》로부터 공격받는 상황에 직면하게 된다 — 신용을 안정적이고 덕이 있으며 지성을 가진 행위자로 묘사할 수단을 찾아야만 하는 상황에 있었다. 그리고 여기서 신용은 정직과 분별의 딸로 나타난다. 그녀는 여느 때와 같이 변덕스럽고 신경질적이기는 하지만 그래도 대버넌트가 "진정한 공적(功績)"이라 불렀던 것을 인식할 수는 있다. 그녀가 가진 특징 중에는 극단적 소심함이 들어 있다. 그녀는 서셰버럴*의 폭도를 흘낏 보기만 했는데도 발작을 일으키며, 휘그 사이에서 느끼는 공포는 그녀에게 거의 치명적인 수준이다.[74] 공공의 평화를 되찾고 공공의 상처가 치유되자 그녀는 겨우 소생하게 된다. 디포는 그녀가 오직 사람들이 서로와 왕국을 신뢰하는 곳에서만

---

* Henry Sacheverell(1674?~1724). 잉글랜드의 성직자. 휘그가 교회의 이해를 무시하고 있다고 공격함으로써 토리의 우상이 되었다.

74) *Review* (facsimile book 17), vol Ⅶ, no. 55, pp. 213-15; no. 57, pp. 221-23; no. 58, pp. 225-28; no. 59, pp. 229-31.

존재할 수 있는 공적 존재라는 것을 애써 보여주어야만 한다. 이러한 신뢰성—신용이란 바로 이러한 본질의 변덕스러운 반영이다—은 오직 공개적으로만 표현될 수 있다.

> 신용이 퍼뜨리는 질병들은 "의회" 특유의 것으로, 이는 마치 "악마"라고 불리는 질병이 군주에게 특유한 것과 같다. 그들 자신 외에는 그 누구도 그것을 치료할 수 없다. 왕의 손길도 이 병에 대해서만은 아무런 치유 능력을 발휘하지 못한다.* 여왕과 통합 의회라면 그것을 할 수도 있겠지만, 그들 각각으로는 불가능하다.
>
> "잘 알려진 사실은 아니지만", 신용은 그렇게 근시안적인 정치가가 아니다. 문제는 명확하다. 즉 우리 기금의 토대는 바로 "의회"라는 것이다. "의회"의 명예와 정의는 "한 손으로" 공사(公事)를 들고서, 이전의 서약들을 충실히 지킨다는 위대한 원칙을 굳게 지키고 있다. 또한 "다른 손으로는" "의회의 안전"에 부족분을 공급하고 있다. 이러한 것들이 바로 신용의 대운하이다. …"신용"은 스스로의 신분을 공공의 믿음에 건 사람들의 이익을 지키기 위해 군주의 인격이나, 각료나, 혹은 이런저런 식의 경영이 아닌 공공행정 "일반"의 명예와 "의회 개별"의 정의에 의존한다. 이 경우 어떤 "당파적 개입"도 허용되어서는 안 된다. 왜냐하면 만약 세를 점한 한 당이 "그들에 앞서 있었던" 행정 부서가 한 일이라면서 그것으로 인한 결손을 보충해주려 하지 않는다면, "의회의 신용"은 한 푼의 값어치도 없게 될 것이기 때문이다. …
>
> "신용"이란 숙녀는 너무 경계심이 많고 너무 수줍어하는 성격이라서 그런 열악한 조건에 있는 어떤 사람들과도 같이 있을 수 없다. 만약 이 처녀를 대접할 양이면, 명예와 정의의 기품 있는 원칙들 하에

* 여기서 저자는 중세 잉글랜드 및 프랑스 왕들이 연주창(連珠瘡)에 손을 댐으로써 그것을 치유케 할 수 있다는 중세적 믿음에 대해 비아냥거리고 있다. 마르크 블로크는 《마법사 왕》(*Les Rois thaumaturges*, 1924)에서 이 주제에 대해 탁월한 해석을 제시하고 있다.

> 서 행동하지 않으면 안 된다. 토대가 되는 모든 것을 소중하게 보존하고 그 위에 제대로 된 뼈대를 세워야 한다. 당파에 대한 것만 빼고, 서약의 엄숙함과 가치, 정의와 명예에 관한 모든 요구 사항들에 답해야 한다. 만약 이러한 것이 지켜지지 않는다면 신용은 오지 않을 것이다. 설사 여왕이 부른다고 해도 오지 않을 것이다. 의회나 나라 전체가 부른다고 해도 오지 않을 것이다.[75]

애디슨은 《스펙테이터》 제 3권에서 이 주제를 다루었다. 신용은 은행에 앉아 있는 모습으로 나타난다. 그 위에는 고래의 헌정과 왕위계승 혁명*이 자리하고 있고, 금 무더기와 돈 자루가 주위를 둘러싸고 있다.

> 그녀는 사실상 모든 행동에서 극히 조심하는 것처럼 보였다. 그것이 그녀의 기질에서 연유하는 것이든 아니든, 혹은 후에 그녀의 지지자가 아닌 사람에게서 들은 대로 유독 가스로 혼란스러웠든 아니든 간에, 그녀는 얼굴빛을 바꾸었고 무슨 말을 듣던 깜짝 놀라곤 하였다. 그녀는 마치 (뒤에 안 사실이지만) 내가 이전에 만난 그 누구보다도, 심지어는 그녀 자신의 성(性)에서조차도 더 증세가 심한 병약자 같았고, 일시적 노쇠 증세에 시달리고 있는 것처럼 보였다. 눈 한쪽만 찡긋해도 홍조가 돌던 안색이 금방 창백해지고 그렇게 건강하던 몸이 쇠약해지면서 해골로 변해버리는 것이 아닌가 생각될 정도였다. 그녀는 금방 죽어가던 것만큼이나 갑작스럽게 되살아나기도 하였다. 소모열로 죽어가다가도 순간적으로 회생하여 최고의 건강과 활력을 얻곤 하였다.[76]

---

75) *Review* (facsimile book 18), vol. Ⅶ, no. 116, p. 463.

* Revolution Settlement (1688~89). 윌리엄 3세가 왕이 실질적으로 의회를 통해 통치하게 된 첫 예가 된 것을 일컫는 말.

76) *The Spectator*, ed. Smith (London: J. M. Dent and Sons, Everyman Library, 1961), p. 11.

신용의 앞에 가톨릭 당파나 폭정, 공화주의의 영(靈)들이 나타나자, 그녀는 정신을 잃고 쓰러진다. 돈 자루는 텅 비고 금(金)은 종이더미와 눈금 새긴 부신(符信)으로 변해버린다. 하지만 자유와 절제와 프로테스탄트 계승자들의 영이 입장하자 모든 것이 회생한다.

신용은 이제 덕성—이 말이 지닌 대단히 도덕적이고 사회적인 의미를 함축한 채—으로 해석되고 있다. 그녀의 건강을 위한 전제조건은 사회 전체의 건강과 사회가 필요로 하는 모든 도덕적 행위의 실천이다. 그녀는 지금 인식능력을 부여받고 있는 중인데, 이것으로써 이러한 조건들이 과연 충족되고 있는지의 여부를 충분히 알 수가 있다. 그녀에게 진정한 공적과 진짜 물건들을 보여주라, 그러면 그녀가 당신에게 보답하는 물건들 역시 진짜일 것이니. 신용이 창출한 부는 진짜 금괴라는 식으로 묘사되고 있다. 애디슨이 왕립 환거래소를 주식과 채권을 사고파는 곳이 아니라 돈을 매개로 진짜 상품들을 매매하는 탄탄한 상인들의 집합소로 묘사하고 있는 것은 특징적이다.[77] 이데올로기적 주안점은 줄곧 주식 중개인을 상인층 속에 흡수하는 쪽에 두어졌다. 즉 사회 이론가들을 놀라게 했던 이자 생활자는 더 이상 놀라울 것이 없는 사업가가 된 것이다. 덕성은 이제 사회적·도덕적·상업적 현실에 대한 인식에 다름 아니었고, 재산과 인격에 그토록 전복적이었던 환상과 허구의 요소를 제거하기 위해 가능한 한 모든 조치가 취해졌다.

그러나 덕성의 부활에는 한 가지 예리한 제한이 있었는데, 이는 이 책의 인식론적 구조와 특이한 관련성을 가지고 있다. 상상력—1706년의 벼락 경기 시절에 묘사된 전복적이고 창조적이며 파괴적인 힘—은 1710년에서 1711년 사이의 휘그 저술가들의 글에서는 단지 평판에 불과한 것으로 바뀌어 있다. 로크의 용어를 빌리자면, 강조점이 "환

---

77) *Spectator*, no. 69; *ed. cit.*, pp. 212-15. 신해링턴적 방식의 종결에 주목할 것.

상”(fancy)에서 “동의”(agreement)로 전환된 것이다. 전자가 자의적이고 자아 중심적인 데 반해 후자는 물론 사회적이며, 이 덕분에 그것은 더욱 합리적이고 덕성스럽게 된다. 그러나 합리성이라고 해 봤자 그것은 평판과 경험의 합리성일 뿐이다. 신용에게 판단의 근거가 되는 구체적인 진짜 자료들을 제공함으로써 그것을 신뢰성으로 전환하고자 한 그 어떤 수사(修辭)도 희망과 공포의 양 극단을 오가는 신용의 변덕스러움을 제거하는 데 도움을 주지는 못한다. 평판이 이 두 감정의 노예라는 것은 당시로서는 흔한 주장이었다. 하지만 신용의 경우, 이 두 감정은 평판을 형성케 하는 자료의 역할을 하며 상상에 의존하는 부분은 오직 일부에 불과하였다. 그리고 그것들조차도 상상 — 평판을 형성케 하는 — 이 작용하는 구체적 현실에 굳게 뿌리박고 있었다. 이러한 의미의 상상은 모든 물체가 잠재적으로 희망과 공포의 종속물인 이익 혹은 손실의 원천이 되는, 약간은 홉스적인 유동적 세계의 특징이기도 하다.

홉스는 계약의 준수 — 정확히 말하자면 계약은 반드시 지켜져야 한다는 자연법의 확립 — 야말로 인간이 공포와 환상으로 인해 느끼는 불안을 치유할 수 있는 유일한 방책이라고 단언하였다. 하지만 인간이 어느 정도로 공포와 환상을 경험하고 나서 이러한 법을 발견하게 되었는지는 여전히 불확실한 채로 남겨두었다. 디포와 애디슨은 한 상업 계약의 이행이 곧 다른 계약으로 이어지는 기회 — 마키아벨리의 “혁신”과 같이 — 가 되는 투기성 사회에 살고 있었으므로, 계약이 어떻게 해서 환상과 보조를 맞출 수 있는지를 입증해야 하는 더 큰 필요성이 있었지만, 그렇게 하는 데는 훨씬 더 큰 어려움이 따랐다. 그들의 세계에서 이성은 사실상 감정의 노예였던 것이다.

신용은 결코 단순히 이 세계를 관측하거나 반영하는 존재만은 아니었다. 그녀는 그것을 만드는 데 일조하였다. 그녀의 희망과 공포가 갖가지 자극에 과도하게 반응함에 따라, 그녀가 느끼는 감정의 대상들은 가치와 실재를 동시에 얻거나 잃었다. 상업과 투자의 세계가 어느 정도까지는 환상적이고 비합리적인 것은 불가피한 것이었다. 신용은 덕이 살아있는 사회의 모든 자원을 부여받아 그것을 역사에 유례없이 더 큰 규모로 조정할 수도 있었다. 하지만 그녀는 환상과 평판과 감정을 넘어서서, 우선적으로 덕이 살아있는 사회를 만들기 위한 일은 아무것도 하지 않았다. 덕성이란 어떤 사물이 정말로 그런 것인가를 인식하는 일과 틀림없이 관련이 있다. 신용의 힘은 구제 불능일 정도로 주관적이었고, 사회의 모든 권위를 장악하여 그녀로 하여금 이 세상을 환상의 물결 속에 빠뜨리는 일에서 벗어나지 못하도록 할 것이다. 사람에 따라서는 그녀가 포프의 대 폭군*의 일부로 보일 수도 있다.

이 지점에서 근대 사회 사상사 저작들은 흔히 노동가치론이란 주제로 넘어갈 것을 권하고 있다. 만약 로크의 그러한 이론적 실험이 아우구스투스기 논쟁에 기여하려는 의도에서 비롯되었거나 혹은 그렇게 이해되었더라도, 그것은 사실상 뒤에 마르크스의 업적이었다고 알려진 구체화의 강력한 도구로서 기여했을 수도 있다. 만약 인간이 스스로 노동함으로써 자신들이 교환하는 물건의 가치를 창출해낸다고 하면, 상품과 상업의 세계가 갖는 실재성을 확신할 수도 있을 것이다. 3세대 후, 애덤 스미스가 그것을 확인하는 작업에 착수했다는 것은 충분히 있을 수 있는 일이다. 하지만 18세기 노동 이론의 역사에 대해 더 많은 것이 알려질 때까지는 로크가 앞서 기술한 식으로 이용되었다고 주장할 만한 증거를 찾기 힘들다. 노동이 상품에 가치를 부여한다는 것을 넌지시 비춘 것 정도로 디포와 애디슨이 투기와 교환의 세계를 구체화했다고 보기는 어려우며, 호모 폴리티쿠스(정치적 인간)가 호모 파베르(일하는 인간)로 치환되는 결과는 아직 일어나지 않았다. 상업적 세계를 유효한 것으로 만들기 위해 그들은 그보다 공덕심 개념에

---

* Pope's Great Anarch. 알렉산더 포프의 풍자시 《우인(愚人) 열전》(*The Dunciad*, 1728) 제 4권, 1절, 655행에 나오는 표현.

호소하였지만, 시민의 덕성은 교환능력에 의존하고 있지 않다는 시민 패러다임의 문제에 직면하게 되었을 뿐이었다.

아우구스투스기 지식인들이 이 지점으로부터 나아갈 만한 길은 두 갈래였다. 첫째로, 통치의 토대가 예전에도 언제나 그랬던 것처럼 덕성에 있다고 주장할 수도 있었는데, 이러한 주장은 스스로를 통치하고 스스로를 알 수 있는 능력을 가진 개인과, 그 개인이 스스로를 통치할 수 있을 만큼 그에게 잘 알려져 있는 사회구조라는 두 가지 요소를 전제하고 있었다. 여기에 적절한 물적 구조가 바로 토지였다. 그것이야말로 자연의 질서에 속하거나 혹은 그것에 기초한 사회적 관계 속에서 각 세대를 서로 연결할 수 있을 만큼 안정된 것으로 알려진 실재적 재산이었다. 그러한 통치체제는 균형적이고 연원이 오랜, 그리고 각 부문을 독립적이고 직분에 맞게 유지하는 데 일조할 유구한 관습으로 강화된 정체를 가진, 독립적 토지보유자들의 공화국(수장을 가진)이 될 가능성이 있었다. 그것은 방어시에는 애국적 성격을 갖게 되겠지만, 전쟁과 제국은 가급적 피할 것이다. 그러나 신해링턴적 입장의 양면적 측면들은 이런 쪽 노선을 택한 사람들이 더 이상 역사를 가치의 중단 없는 연속성이란 관점에서 제시할 수 없다는 것을 보여주고 있다. 이미 변화는 일어났다. 그들은 과거를 바라보면서, 상업적 세국[78]과 상비군과 신용으로 상징되는 혁신적인 세력들에 저항하여 덕성을 옹호하고 있었던 것이다. 두 번째 길은 전문화와 인간 능력의 소외를 대변하는 쪽이었다. 특히 소외는 환상과 허구와 사회적 광기와 같이, 인간을 일종의 정치적 우인(愚人) 열전 속에 빠뜨릴 허위의식의 위협을 포함하고 있었다. 전문화와 소외는 모두 부패를 상징하는 것이었고, 이 노

78) 애디슨은 상업이 전쟁을 야기하며, 그래서 그것을 정당화하지 않을 수 없다는 점을 인정하고 있다. 이에 대한 흥미로운 연구로는 다음을 볼 것. Bloom and Bloom, *Joseph Addison's Sociable Animal*, pp. 67-83 (ch. 4, "The War of Economic Right").

선의 지식인들은 부패를 돌이킬 수 없는 것으로 보는 휴머니스트적 경향에 완전히 경도되어 있었다. 따라서 변화에 대한 그들의 태도는 부정적일 수밖에 없었지만, 그럼에도 불구하고 그들은 그것을 거부하는 것만큼이나 그것을 인정하였다. 사회가 자연적 질서로부터 단절되고 있다고 인식했다는 것, 자연적 질서를 이미 뒤쳐진 상태에 있는 것으로 정의했다는 것, 그리고 도덕적 입법이란 수단을 통해 회귀할 수도 있는 기본적인 덕성과 오르디니(제도)와 프린치피(원리)의 존재를 확신한다는 것 등을 감안할 때, 그들의 사상은 마키아벨리적이었다. 그들이 검약과 시민군과 혹은 균형정체의 각 부문별 독립성 등을 애국의회 혹은 애국자 왕이 입법이나 귀감적 예증을 통해 회귀할 수도 있는 이상으로 설정했다는 사실은, 곧 도덕적 사회 구성요소와 물적 구성요소 간의, 또한 가치와 역사 간의 분열을 용인했다는 점을 보여주는 것이었다.[79] 그들은 사회변화가 더 이상 덕성을 보장해주지는 않음을 인정하면서도, 덕성이 사회적 조건과는 별개로 재확신될 수도 있으며 나아가서는 그러한 조건을 바꿀 수도 있음을 주장하고 있었다.

대안은 통치가 다름 아닌 감정들을 다루는 일이라는 점을 인정하는 것이었다. 만약 돈과 신용이 사실상 사회구조를 환상 속에서 바라고 지어내는 물건들의 변천하는 유동 상태로 용해시켰다고 한다면, 감정, 평판, 상상은 인간 행위의 동력이자 인간 인식의 원천이 아닐 수 없었다. 하지만 우리가 이미 살펴본 바로부터, 의지가 강한 디포조차도 이에 대해 강한 거부감을 느낄 정도였다는 것은 분명하다. 그는 특히 스위프트의 도전 앞에서 평판과 감정이 어떻게 해서 상상이 아니라 경험에 근거할 수 있는지, 또한 어떻게 해서 사회에 실재하는 물건들과 인간의 진정한 사교성을 인식하는 수단이 될 수 있는지를 보여주기 위해 노심초사하였다. 하지만 이미 살펴본 것처럼, 이것으로 신용의 신경

---

79) 크램닉은 이 점을 볼링브로크와 관련하여 논의하고 있다(Kramnick, pp. 166-99).

질적인 변덕을 제거하지는 못했다. 사회가 부여받은 초감각적 신경체계를 만족시키고 희망과 공포에 대한 인간의 충동을 통제하기 위해서는, 왕과 의회와 대중은 반드시 사회적 안정의 모든 원천을 동원하지 않으면 안 되었다. 더욱이 인간 세계는 대단히 유동적이어서, 과거 — 어쩌면 회귀할지도 모르는 — 의 제도적 가치 위계를 견지하고 있을 것 같지 않았다. 영속적인 도덕성이란 것은 물론 있었지만, 그것은 사교성의 덕성들 그 자체에 내포되어 있었던 것이지 덕성을 보장하는 일련의 입법적 구조물 속에 놓여 있지는 않았다.

따라서 궁정 휘그적 역사해석은 직접적으로 입법과 연관되어 있지는 않았다. 그것은 과거 속에서 농민 전사들의 사회를 찾는다는 점에서는 신해링턴주의자들의 역사해석과 의견을 같이 하였다. 하지만 그것은 이러한 사회로 다시 돌아갈 수 있다든지, 그것이 현재에도 적용 가능한 원리들을 구현하고 있다든지 하는 데 대해서는 부정적이었다. 추후 살펴보겠지만, 그에 따른 역사해석은 통치에 토대가 되는 원리를 담은, 균형정체의 공식 같은 것은 존재하지 않는다고 보고 있다. 그런 것이 존재하려면 고전적으로 인식 가능한 역사와 고전적으로 인식 가능한 사회가 존재해야 할 텐데, 오직 유동적 신용과 확률에 관한 평판과 감정만이 있을 수 있는 세계, 평판과 감정 외에는 아무 것도 존재할 수 없는 세계에서는 그 어느 것도 기대하기 어렵기 때문이다. 권위를 수렴할 수 있는 어떤 인식 가능한 원리들도 존재하지 않기 때문에, 궁정 휘그들의 정부는 유동적 사회를 통치하며 주권적이고 경영적인 권력들을 갖는다. 그것은 변화와 유동의 역사 속에 존재하며, 어떤 계기에 의해 요구되는 방식으로 인간 감정에 대해 작용함으로써 마땅히 수행되어야 하는 것을 실제로 수행하지 않으면 안 된다. 인간은 사교성을 가지고 있기 때문에 — 탐욕과 상상에 의해 광기로 내몰릴 때를 제외하고는 — 실제의 도덕 세계 속에서 통치의 건축물을 안전하게 지켜주는 진짜 덕성들, 공감과 정직이라는 진짜 감정들이 존재한다. 그러나 문제는 언제나 실용적인 데 있다. 신용은 신뢰성과 조화를 이룰 수 있는가? 인간 상호간에 대한 평판과 희망과 공포는 사회를 안정시키고 번영을 증대하도록 작용하고 있는가? 정부가 해야 하는 일 — 귀차르디니의 주인공 베르나르도의 목소리가 멀리서 우리에게 확인시켜 주듯이 — 이란 이런 일이 일어나도록 행동하는 것이지 가정컨대 오직 덕성만이 번성할 수 있는 어떤 형식적 구조를 끊임없이 입안해 나가는 것이 아니다. 그리고 만약 그러한 구조가 존재하지 않는다면, 정치적 동물로서의 개인은 외형적으로 영원히 스스로의 시민적 존재성을 재차 주장하거나 혹은 그 원리들을 갱신할 수 없게 된다. 그의 과제는 사회생활을 영위하고, 덕을 실천하며, 인간이 서로에게 위탁한 신용과 신뢰성의 증진에 도움이 되도록 하는 것이다.[80] 하지만 그의 세계는 일차적으로 관례적이고 주관적일 것이며, 오직 경험(그리고 시장의 상태)만이 현실에 대한 그의 의견이 얼마만큼 진실에 기초하고 있는지 보여줄 것이다. 우리는 이제 근대 역사가들이 상업 사회의 철학들 속에서 탐지하기를 좋아하는 바로 그 "사유화"(privatization)를 정의해야 할 시점에 도달한 것 같다.

아우구스투스기 사회 인식의 언어에 대한 이러한 분석은 그것이 수많은 방식에서 마키아벨리적임을 보여주었는데, 이러한 점은 우리가 만약 우리의 분석을 로크의 설명에 기초했다면 결코 발견할 수 없었을 것이다. 우리는 17세기 후반의 지식인들이 자유롭고 부패되지 않은 사회의 이미지를 설정하기 위해 마키아벨리적·해링턴적 패러다임을 사용했으며, 그러한 이상과는 동떨어진 혁신과 적법성의 상실과 급속한

80) 애디슨의 《자유토지보유자》(*The Freeholder*, 1715-16)는 개인이 통치에 참여할 때, 그 강도와 범위를 반드시 제한하도록 강력히 권고하고 있다. 다음을 볼 것. no. 5, 16, 24, 25, 29, 48. 특히 다음을 볼 것. no. 51 (고대 정치를 읽은 것이 어떤 정치적 결과를 산출하는가의 측면에서 그의 근대주의는 반드시 홉스와 비교할 필요가 있다), 52-55.

사회변화의 흐름에 대한 감각을 표현하기 위해 비르투와 포르투나라는 마키아벨리적 어휘에 가까운 어떤 것을 사용했다는 것을 알게 되었다. 정부와 전쟁과 재정 사이의 점증하는 관계를 인식함으로써 고전적 부패 이론에 대한 새로운 해석이 필요해졌고, 중상주의적 성격의 전쟁이 공화국 간의 그리고 공화국과 제국 간의 대외적 관계에 대한 관심을 부활케 하는 원인이 되었다는 것도 알게 되었다. 자본주의가 가한 최초의 충격과 그것이 영어권 정치 이론의 역사 속에서 연루된 최초의 논쟁은, 상인이나 시장 상거래자들의 이미지를 통해서가 아니라 이자 생활자, 관리, 공채 투기자들의 이미지를 통해서였다는 것도 알게 되었다. 우리는 또한, "부르주아 이데올로기", 즉 정치적 동물로서의 자본가적 인간을 위한 패러다임이 그 발전 도상에서 이자 생활자와 사업가를 사실상의 부패로 규정한 아리스토텔레스적 · 시민적 휴머니스트의 가치들의 편재(遍在)로 인해 엄청난 방해를 받았으며, 만약 자본주의적 사상이 개인을 사유화함으로써 사실상 종결되었다고 한다면 이는 아마도 그를 시민으로 표현하는 적절한 방식을 찾을 수 없었기 때문이었을 수 있다는 것을 알게 되었다. 구식의 마르크스주의가 역사적 불가피성에 의해 나타난 것으로 묘사했던 "부르주아 이데올로기"는 생존투쟁을 벌이지 않으면 안 되었으며 그 싸움에서 완전한 승리를 거둔 적도 없었던 것 같다.

끝으로, 아우구스투스기 사람들이 사회적 생존의 물적 토대로 본 부동산과 동산 사이의 갈등은 사회적 인식론 상의 여러 양식들 간의 갈등 — 좀더 적절히 표현하자면 양면성 — 을 수반하는 결과를 가져왔다. 돈과 신용을 통한 사회 인식은 모든 관련자들에 의해 평판과 감정, 환상과 허위의식의 측면에서 분명히 제시되었다. 이성과 감정 간의 관계에 대해 18세기 철학자들이 지녔던 깊은 관심은 아마도 토지에 기초한 이해와 돈에 기초한 이해 사이의 갈등과 관련이 있는 것으로 보일 것이다. 하지만 공식적이든 비공식적이든 마르크스주의적 분석을 통해서는 이러한 결론이 도출된 적은 없었다는 점은 강조할 만한 가치가 있다. 아마도 마르크스주의자라면, 부동산과 동산 간의 갈등이야말로 철학자들이 왜 이성과 감정에 대해 관심을 표명했는지 그 이유에 대한 유일하고도 충분한 설명이라고 주장할 법하다. 하지만 여기서 그런 주장을 할 필요성은 지금까지 전혀 찾을 수 없었다. "탈신화화" 과정을 통해 사회 인식과 재산 관계 간의 연관성에 도달하는 것은 정상적인 마르크스주의적 과정이지만, 그것 역시 우리에게 필요했던 적은 없었다. 대버넌트와 디포는 그들이 말하고자 한 것이 무슨 의미인지를 명명백백하게 잘 알고 있었다. 우리는 지금까지, 마르크스주의적 분석을 시험해 보는 대신에 마르크스에게서 보이는 사상적 유형이 역사적으로 언제 시작되었는지에 대해 고찰해 온 경향이 있었다. 아우구스투스기 저널리스트와 비평가들은 당시의 사회에서 진행 중이던 사회경제적 변화에 대한 지극히 세속적인 인식을 피력하고, 또한 이러한 변화가 자신들의 가치와, 사회 현실을 인식하는 자신들의 양식 양쪽 모두에 영향을 미쳤다는 것을 구체적으로 언급했던 기록상 최초의 지식인이었다. 그리고 그들은 이러한 인식을 구체화하고 그것을 표현하기 위해 주로 마키아벨리적 패러다임들을 사용하였다.

제14장

18세기 논쟁

덕성 · 감정 · 상업

[I]

18세기 사회사상의 대부분은 우리가 지금까지 살펴보았던 논쟁—덕성과 감정, 토지와 상업, 공화국과 제국, 가치와 역사 간의—을 그 기초로 하고 있었다. 이제 남은 두 장에서는, 이 논쟁이 아메리카 혁명과 아메리카적 가치의 형성에서 어떤 역할을 했는지를 고찰한 뒤, 이야기의 이러한 부분을 유럽 사상의 발전이라는 좀더 폭넓은 맥락 속에서 그려봄으로써, 제퍼슨과 해밀턴이 이미 잘 알려진 루소 및 마르크스와 관련하여 그 모습을 드러낼 수도 있음을 보여주고자 한다. 아메리카 혁명과 헌정은 어떤 의미에서 시민적 르네상스의 마지막 장면이라 할 수 있으며, 또한 시민적 휴머니스트 전통의 관념—정치적 동물에 관한 아리스토텔레스적 사상과 마키아벨리적 사상의 혼합물—은 개인의 자기 인식과 사회 · 재산 · 역사에 대한 의식 간의 근대적 긴장이라는 역설에 중요한 열쇠를 제공한다. 아메리카의 창건자들은 일종의 "마키아벨리적 계기"—인격과 사회, 덕성과 부패 간의 관계의 위기—를 맞고 있었으나, 동시에 그 문제가 이미 과거사가 되어가거나 혹은 불가해하다는 것을 인정하게 되는 역사적 순간에 서 있었다. 그것은 관점의 문제였다. 이 장에서 우리가 해야 할 과제는, 공화주의적 덕성과 사회적 시간 속에서 그것이 차지하는 역할에 관한, 과거로부터 물려받은 관념 복합체가 18세기로 전달될 때 왜 그토록 강경하면서도 취약하고, 변화는 거의 없으면서도 왜 그렇게 강력한 도전에 부닥치게 되었는지, 그 이유를 가능한 한 명확히 이해하는 것이다.

우리가 지금까지 추적해 온 이야기는, 첫째, 인간은 조온 폴리티콘(정치적 동물)이며 본성상 시민이라는 아테네인들의 주장이, 어떻게 해서 사람은 호모 렐리기오수스(homo religiosus 종교적 인간)로서 초월적이며 영원한 신앙 공동체 — 신국(神國)이라는 무언가 불길하게 정치적 냄새를 풍기는 이름에 의해 알려진 — 안에서 살도록 만들어졌다는 그리스도교적 주장의 모순적인 — 직접적으로 상충되지는 않는다 하더라도 — 관계 속에서 부활했는가에 대한 것이다. 두 번째 이야기는 후속 논쟁이 어떻게 해서 믿음을 가진 사람이라면 모두가 사제이며, 진정한 에클레시아(ecclesia 회중〔會衆〕)는 교회가 아니라 오히려 사회라는 프로테스탄트적 주장의 몇몇 결과들과 합류하게 되었는지에 대한 것이다. 이런 측면에서는 합리적 이신론(理神論)에 의해 후속되는 퓨리터니즘이 사회 내 종교 조직의 절연적 성격을 점점 더 체계적으로 부정함에 따라, 시민적 자유와 종교적 자유, 덕성 — 시민적 의미의 — 과 구원이 함께 한다는 것을 단호히 주장해야 할 필요성이 점차 더 커지게 되었다. 그러한 주장들에는 복음주의적이며 천년왕국적 관점이 담겨 있었을 가능성이 있다. 다른 극단에서 보면 후(後)그리스도교적이며 유토피아적이었을 수도 있다. 하지만 어떤 경우든 그것은 인격의 세속화와, 그 과정에서 역사적 성격을 가진 — 그것이 구원을 지향하는지의 여부와는 상관없이 — 어떤 사회적 투영과 점점 더 연루되어가는 모습을 반영하고 있었다. 초월적 그리스도교 신앙이 의미하는 바에 대한 인식이 사멸된 것은 아니었기 때문에, 이러한 주장이 모순적이며 전복적이라는 점은 망각되지 않았다. 몽테스키외는 시민적 덕성이 자기 충족적이고 세속적이며, 그래서 그리스도교 신앙 공동체나 순수히 그리스도교적 가치 위에 세워진 사회도덕 그 어느 것과도 같지 않다는 것을 인정한 마키아벨리의 주장을 되풀이할 수도 있었다.[1] 그러나 시민이 성인의 모습을 점점 더 닮지 않게 되자, 그의 시민적 인격은 영혼의 구원 능력과는 닮지 않고 오히려 아리스토텔레스가 말한 대범한 사람(megalopsychic man)의 자율성, 혹은 — 우리와 관련된 시대에서는 — 루소의 자기애(amour de soi-même)를 더 닮게 되었다. 그리고 이러한 도덕성은 영적인 것보다는 사회적이고 물질적인 토대를 요구하였다.

우리는 이미 이러한 토대가 어떻게 해서 처음에는 무기에 의해, 그 다음에는 재산 — 그중에서도 실재적이고 세습 가능하며, 그리고 말하자면 토지로 이루어진 자연적 재산[2] 이야말로 하나의 패러다임적 사례였다 — 에 의해 제공되었는지를 살펴본 바 있다. 재산의 기능이 사적 자율성, 자유, 그리고 덕성의 실재를 확신하고 주장하는 것이었으므로, 그것은 가능한 한 세대를 거듭할 수 있고 실재적이며 자연적인 질서 속에서 산 자로 하여금 죽은 자를 잇게 할 수 있는 어떤 현실(reality) — 사람들은 그것을 부동산(realty)이라고 말하고 싶을 것이다 — 을 보여주어야만 했다.[3] 그러므로 세습은 그 어느 때보다도 더 시간 속에서 사회가 생존하는 데 적당한 경제적 전달의 양식으로 보였다. 도

1) "Avertissement de l'Auteur" prefixed to the *Esprit des Lois*. 이 장 주 78을 볼 것.

2) 재산이란 기술적으로 보면 언제나 인위적이다(이 책 80쪽에 나오는 아이어튼의 말을 보라). 하지만 토지재산은 인간과 그 가족이 땅위를 자유롭게, 그리고 이런 의미에서 "자연적으로" 이동할 때 출현한 것으로 생각되었다. 또한 가축 떼로 된 재산이 그보다는 앞서기 때문에 더 "자연적"이라는 주장도 제기될 수 있었다.

3) 버크의 《성찰》(*Reflections*)에 피력된 언어를 볼 것. 그는 여기서 재산과 권리가 세습적인 것으로 그려지는 사회가 가장 가족적이고 그래서 가장 자연적이라는 주장을 하고 있다(Pocock, *Politics, Language and Time*, pp. 210-22).

지와 세습은 덕성에 필수적인 것이었고, 덕성은 자신의 눈으로 본 자아의 현실에 필수적이었다. 18세기의 사회적 가치들 속에는 당시 횡행했던 부패의 공포에 대한 존재론적 두려움 같은 것이 있다. 왜냐하면 인격을 지탱케 해주는 재산에 대한 이상은 그것이 만들어지자마자 곧 위협받게 된 것처럼 보였기 때문이다(로크는 해링턴에게는 아무런 의미도 없던 모호한 현상들을 표현하는 데 일조하였다). 유급 관리, 사적 혹은 정치적 후원제도에 의존하는 자, 공채로 살아가는 자 등, 내재적 종속의 관념을 전달하는 재산 형태들이 출현하였다. 공화주의 사전에서 이러한 것에 대해 적절한 단어를 고르라면 그것은 곧 부패—공적 권위를 사적 종속으로 치환하는 것—이며, 부패가 항상 의미하고 있었던 개인의 고결함과 자기 인식에 대한 위협은 환상과 허위의식에 의존하고 있는 것처럼 보이는 재산 형태들이 등장하면서 강화되었다. 일단 재산이 경화(硬貨)나 신용의 형태로 표현된 상징적 가치를 지니는 것으로 생각되자, 인격의 토대 그 자체가 상상적이거나 혹은 기껏해야 합의적 성격을 가진 것으로밖에 보이지 않게 되었다. 개인은 자신의 눈으로 보아도 단지 동료들이 부여한 변화무쌍한 가치에 의존하는 존재에 불과했고, 이러한 평가는, 비록 항속적이고 공적이기는 하지만, 너무 비합리적으로 행해지기 때문에 도저히 그것을 정치적 결정이나 덕성의 행위로 볼 수는 없었다. 부패가 가한 위협은 깊은 상처를 남겼다. 하지만 그러한 부패를 완화하거나 치유할 만한 방안은 어디에서도 찾을 수 없었다. 우리가 이어서 해야 할 일은 왜 이런 일이 일어났는지, 또한 그 결과가 무엇인지에 대해 고찰하는 것이다.

우리는 지금까지 일종의 반(反)윤리와 반(反)정치의 출현이 시작되는 것을 지켜보았는데, 이러한 것들은 감정, 평판, 관심 등 일련의 완화된 환상 혹은 상상 개념에 기초하고 있었다. 신용 경제는 적어도 그것이 진짜 상품의 교환과 진짜 가치의 인식에 기초하고 있다는 얘기를 그럴 듯하게 들리도록 만들 수 있는 한에서는, 허위의식의 위협으로부터 벗어나 공익과 사적 덕성의 개념을 부여받을 수 있었다. 상업 사회는, 학자들이 검약과 자기 부정과 재투자의 "프로테스탄트 윤리"라고 불러온 것에 기대어, 공익(이 경우는 교역상의 순환)을 사익 위에 두는 그러한 고전적 가치를 자기 식으로 해석하는 것까지도 용인할 수 있었다. 하지만 사실상 검약의 윤리는 사리(私利)의 윤리에 비해 완전히 부차적인 위치로 밀려나지 않을 수 없는 상태에 있었다. 고전적 오이코스의 가장(家長)을 계승한 지주들에게는 자신의 선(善)뿐 아니라 타인의 선도 고려할 수 있을 만한 여가와 자율성이 허용되었다. 하지만 교환에 참여한 개인이 식별할 수 있는 것은 오직 개별적인 가치 — 자신이 소유한 상품의 가치, 교환하고자 하는 상품의 가치 — 뿐이었다. 그에게는 보편선에 의거해 행동하는 것을 고려할 만한 여유가 없었고 그렇게 하도록 허용되지도 않았다. 결과적으로 그는 고전적 합리성이 줄곧 결여된 상태에 있었다. 그는 결코 자기 자신에 대한 주인 의식을 가지고 있지 않았고, 결국에 가서는 비합리적 세력들 — 상업의 세계보다는 신용의 세계를 지배하는 세력들 — 에 의해 좌지우지되고 있는 것으로 보일 게 틀림없었다. 자신의 동기 부여를 적어도 저급한 형태의 합리성과 도덕성으로까지는 끌어 올릴 수 있는 기법들(평판, 분별, 신뢰성, 동정, 그리고 자선까지도 그것에 속했나) — 이를 글로 표현하는 데서는 애디슨이 가히 대가급이었다 — 이 있다는 것은 확실했다. 하지만 이 모든 것 뒤에는 오랜 연원을 가진 문제가 도사리고 있었다. 그것은 바로, 사회를 구성하는 개개인에게 충분한 합리성과 덕성이 부여되지 않을 때에도 그것을 합리적이고 유익하게 작동시킬 수 있는 방법은 무엇인가 하는 것이었다.

해결책은 물론 사회를 경제 메커니즘, 즉 상품 교환과 노동 분업이 보편적 이기심을 보편 이익으로 바꾸어 주는 것으로 그리려 하는 데서 발견될 것이었다. 우리는 애디슨, 맨더빌, 몽테스키외에게서 다양한 방식으로 표현된 여성의 이미지를 보게 된다.[4] 여기서 그녀는 지극히 이기적이고 변덕스러운 이유로 새 가운을 사고 싶어 하는데—변덕스러운 소비자로서의 여성은 아우구스투스기 사회 비평에서 반복적으로 나타나는 다소 현저한 여성 차별적 태도의 특징이다—그녀의 이러한 구매 동기는 지극히 사소하지만, 상인과 장인이 어떤 식으로 사회에 기여한다 해도 그것은 결코 그녀의 동기가 지닌 사소함이 사회에 기여하는 바를 따르지 못한다는 것이다. 그 이유는, 몽테스키외의 말대로, "이기심이야말로 세상에서 가장 강력한 군주이기"[5] 때문이다. 그러나 사회적 도덕성이 사적 도덕성으로부터, 그리고 자아 스스로의 고결함과 실재에 대한 신뢰성으로부터 점점 더 분리되고 있었다는 측면에서 보면, 이 모든 것은 핵심에서 비켜나거나 혹은 필요악 정도로 용인될 수밖에 없는 것이었다. 1714년에서 1732년 사이에 주요 저작을 내놓은 맨더빌은 "사익"이 곧 "공익"이라 주장함으로써, 마키아벨리나 홉스가 그들 자신의 시내에 얻었던 것과 유사한 명성을 그의 당대에 얻었다. 그는 사회적 행위의 주요 동인(動因)이 자기애(self-love)—지금 있는 그대로의 자기 자신에 대한 지식에 기초를 둔, 루소의 "아무르 드 수아멤"(amour de soi-même)—가 아니라, 스스로가 자기 애호(self-liking)라 불렀고 루소가 뒤에 "아무르프로프르"(amour-propre 자기 편애)라 부르게 되는, 자신과 다른 사람들의 눈에 비치는 인상에 그 기초를 두고 있다고 생각하였다.[6] 그는 이러한 토대 위에서 관습

---

4) Addison, *Spectator*, no. 69 (Bloom and Bloom, pp. 38-39) ; Mandeville, *Fable of the bees*, Remark G (ed. Harth, Harmondsworth: Penguin Books, 1970, p. 120) ; Montesquieu, *Lettres Persanes*, CVI.

5) *Oeuvres Complètes* (Paris: Gallimard, 1949), p. 288.

6) *An Enquiry into the Origin of Honour and the Usefulness of Christianity in War*, ed. & intro. M. M. Goldsmith (London: Frank Cass, 1971), pp. xiii, xxiii, 루소의 구분은 다음에 나온다. *Discours sur l'inegalité* (Vaughan, ed.), *The Political Writings of Jean-Jacques Rousseau* (Oxford: Basil Blackwell, 1962), I, 217. 흥미로운 사실은 맨더빌이 "virtus"라는 단어와

—그에게 이 말은 용례보다는 풍속을, 경험보다는 환상을 의미했다—과 명예의 관념에 기초를 둔 복잡한 사회 심리학을 구축했는데, 이것이 뜻하는 바는 영웅적 자존심과 수치에 대한 봉건적 에토스가 아니라 디포로 하여금 명예를 신용의 동의어로 사용하게 했던 타자 지향적 상호 의존성이었다. 내심 그가 말하고 있었던 것은, 무수한 환상 세계에 근거한 경제와 정치 조직의 현실 세계는 사적 자아들에 의해 유지된다는 것이었다. 그가 당시의 사람들에게 큰 혼란을 준 더 큰 이유는, 그들이 탐욕스럽고 이기적이라고 했기 때문이 아니라, 그들이 비실재적이며, 만약 사회가 계속 유지되려면 그런 상태로 계속 남아 있어야 한다고 했기 때문이다. 말하자면 허위의식의 유령이 출현했던 셈인데, 이는 마키아벨리적 현실정치(realpolitik)라는 유령보다 더 끔찍하다는 것이 점차 사실로 드러나고 있었다.

시민적 휴머니즘의 에토스를 가진 개인은 스스로가 합리적이며 덕이 있다는 것을 알고 있었고, 이제 우리가 아무르 드 수아멤(자기애)이라고 부를 수 있는 것을 가지고 있었다. 그것은 마치 그 스스로가 시민임을 알고 있었고, 공화국의 폴리테이아(정체) 혹은 모도 디 비베레(modo di vivere 삶의 방식) 안에서 자신이 어떻게 역할하고 결정해야 하는지를 알고 있었던 것과 꼭 같았다. 모든 공화국이 예외 없이 겪는 시공간적 유한성과 불안정성을 이어받은, 이러한 자기애는 언제나 위태롭고 위협받는 자기 확신의 한 양식이었고, 그래서 특별 은총까지는 아니더라도 적어도 영웅적 덕성은 필요로 했다. 피렌체의 대이론가들은 이러한 역설의 함의들을 풀어내었다. 퓨리턴의 잉글랜드와 아우구스투스기 브리튼에서는 자유보유 토지를 인격과 자율성과 공화국의 토대로 삼는 이론이 나타났다. 하지만 이는 새로운 형태의 재산, 그리고 개인성과 시간적 불안정—달리 말해서 가치와 역사—의

그것의 기원인 전사적 에토스의 어원과 역사에 대해 인식하고 있었다는 것이다. 그의 저작 서문을 볼 것(*Enquiry*, pp. iii-vii).

문제를 새롭게 진술한 정치경제의 출현에 의해 거센 도전을 받게 되었다. 토지재산과 사적 자율성의 세계는 이제 역사적 과거에 속한 것으로 생각되었다. 정부, 상업, 전쟁이라는 새롭고도 역동적인 세력들은 비록 구세계를 효과적으로 대체하고는 있었지만, 동시에 개인으로 하여금 환상과 감정과 아무르프로프르(자기 편애)의 영역 속에 살도록 운명지워진 세계를 던져 주었다. 그는 자신이 이러한 영역을 만들어내고 있는 변화의 힘을 식별해 낼 수 있다는 의미에서 그것을 설명할 수는 있었다. 그는 자신의 감정과 환상이 제시한 목표를 식별하고 추구할 수도 있었다. 하지만 그는 스스로를 그러한 영역 속에 거주하는 실재적이고 합리적인 존재라고 규정하는 것으로는 자신을 설명할 수 없었다. 따라서 역사와 가치의 세계는 서로를 배제하였고, 후일 역사로부터의 인간 소외라고 묘사되는 것이 느낌으로 다가오기 시작하였다. 하지만 시민적이고 토지에 기초한 개인은 스스로를 결코 단순한 역사적 세력의 산물로 보지 않았다. 그가 부여받은 윤리는 스스로를 고전적 덕성을 가진 시민으로, 고전 공화국의 주민으로 명료하고도 무게있게 묘사하도록 해주었지만, 동시에 그로 하여금 정부, 상업, 전쟁의 세계로 바꾸어 놓은 변화를 부패 — 로마를 공화국에서 제국으로 바꾸었던 것과 본질적으로 동일한 부패 — 로 간주하도록 만든 대가를 치르지 않을 수 없게 만들었다. 그 시대가 강력하면서도 신경 과민적인 신고전주의의 색채를 띠게 된 것도 이 때문이었다. 가치의 세계 속에 거주하는 개인을 지배하는 패러다임은 시민적 인간형이었다. 하지만 역사적 현실 속에 사는 개인에게 지배적인 패러다임은 경제적이고 상호의존적인 인간형이었다. 양자를 한데 묶는 것은 보통 힘든 일이 아니었다.

따라서 우리는 아리스토텔레스에서 시작하여 마키아벨리와 해링턴을 거쳐 발전해 온 자유의 사회학이 "지방" 혹은 "구 휘그" 이데올로기의 형태로 잉글랜드(그리고 친영 프랑스) 사상에 접근 가능했다는 것을 알게 된다. 이러한 이데올로기는 시민적 자유의 가치와, 그것이 번성하거나 쇠퇴하는 도덕적 · 정치적 조건, 그리고 그러한 가치가 발전하고 있다고 보거나 혹은 점점 더 부패의 위협에 노출되고 있다고 보는, 유럽 및 잉글랜드 역사 해석을 대단히 세세하게 표현하고 있었다. 하지만 이는 원리적으로 그것이 "근대" 세계의 산물이라고 분리해 놓은 중요한 수많은 흐름들을 모두 부패라고 공격하지 않을 수 없었다. 그에 대한 대립물로 나타난 것이 "궁정" 이데올로기 — 디포와 같은 인물의 저작들 속에서 이미 예시되고 있었던 — 로서, 그것의 수사적 설득력이 덜했던 이유는 규범적 성격이 약한 도덕을 담고 있었기 때문이다. 이는 역사적 변화를 생성한 세력들을 정확히 식별해냈고, 정부가 새로운 토대 위에서 어떻게 작동해야 하며 또 작동하는지를 설명하였으나, 정체 혹은 인격에 어떤 일관적인 도덕체계를 제공해주지는 못했다. 궁정 이데올로기가 역사적 변화에 대해 취한 태도는 실용적 용인이었다. 그것은 통치가 회귀 가능한 원리들에 기초하고 있다는 것을 부인하였다. 그것의 도덕적 · 철학적 이론은, 인간 존재에서 동기 부여와 인식의 주요 원천을 자존심과 감정, 환상과 이기심이라고 단언하면서, 이를 맨더빌적 · 홉스적 용어로 기술하는 경향이 있었다. 가치와 역사, 덕성과 감정, 노지재산과 신용, 사기애와 자기 애호의 상호 반테제적 철학들을 조화시키기란 어려운 일이었지만, 그럼에도 불구하고 궁정과 지방 간의 상호 의존성을 날카롭게 지적한 18세기 영국의 정치적 조건은 그러한 시도가 어떻게든 행해져야만 하며, 그중 어떤 테제도 서로에 대해 어느 정도 양보하지 않고는 결코 해석될 수 없다는 것을 명하고 있었다. 하지만 아메리카 식민지에서는 — 현재까지의 연구가 강력하게 시사하고 있듯이 — 부패가 덕성을 끊임없이 위협한다고 보는 이데올로기가 역사의 여러 세력들과 공존하면서 그 속에 그러한 세력들을 포괄하는 것이 가능하다는 식으로 완화되어 나타난 적은 거의 없었다. 이러한 상황은 아메리카 혁명이라는 거대한 내전 속에 휘말린 대서양 세계를 분할케 하는 데 일조하였다. 시민적 휴머니스트 계열의 지식인들은 이를 통해 자유의 사회학을 실제적인 국가 건설이란 의미에서의 입법에 적용해 볼 수 있는 전무후무한 기회를 맞게 되었다. 그러나 변화와 근대성의 세력들이 그들의 인식을 강제하는 통치상의 지상명령에 조금 앞서 이미 대서양을 건넌 상태였기 때문에, 고전적 입법을 향한 시도는 위기에 봉착하면서 그 모순들을 드러내게 될 것이 틀림없었다.

[II]

《카토 서한》은 존 트렌처드—1698년 "필전"의 베테랑—와 그의 추종자였던 토머스 고든이 쓴 것으로, 원래는 1720년에서 1724년 사이 《런던 저널》(*London Journal*)에 게재했던 것이었다. 이 저작은, 거의 같은 시기에 같은 저자들에 의해 씌어졌고 훨씬 더 반사제적 성향을 가진 《독립적 휘그》와 함께, 당시의 아메리카 식민지에서 가장 널리 읽혀진 정치저술이었다.[7] 카토가 주로 치중했던 것이 남해 회사(South Sea Company)*의 실패로 드러난 국가적 부패 상태를 어떻게

7) Robbins, *The Eighteenth-Century Commonwealthman*, pp. 115-25; Clinton Rossiter, *Seedtime of the Republic: The Origin of the American Tradition of Political Liberty* (New York: Harcourt Brace, 1953), pp. 141, 492; Bernard Bailyn, *The Ideological Origins of the American Revolution* (Cambridge, Mass.: The Belknap Press, 1967), pp. 35-37; Bernard Bailyn, *The Origins of American Politics* (New york: Vintage Books, 1970), pp. 40-44; David L. Jacobson, *The English Libertarian Heritage* (Indianapolis: Bobbs Merrill, 1965), introduction (서론 내용은 완전히 카토의 서한으로부터의 발췌문들로 이루어져 있다).

* 여기서 "남해"란 남아메리카 및 그 인근 수역을 가리킨다.

치유할 것인가에 대한 진단과 제안이었다는 점은 반드시 지적될 필요가 있는데, 이는 몽테스키외의 《페르시아인의 편지》(*Lettres Persanes*, 1721)가 존 로의 미시시피 계획이 실패함으로써 프랑스에서 촉진된 유사한 상황을 다루고 있는 것과 같았다.[8] 하지만 브리튼의 경우, 카토에게 중요한 것으로 비친 주제는 이미 이전의 4반세기 동안 논쟁의 대상이 되었던 문제였다. 상비군에 대해 오랫동안 반대했던 사람들이 "돈에 기초한 이해"라는 거대한 사업을 비난하게 된 것은 결코 우연도 아니고 놀랄 만한 일도 아니었다. 양자는 사실상 동일한 하나의 현상이었기 때문이다. 카토—기고는 고든이 더 많이 했지만 상급자는 트렌처드였다—는 부패와 그 대립물인 공화국에 대해 명확히 마키아벨리적이고 신해링턴적인 비판을 퍼부었다. 그는 구체적으로 잉글랜드(혹은 브리튼)는 공화국이며, 나아가서 왕을 최고의 수장으로 가진 각별히 행운의 공화국임을 천명하고 있다.[9] 이 공화국은 곧 마키아벨리적 특징들을 과시하기 시작한다. 즉 공화국에 해가 되는 사람들(남해회사 책임자들)에 대해서는 가차 없이 보복해 버려야 한다는 것,[10] 재산과 권력이 평등하게 분배되지 않는다면 공화국의 자유는 오래 지속될 수 없다는 것[11] 등이 그것이다. 일찍이 마키아벨리는 이러한 식의 에쿠알리타(equalità 평등)이 필요하다는 것을 논의한 바 있었다. 그와 마찬가지로 카토는 재산의 획일적 수평화보다는 "농지법 혹은 그와 유사한 것"을 더 심중에 담고 있었다. 어떤 개인 혹은 집단도 다른 사람들을 종속케 할 정도로 부유해져서는 안 된다는 것이었다.[12] 여기서

8) *Lettres Persanes*, XXIV, XCVIII, CXXXVII, CXXXVIII, CXLII, CXLVI.

9) *Cato's Letters: or, Essays on Liberty, Civil and Religious, and Other Important Subjects*; 3d ed., London, 1973, II, 28.

10) *Cato's Letters*, I, 6-7, and *passim*.

11) *Cato's Letters*, I, 11.

12) *Cato's Letters*, II, 16, 71-74, 85-90.

"그와 유사한 것"이란 말이 보여주는 것은 우리가 더 이상 순수히 토지에 토대를 둔 공화국이 아니라는 점이다. 두려워해야 할 것은 봉신(封臣)이 아니라 그것이 야기하는 종속 상태를 통한 부채와 부패이다. 횡령이야말로 공적인 것에 대한 최악의 범죄 행위이며,[13] 자유토지보유자는 결코 "자신의 토지를 회사에 투자한 사람들"을 의회 대표로 뽑아서는 안 된다.[14] 동인도 제도와 남해를 겨냥하고 계획된 경우와 같이 독점적인 무역 회사들은 불평등을 야기함으로써 지주들에게 빚을 지우고, 무역을 고갈케 하고, 정부를 부패하게 만든다.[15] 스푸리우스 멜리우스는 곡물 공급을 독점함으로써 사람들을 종속 상태에 빠뜨린 인물인데, 카토에게는 영웅적 로마 내부의 주적(主敵)과 같은 존재였다.[16] 반면 해링턴에게는 그가 무역이 자유에 가한 소소한 위험들을 얘기할 때 지나가는 투로 잠깐 언급할 정도의 대상에 불과했다.[17] 카토는 그러한 사회에 대한 사실들(동시에 위험들)을 충분히 인지하였다. 따라서 모든 사람이 평등하게 태어났고 공적 권위에 동등하게 종속되어 있다는 의미에서의 평등—덕성에 접근 가능한 기회상의 평등, 만약 사람들이 평등치 않다면 덕성도 있을 수 없을 테니까—을 확보하기 위해서는 무언가 농지법 이상의 조치가 필요할 것이다.

그러나 이러한 의미에서의 평등은 농지법에 정확히 비교되는 어떤 것의 발견을 방해하는 경향이 있고, 비록 카토가 독점 회사나 과도한 공채는 바람직하지 않다는 것을 주장하기는 했지만, 상업 사회에서 평등을 이룩하기 위해 어떤 구체적인 조치를 취해야 하는지에 대해서는 아무런 얘기도 하고 있지 않다. 만약 "평등"이 단지 레스 푸블리카(공

13) *Cato's Letters*, I, 134-35.
14) *Cato's Letters*, III, 24.
15) *Cato's Letters*, III, 199-213.
16) *Cato's Letters*, I, 69-70.
17) Toland, *Works*, p. 28.

적인 것)에 대한 동등한 종속을 의미할 뿐이라면, 그것을 확실하게 하기 위해서는 공적 권위를 재차 강조하는 것 — 마키아벨리의 "원리로의 회귀"가 그것인데, 이는 전자보다는 약간 더 구체적인 내용을 가지고 있는 것으로 밝혀졌다 — 이상을 할 필요는(혹은 할 수는) 없다. 하지만 (다른 측면에서 문제에 접근하기 위해서는) 공적 권위가 불평등에 의해 방해받는 곳에서는 부패가 생겨나고, 부패가 있는 곳에서는 덕성이 존재하지 않는 법이므로, 부패하지 않은 형태의 "공적인 것"에 대해 재차 주장하는 것은 덕성을 재차 주장하는 것과 쉽게 동일시될 수 있다. 따라서 평등에 대한 카토의 요구는 어떤 특수한 프로그램을 통해 공적 권위가 결여하고 있는 것에 대한 도덕적 열정을 형성하게 된다. 또한 오랜 시간 동안 비록 그가 평민들과 그들의 대표들과 장관들에게 정직성과 독립성을 요청하고는 있지만, 그러한 요청이 반드시 순수하게 도덕적인 측면에 국한될 필요는 없다. 많은 이론가들에게 부패가 끼치는 결정적인 해악은 그것이 헌정상의 균형을 무너뜨린다는 것이었다. "돈에 기초한 이해"가 끼치는 해악은 그것이 행정부, 의회, 토지보유자들 간의 관계를 왜곡한다는 것이었다. 또한 덕성과 "공적인 것"의 회복에 대한 요청은 그러한 것들을 적절히 균형 잡힌 형태로 존재하도록 해주는 헌정적 관계의 복원을 목표로 한 프로그램이었을 수도 있다.

그러나 카토가 일차적으로 헌정 이론가였던 것은 아니며, 그가 그렇지 않았다는 한에서 덕성의 개념은 사적 도덕성의 정치를 명하게 되었을 것이다. 이 주제에 대한 탐구가 진행됨에 따라, 우리는 상업 사회가 그것만의 심리학을 가지고 있으며, 바로 이러한 것이 덕성의 추구와 보존을 복잡하게 만든다는 점이 반복해서 인정되는 모습을 보게 된다. 비록 고든이 트렌처드에 대한 부고 기사에서 "설사 그가 자신의 토지를 보존하는 데 세심한 주의를 기울이기는 했지만, 결코 그것을 늘리려고 노심초사하지는 않았다"[18]는 말을 전하고 있고는 있으나, 카토의 비전이 어떤 농경적 유토피아를 상정하고 있는 것은 아니다.

오직 토지에만 기초하여 세워진 사회는 폴란드나 혹은 스코틀랜드의 하일랜드에서 나타나는 야만성과 봉신제를 수반할 위험이 있으며, 고트 사회의 어두운 면을 극복하려면 농경만이 아니라 무역이 더해져야 한다는 것은 독자들에게 잘 알려져 있다는 것이다.[19] 사실,

> 국가가 처음 출현하고 시작되는 시기에는, 거칠고 소박한 덕성과 난폭하고 야만적인 잔인성, 그리고 자유에 대한 세련되지 못한 감정들이 주로 평판을 얻는 품성이 된다. 또한 군사적 업적, 국내의 기예와 학문, 대외적으로 국가의 힘과 위용을 갖추게 하고 평등과 나라 안의 행복과 안전을 보존하는 데 필요한 정치적 지식과 학식 등이 그 뒤를 따른다. 끝으로 이러한 것들이 획득된 후에는, 예절 바름과 사색적 지식과 도덕과 실험에 관한 철학과, 또한 다른 학문적 지류들과 함께 뮤즈가 이끄는 모든 종류의 학예가 출현한다.[20]

그러나 세련되지 못한 덕성으로부터 예절 바른 태도로의 이행이 이루어지려면 반드시 상업의 도움이 필요하다. 해상 무역은 반드시 시민적 자유가 있는 곳에서만 번성할 수 있을 뿐 아니라, 그러한 자유에 어떤 위험이 될 가능성도 없다는 것은 확실하다. 선원은 상비군만큼 공화국에 위협적 존재가 아니다. 덕성과 자유는 상업을 보호하며, 상업은 자유와 예의를 보장한다.[21] 하지만 덕성과 상업을 함께 가져오기 위해서는 복잡한 공식이 필요했다. 우리는 환상으로서의 상업에서 풍요하고도 질서 잡힌 현실로서의 상업으로 이행케 하기 위해 그동안 상당한 지적 노력을 기울여 왔다는 점을 다시 한 번 상기함으로써 그러한 공식이 왜 필요한지를 알게 된다.

---

18) *Cato's Letters*, I, lvii.

19) *Cato's Letters*, II, 305.

20) *Cato's Letters*, III, 27-18.

21) *Cato's Letters*, II, 272-77.

> 강제로 무역을 하게 할 수는 없다는 것보다 더 분명한 사실은 없다. 그녀는 수줍고 변덕스러운 숙녀로, 아첨과 유혹에 잘 넘어가고 언제나 힘과 권력을 장악하고 있다. 그녀는 나라, 분파, 지역에 한정되지 않으며, 지구 어디로나 방랑하며 돌아다니다가 자신을 가장 환대하고 친절히 대해주는 곳이 있으면 그곳에 눌러 앉는다. 그녀의 몸가짐은 대단히 우아하고 섬세해서 폭정의 분위기에서는 도저히 숨쉬고 살 수가 없다. 몸에 칼이 닿기만 해도 그녀는 죽어버린다. 그러나 만약 부드럽고 친절하게 환대하게 되면, 그녀는 감사할 줄 알고 인정 많은 여인으로 변한다. 그녀는 사막을 결실 많은 밭으로, 마을을 대도시로, 오두막을 궁전으로, 거지를 제후로 바꾸며, 겁쟁이를 영웅으로, 멍청이를 철학자로 변하게 한다. 또한 누에고치를 화려한 문직(紋織)으로, 아무 것도 아닌 양털을 왕의 장식품으로 변화시키며, 더 변신을 거듭하여 그것들을 다시 무장한 군세와 위용을 자랑하는 함대로 변환케 한다.[22]

그러나 이는 키르케의 섬이다. 이 여자 마법사와 결혼한다는 것은 곧 우리가 마법과 변신의 세계 속에 살아야 함을 의미한다. 그리고 그 대가는 스스로의 환상과 감정에 의한 지배를 인정하는 것이다. 카토는 인간이 원리가 아닌 감정에 의해 지배된다는 것,[23] 그리고 우리가 희망하고 두려워하는 대상은 대부분 환각과 환상에 의한 것이라는 것[24]을 장황하게 설명하고 있다. 사람들을 기만하고 오도하는 것은 단지 말소리에 불과하며,[25] 주식 중개인은 단지 엉터리 물건과 엉터리 명예의 이미지를 가지고 사람들을 조종하고 부패시키는 악당의 한 부류일 뿐이다.[26] 이러한 일이 가능한 이유는 단지 인간본성에 내재된 취

---

22) *Cato's Letters*, II, 267.
23) *Cato's Letters*, I, 77-84.
24) *Cato's Letters*, II, 51.
25) *Cato's Letters*, I, 82-83.
26) *Cato's Letters*, II, 192-201.

약성 때문만은 아니다. 그것은 본질상 "키메라적"이며, 인간의 감정에 대해 앎으로써 악인이든 선인이든 누구나 지배할 수 있다.[27] 《카토 서한》의 언어는 점점 더 홉스적으로 변한다.

> 만약 그러한 일이 일어난다면 생활이 안락해질 것이라고 말하는 것은, 단지 우리가 필요 이상으로 안락해질 수 있다는 뜻이거나 혹은 당연히 안락해져야 한다는 뜻이다. 그리고 이 점에서 우리는 종종 실수를 범하곤 한다. 왜냐하면 새로운 물건을 얻으면 새로운 욕심이 생겨나고, 상상적인 욕구는 진짜 욕구만큼이나 자극적이기 때문이다. 그리하여 삶의 목적과 다를 바 없는 욕구의 목적이란 것도 존재하게 되며, 이러한 욕구들을 잠재울 수 있는 것은 오직 죽음뿐이다.[28]

그러나 시민적 덕성의 이상은 결코 포기되지 않는다. 공익에 기여하는 것 그 자체는 감정이며, 공익에 기여하는 감정은 선하고 그렇지 못한 감정은 악하다고들 한다는 말을 하고는 있지만, 그럼에도 불구하고 시민적 덕성의 이상은 분명하게 제시되고 있다.

> 딱 한 가지 경우만을 빼고는 칭송할 만한 감정은 없다. 그것은 감정이 공익에 전념하여 그것을 목적으로 삼을 때이다. 야심이든 탐욕이든 복수심이든, 그것이 공공의 복지를 목표로 할 때는 미덕이 된다. 누구든 자신의 감정을 스스로의 인물과 이익으로부터 떼어내기란 지극히 어렵고 드문 일이라는 사실을 안다. 하지만 어쨌든 그러한 사람들이 존재해 왔다는 것은 확실하다. "브루투스, 카토, 레굴루스, 티몰레온, 디온, 에파미논다스" 등이 그런 인물들로, 그 다수가 고대 그리스와 로마 사람이었다. "잉글랜드"에도 여전히 그런 사람들이 있기를 바란다. 사람들은 한편으로 공공의 견해를 추구하면서도, 다

27) *Cato's Letters*, I, 12-27, II, 50-52.

28) *Cato's Letters*, II, 51.

> 른 한편으로는 자신과 자신의 이익을 고려한다. 하지만 만약 그들이 공익을 좀더 고려한다면, 혹은 스스로를 공익에 종속시킨다면, 당연히 덕이 있고 선하다고 존경받을 것이다.[29)]

이는 시민적 도덕성이 반드시 사적 도덕성과 조화를 이루지는 않는다는 의미에서 마키아벨리적 비르투이다. 하지만 그럼에도 불구하고 그것은 실재적이고 고전적인 덕성이다. 이제 감정은 사적이고 특수한 물건의 추구—정치와 윤리에 대한 아리스토텔레스적 전통으로부터 이미 우리에게 친숙한—로 비쳐지고 있다. 덕성은 공익을 추구하는 감정이며, 더 사소한 감정들이 이와 비교될 수도 있지만 그 모든 것 역시 덕성으로 변환될 수 있을 것이다. 부패란 바로 이러한 변환을 가져오는 데 실패한 것이거나 혹은 그러한 실패의 결과이다. "공적인 것"(Publick 레스 푸블리카)은 곧 이어 어느 정도까지는 흄의 정치 이론에서 나타나게 될 통치형태이다. 즉 그것은 사람들로 하여금 단견보다는 긴 안목을 갖도록 하고, 사익을 공익과 동일시하게 하고, 감정의 토대 위에 이성과 덕성의 건축물을 세우도록 하는 장치 혹은 메커니즘이다. 하지만 흄에게서 더욱 명확한 것은 그것이 또한 사람들을 동굴로부터 햇빛 아래로, 환상의 영역으로부터 현실의 영역으로 나오게 하는 장치이기도 하다는 점이다. 고대 헌정들의 영웅은 단순히 사회화한 기계의 산물만은 아니다. 그들의 덕성은 행동적이면서도 진정성이 담긴 것이어서, 다른 사람들로 하여금 덕성을 추구하게 만드는 수단으로 작용했을 것이다. 덕을 가진 영웅의 도덕적 예는 말할 것도 없지만, 부패를 방지하는 다른 수단들 역시 놀라울 정도로 고전적이고 휴머니스트적인 성격을 가지고 있다. 구아르디아 델라 리베르타(guardia della libertà 자유의 수호자)로 불리는 사람들이 있다. 비록 공적 경험상의 한계 때문에 말과 진짜가 아닌 물건들에 의해 속임을 당하기는 쉽지만, 그들

29) *Cato's Letters*, II, 48-49.

이 결코 스스로를 위해 권력을 추구하지는 않는다는 사실은 타인을 부패케 할 목적으로 환상을 배가시키는 데는 아무런 관심이 없음을 의미하며, 바로 이러한 이유로 사람들은 그들이 시간 속에 던져진 자신들을 미망에서 각성시킬 수 있는 존재라고 믿을 수도 있게 될 것이다.[30)] 어쨌든 기만의 위험성이 적은 자유로운 사회에서는 환상조차도 공익이 되는 경향이 있을 수 있다. 왜냐하면,

> "마키아벨리"(Machiavel)가 잘 관측하고 있는 것처럼, 사람들이 불만을 느낄 때, 그리고 그들의 통치자에게 편견을 가지게 되었을 때, 그들에게는 그 어떤 것, 그 어떤 사람도 두렵지 않는 법이다.[31)]

심지어 어떤 의미에서는 정확히 비르투스에 대한 포르투나의 관계에서 불평등이 평등에 맞서며, 공화국에 필요한 "평등"이란 엄격히 말해서 이소노미아(법 앞의 평등)임이 아주 명료하게 드러날 수도 있다. 인간은 모두가 동일한 능력을 가지고 태어난다는 의미에서 본성상 평등하다. 하지만 운은 이 세계의 상황적 이점들을 불공정하고 변덕스러운 방식으로 분배하며, 그래서 어떤 사람들은 다른 사람들보다 더 많은 이점을 얻게 된다. 이로 인해 경쟁과 질시와 탐욕이 생겨나는데, 이것들은 그 나름대로 사회에 유익함이 전혀 없지는 않다. 또한 그로 인해 지배 계급이 존재하게 되는데, 그들의 권위 덕분에 경쟁이 과도하게 흐르는 경향이 저지된다. 운이 더 좋든 나쁘든 간에, 사람들로 하여금 서로를 견제하도록 행동케 하며 서로의 감정을 공익에 기여하도록 바꾸게 하는 일이 불가능하지만은 않을 것이다. 운의 자의성 때문에 우리는 끊임없이 스스로의 덕성을 확인하지 않을 수 없으며, 적

---

30) *Cato's Letters*, I, 153-56, 177-83.

31) *Cato's Letters*, I, 180-81. 비록 이 구절이 어떤 텍스트를 암시하고 있는지는 명확치 않지만, 그럼에도 불구하고 이러한 생각은 진정 마키아벨리적이다.

어도 그것이 운의 선물은 아니라는 것을 기억하게 된다.

> 우리라고 해서 다른 사람들 이상으로 이 세상에다 더 많은 자연적 이점들을 가져오게 할 수는 없다. 하지만 우리가 일반적으로 획득하는 것 이상으로 더 많은 덕성을 획득할 수는 있다. 위대하게 되는 것은 모두가 할 수 있는 것은 아니다. 하지만 선하게 되는 것은 모두가 할 수 있는 일이다. 즉 이 점에서는 모든 인간이 신분의 고하를 막론하고 서로 평등한 수준에 있는 것이다. 따라서 인간은 본성적으로 평등할 뿐만 아니라 도덕적으로도 평등한 존재가 된다.[32]

자유 사회에서 덕성을 유지하도록 작용하는 것은 바로 이러한 세력들, 그리고 그것과 유사한 여타 세력들이다. 분명한 사실은, 권력의 분배와 관직의 교대 제도를 가진 고전적 공화국이 자유 사회의 패러다임적 사례이며, 잉글랜드에서 고래의 헌정이 장관직의 교대 제도[33]— 저자에게는 이것이 빈번히 교체되는 의회를 뜻했던 것으로 보인다(비록 트렌처드가 1717년의 7년법*을 지지했다는 사실에 대해서는 아무런 언급이 없기는 하지만) — 를 포함하여 공화국을 닮아 있었다는 것이다. 그러나 논증 후반으로 가면 중요한 수정 사항이 나타난다.[34] 그것은 잉글랜드가 현 상태로는 제한 군주정 외의 다른 정체를 시도할 역량이 없다는 것이었다. 왜냐하면 재산의 분배로 인해 강력한 귀족과 부유한 성직자들이 존재하게 되며, 그들은 모두 다른 사람들을 그들에게 종속시킬 부와 영향력을 위해 왕의 후원에 의존하게 마련이기 때문이다. 그러므로 순수한 공화국(아마 왕을 수장을 모시는 공화국까지도)의 존재를 위해 필요한 재산의 평등은 존재하지 않으며, 왕국과 귀족 간의 관

---

32) *Cato's Letters*, II, 90; 자세한 논증에 대해서는 pp. 85-90을 볼 것.

33) *Cato's Letters*, II, 234-40.

* Septennial Act. 의회 의원의 임기를 종래의 3년에서 7년으로 늘리자는 법.

34) *Cato's Letters*, III, 159-65.

계는 해링턴의 봉건적 혹은 "고트식" 왕국을 특징짓는 불안정한 상호 종속성을 보여준다. 현 체제를 유지하고 있는 것은 보통 부패라고 알려진 세력들—조신, 하급 관리, 독점적 무역 회사 등—이다. 하지만 카토는 이렇게 주장한다.

> 나로서는 논쟁의 여지가 없다고 생각하지만, 만약 이러한 것이 현재 "잉글랜드"의 실제 상황이라면, 우리가 할 일 혹은 사실상 우리가 할 수 있는 일은 아무 것도 없으며, 다만 헌정의 장점을 최대로 살리는 길이 있을 뿐이다. 그것은 적절히 운영하기만 하면 전반적으로 자유를 고양하는 데 큰 도움이 될 것이다. 또한 우리는 재산 소유의 안전성을 확보해야 하며, 사적인 덕성의 본성이 그러한 목적을 산출해 낼 수 있는 한, 그것이 지닌 다른 목적들에 응답하도록 만드는 데 최선의 노력을 경주해야 한다.[35]

"당신의 주사위는 스파르타로—아니 그보다는 베네치아로—던져졌나니." 결국 잉글랜드인은 공화국에서 사적 덕성에 대립되는 공적 덕성을 실천할 수 있을 만큼 그렇게 완벽한 재산상의 평등을 이어받지 못했으며, 그래서 그들이 가질 것 대부분을 만들어내야만 한다. 제한 군주정은 완전히 균형 잡힌 공화국이 아니다. 그것은 단지 자유를 생성하는 세력과 부패를 생성하는 세력 간의, 재산과 종속성 간의, 행정부와 의회 간의 균형으로, 자유와 사적 덕성을 확보하고 부패와 환상이 초래하는 최악의 참화를 방지하는 정도의 힘을 가지고 있을 뿐이다. 이 글을 쓴 사람은 트렌처드이며, 우리가 듣는 것은 분명히 1714~1719년의 목소리이다. "지방" 운동에 토리를 합류시킨 구 토리는 궁정 휘그 정권을 용인하는 지방 고교회파의 과도함에 밀려났다.[36] 당시의

35) *Cato's Letters*, III, 162-63.

36) 7년법을 용인하자는 공화국 지식인들의 결정에 대해서는 다음을 볼 것. Robbins, pp. 109-10.

정권은 7년법을 통과시킨 뒤, 이제는 남해 위기를 거쳐 월폴 정부의 완성을 향해 움직이고 있었다. 신해링턴적 계보의 저술가들에게 이러한 사태 발전은 그들이 결코 완전히 부패가 아니라고 볼 수 없는, 또한 결코 어떤 원리의 순수성으로 돌아갈 수 없는 후원제도와 금융에 의한 지배의 용인을 뜻했다. 그리고 그러한 사실들을 용인하는 것은 곧 감정과 이익의 우위를 용인하는 것을 의미하였다.

트렌처드와 고든이 부패와 비실재성의 세계를 비난한 데는 또 다른 측면이 있는데, 이는 반드시 언급하고 넘어가야 하는 부분이다. 그들은 투기성 사회 — 사람들로 하여금 종이 조각에 씌어진 가공의 황금을 미친 듯이 좇게 만드는 사회 — 의 허위의식을 묘사하는 데서[37] 과도한 자유보다는 과도한 권위가 낳은 산물인 다른 형태의 허위적 명예와 허위의식을 그리는 데로 나아간다. 그것은 다름 아닌 절대 군주정의 세계이다. 여기서 개인과 그의 가치는 전제 군주의 권력에 종속되어 있을 뿐 아니라, 스스로의 눈에도 단지 전제 군주와 그의 조신들이 규정하는 바에 따라 존재하는 것으로 비칠 정도이다.[38] 그것은 홉스가 《리바이어던》 제 4권에서 "요정의 왕국"이라고 묘사한 것에 다름 아닌, 미신과 사제들의 놀음이 횡행하는 세계이다. 그곳에서 사람들은 스스로를 비실재적 본질과 실체로 이루어진 꿈의 세계 속에 살도록 강제하는 예종의 상태에 갇히게 되는 것이다.[39] 앞서 《리바이어던》과 《오세아나》 사이에서 표출되었던 무언의 동맹은 이러한 신해링턴주의자들에게서 여전히 작용하고 있다. 군주의 권위와 시민의 덕성은 공히 환상을 몰아내고 사물과 사람을 본래 그대로의 모습으로 그리도록 해줄 것이다. 하지만 홉스에게는 허위의식이 반란을 만들어내지만, 공화주의 전통에서 그것은 부패가 된다. 환상에 젖어 사는 사람들은

37) *Cato's Letters*, I, 16-17, 25-27.

38) *Cato's Letters*, I, 88-90.

39) *Cato's Letters*, II, 105-12.

그것을 통해 통치하는 다른 사람들에 의해 조종된다. 전제 군주, 사제, 주식 중개인은 공통의 적이다. 우리가 지금까지 살펴본 바의 논증 구조에 따르자면, 이들 중 이론의 발전을 촉진한 촉매제는 다름 아닌 주식 중개인이었다는 것을 시사해주고 있다. 미시시피 계획*의 실패가 던진 충격 속에서 《카토 서한》과 거의 동시에 씌어진 《페르시아인의 편지》에서 존 로는 자루 속에 든 바람을 팔고 사람들로 하여금 그것이 황금이라고 믿게 만드는 북부의 마법사로 등장한다.[40] 그는 왕의 권위에 의해 이렇게 할 수 있는 힘을 부여받았다. 왕의 조신들은 명성 — 그 자체가 일부는 전제 군주의 명령에 의해, 일부는 조신들 서로의 자기 기만에 의해 결정된 — 의 측면에서 명예롭다는 것 외에는 아무 것도 아닌 것으로 만들어진 정신 세계 속에 살면서, 다른 사람들도 그렇게 살도록 강제한다.[41] 여기서 조신은 사제, 수도승, 가짜 철학자와 동일시되고 있다. 우스벡 하렘에서 일어난 비극적 사건을 좀 떨어진 거리에서 다루고 있는 《페르시아인의 편지》의 내용을 분석한 학자들은,[42] 더 나아가 조신은 환관과, 부패한 시민은 소외된 여인과 동일시되며, 그리하여 몽테스키외는 고전적 오이코스의 성적 토대 위에서 환상과 부패에 대한 분석을 시도하고 있다는 것을 강력히 시사한 바 있다. 만약 그렇다면, 그는 결혼 그 자체에서 비르투스에 대한 탐색을 포기한 것처럼 보인다(맨더빌은 비르투스란 말의 파생어들이 "비

---

* 1717~20년 스코틀랜드 출신의 은행가 존 로가 프랑스 정부를 통해 미시시피 강 유역의 무역 독점권을 갖는 회사를 설립하고자 했던 계획. 이로 인해 한때 주식 값이 크게 올랐으나 결국 과도한 지폐 발행과 맞물려 폭락하는 공황 사태가 발생하였다.

40) *Lettres Persanes*, CXLII.

41) *Lettres Persanes*, LXXXVII-XC.

42) Marshall Berman, *The Politics of Authenticity* (New York: Atheneum, 1970); Orest Ranum, "Personality and Politics in the Persian Letters," *Political Science Quarterly* 84. 4 (1969): 606-27.

르"〔vir〕란 남성 어간을 갖고 있다는 사실에 주목하였다). 그 작품 속에 나타난 유일한 전원적 관계라는 것들의 토대는 각각 오빠와 여동생 간의 근친상간과 일처다부적 성애(性愛)로 나타난다.[43] 그래서 우리는 몽테스키외가 족외혼(族外婚)을 단념했다고 믿게 될 수도 있다. 어쨌든 덕성과 허위의식의 대립은 광범위한 사회학적 분석을 뒷받침할 수 있었던 것으로 보인다.

카토와 몽테스키외가 공히 그것을 반사제주의의 대의 아래서 사용하고 있다는 사실에는 아마도 좀더 즉각적인 의미가 담겨 있을 것이다. 덕성을 가진 사람은 스스로의 예배를 수행할 능력이 있으며, 사적이 아니라 시민적인 환경 속에서 그렇게 한다. 반면 예배가 자신의 전유물이라 주장하는 사제는, 병사, 법률가, 주식 중개인과 마찬가지로, 모든 사람이 평등하게 실천해야 하는 어떤 덕성을 스스로 가로막음으로써 부패하는 사람으로 나타나는데, 그는, 적어도 앞에 열거한 부류들과 마찬가지로, 오직 자신이 부패시킬 목적으로 기만한 사람들의 마음속에 비실재적 실체들을 가져다 놓지 않으면 그렇게 할 수가 없다.[44] 트렌처드와 고든은 이러한 견해를 네빌의 《부활한 플라톤》과 공유하고 있었고, 그래서 우리는 해링턴의 공화주의가 어떻게 해서 독립파 전통과 융합하여 성직자를 공무원으로 축소시켜 놓았는지를 다시금 상기하게 된다. 여기서 주목할 만한 사실은 18세기 초의 신해링턴적 공화주의와 이신론(理神論) 간에 고도의 상관관계가 있다는 것이다. 스위프트와 그가 쓴 《교회에 대한 잉글랜드인의 정서》(*Sentiments of a Church of English Man*)도 우리가 반드시 기억해야 한다. 하지만 공화주의 계보에 속하는 인물들은 카토 자신을 포함해서 톨런드, 볼링브로크, 그리고 프랑스에서는 앙리 드 불랭빌리에 등이다. 앙리는 반

43) "The Story of Apheridon and Astarte," in Letter LXVII; the tale of Anais and Ibrahim in Letter CXLI.

44) 이 주제는 《카토 서한》 제 4권과 《독립적 휘그》에서 주로 다루어지고 있다.

그리스도교 지하 문학의 열렬한 구성원으로, 그의 《귀족에 대한 에세이》(*Essai sur la Noblesse*)와 《팔레망에 보내는 편지》(*Lettres sur les Parlements*)는 프랑스 귀족계급에게 자유보유 토지보다는 "혈통"과 "칼"에 토대를 둔 자율적 덕성을 부여하고자 하였다.[45] 프랑코 벤투리는, 특히 잉글랜드에서 나타나는 공화주의의 예는 종래 인정되어온 것 이상으로 초기 계몽주의에 중요한 기여를 했다고 지적하였다.[46] 이와 연관하여 흥미로운 사실은 공화주의와 이신론이 공히 분리적 혹은 신법상의 권위를 누리던 사제들에 대항하여 잉글랜드 및 퓨리턴 십자군 운동을 감행했다는 것이다.

물론 퓨리터니즘과 이신론 간의 연속성에는 아주 결정적인 틈이 존재한다. 우리는 해링턴의 사상이 공화국을 계시적 시기 속에 위치하도록 요구하는 옛 전통을 추인—아마 약간은 기계적이었겠지만—하였고, 그 과정에서 퓨리터니즘에서 수많은 예시를 볼 수 있는 다른 전통도 추인했다는 사실을 알고 있다. 이제 계시는 예언에 기초하고 있었고, 홉스 역시 예언의 추종자 중 한 사람이었다. 하지만 이신론은, 또한 일반적으로 계몽주의는, 예언과 계시와 히브리적 사상 양식 일반에 대한 철두철미한 거부를 그 기초로 삼고 있었다. 우리와 관련한 측면에서 이신론과 퓨리터니즘 간의 연속성을 보존하기 위해서는, 계시에 내재된 자기 세속화 경향과, 퓨리턴 이후의 유산 속에서—톨런드는 밀턴과 해링턴 양자와 18세기 사상 간을 중개하는 데 일조하였다—천

45) Renée Simon, *Henry de Boulainvilliers, historien, politique, philosophe, astrologue, 1658-1722* (Paris: Boivin, 1941); Renée Simon, *Un révolté du XVIIIe siècle, Henry de Boulainvilliers* (Garches: Editions du nouvel humanisme, 1948); Ira O. Wade, *The Clandestine Organization and Diffusion of Philosophic Ideas in France from 1700 to 1750* (Princeton University Press, 1938).

46) Franco Venturi, *Utopia and Reform in the Enlightenment* (Cambridge University Press, 1971).

년왕국적 경향 너머로 출현한 소치니파와, 투버슨이 탐구했던 천년왕국에서 유토피아로의 이행과 같은 문제들을 강조할 필요가 있을 것이다. 하지만 잉글랜드의 공화주의적 이신론이 그것의 퓨리턴적 유산에 단단히 뿌리를 내리면 내릴수록, 잉글랜드는 너무 근대적이라 계몽주의를 필요로 하지 않으며 이미 근대성 그 자체와 다투는 단계에 들어가 있었다는 측면들을 강조하게 될 것이다. 《카토 서한》과 《페르시아인의 편지》는 공히 전제정과 사제들의 놀음과 투기성 부패에 비난을 퍼붓는다. 하지만 절대왕정과 트렌토 공의회 시대의 가톨릭 신앙이 현실이며 단순한 기우(杞憂)가 아닌 나라들에서는 그러한 책들이 잉글랜드에서와는 달리 반부패적 사례의 수사적 장식물이 될 수는 없었다. 계몽 사상가들이 신성한 책들의 권위로부터 세속적 역사를 해방시키고자 투쟁하고 있던 지점에서, 아우구스투스기의 후(後)천년왕국론 사회 비평가들은 역사적 변화가 사회적 인격에 관한 휴머니스트적 이론 — 이는 이미 완전히 세속화된 상태에 있었다 — 에 어떤 충격을 주었는지 검토하고 있었다. 아우구스투스기 지식인들이 여전히 제민족의 부패를 순환적 관점에서 숙고하고 있었던 것은[47] 단지 세넥투스 문디(senectus mundi 구시대의 세계)에 대한 중세 및 르네상스의 이론들이 지속되고 있었다는 — 이러한 이론들은 전혀 쇠퇴하지 않았다 — 이유 때문만이 아니었고 그 이상의 많은 것들이 작용하고 있었다. 그들은 시민적 인격에 관한 철저히 사회적이고 세속적인 이론을 가지고 있었고, 그것이 가진 한계는 몇 세기 간의 사회변화로 인해 그 토대가 약화되었다는 것을 시사하고 있었다. 그들은 호전성 아래 루소적 성향을 잠재하고 있었고, 그들의 책을 읽었던 계몽 사상가들보다는 낭만주의자들에 더 가까웠다. 1698년경에 출현한 구 휘그는 아마도 최초의 좌파 지식인이라 할 수 있을 것이다. 그들은 자당(自黨)의 공식 지휘부

47) 예컨대 다음을 볼 것. *Cato's Letters*, I, 121.

가 스스로의 온전히 세속적인 원칙들을 배반했다고 비난하였다. 1730년대에 볼링브로크를 따랐던 시인과 풍자 작가들 — 그들을 독립파 휘그라 부르든 혹은 토리라 부르든 간에 — 은 로버트 월폴 경을 이중 상징의 인물로 올려 세웠다. 즉 그는 그들에게 부패의 괴물로 비쳤으나, 우리에게는 인간 사회의 도덕적 구조를 약화시킨 것으로 보인 정책과 인격으로 근대의 지식인들에게 깊은 인상을 심어준 최초의 근대적 정치가로 간주되고 있다.[48] 그들의 언어는 휴머니스트적이었고, 그들의 적은 근대성이었으며, 그들의 태도 속에는 근대성에 대한 16세기적인 어떤 것과, 그리고 20세기적인 어떤 것이 동시에 내포되어 있었다. 여전히 끓어오르고 있던 계몽주의의 열정이 이러한 이중성을 전복할 수 있게 되기 위해서는 아직 가야할 길이 있었다.

[III]

우리는 이제 영미적 "마키아벨리적 계기"에는 경제 및 심리학의 측면에서 원래의 피렌체적 계기에서 보이지 않는 몇몇 긍정적인 복잡한 상황들이 존재하고 있었다는 사실을 인식하게 되었다. 헌정(憲政)의 공식화(公式化)라는 측면에서 가장 반향이 컸던 경우는 볼링브로크 자작(子爵) 헨리 세인트 존의 저작이었다. 이는, 첫 번째 망명과 두 번째 망명 — 양자 모두 자신의 선택이었다 — 사이, 그가 1698~1702년 및 1711~1714년 언어와의 연속선상에서 월폴 행정부에 대항하여 신문과 팸플릿을 통해 수행한 필전(筆戰)의 산물이었다.[49] 지방파 프로

48) Kramnick, *Bolingbroke and His Circle*; 이 책에 대한 필자의 다음 서평도 볼 것. Pocock, in *Journal of Modern History* 42. 2 (1970), pp. 251-54.

49) 이 논쟁들에 관련된 사상에 대해서는 주 48의 크램닉의 책이 최고의 연구서이다. H. T. Dickinson, *Bolingbroke* (London: Constable, 1970)은 논쟁

그램 — 의원직이 빈번히 교체되는 의회, 낙하산 관리의 배제, 하원의원이 되기 위해서는 일정한 토지재산이 있어야 한다는 자격제한 등 — 은 원래 1675년 댄비 내각을 공격하는 데서 연유하여, 주요 전쟁과 그것이 정부 및 재정에 미치는 결과에 반대하는 운동의 일환으로 계속되었던 것이었다. 1714년 토리당이 붕괴하고 그 뒤를 이은 휘그 행정부는 유럽에서의 대규모 전쟁에서 물러난다는 결정에 이의를 달지는 않았지만, 그럼에도 불구하고 "과두정의 성장"[50] 으로 알려진 정치 스타일을 구축하기 시작하였다. 그것의 특징은 의회에서 확실한 프로테스탄트 왕국을 대변하는 강력하고 안정적인 행정부를 만들고 정치적 경쟁을 지속적으로 축소시킨다는 것이었다. 이를 위한 수단에는 절충식 선거를 도입하고, 의원 임기를 7년(종전의 3년이 아니라)으로 늘리고, 후원 제도를 과도하지 않은 범위 내에서 가시화하는 정치 경영 체제를 만드는 것 등이 들어 있었다. 더욱이 전쟁을 뒷받침할 목적으로 만들어진 은행 및 채권 위주의 재정구조는 계속 유지되었다. 그러한 구조를 부패라고 비난했던 정적들은 이제 현 정부의 기반을 확립하기 위한 시도의 일환인 이러한 정책방향을 그들의 가장 어두운 예언들이 실현된 것 — 그들의 두려움을 감소시키는 데 전혀 아무런 역할도 하지 못한, 남해 거품(South Sea Bubble)의 위기로 생성된 히스테리 현상 — 으로 보았다. 따라서 상비군으로부터 주식 중개인에 이르기까지 지방 이데올로기의 어휘는 반세기 이후까지도 지속되었다. 월폴 정권이 평화를 유지하겠다는 확고한 의지를 천명했음에도 불구하고, 볼링브로크와 펄트니는 포프, 스위프트, 게이, 아버스너트, 필딩 등 유능한 작가들의 지지를 받으면서, 자신들의 잡지 《장인(匠人)》(*The Craftsman*)을 통해 윌리엄과 메리 치하의 호전적 도당(徒黨)에 대항하는 데 사용된

들을 볼링브로크의 경력과 아주 밀접하게 연결하여 해석하고 있다.

50) 이러한 표현은 물론 플럼이 한 것이다. J. H. Plumb, *The Growth of Political Stability in England, 1660-1730* (London: Macmillan, 1967).

언어로써 그들을 공격할 수 있었고, 아울러 당시의 정권이 그들의 계승자이자 연속체라는 이미지를 부여할 수 있었다.

모든 지방 이데올로기의 기능은 지방 젠트리와 그들을 대표하는 독립적인 의회 의원들을 당시의 행정부에 대항하도록 만드는 것이었고, 이러한 목적을 위해 사용된 덕성의 수사학은 어쩔 수 없이 도덕적인 것만큼이나 헌정적인 색채를 띠지 않을 수 없었다. 물론 이러한 특징은 고전적 주류 안에서 온존되고 있었다. 알다시피, 모든 시민적 휴머니즘의 최종적 패러다임인 아리스토텔레스적 정체는 정치적 기능과 권력, 그리고 수많은 종류의 덕성들 간의 협력 관계를 동시에 분배하는 데 그 초점이 있었고, 비르투스와 비르투란 말 그 자체는 도덕적 성질뿐 아니라 힘의 관념까지도 함께 전달하고 있었다. 볼링브로크는 지방파 전통의 모든 이데올로그들과 마찬가지로, 이러한 양면성을 1688년 명예혁명의 헌정적 함의를 받아들인다는 자신의 기본 문제를 해결하는 데 이용한 반면, 명예혁명과 불가분의 관계에 있던 금융혁명의 결과—부패로 간주되고 있던—는 강렬히 거부하였다. 이 과정에서 그는 《의회 양원의 19개조안에 대한 전하의 답변》에 내포된 양면성으로 되돌아가는 방법을 썼다. 잉글랜드가 균형정체를 향유하고 있다는 주장을 왕의 권위를 빌려 공식화(公式化)한 이 문서는 왕, 귀족, 평민—고전적인 견지에서 각각 일인, 소수, 다수를 대표하는—이 과연 입법과정 내에서 상호 협력과 평형의 관계를 형성한다는 것인지, 혹은 좀더 폭넓게 규정된 어떤 통치과정 내에서 상이한 기능과 권력상의 협력 관계를 이룬다는 것인지, 아니면 폴리테이아 또는 레스 푸블리카 내의 상이한 사회적 덕성들에 대해 협력 관계에 있다는 것인지에 대해—불가피한 일이겠지만—여전히 모호한 내용을 담고 있었다. 단지 가능성만을 가지고 있었던 이러한 의미들 간의 차이점을 밝힐 필요성이 대두된 것은 바로 입법의 개념이 대단히 중요하게 되는 시점에 이르렀을 때였다.

샤프츠베리가 왕과 그 충복들이 하원을 부패시키고 있다고 공격의 포문을 연 이후, 이는 "행정부"(혹은 "각료들")가 "입법부"(혹은 "하원")를 종속 내지는 예종의 상태로 만듦으로써, 그 결과 "균형"이 무너지고 1642년의 경우만큼이나 중대한 결과가 초래될 수도 있다는 식의 공격에 적절한 수사적 표현을 제공할 수 있었다. 하지만 그 저변의 모호함은 여전히 그대로 남아 있었다. 왕의 대권과 의회 간의 갈등이 재연될 조짐을 보일 때마다 균형의 언어가 기능적 의미를 가지고 모습을 나타내었고, 공격하는 측은 사법권이 본래의 의미와는 달리 부적절하게 사용되고 있다는 비난을 받았다. 그러나 후원제도와 부패가 논쟁의 대상이 될 때마다 — 이런 일은 점점 더 자주 일어났는데 — 행정부는 헌정상의 권력을 남용했다는 것보다는 입법부를 구성하는 개인들을 왕과 그가 통제하는 재정 자원에 사적이고 타락적인 방식으로 종속케 한다는 것 때문에 비난을 받곤 하였다. 이는 어떤 중요한 의미에서 기능의 언어에서 덕성의 언어로 옮겨간 것으로 보일 수 있지만, 그럼에도 불구하고 양자는 결코 분리된 적이 없었고 오히려 서로 합치되는 경향을 보였다. "새로운 재산 형태"라는 식의 통렬한 역사용어로 그려진 "돈에 기초한 이해"의 출현은 왕이 자신에게 의존하는 사람들의 수와 부를 엄청나게 증대시킴으로써 "왕권의 영향력"을 확장한 결과로 간주되었다. 하지만 헌정적 균형에 대한 위협과 행정부 권력의 증대로 말미암아 지금까지 우리가 숙고해 온 무시무시한 사회적 · 도덕적 위협이 수반될 것이라는 생각 역시 그 뒤를 따랐다. 언제나 그렇듯이, 균형을 무너뜨리는 것은 곧 덕성을 부패시키는 것이었다.

볼링브로크가 근대사에 대해 제시한 하나의 흥미로운 가설은 왕의 대권이 지닌 위험은 사실상 부패로부터 오는 위험으로 바뀌었다는 것[51] — 이 주장은 신해링턴적 기조를 가지고 있다 — 이었으나, 그럼

51) 이러한 주장은 대체로 다음에서 피력되고 있다. *A Dissertation Upon Parties* (1733-35).

에도 불구하고 그는 기능과 도덕의 언어들을 계속해서 함께 섞어 사용하였다(이는 몽테스키외의 사상에, 그리고 그를 매개로 아메리카 건국 시조들의 사상에 영향을 미쳤을 가능성이 있다). 이것이 바로 저 유명한 "권력분립"의 문제이다.[52] 볼링브로크는 때때로, 왕, 귀족, 평민이 각각 행정, 사법, 입법으로 구분될 수 있는 분립적 정치 기능을 수행한다거나, 정체의 균형은 이 셋 중 어느 두 개가 나머지 하나를 견제할 수 있는 능력에 있다거나, 셋 중 어느 하나가 나머지 둘에 대해 지속적인 우위를 확립하지 못하도록 하는 것이 필수적이기 때문에 이 셋 각각의 "독립성"은 어떤 일이 있더라도 유지되어야 한다거나 하는 등의 주장을 시사하는 듯한 용어를 사용하곤 했다. 이러한 분석을 잉글랜드 정부에 적용하는 경우 예상되는 수많은 난점에도 불구하고, 몽테스키외[53]가 소수와 다수에 고유한 이원적 기능(친베네치아적 전통의 이론가들이 반드시 서로 떨어져 있어야 한다고 주장했던)—이는 귀차르디니의 심의(deliberazione)와 동의(approvazione), 해링턴의 "토의"(debate)와 "결과"(result)에 해당 된다—을 행정, 사법, 입법의 3요소로 바꾸어 놓았고, 그리하여 엄격한 의미에서의 "권력분립"을 구성한 것은 볼링브로크의 신조를 따른 것일 수 있다. 볼링브로크는 즉시 저널리즘 쪽 정적들에 의해 기괴한 헌정이론을 제시했다는 공격을 받았고, 그러자 그는 곧 잉글랜드 정부를 이처럼 절대적으로 구분된 권

52) 이 개념을 약간 비역사적이기는 하지만 그래도 철저히 검토한 것으로는 다음의 두 저작이 있다. W. B. Gwyn, *The Meaning of the Separation of Powers: an analysis of the doctrine from its origin to the adoption of the United States Constitution* (New Orleans: Tulane Studies in Political Science, 1965); M. J. C. Vile, *Constitutionalism and the Separation of Powers* (Oxford: The Clarendon Press, 1967).

53) Robert Shackleton, "Montesquieu, Bolingbroke and the Separation of Powers," *French Studies* 3 (1949), pp. 25-38; Shackleton, *Montesquieu: a Critical Biography* (Oxford: The Clarendon Press, 1961).

력들을 통해 분석할 수는 없을 것이라며 슬쩍 한발 뒤로 물러섰다. 그는 왕, 귀족, 평민이 통치라는 말만큼이나 입법이라는 말로도 표현될 수 있는 공통적인 정치행위에 참여하고 있다는 것을 인정하였고, 자신이 "독립성"이라고 했을 때 그것은 엄격한 기능의 분리가 아니라 "직접적이든 간접적이든" 셋 중 어느 하나가 다른 둘에 대해 미칠 수도 있는 "어떤 영향력"도 제거되어야 한다는 의미라고 주장하였다.[54] 논증의 구조가 순환적이지 않다고 가정한다면 — 종종 그러했고 또 지금도 여전히 그런 것처럼 — 볼링브로크의 주장에 내포된 의미는 어떤 사법권이 다른 사법권을 침해한다는 것이 아니라, "간접적인 영향력"이 한 통체체의 구성원들로 하여금 다른 통치체에 의존하도록 만들 때 부패가 생겨난다는 것이었다고 해석되어야 마땅하다. 말하자면 그것은 기능의 언어가 아니라 도덕의 언어였다는 것이다. 당시의 사람들이 그를 이같이 이해하고 있었다는 증거들은 수없이 많다.

그러나 이러한 양면성은 결코 그렇게 쉽사리 떨쳐버릴 수 있는 것은 아니었다. 볼링브로크의 비판자들은 독립적 세 권력에 의한 통치가 불합리하다고 주장하였다. 그들은 이 과정에서 적어도 스위프트가 앞서 《귀족과 평민에 대한 논고》(*Discourse of the Nobles and the Commons*)에서 제시했던 노선, 즉 어떤 통치방식에도 최종적이고 절대적이며 통제 불가능한 권력이 있기 마련이지만 가능하면 혼합 · 병존하는 정치체(의회 안의 왕과 같은)가 이러한 권력을 행사하는 것이 바람직하다는 주장을 되풀이하기는 했지만, 그럼에도 불구하고 단순히 16, 7세기에 있었던 주권과 혼합정체 간의 논쟁으로 되돌아가지는 않았다. 사실 그들은 《19개조안에 대한 답변》 혹은 《겸손한 청원과 조언》의 입장으로 되돌아가고 있었다. 이에 따르면, 균형 정부의 원칙들은 의회 혼합 군주정의 구조 안에서 찾을 수 있다는 것인데, 해링턴은 이에 반대하여

---

54) Dickinson, pp. 202-204, 305-306.

진정한 공화국이 필요하다는 주장을 한 바 있었다. 여기서 주목해야 할 점은, 몽테스키외가 스스로 권력분립을 주장하면서도 실제로는 그들의 입장을 용인했다는 것이다. 그는 해링턴을 비판하면서, 그가 눈앞에 자신이 필요로 하는 모든 것을 갖춘 현실적인 정부가 존재하고 있음에도 불구하고 상상 속의 정부를 세웠다고 주장한 것이다.[55] 그러나 볼링브로크의 비판자들은 이에 그치지 않고 《부활한 플라톤》이 적어도 약간의 암시를 담고 있고 《카토 서한》에서 좀더 직접적으로 인식된 바 있는 어떤 점을 확인하고 있었다. 그것은 왕, 귀족, 평민이 함께 협력해야 하는 의회 군주정은 후원제도 혹은 "간접적 영향력"이라는 조치 없이는 존속할 수 없다는 것이었다. 이런 주장에는 잉글랜드 역사에 대한 신해링턴적 재해석 — 봉건 사회에서 충성 서약과 토지 보유권이 결합되어 있었던 것은 자유민을 상위 권력에 확실히 응답하게 하려는 데 그 목적이 있었지만, 언제부터인가 토지가 복종의 요소와 분리하게 되면서 사라진 종속의 사슬(liens de dépendance)을 대신하는 무언가가 나타난 것이 틀림없다는 주장 — 이 활용될 여지가 있었다. 트렌처드는 아마 재산상의 진정한 평등으로 언젠가는 혼합 군주정조차도 필요 없게 될 것이라는 희망을 가졌을 법하지만, 1740년대의 활동 집단[56]은 봉건적 토지보유권을 대체하게 된 영향력 구조를 지속시키는 일에 관심이 있었다. 그러한 것이 의회 주권의 필요성을 받아들이는 데 내포된 함의였고, 모두가 이를 인지하고 있었다.

도나토 잔노티라면 아마도 이런 측면의 논쟁에 흥미를 가졌을 것이

---

55) Montesquieu, *Esprit des Lois*, XI, 6.

56) *A Letter from a Bystander to a Member of Parliament* (1741); Earl of Egmont, *Faction Detected by the Evidence of Facts* (1743); Bishop Samuel Squire, *An Enquiry into the Foundation of the English Constitution* (1745); Bishop Samuel Squire, *A Historical Essay upon the Balance of Civil Power in England* (1748).

다. 그 자신 역시 통치의 세 구성요소 중 하나가 다른 두 요소에 "약간의 의존성"(poca depencenza)을 가져야 한다고 생각했기 때문이다. 볼링브로크조차도, 불완전한 세계 속에서의 통치를 영위해 나가기 위해서는 권력상의 균형은 물론 상호 종속의 관계가 필요하다는 말을 한두 번 털어놓은 적이 있었다.[57] 하지만 18세기적 조건 하에서 그러한 종속성과 영향력이 부패가 아닌 어떤 다른 것을 뜻한다는 점을 입증하기는 피렌체의 경우에서보다 훨씬 더 어려운 일이었다. 자신의 시민적 행동에 대한 보상을 기대하고 살아가는 사람은 덕성이 아니라 감정의 피조물이며, 그 정의상 더 이상의 타락에 저항할 만한 품성을 지니고 있지 못한 존재였다. 따라서 볼링브로크는 정치로부터 후원제도가 완전히 제거되고 난 뒤의 취약한 기반을 메워 줄, 덕성을 재확인하는 어떤 장치를 찾고자 열망하였다. 그리하여 그는 7년법보다는 빈번히 교체되는 의회, 그리고 낙하산 관리와 상비군의 폐지와 같은 지방파 프로그램의 유지를 주장하였다. 또한 그가 세 통치 부문 간의 독립성을 강조한 한 동기는 가능한 한 공식화된 방식으로 고전적 균형을 확인함으로써, 헌정에 "회귀"할 수도 있는 어떤 "원리들"—덕성을 재확인하는 가장 르네상스적인 수단—을 부여하고자 하는 것이었다. 후기 저작들로 가면 이에 대해서조차 양면성을 보이고는 있지만,[58] 적어도 《장인(匠人)》 시기의 그는 그 원리들의 역사적 실재성을 주 이론으로 삼았고, 고대 정체에서 균형 구조를 찾아내기 위해 "고트" 사회의 이상

57) *Letters on the Spirit of Patriotism, on the Idea of a Patriot King, and on the State of Parties at the Accession of George the First* (London, 1749), p. 45. 그가 피력하는 마키아벨리적 성향의 언어는 디킨슨(p. 345)이 말하는 영향이 아니라 대권을 암시하는 것으로 보인다. Cf. *Letters*, p. 93: "모든 통치체계 안 "어딘가에는" 반드시 절대적이고 무제한적이며 통제 불가능한 권력이 존재하고 있다." 하지만 이러한 권력은 입법적인 것으로, 왕과 귀족과 평민이 함께 가지고 있다.

58) *Letters*, p. 77 (*On the Idea of a Patriot King*).

화에 큰 무게를 두고 있었다. 그러나 여기서도 역시 그에 대한 비판자들 — 《런던 저널》의 에드워드 쿡과 아날, 《고대와 근대 자유에 대한 진술과 비교》(*Ancient and Modern Liberty Stated and Compared*)의 허비경 — 은 그를 거세게 몰아붙였다. 그들의 요점은, 브래디와 디포의 전통을 따라, 바론과 바쌀의 혼란한 시절에 고대적 자유 같은 것은 존재하지도 않았으며, 따라서 회귀할 원리들이 있을 리도 없다는 것이었다.[59] 볼링브로크는 자신의 오만할 정도로 고원한 스타일에도 불구하고 일생을 두고 결코 승리하지 못한 논쟁을 하고 있었던 셈이다. 월폴계 저술가들이 원리도 덕성도 존재하지 않는 일종의 운동 상태에 있는 역사세계 — 사람들이 시시각각 자신들을 형성하는 이익과 감정에 의해 통치되는 — 를 천명했다는 지적도 이러한 진실을 퇴색케 하지는 못한다.

덕성과 이익이라는 이분법 또한 볼링브로크가 — 그리고 그 시대 전반적으로 — 만족스러운 정당 이론을 고안할 능력이 없었다는 것을 설명해 준다. 현대인에게는 경쟁적인 압력 집단들이 정치체제의 전반적인 이익에 어떤 기여를 할 수도 있다는 것은 대체로 분명해 보인다. 하지만 여전히 고도로 아리스토텔레스적이었던 아우구스투스기 사람들에게는 사익을 추구하는 어떤 집단이 어떻게 공익적 의미를 가질 수 있는지가 도무지 이해되지 않았고, 만약 공익적 의미를 갖지 못한다면 그것은 단지 파당에 불과할 뿐이었다. 그러한 파당에 속한 사람들은 점점 더 극단적인 탐욕과 광란 상태에 빠져들어, 집단이 아닌 개인만이 소유할 수 있는 덕성 혹은 공익에 대해 헌신하겠다는 생각을 상실하고 만다는 것이다. 마키아벨리적 로마와 같은 사회에서는 각 제도간의 관계가 제대로 작동치 않는 상태에 있었기 때문에, 귀족 또는 평민들의 덕성 혹은 "원리"를 구현하는 당파들 사이의 갈등이 이점으로 작

59) Kramnick, pp. 127-37.

용할 수도 있었다. 또한 공화국 그 자체가 위협을 받는 곳에서는 (키케로적인 언어를 사용하자면) 그것을 대표하는 선인들의 당파와 그것에 반대하는 악인들의 파당이 있을 수 있었다.[60] 볼링브로크는 휘그나 토리 같은 용어는 이제 사라졌으며, 단지 궁정 혹은 부패의 파당과 그에 대항하는 지방 혹은 덕성의 당파가 있을 뿐이라고 주장하였다. 하지만 이는 1714년 톨런드를 비롯한 여러 사람들이 했던 주장과 본질적으로 다르지 않았다. 당시 — 정당을 부패한 통치 수단이라고 비난한 수년 후 — 톨런드 일파는 1688년의 원칙들을 고수하는 휘그와 결코 그것을 신뢰하지 않는 토리가 여전히 존재하고 있다는 것, 그리고 따라서 7년법에 의거한 강력한 행정부가 필요하다는 것을 인정한 바 있었다.[61] 대부분의 사람들에게 정당이 관용되는 것은 오직 그것이 원리를 구현하고 그래서 덕성을 실현할 수 있을 때뿐이었다. 상이한 특정 이해관계를 대변하는 두 개의 정당은 다만 부패와 환상의 통치를 영속케 할 뿐이라는 것이다.

---

60) 18세기 정당 관념에 대해서는 현재 상당한 양의 문헌들이 있다. 특히 다음을 볼 것. Harvey C. Mansfield, Jr., *Statemanship and Party Government* (Chicago University Press, 1965); Kurt Kluxen, *Das Problem der Politischen Opposition: Entwicklung und Wesen der englischen Zweiparteienpolitik im 18 Jahrhundert* (Freiburg and Munich, 1956); Richard C. Hofstadter, *The Idea of a Party System: The Rise of Legitimate Opposition in the United States, 1780-1840* (Berkeley and Los Angeles: California University Press, 1969); J. A. W. Gunn, *Factions No More: Attitudes to Party in Government and Opposition in Eighteenth-century England* (London: Frank Cass, 1972).

61) Toland, *The Art of Governing by Parties* (1701)를 그의 *The State-Anatomy of Great Britain* (1714)과 비교해 볼 것. 두 저작의 입장이 서로 조화될 수 없는 것만은 아니다. 전자는 정당이 있어야 한다는 것은 좋지 않은 일이라는 것이고, 후자는 악인들이 정당을 만드는 것이며, 선인들은 연합하여 그것에 저항해야 한다는 것이다.

볼링브로크는 한때 주식중개와 무역 간의 관계가 파당과 자유 간의 관계와 아주 흡사하다는 말을 한 적이 있었다[62] (명백한 폴리비오스적 관점에서 얘기하자면, "덕성"의 선하고 악한 측면들은 언제나 분리하기가 어렵다는 것이 될 것이다). 이 잠언에서 드러나는 것은 덕성에 대한 이상의 지배와 한계점이다. 덕성이란 공적·개인적 특성이자 자아를 이런저런 형태의 보편 이익에 헌신하는 것으로, 이는 오직 고도로 자율적인 자아만이 수행할 수 있는 것이었다. 정치는 스스로를 부패로 환원되지 않게 하려면 반드시 윤리에 귀착해야 한다. 고전적 형태의 수사학이 명한 바도 바로 이러한 것이었다. 볼링브로크나 혹은 다른 사람들이 얼마나 진실한 의도로 그것을 사용했는가는 그 원래의 목적과는 무관한 것이었다. 그러므로 아리스토텔레스적, 폴리비오스적, 마키아벨리적, 그리고 이제는 해링턴적 "덕성학" 혹은 시민적 윤리의 사회학은 18세기 서양 전반의 새로운 정치 환경을 위한 패러다임적 힘과 포괄성을 가지고 반드시 다시 진술될 필요가 있었다. 이러한 시각에서 볼 때, 몽테스키외는 그러한 학(學)의 가장 위대한 실천가이며, 마키아벨리가 시민적 모럴리스트로서의 명성을 한껏 드높이면서 그에게 쏠렸던 도덕적 모호성에 대한 대부분의 비판을 잠재워 버렸던 시기도 바로 이때이다. 하지만 그 대가는 만만찮았다. 이러한 스타일이 지닌 한계점들을 뛰어넘지 못한 대부분의 정치저술들이 쇠퇴하면서, 그 도덕적 호소력뿐 아니라 인격의 한 품성으로서의 덕성이야말로 부패를 치유할 만한 유일한 힘이라는 주장까지도 종말을 고하는 상황이 되었다. 마키아벨리는 이런 입장을 받아들여, 부패한 사회에서 개인적 덕성은 거의 모든 인간적 노력이 그 앞에서 수포로 돌아갈 만큼 지난한 과제에 직면하고 있다는 점을 인정하되, 그럼에도 불구하고 영웅적이고 반(半) 신적이거나 혹은 진정한 영감을 받은 덕성이라면 그것을 헤쳐 나

62) *Remarks on the History of England*, Letter XIV (2d ed., London, 1747, p. 169).

갈 수도 있다고 주장한 바 있다. 볼링브로크의 후기 저작들, 특히 그가 월폴을 무너뜨리는 데 실패한 이후에 씌어진 것들은 단지 사회의 지도자들, 최종적으로는 애국자 왕에게 영웅적 덕성을 보여줌으로써 부패한 세계를 구원하라는 권고에 불과하다. 또한 대단히 총명했지만 불행히도 불안정한 성격의 소유자이며,[63] 마키아벨리와 카토와 볼링브로크와 몽테스키외의 사도로서 1757년에서 1765년 사이에 문필 활동을 했던 존 브라운은, 가장 잘 알려진 저작 끝부분에서 나라의 쇠퇴는 오직 "어떤 위대한 각료"[64]의 도덕적 귀감에 의해서만 치유될 수 있을 것이라는, 예기치 않은 결론을 내놓았다. 그동안 볼링브로크는 이처럼 해링턴식의 경험적 유물론으로부터 마키아벨리식의 도덕적 관념론으로 후퇴했다고 비난받아왔다.[65] 하지만, 첫째, 보편적 공익에의 헌신을 뜻했던 시민적 덕성은 이후 머지않아 우연적이고 특수한 사회적 원인들과는 독립적 위치에 있는 것으로 간주될 것임에 틀림없었다. 둘째, 농지법이 영원히 덕성의 물적 토대의 평등한 분배를 보장할 것이라는 해링턴적 믿음은 더 이상 가능하지 않았다. 토지는 무역에 대한 의존성에서 벗어날 수 없었고, 무역 또한 신용에 대한 의존성에서 자유롭지 않았다. 투기성 사회에서 옛 농지법에 해당하는 것은 알려져 있지도 않았고, 아마 생각해내기도 불가능했을 것이다. 그러므로 사람들은 그들이 처한 상황을 뛰어넘어야 했다. 몽테스키외의 《법의 정신》은 이러한 것이 가능할 수도 있는 상황을 찾으려는 지극히 역설적인 시도인 것이다.

63) 그의 생애에 대해서는 D. N. B. 를 볼 것. 그는 일찍이 서임 사제로서 자살이 죄악이라는 글을 쓴 적이 있었으나, 그 자신의 생은 자살로 마감하고 말았다.

64) John Brown, *Essay on the Manners and Principles of the Times* (London, 1757). 끝부분의 언급을 볼 것. 이 인물은 아마 노(老) 피트였을 것이다.

65) Kramnick, pp. 166-69; Dickinson, pp. 256-65.

볼링브로크는 자신의 지적·수사적 재능 모두를 덕성의 개념에다 쏟아 부었으나, 그것이 어떤 결과를 초래했는지에 대해서는 그의 사상에 대한 가장 최근의 해석자들도 충분히 설명한 바가 없다. 학자들에 따르면, 사회에는 필히 자연적 권위와 질서가 있다고 주장했다는 것, 만약 왕이나 귀족이 덕성을 가지고 있다면 그보다 격이 낮은 사람들에 대해 가부장적 권위를 발휘할 수도 있다는 것, 그리고 존재의 대연쇄(Great Chain of Being)가 이신적(理神的) 우주의 통합 구조를 형성한다는 것 등을 주장했다는 점에서 그는 로크와는 달랐다. 그들은 이러한 점을 통해, 볼링브로크가 궁극적으로 지향한 것은 자연적 계서제 사회 속에서 토지 젠트리가 지도적 위치에 서는 것이었으며, 그리하여 엘리자베스 혹은 그 뒤를 이은 제임스 1세 시대의 옛 사회적·철학적 세계에 향수를 느끼고 있었다는 결론에 도달하였다.66) 그러나 우리가 지금까지 반복해서 살펴본 바와 같이, 덕성의 이상은 정치적인 것이었고, 비타 악티바(행동적 삶)에 토대하고 그것의 원리들 사이의 평등을 포함하는 폴리스가 결국 계서제 사회로 환원될 수는 없었다. 폴리스에는 분명히 지혜와 경험, 여가와 재산이라는 특징을 가진 엘리트 계급이 존재하고 있었고, 그들의 덕성은 사람들을 이끌었고 또한 그러한 의미에서 그들을 통치했을 것이다. 이들이 비엘리트 계급의 시민들에게 행사한 권위는 아마도 자연적이고 가부장적인 것으로 규정될 수도 있을 것이다. 그것은 로마 원로원이 파트레스 콘스크립티*로 불린 것과 같다. 하지만 피렌체의 공화주의 이론가 중 가장 귀족적인 편향을

---

66) Kramnick, pp. 76-83, 88-110, 261-65; Dickinson, pp. 22-24, 162-72, 119, 206-209, 300-302. "향수"(nostalgia)라는 말은 크램닉의 책 부제에서 따온 것이다.

* patres conscripti. 로물루스에 의해 최초로 소집된 의원들을 "가부장"(patres)이라 불렀는데, 그 뒤에 해를 거듭하면서 의원들의 수가 늘어나자 이들을 "소집된(conscripti) 가부장"이라 별칭하였다. 이것이 결국 원로원 의원의 총칭이 되었다.

가졌던 귀차르디니조차도, 소수가 스스로 부패에서 벗어나려면 반드시 다수를 필요로 하며, 다수가 소수를 자연적 지도자로 받아들인다고 해서 후자에 대한 비판적 판단이나 스스로의 행동적 시민의식을 중단해서는 안 된다는 점을 분명히 밝힌 바 있었다. 지도력과 복종심은 모두가 행동적 덕성이었다. 덕성이란 좀더 추상적이고 형식적 의미에서 두 양식의 시민 활동 간의 관계에 다름 아니었다. 그리고 만약 볼링브로크가 정말 향수 같은 것을 느꼈다면, 그것은 조용히 이면에서 조종하던 조지 2세 치하의 과두정과 비교하여, 앤 여왕 치세에 나타났던 지방파 정치의 공개적이고도 파란 만장한 세계를 향한 것이었을 가능성이 많다. 혁명기 아메리카에서 출현한 경의와 평등의 문제를 논할 때 우리는 다시 이 주제로 돌아가게 될 것이다. 당시 그는 제 2의 마키아벨리로 간주되었고, 도덕 및 정치에 관한 철학자로서 그에게 부여된 권위는 사상 속에 내포된 모호함을 능가하고 있었다.

[IV]

18세기의 "마키아벨리적 계기"는, 16세기의 경우와 같이, 시민적 덕성과 부패가 대립하는 구도 속에 있었고, 후자를 개인적 자율성의 상실과 종속의 소산으로, 급속하고 비합리적인 변화의 세계에서 번성하는 수많은 욕구들의 혼돈상태라는 관점에서 보고 있었다. 그러나 16세기인들은 급속히 유동하는 세속적 시간 안에서 인간 욕구와 조화되기 힘든 것에 대한 상징으로서 본질적으로 고전적 인식론에서 불완전성을 표현하는 개념인 포르투나를 꼽았다. 반면 18세기 사람들은 부패와 비합리성을 훨씬 더 적극적이고 물질적이고 역동적인 관점에서 정의할 수 있었다. 물론 그들이 구체화했던 역사도 본질적으로 덕성과는 거리가 먼 운동이었다는 점에서 윤리적 내용이 결여되기는 마찬가지였다.

지방 이데올로기라 부를 만한 것은 부동산과 시민적 삶의 에토스라는 토대 위에 서 있었고, 그 안에서 자아는 하나의 정체(政體)로서 조직된 파트리아(조국), 레스 푸블리카(공적인 것), 혹은 공익과의 관련 속에서 스스로를 알고 사랑하였다. 하지만 그것은 사적 욕구와 허위의식을 통해 작동되는 부패로 인해 지속적으로 위협받는 상태에 있었다. 그러한 이데올로기는 인격을 구하기 위해 때로는 비현실적으로 도덕적 자율성에 대한 스토아적 고지(高地)에까지 이르는 덕성의 이상을 촉구하였고, 투기성 사회에서는 지탱하기 힘든 토지에 기초한 독립성의 유지를 그 기초로 간주하였다. 폴리테이아를 구하기 위해 그것은 브리튼 헌정을 독립적이면서 상호 동격의 요소 혹은 권력 간의 고전적 균형으로서, 그리하여 덕성을 유지할 수 있는 것은 유지하지만 결국에는 오직 개인적 덕성에 대한 확신만이 유지될 수 있는 그런 것으로 바라보았다. 그것의 윤리는 완전한 자립적 인격의 이상(理想)으로 환원될 수 있기 때문에, 필시 부패를 단순한 인간적 수단만으로는 돌이킬 수 없는 것으로 보지 않을 수 없었다. 그것의 경제는 토지재산 형태의 인격이 상업화 이전의 과거에 존재했다는 주장에 근거하는 경향이 있었기 때문에, 역사를 사회적 행동이 아닌 오직 영웅적인 행동으로만 역전시킬 수 있는, 덕성과는 거리가 먼 운동으로 보기가 쉬웠다. 그러나 지방 이데올로기가 비록 비가(悲歌)조의 비관주의에 점점 더 민감해지는 경향이 있었다 해도, 그것은 여전히 복잡하지만 논리 정연한 시민적 휴머니즘의 온갖 풍부한 어휘들을 가지고 있었고, 이를 통해 덕성의 과학 및 사회학을 설명할 수 있었다. 그러므로 그것의 패러다임이 담론을 주도했다는 것도 결코 놀랄 만한 일은 아니었다.

반면 궁정 이데올로기로 부를 수 있는 것은 결과적으로 그 모습이 뚜렷하지 않았고 무언가 주목할 만한 요소도 더 적었다. 하지만 종합적 견지에서 그것이 신용을 경제적 가치와 상상에 대한 심리학의 척도로 받아들이고, 이익을 인간 행위의 주요 동기로 보는 데 그 토대를 두고 있었다고 말할 수도 있겠다. 그것은 덕성에 대신하여 자아의 만족 추구와 자긍심을 강조했으며, 다양한 감정적 · 이기적 행동이 어떻게 조종되고 조화될 수 있는지(혹은 마법적이거나 기계적으로 스스로를 조화시킬 수 있는지), 그리하여 공익을 더 이상 개인의 내면적 · 도덕적 삶과 밀접하게 연결시키지 않도록 할 수 있는지에 대한 이론들을 탐색하기 시작하였다. 그것은 덕성을 정치적 패러다임으로 보지 않기 때문에, 자연히 정부 역시도 규칙적으로 재천명될 필요가 있는 덕성의 원리들에 기초하지 않는 것으로 간주되었다. 궁정 이데올로기는 인간이란 당파적이고 이기적 존재라는 점을 쉽게 받아들였고, 이러한 특징들을 만약 견제하지 않으면 덕성과 통치에 치명적인 결과를 초래할 것으로 보는 대신, 그것을 강력한 중앙집권적 행정부를 통해 통제하는 쪽으로 방향을 잡았다. 그러한 행정부는 덕성의 원리들에 의해 스스로를 훈육할 필요가 없었으며, 오히려 해악으로 고통당하지 않고도 인간의 감정과 이익에 호소할 수 있는 존재로 생각되었다. 이러한 이데올로기에 의하면 개인적 도덕성은 공적이 아니라 사적인 것이었다. 그것은 또한 개인 간의 거래에서 나타나는 성실성의 문제 — 반드시 시민적 도덕성 혹은 정치가적 덕성의 행위에서 표현될 필요가 없을 뿐 아니라, 설사 그럴 필요가 있다고 해도 단지 간접적으로만 정지상의 도덕적 풍토의 유지에 기여할 여지가 있는 — 였다.

이 때문에 궁정 이데올로기의 윤리적 어휘는 층이 엷고, 인간의 덕성을 정치적 동물의 덕성으로 제시하는 이론이 결여되는 한계가 있었다. 이러한 취약성으로 인해 그것은 18세기 도덕 이론의 주변부 — 때로는 아방가르드적인 경우도 있었지만 — 와 연결되었다. 하지만 그것이 과거에 존재했고 그래서 언젠가는 되돌아갈 수도 있는 원리 혹은 재산권 개념을 전혀 가지고 있지 않다는 사실은 신용과 전문가주의와 제국으로 구성된 신세계를 이해 가능하게 만들어주는 사회변화에 쉽게 적응할 수 있는 여지를 부여하였다. 하지만 이와 동시에, 이러한 변화는 계속해서 지방파가 그리는 세계와 그것의 가치로부터 역사가 이탈했다는 관점에서 평가되었고, 신세계의 윤리는 맨더빌이 제시한 바와 같이 비타협적인 언어로 진술되어야만 했다. 지방파가 가지고 있던 공화주의적 에토스는 대체로 마키아벨리에게서 가져온 것이었다. 하지만 궁정파는 역동적인 변화가 가치와는 독립적으로 작용할 수도 있다는 것을 받아들이는 능력에서 더욱더 마키아벨리적이었다. 여기서 덕성과 비르투의 이원성이 다시 나타나고 있는데, 마키아벨리에게서 이러한 이분법이 주로 전쟁을 통해 모습을 드러내는 것과 마찬가지로, 아우구스투스기 사람들로 하여금 신세계의 본성을 인식하도록 만드는 것 역시 그 일부는 상업의 한 측면으로서의 전쟁이었다는 점을 상기할 필요가 있다. 트렌처드의 언어보다는 애디슨의 카토에서 나온 언어 속에서, 궁정 이데올로기가 성공을 어떻게 쟁취하는지, 지방 이데올로기가 그것을 어떻게 보존하는지를 보여줄 수 있었다. 혹은 한때 알렉산더 해밀턴이 말했듯이—스위프트가 썼을 법한 정당 용어를 재미있게 사용하면서—"카토는 그 시대의 토리였고, 카이사르는 휘그였다. … 전자는 공화국과 함께 사멸하였고, 후자는 그것을 파괴하였다"[67] 고도 할 수 있겠다. 그러나 궁정 이데올로기가 권력에 대한 이해의 독점을 주장할 수 있으려면, 필히 덕성 이론의 유일한 소유를 주장하는 반대 입장을 불식시켜야만 했을 것이다. 마키아벨리의 경우보다 훨씬 더, 그들에게 덕성의 결여는 곧 환상과 허위의식의 희생물이 되는 것을 의미했다. 시민적 덕성과 역동적 비르투 간의 간격은 그로 인해 훨씬 더 벌어졌고, 권력을 향한 길이 곧 부패와 자기 파멸로 가는 길이라는 비난은 더욱 거세졌다.

그러나 브리튼에서 볼링브로크의 일생에 걸친 이데올로기적 투쟁은 실패로 끝났다. 지방 젠트리가 절망적인 부채 더미에 올라앉지도 않았

---

67) 이 책 319-320쪽을 볼 것.

고, 권력과 후원제도를 독점한 누군가가 월폴의 뒤를 잇지도 않았다. 주로 바다 너머에서 일어났던 세기 중반의 전쟁들이 거돌핀과 말버러를 파산시킨 것 같이 전시 재정에 항거하는 봉기를 초래하지도 않았다. 전반적인 견지에서 볼 때, 궁정과 지방이 대립적이기보다는 상호 의존적이었다는 것은 아주 명확해 보였고, 그래서 헌정은 균형 잡힌 권력분립 상태라기보다는 차라리 의회 군주정이었다는 견해도 물론 가능했다. 그러한 상황이라면 정치 이론가들은 왕과 의회 간의 관계를, 역사가들은 토지에 기초한 이해와 무역에 기초한 이해 간의 관계를, 철학자들은 이성과 감정 간의 관계를 재검토할 만한 여지가 충분히 있었다. 사실 우리는 1750년경의 브리튼 정치를 검토한 가장 강력한 지성의 저작 속에서 이 모든 측면의 평가를 찾을 수 있다. 몽테스키외의 《법의 정신》은, 그것이 권력분립에 대해 다루고 있음에도 불구하고, 잉글랜드식 용어를 빌리자면 《페르시아인의 편지》보다는 약간 더 휘그적인 것으로 생각할 수 있다. 또한 이 책의 19권 27장에는 우리가 지금까지 숙고해 온 한 자유국가—브리튼을 가리키는 것이 명백한—에 대한 주목할 만한 연구가 담겨 있다.

몽테스키외는 이러한 분석이 "그 정체의 원리들"(les principes de sa constitution) 보다는 법과 연관한 풍속(moeurs)과 예의(manières)에 기초하게 될 것이라고 말한다.[68] 그리고 이는 결국, 입법권과 행정권을 지속적으로 분리하고 "가시화"하는 것의 중요성은 곧 자유로운 사람의 감정들, 즉 증오, 질시, 야심이 동등한 위치에서 상호간에 자유로이 결합할 것이라는 점을 의미하게 된다.[69] 행정권은 특성상 모든 관직을 보유하고 있기 때문에, 언제나 두려움보다는 희망의 대상이 될 것이다. 관직에서 쫓겨난 사람은 언젠가는 다시 그것에 복귀할 것이라는 희망을 가질 것이다. 관직을 가지고 있는 사람은, 비록 그것을 잃을지

68) *Esprit des Lois* (Paris, Garnier, ed. Truc, n. d.), I, 335
69) *Ibid.*

도 모른다는 두려움이 없지는 않겠지만, 설사 그런 일이 있더라도 언젠가는 다시 그것을 얻었던 방식으로 다시 관직을 가질 수 있으리라는 희망을 가질 수 있을 것이다. 마키아벨리적 혁신의 문제 — 그것으로 해를 입은 사람들이 그 덕을 입은 사람들보다 더 강력하게 반발하리라는 것 — 는 이런 정도로 해결되는 셈인데, 이때의 행정권은 신민들의 본성에 반하여 행동할 수밖에 없는 프린치페 누오보(principe nuovo 신군주)보다는 오히려 그들의 본성에 의해 입장이 강화되는 프린치페 나투랄레(principe naturale 세습군주)와 닮았다. 하지만 마키아벨리적 관습보다는 감정이 이런 종류의 통치의 원천이라는 것은 의심의 여지가 없다.[70] 장차 이 사회를 나누게 될, 서로를 격렬히 질시하는 두 개의 당파(여당과 야당)와 같이, 사람들은 "변덕"과 "환상" 때문에 종종 자신들이 지지하는 쪽을 바꾸게 될 것이다. 사회를 구성하는 독립적 개별자들에게서 충성심이나 원칙을 찾기는 힘들 것이며, 왕이 친구는 불쾌하게 만들면서 적은 오히려 추켜올리는 일도 종종 일어나게 된다.[71] 그러나 감정은 자유로운 것이기 때문에(몽테스키외는 사용치 않았던 루소의 용어를 빌리자면), 아무르프로프르(자기 편애)는 결코 부패하지 않을 것이다. 두려움과, 바로 그 두려움에 대한 비합리적인 두려움이 이제 다시 모습을 드러내게 된다. 행정부가 후원을 독점함으로써 사람들은 언제까지고 자신들이 모르는 것에 대한 두려움 속에 휩싸여 있을 것이고, 왕에 반대하는 측의 지도자들은 그들 스스로의 동기를 밝히기보다는 이러한 두려움을 증폭시키게 될 것이다.[72] 하지만 감정은 건전한 것이다. 몽테스키외는, 정부를 불신하는 사람들은 어떤 것도 두려워하지 않는다는 마키아벨리의 말을 인용한 카토와, 아메리카인들

---

70) *Ibid.*

71) *Esprit*, pp. 335-36. 이는 잉글랜드의 윌리엄 3세의 통치를 암시하는 것일 수 있다.

72) *Esprit*, p. 336.

은 "더러운 냄새만 바람에 실려와도 폭정을 두려워한다"고 갈파한 버크의 중간쯤에 있다.[73] 그들은 자유에 대한 비현실적인 위험을 두려워하기 때문에, 이런 일이 발생하기 전의 현실적인 위험을 경계한다.[74] 경험이 그것의 현실성을 드러낼 때까지 기다리는 것은 곧 때를 놓칠 때까지 지연하는 것이다. 선출 입법부는 사람들보다 더 침착하고 나름의 신뢰성을 가지고 있기 때문에,[75] 비현실적 위험에 대한 두려움을 가라앉히고 현실적인 위험의 출현을 예기할 것이다. 오직 소수만이 이러한 역할을 수행할 수 있다는 주장은 주목할 만하다.

섬에 자리한 이 나라는 정복보다는 상업에 종사하게 될 것이다. 하지만 그것의 무역 및 식민 사업은 대단히 경쟁적이고 공격적일 것이고, 때로는 스스로의 힘을 넘어서고 심지어는 자신의 이해에 반하는 사업에도 참여하게 될 것이며,[76] 그렇게 하기 위해서는 돈을 빌림으로써 거대하지만 허구적인 권력을 작동시키게 될 것이다. 그러나 그 돈은 그 자신으로부터 빌린 것이기 때문에 그것의 신용(crédit)은 확실하다. 설사 그것이 창출하는 부와 권력이 상상적인 것이라 하더라도, 그것의 신뢰성(confiance) 그 자체와 그것의 자유 정부는 허구를 현실로 바꾸어 놓을 것이다.[77] 남해에 대한 열광을 묘사한 카토나, 혹은 몽테스키외 스스로가 그려낸 법의 초상으로부터 너 밀리 나아간 것은 아무것도 없었다. 몽테스키외가 지금 말하고 있는 것은, 권력이 복수화하고 분산되어 있는 자유 사회에서 감정 그 자체는 자유롭게 그 대상을 바꿀 뿐 아니라 실제로 세계를 그것이 지닌 환상에 맞추어 재창조한다는 것이다. 그러나 이는 변경과 해안선 너머 상업과 권력이라는 외적

73) *Works*, II, 125에 나오는 조정(調整)에 관한 연설에서.

74) *Esprit*, loc. cit.

75) *Ibid.*

76) *Ibid.*, p. 337.

77) *Ibid.*

비르투의 영역 내에서 작용한다. 환상과 진실은 시민적 덕성의 영역 안에서 공존할 수도 있고 서로를 강화시킬 수도 있다. 하지만, 분별과 지혜가 실재적인 것과 자유에 위협을 가하는 비실재적인 것 사이를 반드시 엄격하게 구분해야 하는 지점이 있다. 그러나 자유가 주어지면 — 이는 법의 경우에는 해당되지 않는다 — 감정과 환상은 이러한 결과에 일조할 것이다. 양자는 불을 붙여서 그 빛으로 정치가들이 사태를 파악할 수 있도록 해준다. 우리는 플라톤의 동굴 속에 있는 것이 아니다. 몽테스키외는 여기서 스위프트, 카토, 볼링브로크와는 달리, 투기에 대한 환상이 사회를 부패하게 만들지 못하도록 막기 위해서는 상업에 의존하지 않는 지혜가 필요하다고 주장하지 않는다. 그가 말하고 있는 것은, 자유롭고 행운이 따르는 사회는 심각한 해악을 겪지 않고도 수많은 허위의식을 흡수할 능력이 있으며, 나아가 팽창을 위해 그것을 이용할 수도 있다는 것이다. 나라 안팎의 광란적 분위기, 관직을 추구하는 자들, 투기꾼들, 공격적인 상인들의 모습에서 서로를 증오했던 로마의 귀족과 평민들을 떠올릴 수 있겠지만, 마키아벨리의 주장과 같이 그들은 결국 로마의 자유와 위대함에 기여했던 것이다.

우리는 몽테스키외에게서 — 브리튼의 정치에 대한 그의 연구로부터 약간 떨어져서 볼 때 — 상업과, 따라서 감정이 자유와 시민적 가치에 어떤 식으로 기여하는지에 대한 역사적 개요를 찾을 수도 있다. 그는 덕성이 공화국의 원리라고 말하기는 했지만, 여기서 그가 의도한 것은 도덕적 덕성(vertu morale)이나 그리스도교적 덕성(vertu chrétienne)이 아니라(물론 전혀 공존할 수 없는 것은 아니겠지만), 동등한 위치에서 공화국의 법에 복종하고 그것의 선(善)을 위해 헌신하는 정치적 덕성(vertu politique)이었다.[78] 몽테스키외는 이러한 의미에서의 덕성이 반드시 사적 가치 혹은 개인적 도덕성과 일치할 필요는 없다는 것을

78) *Esprit*, p. 4 ("Avertissement de l'Auteur").

앞서 간 잉글랜드의 이론가들보다 더욱 명확하게 인지하고 있었다. 그는 또한 초기 스파르타와 아테네, 그리고 로마에 대한 부분에서 공화국이 혐오스럽고 비인간적인 가혹성을 통해 자신의 힘을 강화했을 수도 있다는 점을 분명히 밝혀 놓았다.[79] 그는 마키아벨리와 같이, 그리스도교적 에토스가 시민적 에토스라면 받아들이기 힘들었을 법한 것을 요구했으며, 후자가 가장 번성했던 때는 인간의 이런저런 권리들을 그 도시 출신이 아닌 사람들에게까지 부여할 필요가 없었던 야만 상태에 가까운 시대였을 것이라는 점을 알고 있었다. 그러나 그는 또한 플라톤과 아리스토텔레스가 음악을 통해 인격을 완전히 재형성할 수 있고 또 그렇게 해야 한다고 믿었던 것은 고대 도시의 에토스가 본질적으로 전사(戰士)의 에토스였으며 상업은 물론이고 농업까지도 경멸시되고 있었기 때문이라는 점을 명시하고 있다.[80] 즉 상품을 생산하고 교환하는 사람들은 단지 도시의 법이 제시하는 가치만이 아닌 다른 가치들에도 눈을 뜨게 되며, 그리하여 법 앞의 동등한 복종을 공유하지 않는 상호관계로 들어가게 되는 것이다. 만약 거래가 도시의 성벽 바깥에서 이루어진다고 하면, 공화국은 그때 성립되는 인간관계와 인간적 가치 체계에 대해 단지 어떤 우연적 권위만을 발휘할 수 있을 뿐이다. 어떤 측면에서 볼 때, 이제 부드러운 예의, 기예와 세련미의 발전, 리쿠르고스와 드라콘적 훈육이 지닌 광폭함의 완화가 가능하게 되었다. 하지만 또 다른 측면에서 보면, 이는 플라톤이 도시 밖에서의 상업 활동을 금하고 인격의 사회화는 전적으로 보호자 통제 하에 음악과 그 외의 다른 교육적 방식에 맡겨야 한다고 말한 바로 그 지점이 될 수 있다. 상업은 하나만을 제외한 다른 모든 사회적 가치의 원천이다(우리는 여기서 그리스도교 그 자체는 오직 도시 간 접촉의 세계, 즉 폴리스보다 오이쿠메네*에서만 가능할 것이라는 느낌을 받는다). 그러나

---

79) 예컨대, Book IV, ch. 6: Book V, ch. 19.

80) Book IV, ch. 8.

그 하나, 즉 베르튀 폴리티크(정치적 덕성)는 인간을 조온 폴리티콘(정치적 동물)으로 만들어준다. 두 가치 범주 사이에는 근본적인 불일치가 존재한다. 인간에게 문화를 부여하는 상업은 사치를 수반하고, 이는 다시 그들을 부패로 이끈다.[81] 경제에 대한 어떤 법도 사치의 증대를 제한하고 있지 않으며, 덕성은 오직 음악과 무용(武勇)을 포함하는 수단들을 통해 사람들에게 검약을 가르치는 공화국의 훈육에 의해 보존되어야만 한다.

시민적 가치를 그리스도교적 가치와 공존 불가능한 것으로 규정한 마키아벨리는 무장의 개념을 사용하여 공화국에 대한 시민의 완전한 헌신과, 비시민에 대한 지나친 가혹성 때문에 도저히 보편적 인간성을 공언하기 힘든 세계에 대한 관념을 함께 표현하고자 하였다. 몽테스키외는 여기에다 상업의 개념을 첨가하였고, 플레처와 대버넌트가 암시했던 것, 즉 상업과 문화는 덕성 및 자유와는 공존 불가능하다는 결론을 되살려 놓았다. 상업은 먼 옛날 스파르타나 로마, 혹은 고트 시대의 시민-전사들이 누렸던 것보다 더욱더 생생한 쾌락과 더욱 정련된 인식과 더 보편적인 가치들을 가져다주었다. 하지만 그것은 유한한 폴리스의 경우보다 더 보편적인, 상이한 질서의 원리를 재현한 것이기 때문에, 궁극적으로 볼 때 베르튀 폴리티크라는 의미에서의 덕성과는 공존 불가능했다. 또한 법, 교육, 예의가 고안된 것이 사치의 증대를 막기 위한 것일 수는 있겠지만, 그렇다고 해서 사치가 법, 교육, 예의를 부패시킨다는 것은 결코 똑같은 정도의 진실이 될 수는 없었다. 중재적 입장에서 볼 때, 상업과 기예는 사교성과, 나아가서 자유 및 덕성에도 기여하는 것으로 볼 수 있는데, 이는 감정과 이성 간에 긍정적

* oikumenē. 고대 히브리어, 혹은 그리스어에서 사람이 살 수 있는 곳이란 뜻으로, 시민의 존재를 필요로 하는 폴리스와는 달리 사람이 사는 보통의 세상을 가리킨다.

81) Book XX, ch. 1 (Garnier, ed., II, 8).

인 관계를 확립하는 것이 가능한 것과 꼭 같다. 하지만 궁극적인 공존 불가능성은 그대로 남아 있었다. 상업은 운이 있었던 자리를 차지하였다. 공화국은 영원히 스스로의 역사를 통제할 수 없었고, 그 자신의 부패에도 저항할 수 없었다. 개별자와 보편자는 여전히 전쟁 상태로 남아 있었다.

이 지점에서 역사의 비전을 아나쿠클로시스(영원한 정체의 순환)로 새롭게 언명할 수 있었다. 이러한 순환 속에서 공화국은 스스로의 비르투에 의해 제국으로 바뀌지만, 뒤이은 사치로 인해 부패하여 결국은 사멸하게 된다. 그러나 스스로의 문화에 대해 커다란 자신감을 가졌던 18세기까지 중간적 입장은 최고의 중요성을 가질 수도 있었다. 그것은 그리스도교 사상의 사이쿨룸(역사/역사적 현재)보다 더 긍정적인 방향으로 강화되었고, 그리스도교 계시의 시련보다 더 부패에서 멀어진 시기로 보였다. 더욱이 진보 이론 속에는 자기 충족적 문화를 가능케 하는 유토피아의 가능성까지도 담겨 있었다. 그러나 시민적 덕성의 에토스가 지속되는 한, 자기 파멸의 계시가 가하는 위협은 결코 제거될 수 없었다. 인격과 사회 간의 관계는 너무 취약해져서, 부패로 인한 계시의 도래가 급속하고 저항할 수 없는 수준에 이른 것으로 보일 정도였다. 그러한 전망은 심지어 데이비드 흄의 사상에서도 찾을 수 있다.

흄이 철학자로서 이성과 감정 간의 관계에 대해 가졌던 관심과, 그가 토지와 상업, 행정부와 입법부의 관계 속에서 잉글랜드사를 쓴 역사가로서 보여준 관심을 너무 밀접하게 연관시키는 것은 아마 신중치 못한 일이 될 것이다.[82] 하지만 그는 후자의 측면에서 각별히 궁정파의 논조를 펼친 역사가로 비친다. 그는 고대 정체에 대한 믿음을 거부한 점에서 브래디, 디포, 그리고 월폴을 변호한 사람들의 뒤를 따랐으

82) 이러한 경고에 대해서는 다음을 볼 것. Duncan Forbes, "Politics and History in David Hume"(review article on Giarrizzo's *Hume politico e storico*), *The Historical Journal* 6. 2 (1963), pp. 280-94.

며, 신해링턴주의자들에 반대하여 해링턴—흄은 비록 유보 조건을 달았지만 그에게 찬사를 보냈다—의 입장에 동조하였다. 옛날 잉글랜드에는 토지에 기반한 전사들과 바론과 그들의 바쌀로 이루어진 고트적 통치체제가 존재했으나, 이는 폭력적 권위와 폭력적 자유 사이에서 결코 평온하지 못한 갈등상태에 놓여 있었다. 그곳에는 전례든 균형이든 어떤 합법적인 원칙도 존재하지 않았다. 만약 상업과 학문의 확산이 없었더라면 바쌀로부터의 해방은 불가능했을 것이다. 하지만 그 결과, 처음으로 자의적이자 사실상 절대적인 성격을 드러낸 왕과, 미신, 열광적 분위기, 위선—흄은 이 모두를 퓨리터니즘에서 찾아낼 수 있었다—등에 촉발되어 상당한 정도의 자유를 요구한 평민들이 대립 상태로 들어가게 되었다. 그러므로 상업의 발전과 감정의 해방과 자유의 추구는 서로 관계가 있었으며, 후자는 사실 합리적이라기보다는 욕구에 따른 요구였기 때문에, 통치의 문제에서 권위와 자유는 언제나 서로 대립하게 되어 있으며 결코 온전히 조화를 이룰 수는 없다고 한 흄의 언명은 쉽게 이해할 수 있다. 고트 정부는 대단히 조악한 형식으로 이러한 대립에 대해 진술해 놓았다. 1688년에 성취된 것은 이보다는 약간 더 안정적인 종합이었다.[83] 하지만 흄이 계속해서 브리튼 헌정을 절대 군주정과 평민 공화국 간의 타협으로 보면서, 종국에는 어느 한 극단으로 끌려갈 가능성이 높다고 한 점은 특히 강조할 필요가 있다.[84]

---

83) 흄의 역사 사상에 대한 가장 훌륭한 최신의 연구는 다음에서 볼 수 있다. Giuseppe Giarrizzo, *op. cit.* (Torino: Einaudi, 1962); Duncan Forbes, "introduction" to the Pelican Classics edition of *The History of Great Britain, Volume One, containing the Reigns of James I and Charles I* (Harmondsworth: Penguin Books, 1970). 이 저작이 처음 간행된 것은 1754년이었다.

84) *Essays Moral, Political and Literary of David Hume* (World's Classics edition, London: Grant Richards, 1903), no. 7: "Whether the British

그는 상업과 학문이 중세 그리스도교도의 미신으로부터 퓨리턴의 열광적 태도로 가는 사소한 이행보다 더 큰 영향을 미쳤다고 언명하였다. 그 두 요소는 먹을 음식과 즐길 개념과 표현할 가치를 더 많이 제공함으로써 인간의 관념을 확장하였다. 이런 식으로 욕망과 감정에 관련된 심적 활동이 근본적으로 증가함으로써, 합리적 자유와 (만약 그러한 것이 가능하다면) 합리적 종교를 위한 역량을 포함한 합리적 능력들의 증대 — 한때 퓨리터니즘의 열광적 태도가 작용한 적도 있었지만 — 를 촉진하였다.[85] 감정은 이성에게 정보를 제공할 수도 있고, 권위와 자유 간의 미묘한 관계를 재정립하는 데도 일조할 수 있다. 하지만 앞의 한 쌍 사이에 최종적 조화란 존재할 수 없는 것처럼, 뒤의 한 쌍 사이에도 조화는 존재할 수 없었다. 18세기 헌정을 보는 흄의 시각이 궁극적인 권력의 저장소와 입법부에 영향력을 행사하는 행정부의 존재를 용인한다는 의미에서 "궁정"적이라는 것은 별로 놀랄 만한 일이 아니다.[86] 그는 후원제도에 대해서도 놀라지 않았는데, 그것은 인간이란 자신의 감정에 의해 혹은 감정을 통해 지배되는 피조물이며, 정부란 사람들로 하여금 사익을 좇는 단기적 인식을 이익의 일반적 정체성 및 그런 의미에서 공익에 대한 장기적 이해로 바꾸도록 유도하는 여과장치라고 보았기 때문이다. 이상적으로는 완전한 공화국이란 고전적 형태의 일인, 소수, 다수로 구성될 것이다. 하지만 현실적으로는, 아니 설사 이상적인 것을 생각한다 하더라도, 반드시 이 셋의 이익을 하나로 묶어내는 수단이 있을 것이고, 여기에는 후원을 분배하는 권위의 존재가 수반된다는 것이다. 물론 이는 언제나 자유를 추구하는 세력들

Government inclines more to Absolute Monarchy or to a Republic"(pp. 48-53).

85) *Essays*, Part Ⅱ, nos. 1 ("Of Commerce") and 2 ("Of Refinement in the Arts").

86) *Essays*, Part Ⅰ, no. 6, "Of the Independency of Parliament."

과 어느 정도는 갈등하지 않을 수 없을 것이다.[87]

흄은 정부 내에 후원제도와 영향력 행사가 필요하다는 것을 용인하였다. 이는 그가 현재의 역사 속에서 상업이 인간의 욕구 충족을 통해 심적 세계를 확대하는 해방 세력이라고 보아 그것을 받아들인 것과 같았다. 이 시점에서 이해관계에 대한 고로 다티와 그 밖의 다른 15세기 저술가들이 머리에 떠오른다. 그들은 피렌체인들이 행동적 시민상에 더 적합한 사람들이라고 주장했는데, 왜냐하면 이들은 여행하고 공부하고 비교하면서, 단순히 관습의 준수를 통해 물려받을 수 있는 것보다 더 많은 지식으로 마음을 채우는 상인이기 때문이라는 것이다.[88] 알다시피, 마키아벨리와 귀차르디니의 손에서 시민적 에토스는 이러한 본래의 부르주아적 기세를 어느 정도까지는 꺾는 방향으로 변화하였다. 시민은 엄격하게 사익을 공익에 종속시켜서 무역을 싫어하는 스파르타인, 전사, 시민, 농부 정도의 어떤 존재로 보이게 하는 것이 필요했다. 덕성과 상업의 문제에 몰입했던 18세기에 사업가가 다시 한 번 덕성을 소유한 시민의 범주에 재진입하게 되는 것도 언제나 긍정적 관점 덕분이었다. 흄은 이성과 감정, 권위와 자유 간의 이중성과 창조적 긴장 관계를 용인할 준비가 되어 있었고, 그래서 그는 잉글랜드사를 쓰면서, 부동산(토지)을 소유하여 특권과 관습의 형태로 자유를 물려받은 사람들과 동산을 소유하여 확장된 지식과 증대된 능력의 형태로 자유를 확인하는 사람들 간의 유사한 이중성을 받아들이기 — 코울리지 및 여타 19세기인들을 예견하면서 — 시작했다. 보존의 요소에 대항하는 진보의 요소가 모습을 드러내기 시작한 것이다.[89]

이제 곧 진보에 열광하는 사람들 — 흄은 분명히 그들이 그렇다는

87) *Essays*, Part Ⅰ, no. 3, "That Politics May be Reduced to a Science"; Part Ⅱ, no. 16, "Idea of a Perfect Commonwealth."

88) 이 책 1권, 189쪽을 볼 것.

89) Forbes, *op. cit.*, pp. 38-39; Giarrizzo, *op. cit.*, chs. Ⅱ and Ⅲ.

것을 알아봤을 것이다 — 이 나타날 것이고, 그들은 무역의 팽창과 전세계를 통한 여행이야말로 적절한 과정을 통해 인간에게 필요한 모든 자료를 제공할 것이라고 주장하게 될 것이었다. 인간은 이러한 자료를 바탕으로 스스로와 주변환경의 완전한 이해를 위해 필요한 모든 결론들을 끌어낼 수 있다는 것이다. 여기서 예기되는 장애물이 있다면, 그것은 욕구와 감정에 토대를 둔 그러한 지식에는 필히 환상과 상상력과 허위의식의 요소들이 포함되어 있을 것이고, 이러한 것들을 궁극적으로 심적 작용에서 제거할 수 있을 것 같지가 않다는 것이었다. 흄이 그러한 미망(迷妄)에 빠져 있지 않았다는 것은 확실하다. 그는 결코 어떤 종류의 유토피아주의자도 아니었다. 그는 대부분의 사람들보다 더 나은 회의주의자로서의 능력을 갖추고 있었다. 만약 우리가 대체로 환영(幻影)의 세계 속에서 살아가고 있는 것이 틀림없다면, 우리는 그것이 환영이라는 것을 인식하고 얼마만큼이나 그리고 어느 정도의 한계 내에서 그러한 환영적 현상들을 진정한 지식으로 변환할 수 있는가를 알려줄 지침 같은 것을 만들 수 있는 능력을 가지고 있을 것이라고 확신한 것도 바로 이처럼 회의하는 그의 능력에서 비롯된 것이었다. 결과적으로 — 그리고 그것이 바로 하나의 결과인데 — 그는 금속제 화폐가 지폐로 확대되는 것에 대해 지나칠 정도로 두려움이 없었다. 사실 그는 오히려 리쿠르고스가 스파르타에서 금은의 유통을 제한하고자 쇠막대를 사용할 것이 아니라 차라리 지폐를 사용했어야 했는데, 그러지 않아서 유감이라는 악의적인 말까지 할 정도였다. 그는 신용 경제하의 사람들이 적절히 조정만 한다면 채권의 시장가치보다는 서로의 지불 능력을 믿을 것이며 — 몽테스키외가 "신용"이 "신뢰성"과 합쳐지는 것을 보여주었던 것처럼 — 지폐는 비록 실재적인 것은 아니지만 그래도 영속적인 가치의 전달을 위한 매개물로 기여할 수 있을 것이라는 사실을 받아들였다.90)

그러나 신용과 신뢰성이 작용할 수 없는 상한선이 있었고, 흄이 그 존재에 대해 지나치듯이 언급했을 때 그가 무슨 언어를 사용했는지 살펴보는 것도 흥미롭다. 결정적 요소는 공채의 부담이었다. 만약 모든 재산과 산업이 부채가 부과될 수 있는 최대한도까지(파운드당 19실링) 국가에 빚을 지게 되는 때가 온다면, 그리고 국가가 그 자체에 대해 진 부채가 영원한 미래까지 부과될 세금에 그 토대를 두고 있다면, 공적 신뢰성은 더 이상 지속될 수 없을 것이다. 그렇게 되면, 대버넌트와 볼링브로크가 두려움 속에서 그려내었던 자들, 대중의 부채 외에는 아무 것도 소유하지 않았지만 그럼에도 불구하고 모든 것을 소유한 주식 중개인들이 지배 계급으로 등장할 것이다. 왜냐하면 모든 물건의 가치는 이제 그것에서 부채가 차지하는 비중이 어느 정도인지에 달려있을 것이기 때문이다. 군대복무와 의회 대표제는 고용을 위한 일로 전락할 것이고, 사람들은 스스로의 환상과 어리석음에 대항하여 그것을 막을 아무런 방도도 가지지 못할 것이다. 모든 것의 가치와 의미는 이미 파괴되어 버렸을 것이기 때문이다. 국가 파산으로 인한 "자연사"든 혹은 외국의 정복에 의한 "변사"(變死)든, 어느 한쪽만이 가능한 결과로 남을 것이다. 그리고 이는—흄은 그렇게 단언했고, 1776년 그렇게 될 것이라고 믿는 상태에서 세상을 떠났을 것이다—그 당시까지 언제든 현실로 나타날 수 있는 가장 예측 가능한 국가 상태였다. "국가가 공채를 없애버려야 하든지, 혹은 공채가 국가를 없애버리든지 둘 중 하나"라는 것이다.[91]

90) *Essays*, Part II, nos. 3("Of Money"), 4("Of Interest"), 5("Of the Balance of Trade"). 리쿠르고스에 대한 언급은 "World's Classics edition"의 p. 326에 나온다. 최신판이 있다. *Hume's Economic Writings* by Eugene Rotwein (Madison: University of Wisconsin Press, 1970).

91) *Essays*, Part II, no. 9: "Of Public Credit"(pp. 355-61). 마지막에 인용한 구절은 p. 366에 나온다. p. 371도 볼 것. 흄 만년의 심적 상태에 대해서는 다음을 볼 것. Giarrizzo, *op. cit.*, p. 110; John B. Stewart, *The Moral and Political Philosophy of David Hume* (New York: Columbia University

흄은 역사상의 어떤 철학자와 비교하더라도 비탄조의 성격을 거의 가지고 있지 않았다. 하지만 그는 지금의 우리라면 익숙한 상황 — 상업 사회는 부패를 조장하는 세력을 저지할 어떤 최종적 방책도 마련할 수 없다는 — 으로 인해 비탄적 태도를 취하지 않을 수 없게 되었다. 마치 《19개조안에 대한 답변》에서와 같이, 그는 사회적 균형의 내재적 취약성을 그리면서 글을 끝맺었다. 그는 마키아벨리와 같이 — 그는 정부가 개인이 가진 덕성에 의존한다는 것을 거의 믿지 않았으므로 환상 같은 것은 거의 갖고 있지 않았을 것이다 — 오직 입법상의 개혁만이 덕성을 갉아 먹는 세력들을 저지할 수 있으며, 그렇지 않으면 쇠퇴를 도저히 되돌릴 수 없는 그런 때가 올 것이라는 것을 인정하였다. 만약 몽테스키외의 언어를 빌려 덕성이 공화국의 원리라고 한다면, 그것은 반드시 스스로에 필요한 조건을 유지하지 않으면 안 되며, 그 자신의 영웅주의 안에서 자기 고립적 위치를 지킬 것이라는 사실이야말로 공화주의 테제의 내적 의미일 것이다. 퓨리턴 이후의 사람들이 이러한 주장에 큰 매력을 느낀 것도 아마 이러한 이유에서일 것이다. 이는 사회에 대한 흄의 철학적 · 심리적 · 경제적 분석이 그의 시대(혹은 다른 대부분의 시대)가 제공해야 하는 것만큼이나 복잡 미묘하며, 그것이 그로 하여금 "덕성"을 다른 모든 것이 의존하는 안정된 실제로 구체화하도록 하지는 않았다는 사실을 무시하고 있다. 그는 보통 "덕성"으로 불리는 복합체를 형성하게 될 다양한 사회 세력들을 놀랄 정도로 폭넓게 이해하고 있었다. 하지만 그는 이러한 세력들이 스스로 자멸할 수도 있는 어떤 조건 내에서 작동하고 있는 것으로 보았다. 그리고 일단 이런 일이 발생하면, "부패"에 대한 기존의 수사학이 제 힘을 발휘하게 된다.

그러나, 이러한 한계에도 불구하고, 흄이 18세기의 위대한 역사가

Press, 1963).

로 평가받게 된 데는 상업과 감정을 정치적 사회의 건설과 행동적이고 활동적인 역사에 다 같이 기여한 역동적 세력으로 본 것이 일부 작용하였다. 그는 궁극적 부패를 장시간 막을 수도 있다는, 현재와 미래에 대한 낙관적 견해를 취하지 않을 수 없었다. 복잡한 방식으로 그의 직계 계승자가 된 위대한 스코틀랜드 사회 철학 학파는 덕성과 상업 간의 역사적 변증법을 계속 시도하였고, 그 과정에서 그의 가르침이 큰 도움을 주었다.[92] 인간본성은 언제 어디서나 동일하다는, 흔히 인용되는 흄의 믿음에도 불구하고, 이성은 감정에 의존하며 감정은 경험에 의존한다는 그의 주장은, 상업이 인간 경험과 지식과 가치의 영역을 확장했다는, 점차 더 힘을 얻어온 견해와 함께, 경제적 삶의 규모가 증대되어온 몇 세기를 통해 자신이 가진 "제 2의 본성"—아리스토텔레스 이후 관례와 사랑 혹은 경험과 감정에 기초하고 있는—을 창조하고 변화시키는 인간상을 구축하는 데 사용될 수 있었다. 만약 스코틀랜드 학파가 인간은 언어적·시적 상상력을 통해 스스로의 역사를 창조한다는 비코의 이론을 알고 있었다고 확실히 말할 수 있다면, 어떻게 해서 상업과 상상력 간의 연결이 이루어지는 것인지를 알기란 어려운 일이 아니다. 토지와 상업은 이미 각각 보존과 성장의 원리로서 상호 대립 관계에 있었기 때문에, 이론 사회학자들 혹은 "추정적 역사가들"(conjectural historians)은 토지에서 상업으로 가는 역사의 운동을 사냥꾼으로부터 양치기로, 농부로, 상인으로, 그리고 이러한 행렬의 끝자락에서 모습을 드러내기 시작하는 제조업자로 이행하는 사회 발전 도식으로 확대하였다. 이어지는 각각의 단계에서 생활에 필요한 물건들을 공급하고 분배하는 인간의 방법은 경험에 감정과 상상력과 지성을 키우는 원재료를 제공하였고, 인간의 인격은 그러한 문화의 단계에

92) Gladys Bryson, *Man and Society: The Scottish Enquiry of the Eighteenth Century* (Princeton University Press, 1945)는 스코틀랜드 학파에 대한 한 권짜리 연구로는 여전히 최상의 것이다.

적절한 배열로부터 구성되는 것으로 간주되었다. 호모 파베르 이론, 즉 노동을 가치의 창조자로 보는 이론은 이제 애덤 스미스에 의해 그 모습을 드러낼 수 있었다. 이제 인간은 문화적 동물로 그려졌고, 문화는 경제의 산물로 묘사되었다. 상품이 생산됨에 따라, 그리고 각 단계에서 그것을 만들고 분배하는 기술이 더욱 복잡해짐에 따라, 인간의 문화, 상상력, 그리고 인격 역시 그에 대응하여 복잡성을 증대해갔다. 이제 문화와 상업의 발전을 추적하고 설명하는 역사 과학이 존재하게 되었다. 또한 점점 더 역사적 동물이 되어가던 인간은 그 귀결적 과정의 핵심에 위치하게 되었다.

그러나 문화와 자유 간의 모순이 그로 인해 완전히 극복된 것은 아니었다. 스코틀랜드와 프랑스의 추정적 역사가들은 계속해서 덕성과 부패의 언어 — 즉 1698년 이후 가치와 역사 간의 투쟁을 진술하는 수단이었던, 잉글랜드식의 시민적 휴머니즘의 언어 — 를 사용하였고, 그 결과는 마키아벨리의 경우보다 결코 덜하지 않는 비관주의로 나타났다. 애덤 스미스 시내에 이르러, 그들은 노동 분업과 전문화에 대해 알게 되었고, 또한 그 결과인 교환의 강화가 사회를 경제사의 각 단계에서 나음 딘계로 이행하게 만드는 추진력으로 작용한다는 것도 인식하게 되었다. 사회와 역사 속에서 상업이 지닌 역할에 대한 잉글랜드 및 스코틀랜드 학자들의 탐색이 직업군대의 성장에 대한 — 고전적 · 시민적 전통이 사회적 기능의 전문화에 대한 결정적이고도 재앙적인 실례로 제시한 것에 대한 — 항의로서 시작되었다는 상황이 이러한 점과 연관되는 것도 결코 우연이 아니다. 자신을 위해 싸워주는 사람에게 돈을 지불하는 시민은 이미 비르투스 — 이 말이 지닌 모든 의미에서 — 의 핵심 요소로부터 이탈한 것이다. 사제, 법률가, 이자 생활자는 군인과 함께, 전문화로 인해 타인의 하인이 되는, 그리고 자신들의 차례가 오면 그 타인들이 거꾸로 그들의 하인이 되는, 개인들의 패러다임적 예증으로서 범주화되었다. 간단히 말해서 전문화는 부패의 제일 원인이었다. 오직 직업적이지 않고 토지재산을 가지고 있으며 독립적인 데다가 스스로의 인격 속에서 폴리스에 필수불가결한 모든 기능을 수행하고자 하는 의지를 가진 시민만이 덕을 실천하거나 혹은 진정코 정의가 분배되는 도시에서 살고 있다고 말할 수 있는 것이다. 스스로를 만들어갈 의지가 결여된 아르테(arte 기술/기예)란 존재하지 않았다. 그러나 만약 기예가 전문화의 과정을 통해 만들어진 것이라고 한다면, 문화 그 자체는 정치적 동물의 에토스와는 모순 관계에 놓이게 된다. 만약 더 나아가—분명히 그렇게 할 수 있다—오직 전문화와 상업과 문화만이 인간을 자기 자신뿐 아니라 타인의 선에 참여하게 할 수 있을 정도로 자유롭게 만드는 것이라면, 폴리스는 결국 스스로를 파괴하고 말 것이 틀림없는 바로 그 세력들에 의해 세워졌다는 주장이 가능해질 것이다. 일단 토지와 상업이 역사의 연속선상에 놓이게 되면, 시민적 인간은 스스로가 역사적 모순 속에 존재하고 있다는 것을 알게 되는 것이다.

애덤 퍼거슨의 《시민 사회의 역사에 대한 에세이》(*Essay on the History of Civil Society*)는 아마도 이 주제에 관한 스코틀랜드의 논설 중에서도 가장 마키아벨리적일 것이다.[93] 그는 당시의 사람들이 애호하던 생산 양식의 발전 순서보다는 야만에서 문명으로, 원시적 덕성의 특징을 가진 전사(戰士) 사회에서 상업과 세련미와 인간성의 상태로 가는 역사 운동 개념을 주로 사용하였다. 그는 원시의 인간집단이 인근의 다른 집단들과 갈등상태에 있었다는 것은 분명하며, 이러한 전쟁과 투쟁의 상황으로부터 개인을 사회화하고 스스로의 자아를 강화한 강력한 결속의 감정을 이끌어냈다는 점을 강조하였다.[94] 이처럼 공격적이고

93) 던컨 포브스가 서론을 쓴 판본이 있다(Edinburgh University Press, 1966). 다음도 볼 것. David Kettler, *The Social and Political Thought of Adam Ferguson* (Columbus: Ohio State University Press, 1965).

94) 일반적으로는 다음을 볼 것. Forbes, ed., p. 18; pp. 59-61.

훈육된 감정은 곧 마키아벨리의 비르투가 분명하며 — 그것은 또한 아랍 사회학자 이븐 칼둔이 말한 "아사비야흐"(asabiyah 사회적 결속)이기도 하다 — 원시적 전사가 애국적 시민이 되었을 때는 통상적 의미에서의 덕성의 원천이 된다. 하지만 전쟁이 사회를 더욱 결속시키고, 그리하여 그것에 더욱 세련미를 부여함에 따라, 시민 간의 관계는 전문화와 상호 교환과 상업의 관계가 되었다. 퍼거슨은 — 플레처가 그랬듯이 — 직업군대의 발전을 인간이 문명의 물질적 · 지적 · 도덕적 만족감을 향유하면서 타인에게 돈을 주고 자신의 방어를 맡기고자 한 중요한 계기로 생각하였다.[95] 이는 우연적이고 부차적이지만 수많은 가치 척도에서는 상위에 있는 문명의 이기들이 사람들을 사교성 그 자체라는 일차적인 선(善)으로부터 멀어지게 함으로써 과연 그들을 부패하게 만들 것인지의 여부가 문제시되는 하나의 전환점이었다. 대단히 무도덕적인 용어로 기술할 수 있었던 — 이제는 분명히 감정으로 묘사되고 있지만 — 원시적 아사비야흐 혹은 비르투는 그럼에도 불구하고 여전히 도덕적 인격과 도덕적 관계의 원천이었다.

모든 아리스토텔레스적 이론가들은 이런저런 방식으로 보편선 대 개별선이라는 이러한 문제로 인해 곤란을 겪었다. 하지만 퍼거슨 이전에는 그것을 그토록 강력한 원시주의적 형태로 진술한 경우는 거의 없었고, 그가 사용한 마키아벨리적 언어는 그가 그렇게 하는 것이 공화국을 시간 속에 두려는 휴머니스트적 실험이 낳은 또 하나의 결과라는 점을 보여주고 있다. 문제는 언제나, 개별선 혹은 사익이 보편선 혹은 공익으로 보이는 때는 언제인가, 그리고 서로가 경쟁하는 것으로 보이는 때는 또 언제인가를 결정하는 것에 있었다. 시민적 덕성의 개념은 모든 것을 인격과 공화국 간의 즉각적인 관계에 의거해서 판단하기 때문에, 비베레 치빌레(시민적 삶)는 부차적인 선들을 확인하기보다는

95) Forbes, ed., pp. 229-32, esp. p. 230; Kettler, pp. 99-91, 100-101, *et passim.*

부정하는 경향이 있었다. 전통적으로 인간 욕구를 풀어놓았던 아테네보다는 그것을 억눌렀던 스파르타가 더 선호되었다. 시민적 엘리트의 자격 조건으로서 최종적으로 문화가 재산의 자리를 차지하고, 페리클레스의 추모 연설이 자유 문명의 성스러운 저술 중 하나로 자리 매김한 것은 오직 19세기의 자유주의 잉글랜드에서뿐이었다. 일단 공화국이 시간 속에 놓이게 되면, 그 역사는 덕성에 의한 덕성의 자기 부패의 역사로 전락할 가능성이 많았다. 아테네를 상업적이지만 종국에는 나약한 상태에 빠지고 만 제국의 전형으로 보았던[96] 18세기는 각별히 고통스러운 형태로 이 문제와 맞서야 했다. 상업의 패러다임은 역사가 상품의 무제한적 증식을 향하여 운동하는 가운데 물질적·문화적·도덕적 측면에서 문명 전체의 진보를 가져온 것으로 표현하였다. 그러나 그러한 진보가 자율적이고, 도덕적·정치적으로 선택된 존재로서의 개인인 정치적 동물의 개념에 상응하는 것을 담고 있지 않는 한, 그것은 인간 인격에 필수불가결한 어떤 것과는 거리가 먼 것으로 보였을 것임에 틀림없다. 그리고 이러한 부패는 자가 발전적 성격을 가지고 있었다. 상품의 생산과 증식을 위한 동력의 역할을 하는 사회는 내재적으로 인격의 도덕적 토대가 되는 사회에 적대적이었다. 상업의 역사는 공화국이 개별적이고 우연적인 시간 속에 존재하는 보편 가치의 문제를 풀지 못했다는 것을 다시 한 번 보여주었다.

퍼거슨은 비르투와 덕성을 서로 구별하는 장치를 통해 이러한 역설에 대해 진술한 것으로 생각될 수도 있다. 이때 전자는 인격의 사회적 기초를 가진 단일성의 일차적 가치이며, 후자는 사회의 진보로부터 파생한 모든 가치의 실천이라는 의미를 지니고 있었다. 이는 일찍이 수도승의 베르튀(덕성)가 모든 인간 욕구를 억압하고 전적으로 자신의 교단에 헌신하게 만드는 것이라고 했던 몽테스키외의 말[97]과 유사한

96) 페리클레스를 카이사르나 월폴과 같은 부류에 속하는 것으로 폄하한 전형적인 예는 다음을 볼 것. *Cato's Letters*, II, 73-74.

데가 있었다. 철학자는 수도교단이 사회에 어떤 가치를 가지고 있는 것으로 보지 않았다. 그러나 퍼거슨은 이 책략을 문명과 인격 그 자체에다 적용하고 있다. 그리고 그 결과는, 스코틀랜드 사회 과학의 용어를 빌리자면, 오직 자신의 덕성만으로 정의되는 사회적 동물인 시민은 오직 집단적 결속만이 인정되고 그 외의 다른 어떤 가치도 허용되지 않는, 통상 야만이라 규정되는 상태로 되돌아가라는 지속적인 압력을 받고 있다. 퍼거슨의 책에는 도시 국가 초기 그리스인의 성격을 가능한 한 호메로스의 전사들과 일치시키려는 시각에서 그려놓은 특기할 만한 부분들이 있다. 그런데 이들은 다시 라피타우의 아메리카 원주민, 그리고 — 그 함의는 분명하다 — 퍼거슨 자신의 하일랜드 씨족민과 동일시되고 있다.[98] 만약 시민이 비르투 그 자체를 제외한 다른 모든 가치를 포기한다면, 그는 분명히 점점 더 부족민의 상태로 후퇴할 것이고, 그의 비르투는 동물 행동학(ethology) 연구자들이 "영토적 명령"(territorial imperative)이라 부를 법한 것을 향해 물러설 것이다.

만약 분명의 진보가 부차적 가치의 증식이라는 전제 — 철학자는 상업적 에토스의 결여로 이를 받아들이지 않으면 안 된다 — 를 받아들인다면, 그는 노동 분업과 인격의 전문화가 필요로 하는 것을 추구하는 것 외에 다른 대안을 가지고 있지 않았다. 개인이 어떤 분명화된 가치 혹은 그러한 가치들의 조합을 추구함에 따라, 자신의 것과는 다른 전문 기능을 수행하기 위해 계약을 맺은 상대방에 점점 더 의존하게 되었고, 반면 인격은 미분화 상태의 사회와 점점 더 멀어지게 되었다. 만약 개인성의 뿌리를 오직 여기에서만 찾을 수 있다면, 인간은 문명

---

97) *Esprit*, Book V, ch. 2 (ed. Truc, I, 46). 몽테스키외가 실제로 수도승의 헌신이 곧 덕성이라는 말을 하고 있지는 않다. 오히려 그것은 시민이 가지고 있는 것이란 점을 넌지시 비추고 있다.

98) Forbes, ed., pp. 193-202. 하일랜드 씨족민으로서의 퍼거슨에 대해서는 introduction, pp. xxxviii-ix를 볼 것.

의 진보에 비례하여 자아의 본질적 구성요소와는 멀어지게 되는 셈이다. 인격은 그것이 풍요해진 만큼 빈곤한 상태에 놓이게 되었다. 우리는 지금 고전적 부패 개념이 근대적 소외 개념과 합쳐지며 초기 마르크스주의의 휴머니스트적 뿌리가 가시화되는 지점에 와 있다. 고도로 발전된 인간 진보의 경제적 단계론을 사용하는 스코틀랜드 학파의 이론가들 역시 동일한 문제를 보여주고 있다. 애덤 스미스는 분명히, 노동 분업과 상품 및 재화의 교환에 대한 원리가 역사 초기부터 있어 왔다고 보았다. 그것은 인간이 필요로 하는 더 많은 것을 채워주었을 뿐 아니라 새로운 인간 능력과 욕구와 열망을 낳음으로써, 인격의 다양화와 풍요로움이라는 진보를 가져왔다. 이는 인간이 시민으로서의 능력을 갖추려면 그 전에 우선 상업이라는 첨가제가 필요하다는 주장의 스미스적 확대판이다. 그러나 우리는 여기서 어떤 종류의 최적의 시기가 이미 도래했다가 지나가버렸다는 암시를 인지한다. 핀에 머리를 달면서 삶을 보내는 사람들은 — 마르크스가 말한 프롤레타리아 혹은 20세기 조립라인에서 일하는 노동자들의 선구자 — 단지 현재 사회에서 유통되는 증대된 상품을 향유할 여가에서 차단되고 있는 것만은 아니다. 그렇게 하는 그들의 실제적 능력이 조직적으로 쇠퇴하고 있는 것이며, 만약 전문화로 인해 역사 속에서 인격이 전반적으로 다양화되고 있다면, 그들에게는 이것이 오히려 전도된 일차원적 결과를 초래하고 있는 것이다.[99] 스미스의 가장 총명한 제자이자 직계 계승사이기도 한 존 밀러는 잉글랜드 정치사회의 성장을 다룬 네 권짜리 역사 연구서를 썼는데, 여기서 그는 이 모든 관점이 시민적 휴머니스트적 기원을 가지고 있다는 측면에서 동일한 주장을 하고 있다. 밀러는 덕성과 부패를

99) 핀 제조 노동자 얘기는 *Wealth of Nations*, Book Ⅰ, ch. Ⅴ에 나온다. Cf. *Lectures on Justice, Police, Revenue and Arms* (*Adam Smith's Moral and Political Philosophy*, ed. Schneider, New York: Hafner, 1948, pp. 320-21).

조직 범주로 삼아, 인간이 자유를 향유할 수 있는 지점까지 사회가 진보하게 될 때도 과연 부패에 노출되지 않을 수 있을 것인가에 대해 반복해서 질문을 던지고 있다.[100] 이는 일단 인간이 덕성을 소유하게 되면 부패 외에는 어떤 것도 두려워하지 않게 된다는 의미만이 아니라, 덕성을 산출하는 것과 동일한 힘이 또한 인격의 분열을 초래한다는, 좀더 깊고 좀더 우려가 되는 의미를 가지고 있다. 그러한 분열은 사치품에 대한 유혹보다는 도덕적 정체성의 혼란과 소외로 인한 것으로, 우리가 현재 부패라는 말을 쓸 때 의도하는 것도 이와 동일하다. "그녀는 우리를 높이 받들기도 하지만, 나락에 빠뜨리기도 한다네."* 덕이 있거나 혹은 사회적으로 건전한 인격은 만들어져 있을 때조차도 만들어지지 않은 상태에 있다는 것이다.

스코틀랜드 학파에서 우리는 마키아벨리적 계기가 어떻게 해서 변증법적 과정이 되었는지를 볼 수 있을 것이다. 이제 덕성이 사회 그 자체의 성장에 의해 어떻게 만들어졌다가 어떻게 사멸했는지를 보여주는 역사 이론이 존재하게 되는데, 이는 설사 인간이 본성상 정치적 동물이라고 해도 결코 완전한 상태에 이를 수는 없다는 것을 보여주기 위해 마키아벨리가 사용했던 켄타우로스 이미지의 시간을 통한 확대판

---

100) John Miller, *An Historical View of the English Government, from the Settlement of the Saxons in Britain, to the Revolution in 1688: to which are Subjoined Some Dissertations Connected with the History of the Government from the Revolution to the Present Time ··· In four Volumes* (4th ed., London, 1818), esp. vols. Ⅲ & Ⅳ. 마지막 권은 부수적인 논설들로 이루어져 있다. W. C. Lehmann, *John Miller of Glasgow* (Cambridge University Press, 1960)에는 비판적 서론과 함께 밀러의 저작에서 뽑은 글이 실려 있다. 다음도 볼 것. Duncan Forbes, "Scientific Whiggism: Adam Smith and John Miller," *Cambridge Journal* 7 (1954), pp. 643-70.

* Questa ci esalta, questa ci disface. 마키아벨리의 3행시 《포르투나에 대하여》(*Di Fortuna*)에 나오는 구절. 여기서 "그녀"란 곧 포르투나를 말한다.

같은 것이었다. 공화국은 결코 완전히 안정적이거나 완전히 덕성으로 충만한 적이 없다는 마키아벨리의 믿음과, 상업에 기초한 정치 이론이 사회가 점점 더 공히 진보에 의해 풍요롭게 되기도 하고 피폐해지기도 하는 양극화 현상을 보여주며, 전문화와 계급 투쟁의 세계 속에서 정부를 필요악으로 정당화한다는 사실 사이에는 어떤 관련성이 있다. 설사 덕성을 올려 세우고 깎아 내리는 세력들이 평형상태에 도달하는 최적의 시점을 생각해 볼 수는 있다고 해도, 이론의 역사적 구조로 보아 그러한 시점이 단지 짧은 시간 동안만 지속될 수 있을 뿐이라는 의미에서 그 순간은 변증법적이었다. 퍼거슨은 시민을 씨족민으로 환원하는 방식으로 분석했을 때, 시민이란 오직 씨족 세계로부터의 진보적 출현이라는 관점에서만 설명 가능하다는 것을 너무나 잘 알고 있었다. 모순은 본질적인 것이었고, 인간이 되돌아갈 만한 어떤 황금 시대도 존재한 적이 없었다. 비합리적인 포르투나를 긍정적이고 진보적인 상업으로 전도시킨다고 해서, 덕성과 운이 대결하고 있는 시기의 성격이 바뀔 리는 없었다.

그러나 특히 각각 진보와 혼란으로 이루어진 변증에는 두 측면이 있으며, 그래서 스코틀랜드 학파에 대한 연구를 그들 사상의 진보적이거나 혹은 보수적인 측면에만 집중적으로 초점을 맞추는 식으로 진행할 수 있다는 것은 확실하다. 전자의 경우는 그들이 상업과 전문화가 어떻게 사회와 문화를 만들었는가를 보여주는 데 관심을 가지고 있었다는 의미에서이고, 후자는 사회의 진보와 인격의 소외가 어떻게 완화되거나, 혹은 어느 쪽에서도 참을 수 있을 만한 수준의 평형상태에 머물 수 있었는지를 보여주고자 했다는 의미에서이다. 스코틀랜드 학파는 대체로 유토피아적 성격은 갖고 있지 않았다. 그들은 진보의 세력이 결국에는 쇠퇴의 세력을 이겨낼 수 있다는 것을 보여주었지만—인격과 사회의 문제에 대한 최종적 해답 같은 것은 가지고 있지 않았다—동시에 역사적 모순에 대한 비극적 감각 같은 것을 강력히 표출하지도 않았다. 아테네와 스파르타 혹은 로마 간의 대립상을 감안할 때, 번영기의 에딘버러를 묘사하여 "근대의 아테네"라는 별명을 쓴 데는 어떤 아이러니가 숨겨져 있지는 않을까? 하지만 만약 스코틀랜드 철학이 미래를 진보와 부패가 아주 오랫동안 공존할 수도 있는 모습으로 그렸다고 결론짓는다면, 그러한 미래의 시간 차원이 단순히 우연적이며 세속적인가 혹은 반(半) 계시적인가의 여부를 아는 것이 중요하게 될 것이다. 전자의 의미는 상호 갈등상태에 있는 사회 세력 외에는 어떠한 것도 존재하지 못하며 그러한 갈등을 해소하는 최종적 해결책도 기대할 수 없다는 것이고, 후자의 의미는 모든 인간 사회가 종국에는 극적인 부패상과 붕괴로 치닫겠지만 상황의 이점을 가진 인간적 노력으로 그것의 불확정적 유예가 가능할 것이라는 것이다. 하지만 어떤 경우든, 장자크 루소 — 흄은 그의 스코틀랜드 방문을 주선하려 했지만, 이는 심리학적으로 볼 때 결코 이루어지지 않을 운명이었다 — 라면 그의 무리 가운데에서 형제 고발자의 모습으로 나타나, 인격과 사회 간의 긴장 관계는 계시적 가능성들을 가지고 있었다는 것, 그러한 계시가 바로 그 자신에게 도래했다는 것, 제대로만 이해할 수 있다면 그것은 인간 사회 그 자체의 시작 이전부터 존재해 왔다는 사실을 알게 될 것이라는 것 등을 편집병적 분위기 속에서 천명했을 법도 하다.

루소는 18세기의 마키아벨리였다. 그는 극적이고도 논쟁적인 어조로 다른 사람들이 모순투성이의 삶을 영위하고자 애쓰고 있다는 점을 지적하였다.[101] 합리적 성공에 대한 건전한 희망을 가지고 사회 속에서 살아가는 사람들이라면 덕성과 문화 간의 모순 같은 것을 어떻게든 다룰 수 있으리라는 것이 스코틀랜드 학파의 믿음이었다면, 그러한 모순은 정확히 말해서 사적 존재의 시기에서는 참을 수 없는 것이고, 또

101) 루소를 시민적 휴머니스트 전통에 속하는 사상가로 그린 최상의 연구서로는 다음이 있다. Judith N. Shklar, *Men and Citizens: A Study of Rousseau's Social Theory* (Cambridge University Press, 1969).

한 이는 사회의 역사 어느 시기에서나 사실이며 또 사실이었다고 주장하는 것은 루소의 몫이었다. 사회는 그 본성상 사람들을 인간화하는 법이며, 동일한 과정을 통해 다시 그들을 분열시키고 소외되도록 만드는 법이기 때문에, 과거, 현재, 미래의 어느 시점에서도 이러한 이중 효과가 나타나지 않았던 때는 없었다. 모든 사회적 과업은 본성상 필요 불가결하면서도 동시에 자기 파괴적이었다. 이러한 식의 선언이 던진 충격은 다방면에서 시민적 가치와 그리스도교적 가치 간의 분리를 천명한 마키아벨리의 경우와 비교될 수 있었다. 마키아벨리의 경우가 그렇듯이, 루소를 휴머니스트 계보의 주요한 고전적 이론가로 만든 비범한 지적 능력을 식별해내는 것은 시간을 요하는 일이다. 그는 인격의 소외라는 주제를 아주 완벽하게 해명해냈다. 그는 이상주의적 담론 양식을 채택하여, 인격이 그 자체로서 역사의 모순들을 뚜렷이 부각시키는 동시에 그러한 모순들을 재결합케 하고자 하는 모습을 극명하게 보여주었다고 말할 수 있다. 하지만 그 이야기를 여기서 하지는 않겠다. 본 연구는 인격의 시민적 이상과 그것에 대한 담론들이 가져온 결과에 대한 것이기 때문에, 아메리카 식민지에서 그러한 이상을 꽃피우면서 전(前)근대 마지막을 장식한 위대한 시기와 그것이 인격과 역사에 대한 아메리카적 의미에 미친 영향을 고찰하면서 끝을 맺지 않을 수 없다.

제15장

덕성의 아메리카화

부패 · 헌정 · 프런티어

[I]

1960년대 동안 수많은 중요한 학문적 저작들이 간행되어 아메리카 혁명 세대의 지적 세계에 대한 우리의 인식을 크게 바꾸어 놓았다.[1] 새롭게 밝혀진 사실들은 다음과 같다. 첫째, 혁명으로 이어진 지적 과정에서 잉글랜드 야당(野黨) 사상의 언어와 전망이 재천명되었다. 둘째, 이미 잘 알고 있듯이, 이를 통해 그러한 지적 과정은 이 책의 연구 주제인 아리스토텔레스적 · 마키아벨리적 전통에 뿌리를 내렸다.

---

1) 앞에서 인용된 Caroline Robbins (ch. 12, n. 52)와 Bernard Bailyn (ch. 14, n. 7) 외에 다음을 볼 것, Richard M. Gummere, *The American Colonial Mind and The Classical Tradition: Essays in Comparative Culture* (Cambridge, Mass.: Harvard University Press, 1963); H. Trevor Colbourn, *The Lamp of Experience: Whig History and the Beginning of the American Revolution* (Chapel Hill: University of North Carolina Press, 1965); J. R. Pole, *Political Representation in England and the Origins of the American Republic* (New York: St. Martin's Press, 1966). 아래에서 광범위하게 인용되는 Gordon S. Wood와 Gerald Stourzh의 저작들도 볼 것. 이 주제에 대한 기존의 논문에 대해서는 다음이 참조된다. Pocock, "Virtue and Commerce in the Eighteenth Century," *Journal of Interdisciplinary History* 3.1 (1972), pp. 119-34.

셋째, 독립 전쟁의 경험과 뒤이은 헌법제정은 고전적 전통을 한층 더 수정하고, 어떤 측면에서는 그것으로부터 이탈할 것을 요구하였다. 옛날의 역사가들에게는 아메리카 혁명이 구세계와 그 역사로부터의 합리주의적 혹은 자연주의적 단절로 생각되었지만, 이제 와서는 잉글랜드 및 르네상스 문화사라는 한 측면과, 그 시초부터 정치적 인간을 스스로의 역사와 맞서도록 했고 혁명기에는 근대성과의 투쟁의 초기적 형태를 표현하는 데 이용되었던 사상적 전통이라는 다른 한 측면이 동시에 얽혀 있는 복잡한 관계에 놓여 있었던 것으로 보인다. 우리는 이제 공화주의적 전망의 문제가 그곳에서 어떤 식으로 표현되었는지를 찾아 아메리카적 의식의 역사를 탐색할 수 있게 된 것이다.

먼저, 18세기 아메리카 식민지에서 신해링턴적·시민적 휴머니즘의 모든 특징을 가진 정치 문화가 그 모습을 갖추고 있었다는 것이 확고한 사실로 받아들여지게 되었다. 사실 영어권 문명은 대서양 연안에 산재된 이러한 문화의 수많은 변종들—일부만 꼽아 보면 잉글랜드, 스코틀랜드, 잉글랜드계 아일랜드, 뉴잉글랜드, 펜실베이니아, 버지니아 등—로 이루어진 모습을 보여주고 있다. 휘그 정통파들과 신해링턴주의자들, 밀턴, 해링턴, 시드니, 트렌처드, 고든, 볼링브로크 등은 그리스인, 로마인, 그리고 몽테스키외까지 포괄하는 르네상스적 전통의 대가들과 함께, 이러한 문화의 권위 있는 학문 세계를 형성하였다. 이제 우리는 그것의 가치와 개념들에 상당히 친숙해져 있다. 즉 토지에 기초하고 시민의식 속에서 완전해지지만 언제나 부패의 위협하에 있는 그러한 인격에 토대를 둔 시민적·애국적 이상, 역설적이지만 부패의 주요 원천으로 그려지고 마키아벨리적 계기, 파당, 상비군(시민군의 이상과 대립적인), 국교회(아메리카 종교의 퓨리턴 및 이신론적 양식에 대립적인), 그리고 금전적 이해의 촉진과 같은 수단을 통해 작동하는 정부 등이 그것이다. 물론 정주 식민지 공히 쉽게 얻을 수 있었던 페이퍼 크레딧(paper credit)*에 대한 강렬한 욕구로 인해 마지막 개념이 형성되는 데는 약간의 장애가 있기는 했다. 신고전기 정치는 엘리트 계급의 에토스 및 상향적 성격의 수사학, 그리고 건국 시조 및 그들 세대의 특이한 문화적 · 지적 동질성에 대한 설명을 제공하였다. 모든 아메리카인들이 이러한 전통을 따랐던 것은 아니지만, 딱히 사람들을 규합할 만한 다른 전통도 존재하지 않았다(아마 거의 그랬을 것이다).

결과적으로, 베일린을 비롯한 여러 학자들의 주장처럼, 18세기 야당 이데올로기는 혁명에 대한 다양한 접근 방식에서 제한과 강박을 가하는 강력한 힘으로 작용하였다. 그것이 담고 있던 마키아벨리적 가정들은 자기 실현적인 것으로 판명되었다. 인격의 시민적 기초를 위협하는 부패는 오직 개인적 덕성 그 자체만이 치유할 수 있으므로, 만약 제때 행동을 취하지 않으면 더 이상 되돌릴 수 없는 시간이 곧 다가올 것임에 틀림없었다. 웨스트민스터의 각료들 — 당시의 수사(修辭)들은 습관적으로 대부분의 해악이 각료들로부터 초래된다고 보고 있었다 — 이 식민지의 사유를 침해하는 것으로 보이는 조치를 취하기 시작했을 때, 그들을 비난하는 데 쓰일 만한 것이 바로 앞 시대에 휘그 도당과 월폴을 공격하는 데 사용되었던 언어였다. 더욱이 뷰트 경의 정적들과 존 윌크스의 친구들은 이미 그 언어를 조지 3세의 각료들에 대해 쓰고 있었다. 그러나 일단 아메리카인들이 부패에 대해 얘기하기 시작하자, 상황은 급속하게 지적 통제권 밖으로 빠져나가 버렸다. 만약 부패가 대서양 저편으로부터 침입을 시도하고 있는 중이라면, 그것을 기도하는 정부와 (그에 선행하는) 사회 그 자체는 도저히 희망을 바랄 수 없을 정도로 부패했을 것임에 틀림없다. 따라서 모든 아메리카인들의 덕성과 개인적 성실성이 부패로 위협받고 있는 상태였고, 그러한 부패는 한때 아메리카인 스스로가 안전한 버팀목이라고 믿었으나 이제는 자신

---

* 약속 어음이나 차용 증서처럼 부채의 증거에 기초한 신용을 말함.

에 반하는 존재가 되어 버린 곳으로부터 뿜어져 나오고 있었다. 사람들이 지적 제한의 한계에 갇힌 논리를 가지고, 사악한 세력들이 인격 깊숙한 곳에 자리한 내성(內城)을 침범하기 위해 어떤 음모를 꾸미고 있다고 생각지 않을 수 없게 되었을 때, 그들이 발한 언어는 편집병적 색조를 띠기 시작하였다. 계속되는 정부의 조치가 항상 지난번보다 훨씬 더 전복적으로 보이는 것을 설명할 수 있는 길은 오직 악마적 음모론뿐이었다.[2] 덕성은 일단 위험에 처하게 되면, 그 스스로에게로 되돌아가지 않으면 안 되는 특징을 가졌고, 그래서 린노바치오네(갱신)와 리두레 아이 프린치피(원리로의 회귀)가 결여된 아메리카인들이 찾을 수 있는 치유책은 존재하지 않았다. 브리튼 정부의 근본원리들로 회귀하든가, 혹은—일단 그 자신이 부패의 씨앗을 가지고 있는 것으로 간주된 다음에는—공화국 그 자체의 근본원리들로 회귀하는 수밖에 없었다. 그것은 덕성을 자유롭고 안전하게 해줄 수 있는 방향으로 정체의 형태를 재편하려는 시도였다. 아메리카인들은 의회 군주정을 거부하고 잉글랜드판 비베레 치빌레(시민적 삶)를 선호함으로써 니덤과 해링턴의 사고 실험을 반복했으나, 단순히 그것에 머물지 않고 실제의 행동으로까지 나아갔다. 이 지점에 도달할 때까지—이 역시 곧 지나치게 되겠지만—혁명은 아직 기존의 패러다임을 따르고 있었고, 토머스 쿤이 말한 "정상과학"상의 시도를 하고 있었던 셈이다.

그러나 그들 스스로가 취한 덕성과 부패가 설사 폐쇄적이고 강박적인 틀 속에 있었다 하더라도, 만일 다른 틀을 찾을 수 없다면 오직 그 자체로서 작용할 수도 있었다. 이미 살펴본 바와 같이, 브리튼에는 "궁정" 이데올로기라는 것이 있었고, 이는 비록 "지방" 이데올로기보다

---

2) 음모론의 증가에 대해서는 다음을 볼 것. Bailyn, *Ideological Origins*, pp. 85-93, 95-102, 119-43; Bailyn, *American Politics*, pp. 11-14, 35-38, 136-49; Gordon S. Wood, *Creation of the American Republic*, pp. 16, 22-23, 30-36, 40-43.

더 명료하고 더 두드러지지는 않았지만, 그래도 볼링브로크의 탄핵에 어느 정도 효과적으로 대응할 수 있었을 뿐 아니라, 뒤에 흄과 그 계승자들에 의해 복합적이고 양면적인 역사철학으로 확대될 수 있었다. 그것은 덕성과 상업 간의 단순한 대립에 기초한 것이 아니라, 토지와 화폐, 권위와 자유의 경우처럼 양자가 상호 침투성을 가지고 있다는 인식에 그 토대를 두고 있었다. "지방" 이데올로기의 창시자들은 이미 1698년에 이러한 진실을 인정하고 있었다(물론 그로부터 끌어낸 결론은 달랐지만). 더욱이 브리튼에서는 궁정과 지방 그 자체가 공생 관계에 있었고, 지방 젠트리 역시 스스로 주장하는 것만큼 그렇게 근본적인 독립성을 유지한 적이 없었다.[3] 채권, 군대, 그리고 후원제도를 이용하는 행정부의 존재는 엄연히 삶의 한 부분이었다. 그것은 마치 인간에게 덕성을 부여하는 재산이 그렇게 할 수 있는 그것의 능력 일부를 무역 메커니즘과 신용의 변동으로부터 이끌어내는 것과 같았다. 물론 이런 것들이 타락적인 영향을 미친다는 것을 부인하기는 어려웠지만, 덕성이 상업의 세계 속에, 가치가 진행 중인 역사 속에 틀림없이 존재할 것이라는 점 역시 부인하기 어려웠다. 젠트리의 정치적 독립성은 이러한 과정에 영향력을 발휘하는 능력, 그리고 스스로의 독립성을 훼손할 수도 있는 것들을 완화하고 제한할 수 있는 능력에 달려 있었다. 그리고 최후의 파국에 대한 개연성은 그것이 불확정적으로 유예될 개연성에 의해 상쇄되었다. 때로는 일을 하기 위해 후원제도라는 조치가 필요하기는 하지만 그래도 행정부와 하원이 공존할 수 있는 수단이 있다고 주장했던 의회 군주정 이론은 이러한 정치 인식에 대한 한 반응 양식이었다. 그것은 권위와 자유, 이기심과 이타심, 감정과 이성이 모두 갈등과 공생이라는 동류의 관계 속에서 존재한다고 했던 흄의 가르

3) Paul Lucas, "A Note on the Comparative Study of the Structure of Politics in Mid-Eighteenth Century Britain and its American Colonies," *William and Mary Quarterly*, 3d ser., 28 (1971), pp. 301-309.

침과 같은 것이었다. 잉글랜드와 스코틀랜드 이론가들은 어떤 궁극적 부패에 대한 비전에서 해방될 수는 없었지만, 대부분 그 스스로가 어느 순간 파국이 들이닥칠 수도 있는 운의 바퀴를 타고 있다는 생각은 하지 않았다.

만약 식민지인들이 가지고 있던 현실 인식이 브리튼의 경우에 비해 훨씬 더 취약한 상태에 있었다고 한다면, 그들이 궁정파 없는 지방파로 이루어져 있었다는 사실로 그것을 일부 설명할 수 있다. 그들은 함께 살 방도를 구해야만 하고 또한 구할 수 있는 한 세력으로서의 근대 정부와 얼굴을 맞대고 있지 않았다. 그래서 비록 멀리 떨어져 있는 그 정부에 의해 만들어지기는 했어도 직접적인 공생의 관계에 있지는 않았다. 외면상의 독립성이 커지면 커질수록, 그들이 가진 덕성이 자신들만의 것이라는 느낌은 더욱더 강해졌다. 하지만 그들이 직접 참여하지도 않는 정부의 조치가 더 적극적으로 행해지면 행해질수록, 자신들의 독립성과 덕성이 단지 부패라고 부를 수밖에 없는 세력에 의해 위협받고 있다는 느낌도 더 강해져 갔다. 그리고, 마키아벨리와 카토가 가르쳐 준 것처럼, 일단 정부를 불신하게 되면 아무 것도 무서울 것이 없었다. "더러운 냄새만 바람에 실려와도" 폭정을 두려워하게 되는 것이다. 일찍이 부어스틴과 하츠는, 이데올로기란 것은 오직 구세계의 사회 갈등으로 인해 생긴 것이며 아메리카에는 그런 것이 이식되지 않았기 때문에, 아메리카에는 이데올로기가 없었다고 주장한 바 있었으나,[4] 이는 베일린과 우드의 해석으로 완전히 전복되었다. 앞으로 살펴보게 되겠지만, 효율적인 근대 정부는 아메리카에 근대성 그 자체에

4) Daniel Boorstin, *The Genius of American Politics* (University of Cicago press, 1953); Boorstin, *The Americans: the Colonial Experience* (New York: Random House, 1958); Louis B. Hartz, *The Liberal Tradition in America: An Interpretation of American Political Thought since the Revolution* (New York: Harcourt, Brace, 1955).

대한 두려움을 이식하였고, 덕성에 대한 부패의 위협은 곧 그러한 두려움에 대한 당시의 이데올로기적 표현이었다.

아메리카를 확고한 기반 위에 올려놓은 것은 플랜테이션이었으나 그것을 안전하게 보호한 것은 정복이었다. 고전적 혁명 과정에 착수한 브리튼 정부는 7년 전쟁의 후속 조치로 식민지 재편 과정을 밟고 있었다. 그 결과 브리튼은 북아메리카와 인도에서 승승장구하게 되었다. 상업과 해군력, 그리고 식민지에서 세력을 크게 확장함으로써 명실상부 대규모 제국으로 인정받았다. 고전적 어휘의 모든 관례에 따르자면 바로 이때야말로 제국적 정복에 의해 정체가 공화국에서 전제 군주국으로 바뀌고, 오직 황제만이 분배할 수 있는 부로 인해 시민은 부패의 나락에 빠지고 만 로마의 운명에 대해 경고를 발할 적절한 시기였다. 하지만 그러한 경고가 브리튼에서도 있기는 했지만, 그것은 주로 인도와 서인도제도에서 떼돈을 번 벼락부자에게나 예상되는 행위들을 겨냥했을 뿐이다. 그들은 동산 형태의 엄청난 부를 이용하여 새로운 "금전상의 이해"를 증폭시키고 자치 도시를 통째로 매입함으로써 아예 의회를 매점해 버렸던 것이다.[5] 북아메리카 국내 하천체계를 접수한 일은 별로 그런 우려를 유발하지 않았는데, 이는 아마도 그것을 해전—지방파 정치가들이 오랫동안 유럽 내륙에서 수행된 전쟁과 비교해서 더 우호적인 견해를 표명했던—과 동일한 것으로 보았기 때문인 것 같다. 그들은 해전이 육전에 비해 이익이 되면서도 부패하지 않은 것으로 생각했던 것이다. 그것은 채텀이 보기에 의회에서 하노버와 프러시아의 쪽을 강력히 옹호해야 할 필요가 있었던 사건이었다. 그러나 아메리카인들은 외국과 원주민의 공격으로부터 자신들을 안전하게 지켜줄 제국의 정복활동이 이제는 자국 정부에 의한 부패의 위협으로 나타나고 있다는 명백한 역설에 직면하였다. 그러한 상황에서는 공화국과

5) 그러한 수사(修辭)의 절정은 1783년 폭스가 제안한 인도법(印度法)과 워렌 헤이스팅스의 탄핵에서 볼 수 있다.

카이사르의 수사가 적절하게 보였고 그래서 실제로 사용되기도 했다.[6] 하지만 아메리카인이란 존재는 그 자신의 눈으로 보더라도 공화국이 아니라 제국을 팽창시키는 식민지 체제의 일원이 아니었던가?

그러나 반드시 주목해야 할 점은, "제국"이라는 용어가 마키아벨리적 전통에서는 한 가지 이상의 의미로 사용될 수 있었다는 것이다. 어떤 측면에서 로마는 정복으로 인해, 또한 그러한 의미에서 제국화로 인해 부패하게 되었다. 그래서 프린켑스(princeps 제1인자/원수〔元首〕)이자 동시에 그것을 계승한 임페라토르(imperator 군지휘관/황제)인 존재에 의해 통치되는 "제국"을 공화국과 구별하는 것이 통상적인 용례였고 또 현재까지도 그러하다. 반면, 로마인들은 다른 민족에 대한 권력이라는 의미에서 임페리움(imperium 군사적 통치권)을 행사했는데, 이는 마키아벨리의 "팽창을 위한 공화국"과 같은 것이었고 마키아벨리적 비르투의 발휘를 통해 이루어진 것이었다. 비르투의 성공적인 발휘가 결국에는 그것을 부패시키는 원인으로 귀착되고 마는 것인가? 대체로 마키아벨리는 그것이 필연적이라 생각했고, 신해링턴주의자들은 공화국의 쇠퇴를 상업적 제국과 동일시하였다. 자신들의 시대에서 보듯이 후자는 결국 금전적 이해와 직업군대로 귀결되었다는 것이다. 그러나 이런 종류의 군사적·재정적 부패가 유럽의 육전(陸戰)을 통해 증대된다고 생각하면서도, 바다와 식민지에서의 전쟁은 지방의 비부패적 비르투스의 일부라고 본 것이야말로 바로 아우구스투스기의 역설 중 하나였다. 해링턴의 오세아나국(國)은 스스로를 부패에 의해 위협받지 않는 "팽창을 위한 공화국"으로 만들어주는 외국 플랜테이션 정책을 추구함으로써 "바다를 지배"하였다. 애팔래치아 산맥 너머를 응시하는 아메리카인들도 — 약간은 의도된 집단 학살의 도움을 받는다면 — 이와 동일한 비전을 가질 수 있었다. 설사 제국이 궁극적으로 부

6) Wood, pp. 34-36.

패할 것이 틀림없다고 하더라도, 자유를 사랑하는 전사들 — 그리스인들, 로마인들, 고트인들 — 이 덕성을 발휘하여 제국을 획득하고 그것이 사멸할 때까지 다스린 역사적 아나쿠클로시스(순환)의 흔적은 남아 있었다. 비르투의 소멸과 재생에 대한 마키아벨리의 이론에서 이미 암시된 바 있는 이러한 개념은 중세의 트란스라티오 임페리(translatio imperii 권력 이전론)* 이론으로 흡수 · 융합되었으며, 건국 초의 아메리카인들이 오하이오와 미시시피 계곡 지대의 "제국"에 대해 얘기하면서 사용했던 자유의 의미를 설명하는 데 도움이 될 수 있다. 덕성과 양립 가능한 제국은 만약 그들의 건국과 초기 역사의 상황을 감안한다면 그들에게는 대단히 필요한 개념이었다는 것을 알 수 있다.

아메리카판(板) 권력 이전론은 일찍이 1725년 버클리 작(作) 《아메리카 학예(學藝)의 전망에 대한 시편》(*Verses on the Prospect of the Arts and Learning in America)*의 유명한 마지막 연에서 다음과 같이 표현되고 있다.

> 서부로, 제국의 행로는 그쪽이라지
> 　첫 4막은 이미 끝나 버렸다네
> 시간이 지나면 연극도 5막으로 끝을 맺겠지
> 　시간이 낳은 가장 고귀한 자손은 마지막이라네.

아메리카의 천년왕국적 비전에 대해 계몽적인 연구서를 내놓았던 어네스트 투버슨은 이 싯구들이 천년왕국적 색채를 가지고 있다는 것을 부인하고 있는데, 그 이유는 연극의 제5막이 진정한 천년왕국의 특징을

* 최고 권력이 일직선적으로 한 권력자에게서 다음 권력자로 넘어간다는 중세의 전형적인 개념. 독일, 프랑스, 잉글랜드의 황제나 왕들이 고대의 권위에 기대어 자신의 정치권력을 정당화하려는 의도에서 비롯되었다. 예컨대 프라이징의 오토는 최고 권력이 로마 → 비잔티움 → 프랑크족 → 롱고바르도족 → 게르만족(신성로마황제)으로 이전되었다고 주장하였다.

담고 있다는 충분한 증거가 없기 때문이라는 것이다. 여기서 그가 본 것은 단지 다니엘서(書)의 언어와 결합된, 학예의 쇠퇴와 재생에 대한 후기 르네상스적 비전이었을 뿐이다.[7] 그러나 권력 이전론과 마찬가지로 트란스라티오 스투디(tranlatio studii 지식 이전론) 역시 비르투스의 이전에 의존하며(버클리 자신이 이 점을 분명히 하고 있다), 덕성이, 비록 스스로를 대체하는 정도까지는 아니라고 해도, 역사 속에서 작용하는 은총의 계시적 배경을 요구하는 것은 흔히 볼 수 있는 상황이다. 투버슨 자신도 그리스도가 성인들을 다스리는 진정한 천년왕국이 어느 정도로 미래의 유토피아와 동일시되었던가를 입증한 바 있는데,[8] 여기서 인간의 능력은 섭리의 작용으로 진보하여 결국 완전성에 도달하게 된다. 버클리의 "제5막"이 때로 5왕국을 의미하기도 한다는 점은 거의 의심의 여지가 없다. 더욱이 투버슨은 아메리카적 계시론이라 할 만한 것이 폭넓게 존재했다는 사실을 보여주었다. 여기서 트란스라티오 임페리 이론은 서쪽으로 나아가는 세계사의 순환이 아메리카에서 그 절정에 달하고 있음을 확인하면서, 그러한 제국적 공화국에 그가 묘사한 대로 정확히 천년왕국적이자 유토피아적인 역할을 부여하는 하나의 양식으로 작용했던 것이다.

엘리자베스 시대의 프로테스탄트에 의해 시작된 민족 계시론은 왕정복고 이후 잉글랜드에서는 크게 퇴조했으나, 아메리카에서는 변형된 모습으로 살아남았다. 뉴잉글랜드가 신과 맺은 초기 성약(聖約)은 적그리스도에 대한 투쟁에서 아주 쉽게 어떤 역할을 할 수 있었고, 이러한 역할은 성약의 계승자들이 그로부터 이탈하고 있다고 계속 비난하던 한탄조의 설교에도 불구하고 전혀 퇴색하지 않았다. 성약을 맺었거나 혹은 선택된 민족이라 해도 배교 행위를 수없이 저지를 수 있으

7) Ernest Lee Tuveson, *Redeemer Nation: The Idea of America's Millennial Role* (Chicago University Press, 1968), pp. 92-94.

8) *Millennium and Utopia*. 위의 2장 주 21을 볼 것.

며, 악마에 대항하는 투쟁의 기록이 곧 배교와 회심을 반복한 기록일 수도 있다. 하지만 이미 살펴본 바와 같이, 퓨리턴 후기는 물론 심지어는 이신론적 사상에서조차도 공화국 — 그곳에는 사제도 없을 뿐더러 민회가 수행하는 시민적 기능이 곧 종교이다 — 은 천년왕국에 대해 예언된, 만인이 사제가 되고 성인들이 통치하는 세상과 너무나 쉽게 동일시되었다. 천년왕국이 유토피아가 되면 될수록, 그리고 성인의 통치로 인간 능력이 완전해지면 완전해질수록, 공화국을 제5왕국과 동등시하기는 더 용이해졌다. 사실 이 둘은 언제나 서로 융합되는 경향이 있었다. 인간 능력의 완성은 갑작스러운 계시에 의해 은총이 주입된 결과라기보다는 섭리에 의해 진보를 지향한 결과로 간주되었고, 그래서 "서부로의 행로"라는 폐곡선 안에서 일어나는 것이 어쩌면 당연할 수도 있는 세속적이고 역사적인 현상이었다. 따라서 아메리카의 계시적 · 유토피아적 역할은 보통 종교적 자유의 보존 — 신성 공화국과 합쳐진 휘그적 관용 — 과 고트적 자유 및 덕성 구조의 한 부분이라는 측면에서 조망되었다. 그러한 요소들은 구세계에서 부패에 의해 파괴된 이후 "연극"의 "끝"으로 가는 "서부로의 행로" 속에서 살아남았던 것이다.

그러나 이는 반구(半球) 이쪽저쪽에서 부패를 적그리스도의 역사, 특히 신세계라는 성약의 땅에 상존하는 배교의 위협과 동일시하는 결과를 가져오게 된다. 따라서 투버슨이 "계시적 휘그주의"라고 부르는 것의 존재를 추적하여 존 애덤스의 《교회법 및 봉건법에 대한 논설》(*Dissertation on the Canon and Feudal Law*)과 같은 비(非)천년왕국적 저작의 언어에서까지 그 흔적을 찾았어야만 했다는 지적은 논리적이다.[9] 언덕 위에 세워진 도시는 균형 정부와 동일시되었다. 그곳에서는 서품을 받은 사제도 그 외 다른 어떤 부패의 세력도 사람들의 덕성

9) *Redeemer Nation*, pp. 20-25; Wood, pp. 116-18.

과 자유를 혼란케 할 수 없었고, 자유를 위협하는 부패는 덕성을 위협하는 배교만큼이나 적그리스도의 역사로 간주되었다. 성스러운 역사 속 은총의 작용이 섭리가 이끄는 세속적 계몽의 진보와 결합하게 되자, 적그리스도는 이제 진보를 늦추거나 왜곡하는 역사적 세력 — 로마의 교권주의자, 봉건적 잔재, 근대적 부패 등 — 과 동일시되기에 이르렀다. 자의적인 과세, 상비군, 국교회 등은 여전히 사악한 힘의 산물로 비칠 여지가 있었다. 그러한 힘은 세계 역사의 트란스라티오(이전)와 아나쿠클로시스(순환)를 통해 로마와 고트족의 덕성을 약화시키고자 했으며 이제는 브리튼의 덕성도 그 대상이 되었다. 제국이 아메리카인의 덕성을 부패시킬 것인지 혹은 유지하게 해줄 것인지를 결정하는 것은 세계사적 측면에서뿐 아니라 종말론적 측면에서도 중요한 일이었고, 만약 덕성이 유지된다면, 그 결과를 천년왕국 혹은 제5왕국과 구분하기란 어려운 일이었을 것이다. 한탄조의 색채(jeremiad) — 모든 수사적 양식 중에서도 지극히 아메리카적인 — 는 고전적 공화주의 이론의 언어와 합쳐져서 거의 계시적 마키아벨리즘에 대해 얘기할 만한 지점에까지 이르렀다. 그리고 이는 또한 부패가 아메리카를 위협하는 그 순간을 유일무이하고도 보편적인 위기로 간주하는 경향을 강화하였다.

[II]

그러나 계시적 차원이 비록 혁명기의 수사 속에 등장하기는 했지만 그곳에서 주도적 위치를 차지한 것은 결코 아니었다. 그 세대의 아메리카인들은 스스로를 성약의 의무를 진 성인이라고 보기보다는 애국적 덕성을 갖춘 무장한 자유민으로 간주하였다. 여기서 계시가 여전히 사용 가능한 호소의 수단이었음을 강조하는 이유는 분석적이고 진단적인 성격을 가지고 있다. 그것의 존재, 그리고 구 휘그의 시민적 휴머니즘과의 지속적인 양립 가능성은 아메리카의 사상과 언론이 우리가 지금까지 살펴본 르네상스적 전통에 얼마나 깊이 뿌리박고 있는가를 예시하고 있으며, 바로 그러한 전통 속에서 시민은 스스로의 극화(劇化)를 위해 종종 통상적으로는 성인의 영역이었던 계시적 배경을 요구하였다. 하지만 베일린, 폴, 우드 등과 같이 최근 이러한 전통의 지속성이란 관점에서 아메리카 혁명을 연구해 온 모든 학자들은, 헌법제정과 연방주의자 대 공화주의자의 논쟁이 있었던 시기에, 오히려 시민적 전통은 변화의 위기를 겪은 뒤 다시는 그것에서 회복하지 못했다고 주장한다. 우드는 특히 "고전적 정치의 종말"을 얘기하고 있을 정도이다.[10] 그처럼 거대한 변증법적 정점에 도달하는 것이야말로 사실 이 같은 책의 저자처럼 방대한 작업을 감수해야 하는 학자에게는 만족스러운 귀결이었을 것이며, 그런 만큼 우드의 주장은 주의 깊은 연구의 산물이었을 것이다. 하지만 몇 가지 유보적인 견해는 피력될 필요가 있다.

독립으로 이어진 위기 이전에 글을 썼던, 아메리카의 상황에 민감한 저술가들은 식민지 정치가 변동이 심한 이유는 그곳에 상원에 대응하는 기관이 없기 때문이라고 주장하였다.[11] 이 말의 의미는 양원(兩院)이 그렇게 양립 가능하지만은 않다는 것이었다. 첫째, 그들은 브리튼 헌정에서 상원의 귀족들이 고전적 의미에서의 소수의 역할을 한다는 이론을 암시하고 있었다. 그들은 더 많은 여가와 경험을 가지고 있으며 — 그들은 이러한 품성들이 보장되는 것은 바로 세습적 성격 덕분

10) Bailyn, *Ideological Origins*, ch. V, "Transformation"; Bailyn, *Political Pamphlets of the American Revolution*, I (Cambridge, Mass. : The Belknap Press, 1965), pp. 3-202 ("The Transforming Radicalism of the American Revolution"); Pole, *Political Representation*, pp. 531-32 ("the decline of virtue"); Wood, ch. XV, #5, pp. 606-18 ("The End of Classical Politics").

11) Wood, pp. 210-12.

이라는 견지에서 그 세습성을 옹호할 수 있었다 — 왕과 평민, 일인과 다수, 행정부와 입법부 간의 중재권(pouvoir intermèdiaire), 1642년의 언어로는 "차폐물과 제방"(screen and bank)으로 묘사될 수 있는 보수적이고 중재적인 기능을 수행하였다. 아무리 빨라도 1675년 이후에 제시된 주장으로는, 귀족 없는 하원은 반항적이고 소란스러워질 것이며 오직 힘이나 부패만으로 운영될 가능성이 있었다. 샤프츠베리와 볼링브로크의 지방파 전통은 어떤 의미에서든 귀족에 적대적이지 않았다. 그들은 세습적 지위를 토지에 기초한 독립성을 강화하고 궁정의 책동을 막는 요인으로 보았다. 1719년의 귀족법이 결국 입안에 실패한 이유도 상원에 법적으로 더 이상의 독립성을 부여하려는 시도가 틀림없이 자멸적인 결과를 초래할 것이라는 분위기 때문이었다.

둘째, 하지만 식민지 정치에 대한 분석가들은 고대 귀족정을 새로운 사회에 세우기는 힘들며, 장원을 소유한 귀족은 정주지 환경 하에서는 번성하지 못할 것이라는 점을 알고 있었다(물론 허드슨 계곡은 이러한 주장을 반박할 만한 근거를 제공할 만했지만). 로크, 펜, 그리고 남북캐롤라이나, 뉴저지, 펜실베이니아 주 대표들에 의해 만들어진 해링턴적 헌정은 완전히 실패로 끝났으며,[12] 만약 독립적 귀족층이 식민지적 조건 하에서 만들어질 수 없다면, 강화된 두 번째 원(院)을 제안하는 것은 곧 총독에 의해 임명되어 그의 뜻에 따라 불안정한 상태에서 관직을 보유하는 종속적 과두정 — 마치 1657년에서 1659년 사이 크롬웰 치하의 "또 하나의 의회"(Other House)와 같은 — 을 제안하는 것과 같게 될 것이다. 마키아벨리와 해링턴의 말과 같이, 공화주의 전

---

12) 이에 관한 모든 텍스트는 다음에 수록되어 있다. Francis Newton Thorpe, ed., *The Federal and State Constitutions, Colonial Charters, and Other Organic Laws of the States and Territories Now of Heretofore Forming the United States of America* (Washington: Government Printing Office, 1909), vol. V.

통은 사실 식민지와 주들이 통제적 권력에 의지하는 불안정한 과두정을 통해 통치되어야 한다고 단언하였다.[13] 그러한 과두정은 이탈리아어 도미니오(dominio 자치령)와 같이, 도시나 혹은 사법적 영역 속에 완전히 편입되지는 않았다. 하지만 일단 사람들이 식민지를 공화국 혹은 자율적으로 정의로운 사회로 생각하게 되자 — 이 중대한 전망의 변화에는 고전적 언어의 채택이 강력한 영향을 미쳤다 — 그러한 과두정은 본질적 부패를 안고 있는 것으로 보였고, 현실에서는 그것을 총독의 자문 기구와 구별할 수 없었기 때문에 또한 권력분립을 침해하는 것으로 간주하였다.

따라서 식민지 정치의 조건들은, 비록 비논리적이기는 하지만, 세습귀족을 덕성이 아니라 부패를 조장하는 존재로 보고 그것을 배척하는 쪽을 가리키고 있었고, 이러한 상황은 잉글랜드에서도 공화국에 의한 일련의 급진적 운동 이후 언급된 적이 없었던 것이었다. 그리고 아메리카에서 브리튼식 헌정 구조를 거부하기 시작했을 시기에 — 이는 아마도 토머스 페인의 《상식론》(*Common Sense*)으로 촉발되었을 것이다 — 식민지인들은 브리튼 세습귀족의 존재에 자극받아 의회 혼합 군주정을 부패에 기초하고 있는 것으로 간주하여 — 이는 아마 《카토 서한》에서 배운 결과일 것이다 — 그것을 배제하는 쪽을 택했다. 아메리카적 성향만큼이나 잉글랜드적 성향 역시 가지고 있었던 지식인들에게는, 의회 군주정을 거부한다는 것은 곧 잉글랜드 정치사를 공화주의 전통의 정점에 이른 것으로 재해석한 해링턴적 전통으로 되돌아간다는 것을 의미했다. 하지만 다른 모든 공화주의 고전이 그렇듯이, 해링턴도 세습적이거나 수구적이거나 혹은 인위적으로 만들어진 귀족에 대한 대안은 단연코 자연 귀족이라는 것을 분명히 천명하였다. 후자는 자연적인 재능의 탁월성은 물론, 고전적 소수에게 요구되는 정신적 자질

---

13) 해링턴에 대해서는 다음을 볼 것. Toland, *Works*, pp. 40-41.

못지않게 재산, 여가, 학식 등과 같은 우연적·물질적 이점으로 판별되는 엘리트들이었다. 그러한 사람들의 공급은 자연이 보장한다고 생각되었고, 진정한 엘리트라면 다수에 의해 자연히 인정되는 법이라는 주장도 인위적으로 확립된 귀족계급에 불리한 견해 중 하나였다. 민중들은 나름대로의 식별양식을 사용함으로써 누가 귀족인지를 알아낼 수 있었고, 그래서 미리 그것을 법적으로 선택할 아무런 필요도 느끼지 않았다. 정체를 민주화하기 위해 보통 끄집어내곤 하는 것이 바로 경의(敬意; deference)의 이론이었다.

대부분의 아메리카 식민지에서 이러한 자연 귀족의 역할을 수행할 준비가 되어 있던 계층은 바로 귀족적 엘리트들이었고, 그들은 사실상 가시적인 재산과 문화에 의해 다른 부류와 구별되었다. 특히 식민지 버지니아에서 씌어진 글들은 자명한 사회 지도층과 공손하지만 결코 무비판적이지는 않은 요우먼리(자작농) 간에 존재하는 것으로 생각되는 관계를 이상화하는 흥미로운 사례들을 담고 있다.14) 이는 다시 한번, 경의가 위계적이 아니라 공화주의적 특징임을 예증하고 있다. 이상화된 버지니아의 다수—소규모 백인 자영농들—는 비록 정치적 역동성은 없지만, 그렇다고 무기력한 정도는 아니다. 그들은 나름대로의 재판을 시행하고 그들만의 권력을 행사한다. 굳이 위계적이라 부를 만한 부분이 있다면, 그것은 그들이 소수와 동일한 역할을 수행하려 하지 않았다는 것이 전부이다. 하지만 소수가 자신들의 덕성을 가지고 있듯이 그들도 스스로의 덕성을 소유하고 있을 뿐 아니라, 그보다 더 상위의 덕성도 있어서 그 덕분에 소수와 다수는 서로 간에 행사하는 덕성들을 존중한다. 소수는 다수의 판단이 설사 좀 단순하다는

---

14) Charles S. Sydnor, *Gentlemen Freeholders: Political Practice in Washington's Virginia* (Chapel Hill: University of North Carolina Press, 1952), republished as *American Revolutionaries in the Making* (New York: Free Press, 1965); Pole, *Political Representation*, pp. 148-65.

생각이 들 때라도 그것에 경의를 표하는 것을 부끄럽게 여기지 않는다. 그래서 경의와 덕성이 거의 동일시되는 지점이 존재하게 된다는 것이다.

아메리카인들은 부패한 의회 군주정에 대항하여 자신들의 덕성을 옹호하기 위해 스스로를 공화국 연맹으로 재조직하는 데 착수하였다. 이 지점에 이르면 그들의 혁명은 정확히 사보나롤라나 마키아벨리에게 이해 가능한 의미로서의 린노바치오네(갱신)가 된다.[15] 그러나 우드는 혁명주의자 자신들의 언어와 경험으로부터 아주 상세히 고증된 바탕 위에서, 의식적으로 수행된 이러한 고전적 과업은 정확히 지금까지 검토해오고 있는 지점에서 실패로 끝났다고 주장하였다. 로크식의 "정부 해체"(dissolution of government)가 발생했을 때 — 어떤 지역에서는 로크의 이름을 거명하면서 그런 말을 하고 있었다 — 사람들이 자연적으로 식별 가능한 소수와 다수로 스스로를 나누어 상호 보완적인 역할을 수행하고 상호 보완적인 덕성을 실행하는 일은 일어나지 않았다는 것이다. 매사추세츠와 펜실베이니아를 비롯한 여타 지역에서는 자연 귀족을 판별하기 위한 의도적인 헌정적 실험들이 수행되었다. 매사추세츠에서는 재산을 보는 아리스토텔레스적 기준이 적용되었고, 펜실베이니아에서 시도된 단원제 의회에서는 자기 선택의 방법이 사용되었다. 하지만 이러한 실험 중 어떤 것도 성공하지 못했고, 독립 전쟁 직후 자연적으로 판별된 사람들, 아리스토텔레스에서 몽테스키외에 이르기까지 모든 공화주의 이론가들이 전제했던 그런 사람들은 결코 출현한 적이 없다는 인식이 싹틈으로써 혁명은 자신감의 위기에 봉착하였다.[16] 이는 독립을 위한 투쟁을 이끌었거나 그 와중에서 살아남은 귀족 엘리트들이 이제는 스스로 자연 귀족으로서 이데올로기적으로

15) 이 점에 대해서는 반드시 아렌트의 저작을 읽을 필요가 있다. Hannah Arendt, *On Revolution* (London: Faber and Faber, 1963).

16) Wood, *passim*, & esp. pp. 391-425.

정당화되었던 그동안의 역할에 위협을 느끼게 되었다는 사실보다 훨씬 더 이상의 것을 의미하였다. 그것은 덕성 그 자체의 개념에 대한 위협이 존재한다는 것을 뜻했다.

만약 사람들이 질적으로 상이하지 않다면, 즉 각각이 질적으로 정의된 범주에 속해서 그것에 적절한 기능과 덕성을 가지고 있지 않다면, 그들은 결코 각 시민으로 하여금 이웃의 덕성을 존중하는 덕성을 실천하도록 하는 것을 정치의 실천으로 삼는 어떤 정체에 함께 참여할 수는 없을 것이다. 또한 그들을 뭉치게 할 수 있는 어떤 정치구조가 존재한다 해도, 그것이 개인의 독특한 도덕적 인격에 대한 직접적인 관계를 지탱할 수는 없을 것이며, 결과적으로 그러한 인격을 권력에 종속시킴으로써 그것을 부패하게 만들 것이다. 마키아벨리와 몽테스키외가 오직 평등—이소노미아(법 앞의 평등)의 의미에서—만이 덕성의 실천을 가능하게 만든다고 했을 때, 그들은 또한 평등한 인간이라면 반드시 덕성을 실천하거나 아니면 부패하게 되거나 둘 중 하나라는 의미도 심중에 담고 있었다. 해링턴은 만약 평등한 사람들이라면 반드시 스스로 자유 의지에 의해 통치를 받거나 아니면 힘에 눌려 통치를 받거나 둘 중 하나라고 주장한 적이 있지만, 신해링턴주의자들이 바론-바쌀 관계의 쇠퇴를 부패의 출현과 연관시켰을 때, 이는 곧 해링턴의 이론에다 그들이 조종과 허위의식에 의해 통치될 수도 있다는 인식을 첨가하는 의미를 가지고 있었다. 부패를 피하려면 반드시 평등 내에 덕성이 존재해야만 한다. 여전히 그리스도교적 심성을 지니고 있던 18세기 시민적 휴머니스트들은 일인, 소수, 다수라는 고전적 구분을 사용하여 사람들을 삼위일체로 만듦으로써 이를 확신하고자 하였다. 그러한 삼위일체 속에는 관계가 존재하고 따라서 덕성도 존재할 수 있을 것이라는 의미였다. 하지만 이러한 통설도 이제는 실패로 끝난 것처럼 보였다. 마테리아(질료)가 너무 단성적이고 일차원적이어서 형상을 부여하기는 힘들 것처럼 보이기 시작했고, 조온 폴리티콘의 패러다임은 위험에 처해 있었다. 1780년대 초 아메리카인들이 쓴 글 속에서 우리는 당혹함의 징후를 읽어낼 수 있다.

우드는 이 시기의 대단히 복합적으로 얽혀 있는 목소리들을 통해—모든 아메리카 저술가들이 자유의 사회학 계통의 언어를 쓰고 있었던 것 같다—주요 연방주의 이론가들이 자연 귀족의 실패로 인한 위기를 극복하고자 고안해낸 민주정치를 위한 새 패러다임의 출현과정을 추적하고 있다. 물론 그들의 의도가 자연 귀족을 대체하려는 것이었는지, 혹은 그것을 복원하려는 것이었는지, 그 여부가 항상 분명치는 않다. 결정적인 것은 사람들에 대한 개념이 바뀌었다는 점이었다. 이제 사람들은 다양한 자격과 기능을 갖춘 집단으로 구분되지 않고, 그냥 단일한 조건 속에 존재하게 되었다. 그들이 어떤 특징을 소유하고 있는가는 별로 문제시되지 않았다. 다양한 통치 권력들도—본질적으로는 여전히 권력분립 이론의 입법부, 사법부, 행정부의 구분을 유지하고 있었다—관련 능력을 소유한 사회 집단들에 의해 직접적으로 행사되기보다는 인민을 대표하여 행동할 수 있는 자격을 갖춘 개인들에 의해 간접적으로 행사되었다. 모든 권력은 대표자에게 위임되었고, 모든 권력 행사 방식은 곧 인민을 대표하는 방식을 의미하였다. 설사 인민이 무한히 다양한 기질을 소유한, 구분되지 않은 상태의 덩어리 같은 것이었다 해도, 그들은 동시에 다양한 권력 양식들을 구분하여 그 각각에 상응하는 다양한 대표 수단 속에 스스로를 구현해 낼 수 있는 무한한 능력을 가지고 있었다. 그들은 피렌체식 마테리아로부터 정말 먼 여정을 달려온 것이다.

통치상의 권력을 행사하는 것과 그것을 행사하는 대표를 지명하는 것도 서로 구분되었다. 모든 정부는 인민을 위한 것이라는 주장과, 인민들은 권력의 행사를 다양한 대표에게 맡기고 다함께 정부에서 물러났다는 주장이 모두 가능했다. 후자의 경우, 경험으로부터 통치술을 배울 수도 있는 상황에 있었던 대표자들은 옛날의 자연 귀족이나 특수한 소수의 특징을 떠맡고 있었다. 루소는 일반의지(volonté générale)는 결코 특수한 결정과정에 개입해서는 안 된다는 주장을 통해, 유권자인 인민과 통치하는 인민 간의 이러한 구분에 동의했던 것으로 볼 수 있다. 그는 아마 마키아벨리식의 리두레(회귀)가 헌법 개정의 권력이 언제나 인민에게 있으며 그것의 행사는 언제나 잠재적 실현성을 갖고 있다는 규정 속에서 확인된다고 본 점에서 연방주의자 측에 합류했을 법하다.[17] 적어도 우리가 여기서 보는 사람들 그 자체는 꽤 직접적인 의미에서 행동적이었다. 아마 루소는 대표를 내보내는 사람들과 대표가 된 사람들 사이의 관계가 통치에 보편적으로 개입되는 것을 좋지 않게 생각했을 것이다. 그리고 이는 우리가 지금까지 살펴본 바의 그런 공화주의 전통에 속하지도 않는다. 여기서 분명한 것은 연방주의자들의 성격이 고전적이기보다는 중세적이고, 공화적이기보다는 군주제적이며, 한 가지 더 첨가하자면 로크적이기보다는 홉스적이라는 사실이다.

잉글랜드의 의회 군주정은 왕이 주(州)와 자치 도시에 자신과 자신의 자문 기구가 수행하는 왕국의 통치에 참여할 수 있을 만큼 충분한 권력을 가진 대표를 선출하라고 명령함으로써 만들어졌는데, 이들 대표자들의 권력은 시간이 지남에 따라 점차 증대되었다. 그러나, 비록 왕이 그들에게 자신이 제안한 문제를 다룰 만한 충분한 권력을 부여한다는 명령을 내린 것은 분명하지만, 그럼에도 불구하고 그들에게 허용된 것은 단지 왕국의 진정한 대표자 — 모든 법인(法人) 이론이 주상하듯이 마치 몸에 대한 머리의 관계처럼 왕국을 대표하는 존재인 왕 그 자신 — 가 가진 기능의 오직 일부뿐이라는 관념이 존재하고 있었다. 하지만 일단 대의제가 주권을 창출하고 확립하는 수단이 되자, 대표자를 선출하는 행위 — 혹은 인정하는 행위 — 는 논리적으로 볼 때 거의

17) Wood, pp. 613-14.

참여의 역(逆)이 되어 버렸다. 그러한 행위는 차라리, 마치 엄청난 권위를 가진 한 사람이 있어서 대표자들의 권위는 그 한 사람의 권위와 동등한 정도라고 말할 수 있을 만한 것이었다. 홉스는 이러한 해석을 경탄할 만큼 명료하게 설명하면서, 주권적 성격을 가진 대표자 회합은 이런 측면에서 군주 혹은 대표자 개인과 하등 다를 것이 없다는 점을 지적하였다. 대표를 선출하는 일은 스스로의 모든 권력과 페르소나, 즉 시민으로서의 역할을(자신의 개인성까지는 아니겠지만) 포기하거나 혹은 타인에게 이전하는 것이었다. 공화주의적 휴머니즘은 기본적으로 시민적 행동에서의 도덕적 인격의 확인에 관심을 쏟았기 때문에, 대의제의 개념이 과연 덕성의 개념을 배제하지 않는 것인가에 대한 의문을 던질 이유를 가지고 있었다. 어떻게 해서 내가 나를 위해, 그리고 나의 자리에서 나의 가면을 쓰고 덕을 실천할 다른 사람을 지명할 수 있단 말인가? 사실 홉스의 도덕 이론 근저에는 내가 시민적 도덕을 발휘할 수 있는 존재가 되는 것은 오직 내가 다른 사람의 행위를 내 자신의 행위만큼이나 인정할 수 있을 때뿐이라는 명제가 자리잡고 있었다.[18] 하지만 시민적 본성을 지닌 존재로서의 정치적 동물은 반드시 자기 스스로 직접 행동해야 한다. 고전적 전통 내에 머물러 있지만 모호한 면이 있는 루소는, 단시 대표를 선택하는 것 안에는 덕성이란 존재하지 않으며, 따라서 그들 자신이 뽑은 전권을 가진 대표들에 의해 통치되는 사람들은 자유롭지 않다고 주장하였다.[19]

잉글랜드 정치 내의 지방파 전통은 — 그 일부는 해링턴의 공화주의에서 연유한 것으로, 교대 선출(rotation)은 사람들을 개인으로서, 그리고 대표를 통해서가 아니라 차례대로 통치에 참여하게 하는 확실한

18) 연기(演技)에 대한 홉스의 견해는 다음을 볼 것. *Leviathan*, chs. 16 and 17.

19) Rousseau, *The Social Contract*, ch. 15; C. E. Vaughan, ed., *The Political Writings of Jean-Jacques Rousseau* (New York: John Wiley and Sons, 1962), II, 95-98.

방법이라고 생각하였다 — 단기 의회의 중요성을 강조하던 시절 잉글랜드를 공화국으로 재규정하는 데 커다란 기여를 한 바 있었다. 그 속에 담긴 함의는 재산과 독립성을 가진 사람들이 그 정의상 덕을 소유하고 있으나, 그들의 대표는 끊임없이 권력과 부패의 유혹에 노출되고 있다는 것이었다. 따라서 대표들을 규칙적으로 그들을 뽑는 사람들에게로 되돌려 보내도록 하여 필요하다면 새 대표를 선출함으로써 덕성을 새롭게 할(원리로의 회귀) 필요가 있었다. 덕성은 행동적 원리였고, 새로운 의회 선거를 통해 사람들은 행동하는 덕을 과시하며 홉스적 역할 이상의 것을 수행하였다. 그러나 이제, 대표를 뽑는 사람들(고전적 의미에서의 다수)과 대표로 뽑힌 사람들(고전적 의미에서의 소수)이 공화국에서 서로 다른 신분 또는 계급을 구성하는 것인지, 과연 어느 쪽이 부패로부터 보호되어야 하는 대상인지, 아니면 대표로 뽑힌 사람들은 본질적으로 단지 하인, 집사, 혹은 각료 등에 불과해서 그 정의상 실제로 부패할 수밖에 없는 존재로 전제되어 있는 것인지 등의 문제를 결정하기가 힘들게 되었다. 만약 후자 쪽이라면, 그들은 지시와 소환의 대상이 되는 사절 정도에 불과하다. 하지만 그들과 그들을 뽑는 사람들 간의 관계가 더 이상 시민적 동등자 간의 덕이 작용하는 관계가 아니라는 난점이 있을 것이다. 아메리카가 위기에 처해 있는 동안, 버크는 브리스톨의 선거민들에게 그들이 대표를 뽑는 것은 대표로 하여금 왕국 전체의 선(善)을 위해 행동하도록 함으로써 그들 스스로가 할 수 없는 역할을 수행케 하기 위한 것이라는 견해를 피력하고 있었다. 따라서 그는 공익에 대한 자신의 판단이 설사 그들과 다를 때조차도 그것을 행사해야 하는 의무가 있는 셈이었다.[20] 만약 그들이 그의 임기가 끝났을 때 그를 다시 뽑기로 한다면, 그들은 동일한 타당성을 가지고 스스로 판단한 셈이지만, 그렇다고 해서 지시나 소환의 수단을

20) Burke, *Works*, II, 95-97.

통해 그를 방해하려고 해서는 안 된다. 이러한 관계는 고전적인 것으로 소수와 다수의 관계에 해당하며, 아리스토텔레스적 의미에서 덕성스러운 것이다. 각각은 자신만의 판단, 즉 자신만의 판별 방식을 가지고 있으며, 타인의 판단을 존중한다.

혁명기 아메리카에서는 선출 대표란 부패에 대단히 취약한 사절 같은 존재이므로 지시와 소환의 대상이 되어야 한다는 견해가 강력한 힘을 얻고 있었다. 하지만 매디슨은 그들이 소수의 역할을 하기 때문에 그 자리는 가능한 한 귀족 엘리트들로 채워져야 한다는 버크의 입장에 더 기울어져 있었던 것으로 보인다.[21] 그러나 루소가 제기한 결정적인 문제는 그대로 남아 있었다. 만약 자연 귀족이라는 것이 출현한 적도 없고 앞으로도 출현할 것 같지 않다면, 선거과정을 통해 단지 대표를 뽑는 행위, 대표와 선거민 간의 단순한 관계가 과연 덕성을 확인하는 데 충분한 것인가? 일부 연방주의자들에게는 이에 대한 대답이 이미 결정되어 있었다. 만약 자연 귀족이란 것이 없었다면, 사람들이 덕성을 소유하는 것은 불가능했을 것이다. 만약 그런 것이 나타난 적도 없다면, 가장 그럴듯한 설명은 사람들이 이미 부패해 있었다는 것이다. 따라서 통치란 귀차르디니식의 일이 되었다. 이러한 상황에 무언가 도움이 되는 길을 따라 덕을 소유하지 않은 사람들을 인도하고, 그들이 스스로를 인도하도록 돕는 것이 바로 그것이었다. 물론 이러한 전망을 가졌다고 해서, 그것에 동조하는 사람들이 스스로를 덕을 가진 자연 귀족, 즉 더 가치 있는 쪽의 카토라고 생각지 않은 것은 아니었다. 앞으로 살펴보게 되겠지만 매디슨의 입장은 좀더 복잡했다. 하지만 우드는 연방주의자들이 마치 덕성이 복원될 것처럼 얘기하기도 하고, 동시에 그것이 사라졌으므로 새로운 패러다임으로 대체되어야 하는 것처럼 얘기하기도 했다는 사실을 보여주었다.[22] 항상 그렇듯이,

21) Wood, p. 505.

22) Wood, pp. 474-75, 507-18, 543-47, 562-64.

누가 고전적 의미에서 덕성의 대리자인지 알아맞히기란 어려운 일이었다. 루소의 대의제 비판에 대해서는 다음과 같이 말할 수 있었다. 덕성은 공익에 대한 어떤 개별 존재의 관심 속에 놓여 있으며, 상이한 눈을 통해 동일한 이익을 바라보는 다른 개별 존재들과의 교제에 의존하고 있었다. 소수와 다수, 자연 귀족과 자연 민중의 구분은 상이한 자질을 가진 사람들 사이의 이러한 교제를 보여주는 패러다임적 사례였다. 만약 개인들 간의 질적·도덕적 구분에 대한 이러한 이론이 없었다면, 덕을 구성하는 시민들 간의 관계가 어떻게 성립될 수 있는지를 알기 어려웠을 것이다. 나를 위해 행동할 어떤 사람—내가 나 자신과 어떤 동질성을 가지고 있다고 주장하는—을 뽑는 행위는 나와 함께 행동하는 어떤 사람, 즉 내가 더불어 자연스럽게 교제하는 어떤 사람을 인지하는 행위와는 결코 같을 수가 없었다. 뽑힌 사람이 뽑는 사람에 대해 가지는 관계를 고전적 덕성의 관계로 보기 힘든 이유도 바로 여기에 있었다. 연방주의자도 그들에 대한 비판자들도 루소를 분석의 도구로 사용한 경우는 없었다.[23] 하지만 연방주의자들이 대의제 이론의 개조를 시도했다는 것과 덕의 공화국이란 패러다임을 포기하지 않으려 했다는 것 사이에는 뚜렷한 긴장관계가 존재하고 있다.

그들은 복수 대의제(multiple representation) 이론—패러다임을 바꿀 만한 혁명 같은 것을 성공적으로 일으킬 만한—을 발전시킴으로써 양자를 조화시키고자 하였다. 그들은 단순한 실체로서의 대표와 유권자 간의 중세적 혹은 홉스적, 자연적 혹은 인위적 식별을 지양하고, 권력을 행사하는 복수적 방식이 있으며, 이들 각각은—유사 고전적

---

23) 스펄린은 루소의 《사회계약론》이 그리 많이 읽히거나 인용되지는 않았다는 점을 지적하고 있다. 다음을 볼 것. Paul M. Sperlin, *Rousseau in America, 1760-1809* (University of Alabama Press, 1969). 하지만 흥미롭게도 노아 웹스터만은 예외였다. 이 점에 대해서는 아래의 315, 327-328쪽을 볼 것.

인 행정부, 사법부, 입법부가 그 명백한 예이다 — 사람들이 대표를 뽑는 개개의 방식을 구성한다고 주장하였다. 사람들은 개인으로서의 대표를 선출했지만, 그들은 기능적으로 분화된 복수의 집단을 형성했고, 그래서 그 정도까지는 아직도 일종의 자연 귀족으로 간주될 수도 있었다. 그들이 행사하는 기능의 복수성은 둘, 혹은 셋 사이에 견제와 균형의 체계가 확실히 존재하도록 해주었고, 그리하여 어느 하나가 나머지를 종속케 할 만큼 많은 권력을 획득함으로써 스스로 부패하거나 혹은 사람들을 부패시키지 않게 한다고 말할 수 있었다.[24] 따라서, 아리스토텔레스에서 몽테스키외까지 고전적 전통 속의 수사학은 새로운 정부에 의해 나타난 광범위한 현상들 전반을 고찰하는 적절한 통로의 역할을 담당하고 있었다. 하지만 그 저변에는 — 대의제 개념이 고대 이후 만들어진 이론 정치학상의 유일한 대발견이라는, 널리 퍼져있는 믿음에 대해 설명하면서 — 우드로 하여금 "고전적 정치의 종말"에 대해 얘기하도록 만든 극히 새로운 전망이 자리하고 있었다. 인민은 여전히 부패되지 않은 존재로 생각되고 있었지만, 중요한 것은 그들이 반드시 자신들의 덕성을 행동으로 확인해야 할 필요도 없고, 또한 그럴 수도 없다는 생각이 나타났다는 것이다. 그들은 결코 다양한 자질과 기능을 가진 집단으로 나누어져 있지 않았고, 그리하여 그 각각이 스스로의 방식으로 시민적 행위를 수행하는 일도, 그들 집단 간에 덕성의 관계가 존재하는 일도 없었다. 또한 그들은 더 이상 기능적으로 구분된 다양한 방식을 통해 정치적 행동을 수행치 않기 때문에, 엄격히 말해서 직접적 혹은 즉각적으로 통치행위에 개입한다고 할 수도 없었다. 그들이 직접 참여하는 행위는 대표 선출이었고, 중첩적 연방 구조 때문에 이러한 기능이 진행 중이거나 영속적인 것으로 보일 수 있는 소지는 충분했다. 그들은 또한 유권자로서, 헌정의 확립과 개정에

---

24) 그 예는 다음에서 볼 수 있다. Wood, pp. 446-53.

직접 참여했고, 이 역시 지속적인 행위로 간주되었음을 시사하는 수사적 구절들이 남아 있다.[25] 가장 역동적인 성격의 공화주의 이론가인 마키아벨리조차도 원리로의 회귀와 정권의 재창출(ripigliare lo stato)을 수년간의 간격을 두고 일어나는 일종의 경고성 숙정(肅正) 이상의 것으로 보지 않았다. 심지어 루소도 주권자 인민의 의회 — 그것이 개원(開院)되는 동안에는 당연히 헌정이 중단되는 — 에 대해서 그것이 아무리 빈번히 열린다고 해도 결국은 임시적인 것에 불과하다고밖에 보지 않았다. 만약 연방주의 이론 역시 바로 이 점에서 전통을 뛰어넘었다고 한다면, 중요한 것은 어떻게 해서 그런 일이 발생했는지를 이해하는 것이다.

덕성의 쇠퇴에는 논리적으로 이익의 상승이 뒤따랐다.[26] 만약 사람들이 더 이상 스스로 공익을 인식할 수 있도록 하는 데 필요하다고 생각되는 조건들을 누리지 못한다면, 그들 각각이 인식할 수 있는 것이라고는 오직 자신의 개별적 이익이 전부일 것이다. 오직 공익에 대한 인식만이 진정 합리적이라는, 바로 그 고대적 가정이 잔존하고 있는 한도까지는 스스로의 이익에 대한 인식은 일차적으로 욕구와 감정의 문제로만 치부될 것이며, 이익 및 손실의 합리적 계산이라는 문제 — 자신의 이익에 대한 인식이 타인의 이익에 대한 인식과 상호 의존적이

---

25) Wood, pp. 532-36, 599-600, 613-14.

26) 이 점에서 수많은 어의적 혼동이 있다. 고전적 이론의 경우, 각각의 주요 기관이 사회의 상이한 "신분"을 "대표한다" — 예컨대 일인, 소수, 다수 — 고 했을 때, 지금까지는 이 "신분"을 "이익"으로 얘기하는 것이 가능했다. 또한 여전히 고전적 전통 안에서 말하는 급진 민주주의자들이라면 민주 의회에서 "대표"되는 것은 비교적 엘리트적인 이익이 아니라 그냥 개인들일 뿐이라고 주장할 수도 있었을 것이다. 하지만 아마 급진 개인주의의 산물일 가능성이 있는 진짜 이익 집단 이론에서라면 개인은 오직 자기 자신의 이익과, 그 이익 때문에 자신과 연결되는 집단만을 인식할 필요가 있으며, 그것을 넘어선 "덕성"을 실천할 필요는 없다.

라는 데까지 확대될 수도 있는 — 는 어디까지나 부차적인 것으로 간주될 것이다. 덕을 소유하고 있지 않은 사람은 자신의 감정과 환상의 피조물이었고, 감정이 덕과 대립될 때 그것이 부패를 유발할 잠재적 가능성은 증대되었다. 하지만 18세기 이론에서 환상과 상업이 어떻게 하여 폭발적 세력으로, 또한 변화를 불러일으키는 세력 — 비록 마키아벨리적 비르투의 한계점들을 가지고는 있었지만 그럼에도 불구하고 인간본성을 변화시키는 그것의 능력 이상의 역동성을 소유한 — 으로 비칠 수 있었는가에 대해서는 앞에서 이미 살펴본 바 있다. 이익은 제한적이면서 동시에 확장을 지향하는 힘이었다. 연방주의 사상이 모습을 갖추고, 사람들이 고전적 의미에서의 덕성을 소유하고 있다는 생각이 점점 더 약화됨에 따라, 매디슨을 비롯한 여러 저술가들의 글에서 — 《연방주의자》(*The Federalist*) 제10호는 "고전 시대의 원천"(locus classicus)이다 — 집단적이지만 특수한 이익을 좇는 파당이 인간사에서 중요하다는 인식이 증대되는 모습을 보는 것은 결코 놀라운 일만은 아니다.[27] 여기서 파당은 구 지방파와 공화주의 이론에서 감정에 의한 덕성의 부패를 야기하는 가장 치명적 수단으로 그려졌다는 점을 상기할 필요가 있다. 이익과 파당은 덕이 점점 쇠퇴하고 있는 사람들이 자신들의 정치적 행동을 판별하고 추구하는 양식이다. 그러나 매디슨의 사상에서는 곧 두 가지 결과가 뒤따른다. 첫째로, 우리가 이미 알고 있듯이 연방의 구조를 구성하는 견제, 균형, 그리고 권력분립은, 이익이란 부패하지 않으며, 그래서 균형과 안정에 대한 강력한 수사는 더 이상 덕성에 토대하지 않는 건축물의 칭송에서도 똑같이 사용할 수 있다는 것을 보장한다는 점, 그리고 그것이 더 이상 그런 토대를 갖지 않는다는 바로 그 사실도 쉽게 가려지고 잊혀질 수 있다는 점이다.[28] 둘째, 상호 충돌하는 이익들을 흡수하고 일치시키는 이러한 구조의 능

27) Pole, pp. 374-75; Wood, pp. 501-506, 576.

28) Wood, pp. 535-47, 559-60.

력은 그 한계가 없다는 것을 강조하는 구절들이 있다는 것이다.[29] 권력의 배분 속에서 무언가를 대표하고 나름의 위치를 차지할 수 없는 이익이란 존재하지 않으며 — 연방주의 전통의 역사가에게는 만약 이 법칙에 예외적인 것이 있었다면 아마 지극히 특이한 제도로 비쳤을 것이다 — 만약 인민의 성장과 변화가 새로운 이익을 발생시킨다면, 연방 공화국 역시 그것에 적응하여 성장하고 변화할 수 있다는 것이다.

이 "고전적 정치의 종말" 속에서 우드는 먼저 공화주의에서 자유주의로의 부분적 이행,[30] 말하자면 개인을 스스로의 척도에 따라 레스 푸블리카(공적인 일)에 직접 참여하는 시민적·행동적 존재로 간주하는 고전적 이론으로부터 개인을 주로 자신의 이익을 고려하며 그것의 실현을 위해 통치행위에 참여하는 것으로 보는 이론(비록 충분히 발전된 상태는 아니지만)으로의 변화를 탐지해내고 있다. 후자의 이론에서는, 정부가 충돌하는 이익을 일치시켜 공익을 이끌어내는 중재적 활동에는 단지 간접적 기여만 할 뿐이다. 이러한 의미에서 대의 민주주의는 개인과 "인민" 양쪽의 관점에서 볼 때 통치에 대한 직접적 참여로부터의 후퇴를 필요로 하고 있으며, 그것에 대한 척도는 "덕성의 쇠퇴"이다. 하지만 그것이 정치적 침묵이나 긴장의 완화를 수반하지는 않는다. 그것은 또한 정당 활동의 엄청난 확대와 고도로 책임감이 깊은 유권자에 대한 호소와 때를 같이 한다. 우드는 나아가 매디슨에게서 동적이고 낭만적인 사상의 차원을 발견한다. "인민"(the people)은 이제 서로 구분되지 않는 상태에 있기 때문에, 더 이상 특수한 자질들에 대한 규정과 배분에 의해 제한되지 않는다. 그것은 미지의 덩어리이자 힘이며, 새롭고도 예측되지 않은 욕구와 능력과 권력을 계발할 수 있다. 이 모든 것이 연방주의 구조 내에서 수용되고 조정될 수 있으며, 그리하여 균형과 안정이라는 고전적 수사는 여전히 유효하다. 하지만

29) Wood, pp. 605-10. 이는 주로 *The Federalist*, no. 51에 의거한 것이다.

30) Wood, pp. 562, 606-15.

이러한 구조는 무제한 확장될 수 있다는 주장도 가능한데, 스스로의 대표성을 찾아 나설 새로운 사회 요소들이 이전에 이미 덕성의 화성학(和聲學)의 일부로 인식되었던 것이라는 점을 미리 주장하고 나설 필요는 없기 때문이다. 이 사회 요소들은 공익의 건축을 수행하는 요소라는 합리적 측면에서가 아니라 감정상으로 인식되고 추구되는 일종의 이익으로서 인식된다. 하지만 연방제 구조는 새로운 감정들을 흡수하여 그 덕분에 성장할 수 있다. 따라서 만약 인민이 영속적으로 선거권을 갖는다면, 이는 그들과 공화국이 영속적이고 역동적으로 성장하고 있기 때문이다. 대의성을 갖는 이익의 공화국은 곧 팽창의 공화국인 셈이다. 덕성에 대해서는 무언가 잃어버린 것이 있으나, 비르투에 의해 더 많은 것을 얻었다. 자유주의적 구조는 결코 순하고 조용하지 않다. 그것은 이전의 원형적 로마와 같이, 안정적인 동시에 팽창적이다.

우드가 말한 "고전적 정치의 종말"은 근본적으로 경의와 덕성이라는 서로 밀접하게 연관된 패러다임에 기초하고 있다. 고전적 린노바치오네의 시기에 아메리카인들에게는 자연 귀족이 결여되어 있었기 때문에, 그들은 사람들이 질적으로 구분되어 있다는 어떤 종류의 이론도 포기할 수밖에 없었다. 여기에는 고전적 의미의 덕성이나 인격과 직접 관련되는 방식의 참여가 모두 포함되있다. 연방주의 사상의 심상부에서 무언가 루소의 역설 — 모든 정부는 인민의 것이다. 하지만 인민은 결코 직접 통치하지 못한다 — 과 유사한 것이 솟아올랐다. 하지만 일단 그 대가를 치렀을 때, 1787~89년의 보수적 혁명을 동반한 패러다임의 완전한 재해석이 가져다 준 이점은 엄청난 것이었다. 그것은 공화국이 부패에서 벗어나기 위해서는 적절한 크기를 유지해야 한다는, 지금까지 널리 받아들여져 온 제한을 극복할 수 있게 해주었다. 새로운 연방은 이제 공화국이면서 동시에 제국이 될 수 있었다. 그것은 처음부터 대륙적 차원 속에 있었지만, 로마의 주도권을 확장케 해주었던 식민지와 주(州)의 준(準)군사 복합체를 크게 넘어서서, 단순히 연방적 원리의 확대를 통해 더 멀리 팽창해 나갈 수도 있었다. 그것은 특수한 목적을 추구하는 새로운 양식의 연합체, 즉 정당을 허용하였다. 체임버스의 주장에 따르자면,[31] 정당은 정확하게 그것이 경의(敬意)에 기초하는 것이 아니라는 의미에서, 또한 그것은 고대 공화국에서는 꿈에도 생각지 않았던 규모의 참여 에너지를 동원하게 해주었다는 의미에서, 근대적이었다. 우드와 체임버스가 경의를 고전적 공화국의 원리로 보고 있으며, 또한 공화국 그 자체를 폐쇄적이고 안정적인 사회적 계서제의 아종(亞種)으로 보는 경향이 있었다는 것은 별로 놀라운 사실이 아니다.[32] 물론 이러한 관점을 좀 신중치 못한 방식으로 옹호했던 사람들이 자연 귀족과 세습 귀족을 혼동하고 있다는 비판을 받고 있는(그리고 오랫동안 받아온) 것도 사실이다.

그러나 덕성은 행동적이라는 공화주의 원리의 마키아벨리적 결과를 추구함으로써 우리는 결국 경의는 수동적인 것이 아니었고 공화국은 계서제가 아니었다는 의식의 영역을 거쳐 가게 되었다. 우리는 덕성을 비례적으로 평등한 시민들의 세계 속에서 활동하는 것으로, 또한 공화국을 비르투의 발휘를 통해 그러한 세계의 경계 너머로 팽창하는 것으로 생각하는 데 익숙하게 되었다. 폴리비오스적·마키아벨리적 전통에서 공화국은 결코 단순한 유한성 혹은 자연적 유한성에 갇힌 존재가 아니었고, 그러므로 소규모를 유지하라는 명령을 잘못 해석해서는 안 된다. 그것은 팽창을 회피할 수도 팽창에 뒤따르는 부패를 회피할 수도 없는, 스스로의 유한성에서 연유한 딜레마에 봉착하였다. 아메리카 공화국은 그 시초부터 이 유구한 문제에 새로운 해결책을 제시하였

31) William N. Chambers, *Political parties in a New Nation: The American Experience, 1776-1809* (New York: Oxford University Press, 1963).

32) 예컨대 다음을 볼 것. Wood, p. 606; Chambers, pp. 122-24; Pole, pp. 528-31. 특히 우드는 본질적으로 위계적이면서 동시에 유동적인 이상(理想)으로서의 공화국을 제시하고 있다(Wood, pp. 478-79).

다. 이러한 해결책을 표현한 용어들은 일부 측면에서는 대단히 새로웠으나, 다른 것들은 구식 용어를 되풀이한 것이었다. 우리는 그동안 브리튼의 사상 속의 어떤 대안 혹은 "궁정" 이데올로기의 존재에 더욱 익숙하게 되었다. 그것은 인간이 이익과 감정에 끌린다는 것, 파당과 파벌은 불법이라고 할 게 아니라 필요한 것으로 받아들여야 한다는 것, 그리고 통치행위는 궁극적으로 견제되지는 않지만 자기 균형적 권력들로 세분될 수 있는 주권 — 일부는 직접적 권위로, 일부는 감정에 대한 호소로, 또 일부는 그러한 감정을 공익에 대한 인식으로 바꿈으로써 통치하는 — 에 의해 수행되어야 한다는 것 등을 강조하였다. 이러한 이데올로기의 중요한 요소들이 연방주의 이론에서 다시 등장했다는 것, 그것도 이 이론이 덕성으로부터 멀어지면서 이익 쪽으로 방향을 돌린 바로 그 시점에 나타났다는 것을 지금까지의 연구가 분명히 보여주고 있다.

하지만 여기에는 일부 명백하고도 중요한 차이점 역시 존재한다. 궁정 테제에 의하면, 의회 군주정이란 행정부와 입법부 간의 구분에 의해 스스로 균형을 유지하지만 전자가 후자에서 행사하는 영향력에 의해 통치하는 체제로서, 주권은 의회 군주정에 있다. 반면 연방주의 테제는 주권을 대표자들에게 두며, 딘지 지방직인 데 그치지 않고 공화주의적 엄격성을 가진 권력분립을 요구한다. 우리는 다시 한 번, 완전한 공화주의적 수사가 연방주의자의 목적에 딱 들어맞을 뿐 아니라, 청중이든 연사든 덕성이 어느 정도로 포기되고 있는지를 모른 척하고 감출 수도 있는 지점에 와 있다. 궁정 테제가 실용적 조정만 있을 뿐 근본원리가 결여된 역사해석에 호소했다면, 연방주의자들은 균형과, 나아가 덕성까지도 포함한 자연의 원리들이 재확인되고 있는 초역사적이고 입법적인 바로 그 시기, 그 순간 — 오카지오네(occasione 기회)의 하나 — 에 공화국을 세우고 있다고 주장할 수 있었고 실제로 그렇게 주장하였다. 그들은 미래를 향한 동적이고 팽창적인 비전을 가지고 있었고, 우리가 이미 질서를 잃어버린 사이쿨룸(역사적 현재)의 한 부분이라는 마키아벨리적 의미 같은 것은 무시해 버렸다. 궁정 테제는, 지금까지 살펴본 바와 같이 원래 전쟁 및 신용 대부가 토지재산이 가지고 있다고 추정되는 안정성과 충돌함으로써 시작되었으나, 최종적으로는 신용과 상업이 마키아벨리적 비르투와 포르투나의 혼합물인 팽창 원리—사람들로 하여금 자신들의 감정을 따르도록 하고, 정부로 하여금 부패를 인정하고 그것을 이용하도록 하는—를 형성한다는 고도의 인식을 수반하게 되었다. 혁명기 아메리카에서 자연 귀족정이 실패한 것이 과연 신흥 상인 및 장인이라는 요소가 구 귀족 엘리트와 경쟁한 때문이라고 할 수 있는지의 여부와는 관계없이, 1780년대의 사상이 90년 전 잉글랜드의 사상을 극적으로 바꾸어 놓았던 경우처럼 "금전적 이해"의 충격적인 침입에 반응하고 있었다는 증거는 거의 없는 것으로 보인다. 아메리카적 궁정이란 것은 없었다. 적어도 아직까지는 그랬다. 덕성과 상업 간의 대립은 전혀 절대적인 것이 아니었고, 이는 다시 한 번 연방주의의 창시자들이 스스로 덕성의 패러다임을 어느 정도로 포기하고 있는지를 제대로 인식하지 못했다고 믿을 만한 이유를 제공하고 있다. 다음에 이어지는 부분에서 우리는 우드가 말한 "고전적 정치의 종말"이 복잡하게 직조된 피륙을 풀어내는 실마리 하나가 끊긴 것일 뿐 결코 피륙 전체가 사라진 것은 아니라는 주장을 제기할 것이다.

[III]

우드는 어떻게 해서 존 애덤스의《아메리카합중국 정부 헌정의 옹호》(*A Defence of the Constitutions of Government of the United States of America*)—자연 귀족정과 민주정의 엄격한 고전적 혼합으로서의 연방

공화국에 대한 옹호—가 그렇게 빨리 역사적 기형(奇形)으로 치부되어 거부되었는지 그 과정을 우리에게 보여주고 있다. 즉 그 이유의 일단은 귀족정의 원리를 옹호한다는 오해에 있으며, 또 다른 일단은 캐롤라이나의 존 테일러처럼 좀더 날카로운 지성을 가진 사람들에 의해 제대로 읽혀진 대로, 공화국이 이미 포기한 원리 위에서 공화국을 옹호했다는 데 있었다는 것이다.[33] 그의 저작이 아마도 수정되지 않은 고전적 공화주의 전통 안에서 씌어진 최후의 주요 정치 이론서였을 것이라는 점을 감안한다면, 이는 아이러니한—하지만 저자의 성격을 생각하면 적절한—운명이었다. 또한 우드는 1780년대 중후반에 활동했던 적어도 두 사람의 연방주의자—1785년의 노아 웹스터와 1787년의 윌리엄 밴스 머레이—를 세상에 소개했는데, 그들은 개인의 덕성이 더 이상 자유 정부에 필요한 토대가 아님을 (해밀턴과 테일러가 그랬듯이) 구체적으로 선언하였다. 또한 적어도 머레이는, 몽테스키외가 제시한 노선을 따랐지만 오히려 그보다 더 나아가, 사익을 공익에 종속시키라는 지상명령은 조야한 전(前)상업기 사회에서 고안된 것으로, 공화주의적 자유의 진정한 비밀이 밝혀진 지금에 와서는 더 이상 그런 주장을 할 필요가 없다고 단언하였다.[34] 자유란 덕성이 없이도 기능하며 풍요함에 의해 부패되지도 않는다는 것이다. 하지만 머레이가 얘기하고 있는 신조가 보수적인 것이든 혁명적인 것이든 간에, 어느 정도 기존의 언어를 수정하지 않고는 그런 주장이 나올 수는 없었을 것이다.

---

33) Wood, ch. XIV, "The Relevance and Irrelevance of John Adams," pp. 567-92. 고전적 이론가로서는 최후의 대가 중 하나로 꼽히는 존 애덤스에 대한 다른 연구로는 다음이 있다. Zoltan Haraszti, *John Adams and the Prophets of Progress* (Cambridge, Mass. : Harvard University Press, 1952) ; John R. Howe, Jr., *The Changing Political Thought of John Adams* (Princeton University Press, 1966).

34) Wood, pp. 610-11. 테일러에 대해서는 pp. 591-92를 볼 것.

그러나 연방주의 이론이 암묵적으로 덕성을 포기했다는 주장에 대해서는 우드나 폴, 혹은 다른 여러 학자들이 아주 상세하게 검토한 바 있으나, 그 이후에조차도 학계는 이러한 포기 테제가 과연 명백한 것인지에 대해 합의를 보지 못하고 있다. 앞서의 몇 문단을 통해, 우리는 균형과 권력분립의 수사(修辭)가 공화주의 전통 속의 언어를 계속 살아남게 하는 데 작용했음을 주장할 만한 이유를 제시하였다. 그리고 이제는 덕성과 부패의 어휘가 아메리카의 사상 속에서 지속되었다는 것을 논증할 차례이다. 그러한 어휘는 단지 주근(主根)이 단절된 후 서서히 죽어가는 식의 생존만은 아니었다. 그것을 살아있게 만들고 헌정 이론 및 수사와 같은 중요한 영역에서 그러한 어휘가 일부나마 포기된 이후의 결과로 나타난 긴장 관계를 유지하게 한 아메리카적 경험이라는 현실 및 그것에 내재한 요소들과의 상관성을 가진 생존이었던 것이다. 설사 아메리카인들이 인격을 그 다양한 자질에 따라 직접 통치와 연관시키는 헌정적 휴머니즘의 이론을 포기하지 않을 수 없었다 하더라도, 그로 인해 개인이 자유롭고 사회와의 관계 속에서 스스로를 인식하는 정치사회의 추구까지도 포기한 것은 결코 아니었다. 무엇보다도 아메리카인들은 자연인이며 아메리카는 자연의 원리에 토대하고 있다는 지속적인 주장이 이를 입증하며, 자연의 추구와 그것에 대한 실망은 쉽사리 덕성과 부패의 수사로 표현될 수 있다. 왜냐하면 이는 시민권의 수사이기 때문이며, 서양 사상의 대논제 중 하나가 바로 인간은 자연적으로 시민이라는 것(kata phusin zōon politikon)이었기 때문이다. 그러나 아메리카 사회사상은 오랫동안 로크의 것으로 알려진 통치 패러다임, 즉 자연적 사교성의 상태로부터 출현했고 그것과 고도로 연속적 관계에 있는 패러다임을 사용해 왔다. 또한 아메리카 사회의 독특한 환경 속에서는 로크의 것과 다른 어떤 패러다임도 번성한 적이 없으며, 번성할 수도 없었을 것이라는 주장이 많은 사람들에 의해 받아들여져 왔다.[35] 지금까지 우리는 이 책에서 이와는 다른 전통에 관심을 기울여 왔다. 이는 인간본성은 시민적이라는 아리스토텔레스적 테제와, 오직 폴리스만이 존재할 수 있는 세속 시간의 세계에서는 이러한 인간본성이 단지 부분적이고 동시에 역설적인 모습 이상으로 실현될 수는 없을 것이라는 마키아벨리적 테제로 요약될 수 있다. 덕성은 오직 시간 속에서만 발전할 수 있지만, 동시에 바로 그 시간에 의해 항상 부패의 위협을 받는다. 이러한 전통은 시간과 변화를 상업과 동일시하는 특별한 형태를 통해 18세기 사상에서 광범위한 영향력을 발휘했으며, 그리하여 아메리카 혁명에 강력한 추진력을 제공하였다. 그러나 현대의 학자들 사이에서 "로크적" 패러다임이 하도 강하게 작용하다 보니, 연방 헌법이 제정되는 과정에서 고전적 휴머니즘의 가정들로부터 멀어졌다는 우드의 주장이 "고전적 정치의 종말"과 "로크적" 스타일을 통째로 채택하는 것으로 해석될 만한 실제적 가능성이 존재하게 되는 것이다. 그러므로, 마키아벨리적 전통에 대한 본 연구를 종결해가고 있는 이 시점에서 볼 때, 덕성과 부패의 테제와 반테제들이 아메리카 사상의 형성기에 계속해서 커다란 중요성을 갖고 있었다는 것을 시사하는 증거를 찾아 그것을 검토하는 일이 긴요하다는 것을 알 수 있다.

신시네티 기사단(Order of the Cincinnati) 사건*이 그 적절한 예이다. 농사를 짓다가 불려가서 콘술의 직위에까지 올랐으나 이후 흔쾌히 농군으로 되돌아왔던 로마 영웅의 이름을 딴 단체가 전(前) 혁명군 장교들에 의해 만들었으나, 이 단체가 세습귀족정을 설립하려 했다는 의혹을 받았다는 사실을 접해도, 우리는 정작 그러한 사건이 일어난 개념적 세계에 대해서는 별로 의문스러워 하지 않는다. 마찬가지로 2차 헌법 수정 조항은, 외견상으로는 연방정부가 직업군대의 본성 속에 있

35) Hartz, *The Liberal Tradition in America*. 앞의 주 4를 볼 것.

* 1780년대 후반 워싱턴과 그 추종자들이 중앙 집권적 귀족 과두정을 만들어 연방을 대체하려고 한 사건을 말한다. 알렉산더 해밀턴도 그 일파였다.

는 무언가를 계속 유지할 것이라는 사실에 대항하여 사람들의 마음을 다잡기 위해 만들어진 것으로 되어 있지만, 직접 마키아벨리에서 연유한 언어로 인민적 시민군과 인민적 자유 간의 관계를 확인하고 있는데, 이는 지금까지 합중국에서 강력한 의례적 언설로 남아 있다. 새로운 공화국은 직업군대를 제도화하는 것 외에 다른 대안이 없었음에도 불구하고 — 한 세기 전 잉글랜드의 경우처럼 — 그로 인한 부패를 우려하였다. 이러한 맥락에서 사용된 수사의 함의는 이후 아메리카 정당들 간에 벌어진 최초의 대충돌에 대한 논쟁과 그것에 대한 언론 기사에서 충분히 드러나게 된다.

최근의 두 연구는[36] 알렉산더 해밀턴이 공화주의적 · 제퍼슨적 성향의 정적들에게는 부패가 공화국을 위협한다고 언명한 모든 전통에 비추어 얼마나 기분 나쁜 인물로 비쳤는가를 강조한 바 있다. 그는 합중국 은행을 제도화하고, 공화국의 통치와 의회에서 행정부가 갖는 영향력을 뒷받침하는 데 직접적인 관심을 쏟는 공채 소유 채권자 계급을 확립하고자 하였다. 《카토 서한》, 볼링브로크, 혹은 제임스 버러의 《정치 논설》(*Political Disquisitions*) — 이 모두가 아메리카에서 널리 유포되고 있었다 — 을 읽은 모든 독자들은 틀림없이 그가 휘그 도당과 월폴과 조지 3세의 전통을 추구한다는 것을 알고 있었을 것이다. 그러한 전통은 브리튼이 도저히 회복 불능일 정도로 부패했다는 믿음을 확산시키는 데 큰 작용을 하였다. 해밀턴은 국정이란 것이 어느 정도까지는 — 결코 미미한 정도는 아닌 — 입법부 안에 지지자를 가진 강력한 행정부에 의해 수행되는 것으로 보았는데, 이때 그가 사용하려던 수단들은 의회 군주정 스타일로의 복귀를 위한 것으로 비쳤다. 당시

36) Gerald Stourzh, *Alexander Hamilton and the Idea of Republican Government* (Stanford University Press, 1970); Lance G. Banning, Ph. D. dissertation, "The Quarrel with Federalism; a study in the origins and character of Republican thought," Washington University, 1972.

모두가 동의했듯이, 후자는 영향력 없이는 국정을 수행할 수 없었으나, 매디슨적 연방주의 — 더 급진적인 공화주의 사상 계열은 말할 나위도 없고 — 는 이를 부패하고 비자연적이라며 폐기할 것을 주장하였다. 1790년대의 연방당이 잉글랜드 헌정을 되살리려 한다는 반복적인 비난은 바로 이를 의미하는 것이었으며, 해밀턴 측의 공채 소유자들이 때가 되면 세습귀족이 될 것이라는 풍문은 단지 아메리카가 "선한 옛 대의"(Good Old Cause)의 스타일로 복귀해야 한다는 주장을 보여주는 지표였을 뿐이다. 마지막으로, 공화국에 영속적이고 강력한 군사력을 건설하고자 하는 해밀턴의 잘 알려진 욕망과, 그 스스로가 바로 그 힘의 우두머리가 되려 한다는 널리 유포된 의심이야말로 그의 비판자들로 하여금 강력한 행정부에 의한 통치 — 돈에 기초한 이해에 의해 영향력을 발휘하고 지지되는 — 가 논리적으로 볼 때 결국에는 상비군에 의한 통치로 이어질 것이라는 이전부터의 믿음을 확인하게 해주는 확고한 증거였다.

따라서 연방주의-공화주의 논쟁의 이러한 측면은 대단히 놀라울 정도로 백 년 전 궁정과 지방 간에 벌어졌던 논쟁의 재연이라고 할 수 있다. 제퍼슨주의자들은 지방의 언어로 말했고, 이러한 사실을 그들도 알고 있었다. 해밀턴이 과연 의식적으로 니포 혹은 월폴 파의 주상들을 되풀이했는지는 분명치 않다. 그런 식의 수사는 브리튼에서 그렇게 고도로 발전된 적이 없었을 뿐 아니라 아메리카적 상황에 적용하기에도 별로 적절치 않았다. 그러나 제럴드 스투어츠가 해밀턴 사상을 공화주의적 휴머니즘의 배경 하에서 탐색한 것을 보면, 덕을 소유한 고대와 상업적인 근대 간의 신마키아벨리적 대비라는 콘텍스트 속에서 그가 스스로를 "현대의 휘그"로 생각하고 있었다는 것은 의심의 여지가 없다. 우리는 이미, "카토는 그 시대의 토리였고, 카이사르는 휘그였다. … 전자는 공화국과 함께 사멸하였고, 후자는 그것을 파괴하였다"[37] 고 한 그의 말을 인용한 바 있다. 그것은 분명히 가치 있는 것보다는 성공을, 덕성보다는 비르투를 더 우위에 두는 색조를 띠고 있다. 제퍼슨으로 하여금 해밀턴이 카이사르를 찬양하고 있으며, 그래서 그를 모방하려 한다고 믿게 만든 것도 바로 이런 종류의 언어였다. 하지만 해밀턴은 아론 버가 자신의 이런 역할을 위협한다고 느끼자, 그를 "배아(胚芽) 카이사르"[38] 이자 카틸리나 — 공화주의 악마학 계보에서 카이사르보다 더 암흑적인 인물 — 같은 존재라고 비난하였다. 버와 해밀턴의 관계는 해밀턴과 제퍼슨의 관계와 같았다. 사실 그가 카토와 카이사르에 대해 했다는 말도 버의 야심에 대해 그가 경고하는 과정에서 나온 것이었다. 흥미로운 사실은, 그가 버를 카이사르보다는 카틸리나로 만들었던 것은 그의 야심이 "영광에 대한 사랑",[39] 즉 극히 고전적 의미에서의 비르투스를 결여하고 있기 때문이라는 점은 흥미로운 사실이 아닐 수 없다. 카이사르에 대한 해밀턴의 감정은 마키아벨리식의 도덕적 모호함으로 가득 차 있다. 하지만 마키아벨리 자신에게는 카이사르가 극히 혐오스러운 인물이었고 결코 영웅이 아니었다. 그가 무슨 의도를 가지고 있었는지에 대해 실마리를 제공하는 것이 바로 "토리"나 "휘그" 같은 말의 용법이다. 그것에 함축된 의미는 당시의 것이 아니라 아우구스투스기의 것이다. 임페라토르(군 지휘관) 카이사르가 "휘그"가 될 수 있는 것은 오직 휘그가 전쟁과 말버러와 금전적 이해를 지지했던 앤 여왕 치세의 콘텍스트에서뿐이다. 카이사르가 카토를 이긴 것은 곧 상업이 덕성을, 제국이 공화국을 이긴 것과 같다. 바로 이러한 역사적 역할이 카이사르를 성격이 모호하고 의심스러운 비르투의 원형으로 변모시키는 것이다.

스투어츠는 계속해서,[40] 아메리카가 상업적 · 군사적 제국, 즉 사실

---

37) Stourzh, p. 99 and n. 85; p. 239

38) Stourzh, p. 98.

39) Stourzh, pp. 98-102.

40) Chs. IV and V, *passim.*

카이사르 같은 인물에게 적절한 그런 종류의 제국이 될 운명에 있다는 것이 해밀턴의 입장이었으며, 만약 자신의 역할을 버와 같은 선동가에게 빼앗기지만 않는다면 자신이 "근대적 휘그"의 통치 구조 속에서 한 역할을 담당할 것으로 생각했다는 것을 보여주고 있다. 해밀턴의 주장은 전체적으로 검약에 대한 상업의 우위, 덕성에 대한 제국의 우위라는 틀에 기초하고 있다. 그는 만약 덕성이 공화국의 원리면 이익은 제국의 원리고, 그래서 만약 공화국이 또한 제국이 될 것이라면 비고전적 연방주의는 필연적이라는 것을 보여줌으로써, 몽테스키외의 세 항에 네 번째 항을 첨가했다고도 말할 수 있다. 서인도 제도 출신으로 뉴욕 사람이 된 그는 아메리카를 다른 상업 사회와 경쟁하면서 대서양 무역에 종사하는 제조업과 상업 중심의 경제로 보았으며, 사회가 점점 더 상업적이 될 수록 무역을 보호하고 확대하기 위해 군인과 선원들에게 봉급을 줄 수 있는 능력이 점점 더 증대될 것임을 주장함으로써 — 플레처와 솔튼의 전통 속에서 — 스스로를 전문화에 대한 대이론가의 반열에 올려놓았다. 무역 경쟁이 곧 권력, 제국, 생존을 위한 경쟁이라는 것을 확인해주는 것도 — 홉슨 · 레닌 투자 이론이 아니라 — 바로 이러한 전문화 과정이다. 왜냐하면 일단 군사력이 무역의 팽창에 개입되기 시작하면, 군사력 그 자체를 위해 싸울 것이 틀림없기 때문이다. 상업과 전문화는 역동적 비르투의 원인이었다. 정부는 이제 대외적 권력의 보호와 확장을 위한 원동력이 되어야 한다. 또한 자유와 정의를 의롭고도 필요 불가결한 목적으로 삼는 시민들 간의 대내적 관계에서도 정부는 더 이상 시민 개인이 덕성을 소유하고 있다는 가정에 기초할 수 없다. 왜냐하면,

> 소수의 손에 부가 늘어나고 쌓여감에 따라, 사치가 사회를 지배함에 따라, 덕성은 오직 부의 우아한 부속물로만 생각될 것이다. 그리고 사물의 경향은 공화주의적 기준으로부터 멀어져 갈 것이다. 이것이 바로

> 인간본성의 진정한 성향이다. … 다른 모든 것과 함께 우리의 국가 정체를 기다리고 있는 것은 바로 이러한 공통의 불운인 것이다.[41]

브리튼의 의회 군주정과 합중국의 대의 민주정 양자 모두가 실제로 부패하지는 않았지만 후(後)덕성적인 상업적 발전 단계에 다다른 사회에 적절한 정부형태로 제시되었다. 해밀턴의 동료였던 매디슨은 연방적 대의 구조의 이미지를 이익에 이익을 더하면서 계속 팽창할 수도 있지만 결코 부패하지 않는 것으로 만드는 데 일조하였다. 헌법이 비준된 지 수년도 지나지 않아 매디슨이 해밀턴과 완전히 결별하게 된 것은, 아마도 해밀턴의 주장이 매디슨이 받아들일 수 있는 것 이상으로 분명코 고도의 부패를 가정하고 있었을 뿐 아니라 뻔뻔스럽게도 정부가 그러한 부패를 공공연하게 인정한다는 것을 전제하고 있다는 데 그 이유의 일단이 있었을 것이다. 해밀턴의 은행안이 주요 쟁점이 되었는데, 그것은 씁쓸하게도 마치 월폴과 조지 3세의 정적들이 비난한 바 있는 형태의 의회 군주정으로 되돌아가는 것처럼 보였다. 하지만 해밀턴이 제국과 군사력을 강조한 사실도 매디슨의 반대를 가져온 또 하나의 이유로 작용하였다.[42] 해밀턴의 생각에, 덕성에서 상업으로의 이행은 자유주의적 자기만족으로, 또한 상이한 이익들이 서로 균형을 잡고 있는 세계로 조용히 물러나는 것을 뜻하는 것이 아니었다. 그는 자유 무역이 아니라 지배와 팽창을 택하고 있었고, 상업 국가 간 다양한 이익들이 평화로운 상보(相補)의 관계에 있다는 어떤 주장도 강력히 거부하였다. 전쟁이 일어날 것이며, 따라서 강력한 정부가 필요하다는 것이다. 그는 입장을 달리 하여 매디슨의 이익 균형론이 국가 연합 내에서의 지역 분쟁의 위험성을 지나치게 경시하는 것이 아닌지 의심하였다.[43] 따라서 해밀턴의 제국은 매디슨의 연방주의에 대한 도전

---

41) Stourzh, p. 71. 일반적으로는 pp. 70-75를 볼 것.

42) Banning, *op. cit.*

이었고, 특히 전자는 후자와 동일한 전제 — 덕성에서 이익으로의 이동 — 위에 서 있었을 뿐 아니라 나아가서 그보다 더 기혹한 마키아벨리적 결론들을 이끌어냈기 때문에 더욱 그러하였다. 과연 공화국은 완전한 의미에서의 제국이 되지 않고도 그 기초를 덕성에서 다른 것으로 옮길 수 있을 것인가? 아메리카는 공화국이자 동시에 제국이 될 수 있는가? 해밀턴은 이러한 의문들에 대해 부정적으로 답하지 않았다. 하지만 그가 긍정적 대답을 위해 내놓은 조건들은 너무 강력해서 도저히 받아들이기 힘들었다. 따라서 그것은 부패라는 비난을 받았다.[44]

물론 1790년대의 연방당이 전제주의자로 의심되는 해밀턴 같은 사람들로 채워져 있었다는 것은 아니다. 그 주요 지도자들 대다수는 아마도 스스로를 카이사르가 아니라 카토 — 자연 귀족의 엄격하고 소신 있는 덕성을 갖춘 인물 — 라 보고 있었을 것이다. 고풍스러울 정도로 고전적인 색채의 공화주의자였던 존 애덤스는 물론 연방주의자였다. 애덤스의 《아메리카합중국 정부 헌정의 옹호》를 시대에 뒤진 것이라며 혹독하게 비판했던 캐롤라이나의 존 테일러는 공화주의자로서, 스위프트와 볼링브로크의 유령이 곳곳에 활보하는, 해밀턴을 논박하는 글을 썼다.[45] 공화주의자들은 결코 매디슨식 종합편에 담겨 있는 후(後)고전적 자유주의에 동조하는 입장이 아니었다. 그들 일부는 패트릭 헨리와 같이 구 독립군 출신의 반연방주의자들을 추종하였다. 그들은 엄격한 덕성 관념을 가지고 있었고, 그리하여 헌법이 이기심과 제국에 너무 많은 부분을 양보했다고 그 자체에 비판을 가했던 것이다.[46] 하지만 다시 한 번, 반연방주의자들 중에는 덕성에 대한 관심 덕분에 카토식 연방주의의 입장을 견지하고 있는 경우가 있었다. 공화

43) Stourzh, pp. 158-62.

44) Banning, chs. IV-VI.

45) Banning, pp. 299-311.

46) Stourzh, pp. 128-29; Wood, p. 526.

국에서 연방 연합으로, 다시 제국으로 이어지는 이데올로기적 연속성과 다양성은 토지에서 무역으로, 다시 신용으로 이어졌던 아우구스투스기 잉글랜드에서의 논쟁과 유사했다. 어떤 고정된 구분도 없었고, 모순과 당혹감에 대한 느낌에서도 모두가 동일했다. 덕성에 대한 헌신, 마키아벨리적 계기에 대한 참여가 낳은 결과는 바로 이런 것이었다. 사람들은 이제 스스로가 켄타우로스와 같은 반인반수의 존재임을 인식하게 되었다.

많은 사람들은 — 또한 아메리카 초기의 상황이 많은 사람들에게 그런 선택의 길을 열어준 측면이 있다 — 스스로가 켄타우로스라는 것을 인정하고 당원 집회와 중개 행위로 점철된 직업적 정치판에 몸을 담그는 것을 해결책으로 생각하였다.[47] 그러나 아메리카적 가치란 것이 일부 불리한 조건 하에서라도 덕성을 추구하는 사람들을 전제로 한다는 점을 생각할 때, 아메리카적 가치의 승리를 마음에 그려볼 수 있는 천년왕국적 계시의 전망은 공화주의자보다는 차라리 연방주의자에게서 찾을 수 있는 가능성이 더 크다고 한 투버슨의 견해는 흥미로운 면이 있다.[48] 덕성이 때로는 은총으로 확인되고 의로워지는 천년왕국을 요구한다는 것을 우리는 이제 익히 알고 있다. 하지만 그것과 직면하게 될 때 공화주의자들은 덕성의 당이 되어야 하며, 연방주의자들은 비르투의 당이 되어야한다. 그러나 만약 사치와 제국을 향하는 것이 "인간본성의 진정한 성향"임을 믿는 사람들뿐 아니라, 자연 귀족에 대한 생각이 자신들의 마음 깊숙한 곳에 남아 있다고 믿는 사람들 역시 존재하고, 그들이 연방주의자들 속에 포함되어 있다고 한다면, 그들

47) 이러한 발전에 대해 다룬 것으로는 다음을 볼 것. Chambers, *op. cit.*, 다음도 볼 것. David Hackett Fischer, *The Revolution of American Conservatism: The Federalist Party in the Age of Jeffersonian Democracy* (New York: Harper and Row, 1965).

48) Tuveson, *Redeemer Nation*, p. 120.

에게는 덕이 최대의 위협과 압력에 노출된 상태에 놓여있는 것으로 보였을 것이고, 그런 의미에서 볼 때 그들 집단 안에 마키아벨리주의자들만이 아니라 천년왕국론자들까지도 포함되어 있다는 것은—이것도 결국에는 아메리카의 정당이므로—별로 놀랄 일이 아니다. 앞으로 살펴보게 되겠지만, 제퍼슨식의 수사는 덕성의 지속성을 확인하는 방향으로 스스로의 길을 잡았던 것이다.

물론 우리는 해밀턴이 "인간본성의 진정한 성향"은 "공화주의적 기준으로부터 탈피하는" 것임을 확인한, 방금 이용한 구절을 이보다 훨씬 더 놀랍고 훨씬 더 상세한 내용을 담고 있는 제퍼슨의 글들과 비교해 보지 않으면 안 된다. 아메리카 농경주의 연구자들은 그동안 다음과 같은 구절의 의미와 그것의 풀리지 않는 모호함에 대해 수많은 논의를 해온 바 있다.

> 지구상에서 노동하는 사람들은 신의 선민들이다. 그리고 신이 자신의 선민을 가지고 있다고 할 때, 그는 그들의 가슴을 실질적이고 진정한 덕성의 특별한 저장고로 만들어 놓았다. 그것이야말로 그 성스러운 불을 계속 지필 수 있도록 해주는 초점과 같다. 만약 그렇지 않았더라면 우리는 지구상에서 그 성화(聖火)를 찾을 수 없었을 것이다. 경작자 집단이 도덕적으로 부패한다는 것은 어떤 시대, 어떤 나라에서도 그 예를 찾기 힘든 현상이다. 이러한 부패는 말하자면 하늘을 경배하며, 그리고 스스로의 땅과 근면함만으로 살아가는 농부들과는 달리, 고객으로 인한 손해와 그들의 변덕에 의존하여 생계를 잇는 사람들에게 찍혀 있는 표식이다. 의존성은 종속과 금전 만능주의를 낳고, 덕성이란 세균을 질식시키며, 야심이 꾸민 계획에 적절한 도구를 예비한다. 이러한 과정은 물론 학예의 자연스러운 진보와 그 결과이겠지만, 때로는 아마도 우연적 상황으로 인해 지체되었을 수도 있었을 것이다. 하지만 일반적으로 말해서, 어떤 국가에서도 다른 부류의 시민 집단이 농민 집단에 대해 가지는 비율이 곧 불건전한 부분이 건전한 부분에 대해 가지는 비율이며, 그 부패의 정도를

> 측정하는 척도가 된다. … 대도시의 군중은 마치 인간 육체의 강인함을 약화시키는 상처와 같이, 건전한 정부를 지지하는 데 나쁜 영향을 준다. 공화국에 활력을 주는 것은 인민의 풍속과 정신이다. 이러한 것들이 쇠퇴하면 사회는 곧 그 해독으로 정체(政體)의 심장부까지 썩어들어 가게 되는 것이다.[49]

"학예의 자연스러운 진보와 그 결과이겠지만 … 때로는 … 우연적 상황으로 인해 지체되었을 것이다." 제퍼슨은 그 스스로와 아메리카를 루소적인 어떤 계기에 위치시키고 있다. 인간은 진보에 의해 문명화되거나 부패하지 않을 수 없다. 하지만 그의 언어가 그려내는 더 심층적인 모습은 그 과정이 정치적이며 그 계기가 마키아벨리적이라는 점이다. 여기에는 상업과 포르투나의 연속성에 대한 희미한 섬광 같은 것까지 있다. "손해와 변덕"이란 말은 아마 뜻을 크게 바꾸지 않고 "운과 환상"이란 말로 대체될 수 있을 것이다. 하지만 한때 관습과 전통의 형태로 운의 바퀴를 저지하는 데 일조했던 "풍속"(manners)이 이제는 진보적이고 부패적 요소가 되었다는 것은 18세기 논쟁에서 전형적으로 나타나는 현상이다. 또한 우리는 이제 부패가 어떤 식으로 일어나게 되는지 알고 있다. 상업 사회의 의존적이고 종속적이며 타산적인 사람들은 버와 같은 고전적 선동가들뿐 아니라 해밀턴과 같은 군사·금융 복합체로서의 제국을 설계한 사람들의 "계획에 적절한 도구"이다. 제퍼슨이 이 글을 쓴 것은 1785년이었으나, 그것은 10년 후에 사용될 수사를 미리 보여주고 있다. 그는 여느 고전적 공화주의자들처럼 덕의 이상에 뜻을 같이하고 있었다. 하지만 그는 그러한 덕의 전제조건이 자연적인 것이 아니라 농경적인 것이라고 보았다. 그는 자연 민주정에

---

49) Jefferson, *Notes on the State of Virginia*, "Query XIX"; 이 부분은 다음의 책에서 재인용했다. 이에 대한 긴 논의도 볼 것. Leo Marx, *The Machine in the Garden: Technology and the Pastoral Ideal in America* (New York: Oxford University Press, 1964, repr. 1970), pp. 124-25, 116-44.

대한 자연 귀족정의 관계를 본질적인 것으로 본 — 만약 이러한 생각이 버지니아대학 창설자로서의 그의 마음속에 없었다고 본다면 — 카토와 같은 인물이 아니라, 요우먼(자영농) 공화국의 보존을 덕성 유지의 비밀이라고 생각한 티베리우스 그라쿠스와 같은 인물이었다. 동시에 그는 농경적 덕성이 과연 영원히 유지될 수 있을 것인지에 대해 의심하였다. 하지만 그의 이러한 믿음이나 의심도 그를 고전적 정치 전통 혹은 매디슨식 연방제의 새로운 자유주의로부터 떼어놓지는 못했다.

공화국이 더 이상 개인의 덕성에 직접 기초하고 있지 않다는 것을 확인하는 증거로, 우드가 인용한 노아 웹스터의 다음과 같은 글에서 우리는 이러한 역설에 대한 실마리를 찾을 수 있다.

> 위대한 몽테스키외의 체계도 《법의 정신》에 나오는 "덕성"(virtue) 이란 말을 "세습재산 혹은 세습토지"란 말로 바꾸기 전에는 계속 오류적인 것으로 보일 것이다.
>
> 인간본성이 바뀌지 않는 한, "덕성," 애국심, 혹은 나라에 대한 사랑이 고정적이고 영속적인 원리이자 정부의 버팀목이 된 적은 없었고 앞으로도 그렇지 않을 것이다. 그러나 농경 사회의 경우는 일반적으로 세습토지의 소유가 지속될 수 있다. 상업이 가져온 불평등은 너무 변동이 심해서 정부를 위태롭게 만든다. 끊임없이 권력적 가문들의 결합을 막는 방향으로 작용하는 재산상의 평등은 재산권 양도의 필요성과 함께 그 자체가 바로 "공화국의 영혼"인 것이다.50)

여기서 웹스터는 해링턴의 바로 그 입장으로 되돌아가고 있다. 그는 덕성과 평등을 확보하기 위해서는 물적 토대가 필요하다는 것, 자유보유 토지가 상업보다 더 안정적인 토대이기는 하지만, 농경을 주로 하는 사회도 본질적으로 덕성을 상실치 않고 상업을 흡수할 수 있다는 것을 주장하고 있는 것이다. 만약 그가 헌법이 덕성이 아닌 다른 토대

50) Stourzh, p. 230, n. 104에서 재인용.

위에 놓여 있다고 생각했다면, 이는 그에게 아메리카 정치체제가 비농경적 요소들에 양보한 것으로, 그래서 사실상 사업과 타협한 것으로 비쳤을 것이다. 하지만 아메리카는 여전히 상업적이기보다는 농경적인 사회를 견지할 수 있었다. 그러나 이는 강조점을 헌법 그 자체로부터 다른 곳으로 옮기는 것이 될 것이다. 덕성의 제도는 이제 고전적 이론이 입법적 지성의 작용처라고 본 정치적 오르디니(제도)가 아니라 자유보유적 평등의 영속을 보장하는 농지법—혹은 차라리, 앞으로 살펴보겠지만, 통제되지 않는 다양한 사회 세력과 인간 활력에—에 자리하게 된 것이다. 만약 "공화국의 영혼"이 상업과 덕성 간의 역동적 투쟁에 대한 완전한 해결책으로서 다시 중심에 서 있을 수 있다면, 우리는 헌법이 아니라 프런티어가 그러한 공화국의 영혼이 되는 이론의 언저리에 와 있는 것이다.

헨리 내쉬 스미스[51]는 19세기 아메리카에 만연한 농경적 서구의 지정학적·천년왕국적 수사의 상징으로 "절대 사유지 제국"*이란 말을 추출해냈다. 1787년 웹스터가 말했을 법한 것을 상기시키는 이 말은 왜 농경 위주의 공화국이 팽창을 위한 공화국이 되어야 했는가를 설명해줄 수도 있을 것이다. 혁명기 세대는 덕성을 위한 서원(誓願)을 행하였고 자신들의 공화국이 부패를 피할 수 있도록 하는 데 기여했으나, 그것을 상업이 만든 부패의 징후로 받아들여지는 이익과 파당의 세계로부터 완전히 떼어놓지는 못했다. 웹스터가 상기했던 것으로 보이는 바와 같이, 해링턴은 상업이 토지를 초과하지 않는 한 부패하지

51) Henry Nash Smith, *Virgin Land: The American West as Symbol and Myth* (New York: Vintage Books, n. d., repr. of 1950., Cambridge, Mass.: Harvard University Press), ch. XII.

* the fee-simple empire. 세습 가능한 완전한 사유지를 가리킨다. "절대"란 말이 붙은 것은 봉토와는 달리 그 소유자가 주군이 아니라 바로 자기 자신임을 강조하고자 하는 의미에서이다. 이는 물론 정부가 부과하는 세금, 토지 수용권, 경찰력, 토지 복귀권의 제한 아래에 있다.

않을 것이라고 주장했으나, 그의 시대 이후, 상업은 진보적이자 동시에 부패를 야기하는 역동적 원리로 인식되었다. 덕과 상업의 타협을 원하는 공화국은 토지의 추구에서도 똑같이 역동적이고 팽창적이라야만 한다. "오세아나의 성장"은 "바다를 지배한다." 그리고 바다가 정주지를 텅 비게 만들거나 주민을 감소시키지만 않는다면 베네치아와 로마의 운명을 동시에 피할 수 있다. 그러나 아메리카의 경우, 바다를 건너는 일은 이미 해냈고, 땅은 단지 주민이 퍼져 나가 그곳을 채우기만을 바라고 있었다. 대니얼 분은 리쿠르고스나 로물루스가 될 필요도 법을 만들어야 할 필요도 없었다. 또한 뒤에 모르몬교도들에 대해 가해진 증오의 일단은 아마도 그들의 예언자들이 스스로를 입법자라고 주장한 때문이었을 것이다. 스스로를 통제하는 무장 자영농들에 의해 점유되기만을 기다리고 있는 무한한 토지 공급은 곧 무한한 덕성의 공급을 의미했고, 이런 상황에서는 어떤 농지법도 필요치 않다는 주장 역시 얼마든지 가능했을 것이다. 안전판은 열려져 있는 상태였고, 종속과 부패를 야기하는 모든 압력들은 제자리를 찾아 정상으로 돌아가게 된다는 것이다.

이러한 조건 하에서 덕성은 자기 스스로를 보장하는 것처럼 보였을 수도 있으며, 잉여적 조물주로서의 입법자에 의해 과시된 어떤 종류의 지성으로 비쳤을 수도 있다. 우드가 매디슨적 자유주의에서 탐지한 낭만주의와 유사한, 민중적 활력의 낭만화가 프런티어의 수사에서 모습을 나타내었다. 하지만 마키아벨리가 만든 패러다임을 따라 덕성은 이러한 의미에서 민중적인 만큼 역동적인 비르투가 되어야 했다. 상업 동력론을 저지하고 봉쇄하기 위해 불러낸 것이 덕성 동력론인데, 이는 상업의 감정적이고 환상적인 성질들을 나누어 가질 필요가 있었다. 그러나 원시적이고 반쯤은 희극적인 프런티어 전설의 영웅들은 덕성을 그것의 공화주의적 형태로 구현할 만큼 정치적이지는 못했으며 — 대비 크로켓을 실제의 삶에서 도저히 의회 의원이라고 생각할 수는 없었다 — 그래서 신화는 자신의 구현된 모습을 앤드류 잭슨에서 발견하였다.[52] 프런티어의 전사들은 이제 애국적인 정치가로 변신하였고, 합중국 은행을 인가하려는 두 번째 시도를 성공적으로 저지하였다. 전설 속 잭슨의 모습은 그를 그야말로 최후의 마키아벨리적 로마인으로, 또한 그가 상징하는 호전적·팽창적·농경적 민주정을 제4의 로마로 — 마치 모스크바의 제3의 로마가 성스러운 제국을 영속케 하듯이 공화주의적 비르투스를 영속케 하는 — 간주할 만한 충분한 자격이 있다.

제퍼슨은 발상 자체가 잘못된 1812년 전쟁에 대해 이렇게 견해를 밝히고 있다.

> 사실 우리의 적은 천국으로부터 우리의 첫 부모를 내쫓은 사탄의 위안 같은 것을 느끼고 있다. 그는 우리를 평화롭고 농경적인 나라로부터 군사적이고 산업적인 나라로 만들어 놓았다.[53]

그러나 다소 무의미한 분쟁이 공식적으로 정주지에서 발발한 이후, 뉴올리언스 전투에서 얻은 최고의 행운 덕분에 그것은 갑자기 신화의 영역으로 승격하였고, 부패하고 진보적인 전쟁에서 덕성스럽고 고풍스러운 전쟁으로 바뀌어 버렸다. 여기서 전설적인 "켄터키의 사냥꾼들"로 알려진 프런티어 라이플 총잡이들이 촌뜨기 시민-전사의 역할을 맡아, 대규모 직업군대 베테랑들을 물리치고 승리를 거둔 것으로 되어 있다. 존 윌리엄 워드는 잭슨 이후 20년간에 걸쳐 자라난 그에 대한 신화를 추적한 연구서에서, 그것이 얼마만큼 로마 초기 영웅들 — 학교 교과서와 애국적 연설에 빠짐없이 등장하는 인물들 — 에 대한 암시

52) John William Ward, *Andrew Jackson: Symbol for an Age* (New York: Oxford University Press, 1955). 다음도 볼 것. Marx, *op. cit.*, pp. 219-20.

53) Marx, p. 144에서 인용.

와, 덕을 소유한 시민군 대(對) 부패한 상비군 간의 전통적인 대비에 기초하고 있는지를 분명히 보여주었다. 클라우제비츠가 민주적 · 관료적 국가를 움직이는 도구로서 위대한 이상주의 전쟁론을 구상하고 있었던 바로 그때, 아메리카인들은 시민적 · 고대적이며 마키아벨리적이자 동시에 낭만적인 전쟁관을 제기하고 있었다. 워드는 또한 신화에 담긴 원시주의와 역동성의 — 민주적 반지성주의의 — 요소가 얼마나 중요한 것이었는가를 보여주었다. 뉴올리언스 전투에서 신비스럽고 도저히 측정 불가능한 어떤 힘이 켄터키의 전사들로부터 섬광처럼 뿜어져 나와 단순히 기술과 경험과 무공 — 크롬웰이라면 아마 단순한 "세속적 이성"이라고 불렀을 법한 — 에만 의존한 적들을 무찔렀다는 것이다. 그리고 이러한 정신이 바로 애국심이며 애국심이 곧 정신이라는 주장도 많이 있었다. 워드는 이런 종류의 낭만주의가 평등주의적 에토스의 일부분이라는 점을 제대로 간파하였다. 자연적 · 민중적 활력을 훈련과 경험 및 지성과 동등한 것으로 보는 세력이라면 그것은 틀림없이 이성에 대립되는 정신의 질서에 속할 것이다. 하지만 동시에, 그것에는 마키아벨리적 포폴로(평민)의 역동적이고 군사적인 비르투와 틀림없는 유사성이 있다. 라이플 총잡이들을 분기시킨 정신은, 그것이 잭슨 그 자신의 인격 속에 구현된 것으로 보였을 때, 덕성이라는 이름으로 수없이 불려졌다. 하지만 잭슨이 통례적으로 국제법의 형식을 따르지 않고 승리를 거둔 장군이자 헌법을 세세히 준수하지 않고 입법과 정책결정을 행한 대통령으로 찬사를 받을 때, 우리가 다루고 있는 이 지도자는 고도로 마키아벨리적 의미에서의 비르투를 지닌 인물임이 분명하다. 그를 칭송하는 한 사람은 "잭슨은 법을 만들었고, 애덤스는 그것을 인용하였다"고 말했다. 그는 영웅의 분노가 폭발하는 장면에 대해 이렇게 적고 있다. "망할 놈의 그로티우스! 망할 놈의 푸펜도르프! 망할 놈의 바텔! 이건 단지 짐 먼로와 나 사이의 일이란 말이야!"[54] 혹은 "존 마샬은 결정을 내렸어. 이제 그가 그것을 집행하도록 놔둬."

마키아벨리는 사실 고마워했을 것이다. 하지만 그는 또한 이런 종류의 충동적 행동이 공화국을 세우는 입법자나 혹은 아무도 살지 않는 곳에서 작전을 수행하는 군주에게는 적절할지 모르지만, 공적 권위를 유지해야 하는 장관에게는 부패의 소지가 큰 일일 수 있다는 점을 지적했을 것이다. 고전적인 역사가 여전히 만인의 정치 교과서인 이상, 잭슨의 정적들에게는 그가 폭군으로 변한 군사 모험가가 되지나 않을까 두려워 할 만한 이유가 있었고, 그의 덕성이 그가 정말로 초인적 능력의 소유자라는 아찔한 찬사를 받을 만한 것이었음에 틀림없다는 느낌마저 가졌을 수도 있다. 그는 틀림없이 푸리우스 카밀루스*였을 것이다. 왜냐하면 그는 결코 만리우스 카피톨리누스** 같은 사람이 되지는 않았기 때문이다. 그러나 공화국이 새롭거나 쇠퇴하는 중에 있지도 않고 정상적으로 기능하는 두 번째 세대로 접어들었음에도 불구하고, 이같이 거의 무정부적 성격의 영웅을 만들어내고 또 그로부터 도움을 받아야만 했다는 것은 마키아벨리적 관점에서 볼 때 이례적이다. 이에 대한 당시의 설명은 워드가 잘 알고 있듯이 자연의 원리에 기초하고 있는 헌법이 역시 자연적인 인물의 활력을 풀어놓았다는 것이었다. 잭슨은 자연의 아이였고, 황야의 공화국은 그를 두려워할 이유가 없었다.[55] 그러나 워드는 아메리카의 신화가 로크적 원시주의의

54) Ward, p. 63.

* Furius Camillus. 대략 기원전 446년에서 365년까지 살았던 로마의 장군이자 정치가. 전쟁에서 여러 번 승리했고, 독재관을 5차례나 역임했다. 제2의 로마 창건자라는 칭호를 받았다.

** Manlius Capitolinus. 기원전 390년에 로마공화국의 콘술을 지낸 인물. 프랑크족의 침입에 맞서 유피테르 신전이 있는 로마의 카피톨 언덕을 사수했던 인물. 자신의 땅을 팔아 가난한 자의 빚을 갚고 원로원의 공금 횡령을 비난하기도 했으나, 동시에 왕이 되려는 야심을 가진 인물로 공격받기도 했다.

55) Ward, pp. 30-45.

성격을 가지고 있다는 진부한 결론을 내리고 있다. 그것은 역사에 대한 자연의 반란이며, 구세계의 전통과 관례와 주지주의에 대한 반란이라는 것이다. 이런 식의 견해를 표명한 경우는 옛날에도 흔했고 지금도 대단히 많다. 하지만 우리는 이러한 자연으로의 도피가 과연 복잡하고 모호한 측면들을 가진 덕성을 제쳐놓고도 제대로 이해될 수 있는 것인지의 여부에 더 관심이 있다.

잭슨의 아메리카는 또한 토크빌이 관찰한 아메리카이기도 했다. 농민 전사의 공격적 비르투가 프런티어에서 번성했다면, 자연 귀족정에 대한 인민의 반란이 절정에 달한 곳은 더 동쪽이었고, 우리는 그것이 "덕의 쇠퇴"와 "고전적 정치의 종말"을 불러왔다는 것을 알고 있다. 그리고 우리는 아마도 이 둘 사이에는 어떤 관계가 있는지 의문을 표할 수도 있을 것이다. 토크빌은 덕성의 이상을 구성하는 한 부분이었던 마키아벨리적 혹은 몽테스키외적 의미에서의 평등—이소노미아 혹은 레스 푸블리카에 대한 복종에서의 평등—으로부터 고전적 공화국의 가치들을 대신하는, 그가 근대적 의미에서 민주주의의 승리를 보여주는 것으로 본 조건상의 평등(égalité des conditions)으로의 이행을 그리고 있었다. 그는 잭슨 같은 인물이 만리우스나 카이사르 같은 인물로 바뀔 수도 있다는 단순한 공화주의적 우려를 훨씬 뛰어넘어, 덕성의 패러다임 이후의 사회에서 폭정에 대한 진짜 위험은 다수의 평판이 행사하는 독재에 있다는 것을 지적하였다. 인간의 기능이 구분되고 그들의 덕성이 다른 사람의 덕성에 대한 경의의 행위로 표현되었던 때라면, 개인은 공개적으로 인정된 자신의 능력들에 대해 동료들이 보여주는 존경심을 통하여 스스로를 알 수 있었다. 하지만 일단 사람들이 모두 비슷하게 보이게 되면, 혹은 모두 비슷해야만 한다고 주장한다면, 자신을 발견하는 유일한 수단은 그가 어떤 사람이어야 하며 또 어떤 사람인지에 대한 다른 모든 사람들의 생각에 따르는 수밖에 없었다. 이는 평판의 전제정을 만들어냈는데, 이제 분산적이고 일반적인 평판외의 그 어떤 것도 자아 혹은 그것에 대한 판단 기준을 규정하지 못하기 때문이었다. 매디슨은 개인이 그 스스로의 중요성에 대한 의미를 모두 상실할 수도 있음을 우려하였다.[56] 토크빌 역시 잉글랜드 반역법과 프랑스 공포정에서 탈출한 바 있는 토머스 페인이 오히려 아메리카인 이웃들에 의한 반감 때문에 파멸하고 말았다는 것을 깨달을 수 있었을 것이다.

조건상의 평등에 대한 이러한 비판은 기본적으로 아리스토텔레스적인 것이다. 그의 《정치학》은, 만약 인간이 모두 비슷한 것으로 취급된다면 서로 비슷하지 않은 측면에서 그들을 설명할 수 없게 될 것이라는 점을 지적하고 있다. 더 나아가 만인이 만인에 대해 복종적인 사회는, 스스로의 존재를 판단하는 수단이 어떤 것인가에 상관없이 그 자신에게 의존적이기 때문에, 아주 특별한 방식으로 또한 아주 고도로 부패한—이 말에 대해 받아들여지는 의미 내에서—사회라는 점이 지적될 수도 있었을 것이다. 잭슨적 의지와 자연적 활력에 대한 숭배는 아마 이 사회의 일부일 수도 있을 것이다. 왜냐하면 낭만적 의미에서의 비르투는 자연 귀족의 덕성을 약화시키는 수단이기 때문이다. 하지만 인간은 오직 타인의 이미지에 의존하여 살아갈 뿐이기 때문에, 인간에 대한 허상은 아주 쉽게 만들어지거나 다른 것으로 바뀔 수 있다고 하는 것이 토크빌적 세계의 특징이다. 여기서 우리는, 잭슨과 다른 프런티어 영웅들에 대한 신화의 일부는 은밀하지는 않았던 이미지 제작자들에 의해 의식적으로 만들어졌다는 것, 잭슨은 프런티어 개척민이 아니라 대농장주였고 뉴올리언스에서의 승리도 라이플이 아니라 대포를 사용하여 얻었다는 것, 만약 1828년에 그가 영웅으로, 또한 애덤스가 지성으로 그려지는 데 성공했다면, 그의 그런 이미지는 1840년, 즉 휘그들이 해리슨*을 자신들의 영웅으로 만드는 데 성공했으

56) Wood, p. 612.

* William Henry Harrison. 1841년 미합중국의 9대 대통령으로 당선되었으

나, 정작 그는 취임하던 날 감기에 걸려 한 달 만에 세상을 떠남으로써 그들이 내세운 그의 성격이 거짓이었음을 보여준 바로 그때에 절정에 달했다는 것 등을 되짚어 볼 필요가 있다. 잭슨을 찬양하는 사람들은 그가 조롱을 당했다고 생각지 않았을 수도 있겠지만, 그것은 역사의 아이러니를 보여주는 쓰디쓴 광경이었다. 그리고 그로 인해, 아메리카의 역사가 시작된 이후 내내 그곳에서 내부적으로 감지되고 있었던 것, 즉 자연의 계기가 덕성과 부패 간의 갈등으로부터 도피하는 수단인가 아닌가에 대한 의문이 또 다시 제기되기에 이르렀다.

제퍼슨의 《버지니아론》(*Notes on Virginia*)에서 인용한 내용을 다시 한 번 살펴보자. 상업 — 학예의 진보 — 은 농민의 덕성을 부패하게 만든다. 하지만 웹스터가 덧붙이고 제퍼슨이 동의한 바와 같이, 농경 사회는 상업을 흡수할 수 있으며, 그래서 팽창적인 농경 사회는 팽창적인 상업을 흡수할 수 있다. 아메리카는 세계의 낙원이다. 그곳에는 자유 토지가 거의 무한히 펼쳐져 있고, 그것을 채우기 위한 팽창은 곧 거의 무한한 덕성의 팽창과 같다. 제퍼슨과 웹스터 이후 한 세기를 채운 헨리 스미스의 《처녀지》(*Virgin Land*)는 자유를 사랑하는 무장 농민들에 의한 이런 팽창의 수사이다. 한 마디 덧붙이자면, 버클리의 "서부로의 행로"라는 수사는 그 시에서 가정된 원형이 아메리카 사상에서 어떤 위치를 차지하는가를 설명하는 데 일조하고 있다고 할 수 있다. 따라서 프런티어에서의 팽창에 대한 정당화는 마키아벨리적이며, 잭슨 신화 속에서 그것은 덕성을 부패시키지 않고 그것을 확대하는 마키아벨리적 비르투를 수반하는 것 — 절대 사유지 제국에서 가능한 과정 — 으로 보인다. 공화국이 시작된 이후 상업이 아메리카 풍경의 일부가 되었다는 의미에서 — 다시 한 번 비르투를 요구하면서 — 뱀은 이제 에덴동산으로 들어선 셈이다. 그러나 팽창하는 토지는 팽창하는 상업에 의

나 곧 사망하였다.

해 부패되지 않는다는 전제 하에서, 상업은 농경적 비르투의 역동적 팽창성에 그것의 역동적이고 진보적인 성질들을 덧붙여 줄 수 있으며, 진보적이면서 동시에 목가적인 농민의 제국이란 이미지에 기여하는 것으로 보일 수 있다. 폴리비오스와 마키아벨리가 좀더 살벌했던 시기에 이루어냈던 덕성과 비르투의 종합이 제퍼슨·잭슨의 전통 속에서 훨씬 더 고도의 사회학적 복잡성을 가지고, 그래서 더욱 낙관적인 분위기에서 재창출되고 있다. 헌법제정의 과정에서 포기된 덕성의 상실분은 프런티어의 비르투로 더 많은 보상을 받고 있는 것이다.

요우먼(자영농)의 수사학—아메리카가 새로운 고트식 제국이라는—은 언제나 증기선의 수사학을 위한 여지를 가지고 있다. 우리는 아마 당시의 브리튼에서 토머스 러브 피콕이 풍자한 "마음의 행진"(march of mind)과 "증기 지식 학회"(Steam Intellect Society)를 떠올릴 수도 있을 것이다. 프런티어와 산업, 토지와 상업은 모두 팽창적인 힘이기 때문에, 감정과 역동성이라는 두 측면에서 동시에 기술될 수 있다. 전사 자영농의 애국적 비르투가 전자의 측면이고, 이익에 대한 열렬하고 쉼 없는 추구가 후자의 측면이다. 팽창의 협력관계가 계속되는 한, 자연을 향한 돌진은 목가적 측면과 산업적인 측면 양쪽에서 동시에 기술될 수 있는 것이다. 아메리카인이 찾고 있는 것은 목가적 풍경 속에서 관상되는 자연이 아니라—물론 이러한 선택이 완전히 차단된 적은 없지만—시민적·군사적·상업적인 인간으로서 자신이 가진 본성, 행동적이란 말에 내포된 자기 자신의 본성이다. 설사 그가 이 시점에서 로크적 패러다임을 끄집어낸다고 해도, 그렇게 하는 시점만큼이나 이를 규정하는 것은 비타 악티바(행동적 삶)의 복잡다단한 역사인 것이다.[57]

더욱이 황야는 형상으로 모습을 갖추어야 하는 질료와 같다. 자영

57) 이 주제에 대한 탁월한 설명은 다음을 볼 것. Marx, *op. cit.*, *passim.*

농, 전사, 시민으로서의 인간은 그가 그것을 형성할 때까지는 성취되지 않는다. 프런티어 개척민이 지향하는 이상은 자영농이 되는 것이다. 물론 여기에는 어떤 낭만적 긴장이 개입될 가능성이 있다. 덕성은 문명의 진보에서 오직 루소적 계기에만 가능하다는, 우리가 제퍼슨에게서 발견한 암시는, 농경적 · 시민적 이상이 황야의 야만과 대도시의 부패라는 양 극단 사이의 "중간적 풍경"을 차지하는 것으로 표현되는 수많은 전경들 — 그림이든 글이든 — 속에서 더 강하게 나타나고 있다.[58] 그러므로 폴리스의 이미지는 언제나 아주 약간은 관조적인 면도 없지는 않지만 그보다는 더 전원적 이상향의 모습을 띠고 있다. 또한 이동하는 프런티어는 어떤 시기에도 야만과 덕성 사이의 중간 지대이기 때문에, 자신들의 비르투로 인해 스스로가 프런티어 바깥으로 밀려나 버리는 사람들의 문제가 존재하게 된다. 그들은 모습을 갖춘 형상보다는 모습이 없는 질료를, 현실보다는 잠재력을 더 선호하여 스스로의 본성이 불완전하게 되고, 나아가서 쇠퇴할 수도 있는 상태에까지 이르게 된다는 것이다. 페니모어 쿠퍼는 사냥꾼의 세계와 농민의 세계, 자연적 덕성과 정주(定住)의 법 사이에서 주저하는 그러한 딜레마에 빠진 늙은 "가죽 스타킹"*의 모습을 그렸다.[59] 버크 역시, 애팔래치아 산맥 너머의 정주자들이 유랑 기마대로 타락하여 프런티어 농민들을 습격하는 광경을 상상했을 때, 틀림없이 이런 종류의 것을 염두에 두고 있었을 것이다.[60] 게다가 땅에 대한 경험은 크레브쾨르의 《한 아

---

58) "중간적 풍경"은 리오 마르크스에 의해 논의된 바 있다. Marx, pp. 121-22; *passim.*

* 쿠퍼의 프런티어 소설 시리즈 《가죽 스타킹 이야기》(*Leatherstocking Tales*)에 나오는 프런티어 개척민을 말한다. 그는 유럽 이민인 이들과 대비하여 아메리카 원주민을 "개척자"(*Pathfinder*), "사슴 사냥꾼"(*Deerslayer*), "매의 눈"(*Hawkeye*) 등으로 불렸다.

59) Smith, *Virgin Land*, pp. 64-76.

60) Burke, *Works*, II, 131-32; Smith, pp. 201-208.

메리카 농민으로부터 온 편지》(*Letters from an American Farmer*)[61] 만큼이나 일찍부터 프런티어의 불법 토지점유자들을 원초의 자연인이 아니라 비참하게 타락한 저급한 야만인으로 보는 기회를 제공하였다. 가난한 백인들은 18세기 사회학의 개념적 배경 하에서 스스로의 이력을 시작하였던 것이다.

그러나 이 문제들은 오히려 왜 프런티어가 팽창을 멈추어서는 안 되는가에 대한 이상적인 이유를 제공하는 것으로 보였다. 새로운 땅에서의 정주가 가능한 한, 농경적 덕성과 상업적 근면성 간의 협력 관계는 계속 유지될 수 있었으며, 아메리카의 "새로운 인간"이 에덴동산으로 되돌아왔다는 환상을 영속케 할 수 있었다. 민족적 계시는 이러한 저수준 낙관주의에서 확인될 수 있었다. 하지만 버클리가 예언적 감각으로 식별해낸 문제가 여전히 남아 있었다. 즉 폐쇄적이고 순환적인 세계사의 본성이 바로 그것이었다. 아메리카는 트란스라티오 임페리(권력 이전론)의 마지막을 장식하는 제5막이 되어야 한다. 왜냐하면 일단 "서부로의 행로"가 완결되면 그것이 다시 시작되는 것은 단순히 농경적인 관점에서는 도저히 생각할 수 없기 때문이다. 농경적 덕성에 대한 탐색은 오직 린노바치오네(갱신) — 덕성을 새롭게 하기 위한 땅을 찾을 수 있는 사람들을 위한 덕성의 재생 — 로만 상상될 수 있는 정적인 유토피아에 대한 탐색이었다. 이러한 측면에서 볼 때, 마키아벨리는 옳은 예언(그리스도교적 예언은 아니지만)을 한 셈이었다. 즉 어느 한 시기 이 세상에 존재할 수 있는 덕성의 양은 유한하며, 그것을 자꾸 소모하다 보면 재생이 이루어지기 전에 필연코 대파국이 온다는 것으로, 이는 그리스도교적 계시라기보다는 스토아적 재해(災害)에 가까운 성격을 가지고 있었다. 투버슨이 시사하고 있는 것처럼, 만약 공

61) Hector St. John de Crevecoeur, *Letters from an American Farmer*, Everyman's Library edition (London: J. M. Dent, 1912-62), pp. 46-47, 51-55.

화주의자들이 연방주의자에 비해 천년왕국적 성향이 적었다면, 이는 그들이 제퍼슨과 함께 절대 사유지 제국에서 거의 무한한 덕성의 재생을 바라고 있었기 때문일 것이다. 하지만 이러한 팽창적 유토피아를 넘어서면 그리스도교적 종말론이 아니라 오직 마키아벨리적 종말론만이 식별 가능할 뿐이었다. 그리고 유토피아는 반드시 끝나지 않으면 안 되는 것이었다. 제퍼슨의 글을 보면, 조만간 토지의 저장고가 바닥이 날 것이고 덕성의 팽창은 더 이상 상업의 발전을 앞서지 못할 것임을 인정하는 대목들이 나온다.[62] 그러한 시점에 이르면, 틀림없이 부패의 과정이 재개될 것이다. 사람들은 시장 경제 속에서 서로에게 의존할 것이고, 대도시에서는 정부에 의존할 것이다. 뱀이 아담과 이브를 덮칠 것이고, 해밀턴과 버로 상징되는 어둠의 세력들, 혹은 토크빌이 얘기한 좀더 미묘한 과정들은 농가의 확장을 앞지를 것이다. 풍속이 부패하면 헌법조차도 의존할 수 없는 존재가 된다. 설사 아메리카라 해도, 공화국은 스스로의 궁극적인 유한성이라는 문제, 그리고 그 자신의 덕성과 시공간의 문제에 직면할 수밖에 없는 것이다.

그러므로 아메리카 사상 속에는 대단히 유토피아적 색채가 짙은 역사적 비관주의의 차원이 존재하고 있다. 그것은 덕성과 상업 간의 대립에 연유하는 것으로, 모든 아메리카의 역사를 마키아벨리적 혹은 두 소적 계기로 환원한다는 위협을 가하고 있다.[63] 제퍼슨이 농민들을 신의 "선민"이자 "특별한 기탁자"로 묘사할 만한 어떤 대안도 가지지 못한 이유는, 모든 것이 말해지고 행해질 때 그들이 차지하는 것은 진보와 부패의 변증법 속의 오직 한 계기뿐이기 때문이다. 결국 그들은 자연에 의해 보증된 상태에 있지 않으며, 그들이 지닌 덕성의 계기도 단지 은총이나 섭리에 의해서만 연장되고 유지될 수 있을 뿐이다. 제퍼슨은 섭리에는 호소할 수 있었으나, 천년왕국적 예언에는 그렇게 호

62) Smith, pp. 241-44.

63) Cf. *Politics, Language and Time*, pp. 100-105.

소할 수 없었다. 그의 이신론과 농경주의 양자 모두가 그것을 확신케 만들었다. 왜냐하면, 반복해서 보아왔던 바와 같이, 시민적 덕성은, 물론 때로는 자기 확신을 위한 계시적 구조를 요구하기는 하겠지만, 그럼에도 불구하고 즉각적으로 예상되는 천년왕국을 스스로의 계기로 대체하려는 똑같이 강력한 경향을 가지고 있기 때문이다. 그러므로 우리는 투버슨이 일반화한 천년왕국주의와 연방주의자들 사이의 연관을 받아들일 필요가 있다. 어떤 면에서 이는, 카토적 엄격성을 가지고 덕성의 쇠퇴를 바라본 연방주의자들이, 유혹은 더 커지고 세속적 보장은 더 줄어든 상황에 종속되어 있는 존재가 바로 인간이며, 따라서 제퍼슨적 수사에서 얘기한 것 이상으로 은총이 더 필요하다고 생각한 때문일 수도 있다. 하지만 또 다른 면에서 투버슨은 연방주의자 티모씨 드와이트가 쓴, 천년왕국적 시구(詩句) 속에서 상업이 현저한 위치에 있다는 것을 특히 강조하고 있다.[64] 상업은 역동적인 힘이며 비르투이다. 그것은 설사 자연이라 해도 농경적 유토피아를 영원히 유지할 수는 없을 것이며, 은총의 도움이 있어야 한다는 것을 확인케 해준다. 하지만 서부로의 팽창에서 나타난 덕성과 상업의 협력 관계를 감안할 때, 그것은 또한 은총이 제공해줄 천년왕국을 향해 돌진하여 순식간에 그것을 취하는 수단이 될 수 있다. 심지어는 그것을, 서부의 저장고를 돌파하여 그 유한성을 극복하고, 폐쇄적인 덕성의 순환을 초월하여 진짜로 아메리카적 천년왕국을 성취하는 것으로 보는 분위기까지 있을 정도였다.

헨리 내쉬 스미스에 의해 밝혀진 아메리카 신화학 관련 문헌에서의 불변항(不變項) 중에는 절대 사유지 제국이 농사짓는 자영농의 덕성을 영속케 할 뿐만 아니라 대륙적 한계를 뛰어 넘고, 또한 아시아 시장을 엶으로써 가장 오랜 연원을 가진 인간 사회들의 해방을 목적으로 삼는

---

64) Tuveson, *Redeemer Nation*, pp. 103-12.

상업을 창출해 낼 것이라는 반복되는 예언이 들어 있다.[65] 토머스 하트 벤튼은 세인트루이스의 청중 앞에서[66] 똑바로 서쪽을 가리키며 "동양이 있다. 인도가 있다"고 선언하였고, 사람들은 여전히 상업을 통해 일본과 중국을 계몽할 것이라는 예언을 더욱 빈번하게 듣고 있었다. 아메리카의 세계적 역할이 예언된 것은 절대 사유지에 기반한 덕성과 상업의 연합이라는 콘텍스트 속에서였다. 아메리카가 맡은 세계적 역할 덕분에 발길이 태평양 연안에 닿은 이후에도 그러한 연합의 영속성은 보증될 것이라는 주장도 있었다. 나아가서 아시아의 해방(휘트먼의 "위엄있는 사제와 같은 아시아")*은 "구원의 민족"으로서의 아메리카적 비전의 일부이다. 그 이유는 분명하다. 아메리카는 버클리가 닫아 놓았던 그 울타리를 부수고, 그의 트란스라티오 마지막 제5막을 진짜로 천년왕국적 제5왕국으로 변모시킬 것이기 때문이다. 로크는 — 뜻하지 않게 새로운 계시의 예언자라는 지위를 얻으면서 — "태초에 전 세계는 아메리카였다"라고 썼다.[67] 만약 종국적으로 전 세계가 다시 한 번 아메리카가 된다면, 아마 선민의 소명은 성취될 수 있으리라. 덕성과 상업, 자유와 문화, 공화국과 역사는 가능한 유일한 수단, 즉 인류 전체를 영원히 그들 간의 협력 관계에 개입시킴으로써 그것을 영속화할 수 있을 것이며, 또한 그렇게 하는 과정에서 근대 초기 성서적 예언의 세

---

65) Smith, Book I, "Passage to India," pp. 16-53.

66) William N. Chambers, *Old Bullion Benton: Senator from the New West* (Boston: Little, Brown & Company, 1956), p. 353. 엄격하게 말해서, 벤튼은 콜럼버스의 동상이 서쪽을 가리키고 있다고 생각하였다. 하지만 우리가 보기에는 그 역시 서쪽을 가리키고 있다고 느낄 수도 있다. 그의 동상이 세인트루이스에 세워졌으나, 하필 그곳이 시가지가 쇠퇴하여 사람들이 거의 찾지 않는 구역이었다는 것은 역사적 아이러니이다. 다음도 볼 것. Smith, pp. 23-55.

* 월트 휘트먼의 시, 〈As a Strong Bird on Pinions Free〉(1872)에 나오는 시구.

67) Locke, *Two Treatises of Government*, II, 49.

속화가 가져온 결과인, 천년왕국과 유토피아의 바로 그 혼합물에 이를 수 있을 것이다.

아메리카적 계시는 내재적으로 다른 문화에서 향유되는 것에 비해 더 불합리한 정도까지는 아니다. 그것은 인간 역사에 대한 어떤 통합적 계획의 마지막 단계를 구현하는 것으로, 그리고 그러한 계획의 마지막 대립상을 통해 유토피아를 성취하는 것으로 표현되고 있다. 그러나 아메리카 역사의 운동은 변증법적이기보다는 공간적이었기 때문에, 그것의 계시는 역사주의적이라기보다는 초기 근대적이었다. 그것은 역사로부터 나왔다가 다시 재생을 위해 그것으로 되돌아가는 형태로 그려졌고, 그리하여 아메리카 사상 속에서 지금까지 이 책의 관심사였던 메시아적·순환적 사상의 패턴을 지속해 왔다. 왜냐하면, 만약 아시아의 해방이 일어나지 않았다면, 덕성과 상업의 협력 관계는 끝이 났을 것이고 역사의 순환은 다시 중단되었을 것이기 때문이다. 선민들은 더 이상의 팽창을 위한 무대를 잃어버림으로써 시간 속에 갇히게 될 것이고, 상업을 추구하는 세력들은 또 다시 부패의 늪에 빠져, 18세기에 해밀턴이 바랐고 20세기에 아이젠하워가 "군산 복합체"로 묘사했던 제국 정부, 혹은 제퍼슨이 우려했고 토크빌이 분석한 바 있는 보편적 종속 상태의 굴레를 스스로에게 부과하게 될 것이다. 만약 선민들이 임무에 실패한다면 그들은 정의상 배교자인 셈이며, 그리하여 아메리카 사상 속에서 반복해서 나타나는 한탄조의 목소리가 다시 한 번 울려 퍼졌을 것이다. 그 목소리는 "언덕 위 도시"의 내적 정화이자 재생을 요구할 것이었다. 왜냐하면 분파가 물러앉고 공동체가 되살아나는 정치는 언제나 천년왕국적 지도력에 의한 정치의 대안으로 예비된 것이기 때문이다. 아마도 조지 맥거번이 "돌아오라, 아메리카여"라고 한 것과 비슷한 형태로 "그곳에서 나와 이리로 오라, 나의 백성이여"라는 말을 들을 수도 있었을 것이다. 하지만 이와 동시에 다양한 신마키아벨리적 목소리들이 사실상 덕성이 유한한 세상에서 펼쳐 보일 분별과 대담성의 적절한 혼합물을 조언으로 제공했을 것이다. 1898년의 반제국주의자들이 불러내기 시작한 것은 다름 아닌 로마의 운명이었고, 이는 그 이후에도 계속되었다.

20세기의 지성들은 수많은 이유로 — 거의 대부분이 타당한 근거가 있다 — 초(超) 역사(metahistory)를 불신한다. 하지만 아메리카 문화에는 그동안 종말론적 시나리오를 유용한 해석 도구로 삼기 위해 초역사적 사고방식이 널리 유포되어 왔다. 우리는 여기에 제시된 도식에 기대어, 제퍼슨적 전망이 시작되었을 때, 그리고 그것이 더 발전된 모습을 갖추었을 때, 왜 알렉산더 해밀턴을 가짜 예언자이자 심지어는 일종의 적그리스도로까지 부인하지 않으면 안 되었는가를 알 수 있다. 그는 서양이 아니라 동양을 보고 있었고,[68] 아메리카를 농경적 공화국이 아니라 상업적 제국으로 간주했으며, 또한 부패는 불가피하다는 것, 순환의 주기는 중단되었고 성약(聖約)이 제대로 성사되거나 혹은 부패를 회피하려는 실험이 시작되기도 전에 이미 종말이 왔다는 것을 선포하였던 것이다. 더 나아가 우리는, 1890년 프런티어가 닫혔다는 것을 선언했을 때 프레드릭 잭슨 터너가 왜 아메리카의 이사야 같은 어조로 말했는지 그 이유를 알 수 있다. 예언적 계획의 한 단계, 덕성과 부패의 투쟁에서 돌아가는 한 바퀴의 회전은 바야흐로 끝을 향해 치닫고 있었다. 우리는 또한 이제 그 시대 이후의 아메리카사를 새롭게 해석하는 길이 존재한다는 것을 알 수 있다. 1890년 이후 아메리카가 내적 개혁을 지향해야 한다는 입장과 문호 개방(Open Door)을 통해 아시아를 해방시키는 대양 제국으로 가야 한다는 입장 중 하나를 선택해야 하는 상황에 놓여 있었다는 해석이 바로 그것이다.[69] 그리

68) 그는 캐나다가 "우리 왼편"에, 플로리다는 "우리 오른편"에 있다고 말했다(Stourzh, p. 195). 다음도 볼 것. Felix Gilbert, *To the Farewell Address: Ideas of Early American Foreign Policy* (Princeton University Press, 1961, 1970).

고 20세기 중후반 아메리카가 아시아에 의해 거부되는 것처럼 보인 것이 아메리카인들의 자기 인식에 심대한 위기를 불러일으킨 것 같다. 이제 그들은 순결을 되살리고 덕성을 회복하겠다는 희망이 영원히 사라져 버렸다는 느낌을 받았고, 대단히 고통스러운 어조의 민족적 한탄이 그들의 귀를 울리고 있었다. 적어도 1898년 이후 아메리카인들은 간헐적으로, 자신들이 결코 완전한 시민권을 획득하지 못할 처지에 있는 아시아 사람들에게 "자유민족의 폭정"을 행사하고 덕성의 제국을 강제로 부과한 행위에 대해 스스로를 질책하곤 했는데, 이런 때 우리는 그 목소리에 마키아벨리적 색조가 섞여 있음을 느끼게 된다.[70] 그러나 역시 의미심장한 사실은, 한탄조 담론이 때로는 헌정 그 자체와의 투쟁이라는 형태를 취하고 있으며, 더 최근으로 오면 "로크적 합의"(Lokean consensus)와의 투쟁이라는 형태를 가질 때도 있다는 것이다. 로크적 합의란 실용적 조정의 정치이자 경험적 행동 연구의 정치과학을 말하는데, 이들은 모두—그 정도가 얼마나 과장되었든 간에—공화국의 건국 이후 그 건축물을 떠받치는 기초로 간주되거나, 한

---

69) 예컨대 다음을 볼 것. Max Silberschmidt, *The United States and Europe: Rivals and Partners* (New York: Harcourt Brace Jovanovich, 1972). 서양의 중국 "개방" 정책이 동쪽의 자유의 여신상 대좌(臺座)에 씌어 있는 글을 생각나게 한다는 사실은 굳이 말할 필요가 있을까?

70) 예컨대 1896년 윌리엄 그래엄 섬너가 한 다음과 같은 말을 볼 것. "우리 체제는 종속적 지방 정부에는 맞지 않다. 그것이 이 체제 속에 설 자리는 없다. 그것은 아마 부패의 온상으로 변할 것이고, 결국 우리 자신의 정체에도 반향을 가져올 것이다. 만약 우리가 그 섬〔쿠바〕을 주나 혹은 주에 속하는 한 집단으로 인정했다면, 그것이 우리를 지배하는 데 일조하도록 허용치 않을 수 없었을 것이다." Cited in Lloyd C. Gardner, ed., *A Different Frontier: selected readings in the foundations of American economic expansion* (Chicago: Quadrangle Books, 1966), p. 87. 다음도 볼 것. Robert L. Beisner, *Twelve Against Empire: the Anti-Imperialists, 1898-1900* (New York: McGraw Hill, 1968).

탄조 담론들에 의해 부패로 비난받는 그런 국정(國政)에 오히려 기여한 것으로 생각되고 있다. 정치적 실천과 그것이 응답해야 하는 가치 간의 긴장 관계는 때로는 그 정도가 너무 지나쳐서, 아메리카인들은 통상적으로 정치를 실천하고 그것에 대해 관조하는—이러한 것이 매디슨적 방식의 통상적 특징이다—양자 모두에서의 즐거움을 잃어버리게 된다. 실천의 언어는 고전적 의미에서의 공화주의 언어는 아니었으나, 신화와 초역사의 언어는 18세기에 처음으로 인지된 딜레마의 반복을 확인해주었다. 그리고 종종 로크와의 투쟁으로 진술되는 것도 사실은 이러한 딜레마에 대한 매디슨적 해법과의 투쟁이다. 아메리카 정치 과학자들은 현재 그들 자신이 "탈 행동주의 혁명"(post-behavioral revolution)을 거치고 있다고 본다.[71] 하지만 그 운동의 많은 언어들은 한탄조 언어로 인식될 수 있다. 이데올로기 영역에서의 탈 한탄조 혁명은 일부 측면에서 더욱 격렬해질 것이다. 그것은 아마도 아메리카에서 마키아벨리적 계기의 종말, 즉 아메리카만의 독특한 형태를 가진 역사와의 투쟁의 종말을 알리게 될 것이다. 그러나 무엇이 그러한 전망의 뒤를 이을 것인가 하는 것은 생각하기가 쉽지 않으며—현 시점의 징후들은 분명치는 않지만 다양한 종류의 보수적 아나키즘 쪽을 향하고 있다—그렇다고 아직 그것의 종말이 도래한 것 같지도 않다.

71) David C. Easton, "The New Revolution in Political Science"(presidential address to the American Political Science Association), *American Political Science Review* 73.4 (1969): 1051-61. 다음도 볼 것. Graham and Carey, eds., *The Post-Behavioral Era: Perspectives on Political Science* (New York: David McKay, 1972).

[IV]

아메리카 문화가 다양한 신화들에 사로잡혀 있으며, 그 신화들 중 많은 것들이 역사에서 도피하여 역사를 재생시키려는 시도에서 비롯된다. 이러한 신화의 성장을 연구해 온 학자들은 그동안 퓨리턴식 성약이 로크식 계약으로 다시 태어났다는 것을 일반적 통념으로 받아들여 왔다. 그리하여 로크 자신은 아메리카적 가치의 수호성인이라는 위치로 격상되었을 뿐 아니라, 역사와의 투쟁 역시 황야로 도피하여 자연사회의 토대 위에서 로크식 실험을 반복해 보겠다는 끊임없는 시도라는 측면에서 조망되고 있는 것이 사실이다.[72] 하지만 이 책에서 제시된 해석은 로크 대신에 마키아벨리를 강조한다. 이 해석이 시사하는 바에 따르면, 성약의 진정한 계승자는 공화국—르네상스 휴머니즘에 연유한 개념—이었고, 한탄조 담론의 진정한 계승자는 부패에 대한 두려움이었다는 것이다. 또한 아메리카 독립의 토대는 마키아벨리적—루소적인 것까지 포함해서—계기를 통해 이루어진 것으로 생각되었고, 또한 그렇게 진술되었다는 것이다. 이러한 관점에서 볼 때 비로소, 세속적 시간 안에서의 실험이 지닌 취약성과 공화국이 처한 입장의 모호성을 로크적 전망에서 바라보았을 때보다 좀더 생생하게 평가할 수 있었다는 것이다.

이 해석은, 공화국의 토대가 단순히 자연으로의 회귀—그럼에도 불구하고 크레브쾨르에게는 반대로 보였다—라는 측면이 아니라, 18세기의 정교한 지성들에게는 친숙했던 덕성과 부패의 변증법 안에서 양면적이고 모순적인 계기를 구성하는 것으로 비쳤다는 것을 시사한다. 사실 혁명기와 건국 초기의 많은 아메리카인들은—그리고 변명

---

72) David W. Noble, *Historians Against History: The Frontier Thesis and the National Covenant in American Historical Writing since 1830* (Minneapolis: University of Minnesota Press, 1965).

의 여지가 덜하지만 지금까지 그 전통을 이어온 일군의 역사가들도— 구세계로부터의, 사제 중심적이고 봉건적인 과거의 짐(아담의 "교회법과 봉건법")으로부터의 비상(飛翔)이라는 측면에서 역사로부터 자연으로의 비상을 생각하였다. 하지만 부패에 대해 분석해 보면, 여기에 연루된 것이 고대성과 과거에 못지않게 근대성과 미래로부터 비상이었으며, 봉건적 속류적 가톨릭 신앙이 득세하던 유럽에 못지않게 상업적이고 휘그적인 브리튼—18세기 중엽에서 가장 "근대적" 성향이 강했던 사회—으로부터의 비상이었다는 것이 분명해진다. 그것은 아메리카인 스스로가 자진해서 들어간 자연이 단순히 퓨리턴적이거나 로크적이거나 혹은 고풍의 황야가 아니라, 조온 폴리티콘(정치적 동물)이 자신의 본성을 성취하는(하지만 마키아벨리 이후 세속적 시간 안에서 조화를 이루며 존재하기가 점점 더 어려워지게 된) 비타 악티바(행동적 삶)였다는 것과 똑같다. 마키아벨리적 계기에 대한 신해링턴적 해석은 미신, 바쌀제, 지폐를 통한 투기 등을 한 번에 싸잡아서 비난할 수 있는 종류의 것이었기 때문에, 부패에 대한 오래고 새로운 해석들도 한곳으로 압축될 수 있었다. 또한 아메리카 공화국은 신세계에서의 린노바치오네(갱신)라는 측면에서 바라볼 수도 있었기 때문에, 부패로부터의 이탈을 과거로부터의 이탈을 위한 하나의 제스처로 보는 것은 자연스러운 일이었다. 이는 자연을 향해 간다는 환상을 부추겼는데, 이러한 환상은 그것의 미래가 전혀 의심스럽지 않기 때문에 비역사적이었다. 그러나 여기에는 수많은 역사 왜곡이 수반되었고, 이러한 왜곡 현상은 심지어 오늘날에까지도 브리튼을 유럽과, 휘그 제국을 앙시앵 레짐과 동일시하는, 이런 노선에 따라 글을 쓰는 아메리카 역사가들에게서 여전히 살아남아 있을 정도이다.[73] 덕성과 상업의 변증법은 근대성과의 투쟁이었고, 이는 북대서양 지역의 영어권 문화에서 사용된 휴머니스

73) Hartz, *op. cit.*, *passim*; R. R. Palmer, *The Age of the Democratic Revolution*, vol. I (Princeton University Press, 1959), chs. 2, 3, 6, 10.

트적·신해링턴적 어휘들 속에서 가장 명료하게—적어도 루소가 등장하기 전까지는—표출되었다. 아메리카인들의 자의식을 표현하는 용어법이 생겨나고 획득된 것도 바로 그러한 어휘들을 통해, 그러한 문화의 양면성 내에서였던 것이다.

1774년 이래 대서양의 영어권 지역을 분열시킨 내전과 혁명은 어떤 점에서 아우구스투스기 논쟁의 연장선상에 있다고—물론 그보다는 더 규모가 크고 더 조화되지 않은 성격을 갖고는 있지만—볼 수 있다. 이러한 논쟁은 1688년 이후 잉글랜드와 스코틀랜드에서 금융혁명을 동반했고, 1714년 이후 브리튼의 의회 과두정에서도 제기된 바 있다. 서서히 잠식해 들어오는 부패에 대한 두려움은 아메리카인들로 하여금 공화국에서 덕성의 재생과, 어느 정도의 부패는 불가피하다고 모두가 인정하는 의회 군주정의 거부에 몰입하도록 하는 데 일조하였다. 덕성과 부패의 대립은 마키아벨리적 계기를 구성한다. 반면 브리튼은 휘그적 전통 내의 급진 반대파를 제외한 모든 사람들이 찬성한 과정에 집착하였다. 노쓰, 로킹엄, 셸번 내각 하의 정치계급들은 의회 군주정이야말로 반드시 유지되어야 할 통치형태라는 데 전혀 이견이 없었다. 문제는 그것을 유지하기 위해서는 식민지와 싸우는 쪽과 그냥 제 갈 길로 가도록 놔두는 쪽 중에서 어느 것이 더 나은가 하는 것이었다.[74] 1780~1781년의 위기에 직면하여 비록 소리 높여 위협하는 지방파의 목소리가 있기는 했지만,[75] 브리튼 정부의 성격에 대한 궁정파의 테제가 정말로 위험에 처할 정도는 아니었다. 신해링턴적 개념 구조에

74) 후자의 견해에 대한 가장 예리한 언급은 조시아 터커에서 볼 수 있다. Josiah Tucker, *Four Tracts on Political and Commercial Subjects* (1774); *A Letter to Edmund Burke, Esq.* (1775); *The True Interest of Britain* (1776); *A Treatise Concerning Civil Government* (1781).

75) H. Butterfield, *George III, Lord North and the People, 1779-80* (London: G. Bell, 1949).

지배되었던 아메리카인들과는 달리, 브리튼인들은 스스로가 덕성의 직업에 종사한다고는 별로 생각지 않는 궁정 이데올로기에 익숙했기 때문에, 어떤 종류의 혁명적 리노바치오네도 시도하지 않았고, 제국의 손실을 돌이킬 수 없는 쇠퇴를 가리키는 것으로 보지도 않았으며, 그리하여 몇 년 안에 또 다른 장기 유럽 전쟁과 군사 전문화와 통화 팽창성 은행업에 착수할 수 있었다. 피트는 해밀턴과 닮았으나, 브리튼에는 제퍼슨 같은 인물이 없었다. 민주화의 도래도 의회 속의 왕 체제를 확대하여 그 속에다 고문관과 하원의원과 같은 새로운 범주들을 포함시키는 중세적 방식을 통해 이루어졌다.

그러므로 아메리카가 독립한 이후 나타난 현상은, 이제는 분리되어 있는 두 개의 주요 대서양 문화에서 발화된 정치 언어들이 아주 급속하게 분산되었다는 것이다. 사실 크리스토퍼 와이빌, 리처드 프라이스, 존 카트라이트 등은 당시의 아메리카인들과는 약간 다른 방식으로 부패와 갱신의 어휘를 사용하였고,[76] "옛날식 부패"는 아마 차티스트 시대에까지는 계속해서 급진 개혁가들의 표적이 되었던 것 같다. 그러나 제러미 벤덤의 《통치론 단편》(*Fragment on Government*)—블랙스톤에 대한 공격이 보여주듯이, 궁정 및 지방의 언어 양자 모두에 대한 급진적 거부로서 착상된—은 독립선언이 있던 해에 씌어졌고, 같은 해에 애덤 스미스의 《국부론》(*The Wealth of Nations*)이 처음으로 간행되었으며, 흄이 세상을 떠났다. 1780년에 이르러 에드먼드 버크는 풍속과 관습에 대한 18세기 사상이 시효적(prescriptive) 고대와 고래의 헌정에 대한 17세기적 언어로 재진술될 수 있다는 것을 인식하게 되었

76) Ian R. Christie, *Wilkes, Wyvill and Reform: The Parliamentary Movement in British Politics, 1760-1785* (New York: St. Martin's Press, 1962); Christie, *Myth and Reality in Late Eighteenth-Century British Politics* (Berkeley: University of California Press, 1970); F. D. Cartwright, *The Life and Correspondence of Major Cartwright* (London, 1826).

고, 마키아벨리의 리두레(원리로의 회귀) 관념을 공격하곤 하였다(뒤에 가서 "인간의 권리" 관념에 대해서도 똑같은 식으로 공격하였다).77) 시효적 보수주의와 급진적 공리주의 — 이들의 선행 관념은 지방보다는 궁정이다 — 양자 모두가 왕의 영향력을 감소시키기 위해 이용될 수 있었다. 하지만 양자는 아메리카인들에 의해 지속된 공화주의적 덕성의 이상으로부터 최대한 멀어져 있었다.

따라서 아메리카 혁명에 뒤이은 반세기 동안 브리튼의 사상이 어떤 과정을 거쳐 아메리카의 사상과 갈라졌으며, 또한 아우구스투스기의 신고전주의 사상으로부터 분리되어 나왔는지에 대해 고구(考究)한 역사가 씌어질 수도 있다(물론 여기서 그것을 시도할 수는 없지만). 그러한 역사의 아이러니한 특징은 분명히, 빅토리아 시대의 의회 입법으로 그동안 아메리카인들을 포함한 모든 사람들을 사로잡았던 부패와 그것의 이미지를 대단히 성공적으로 제거하기 시작했다는 사실일 것이다. 이러한 측면에서, 브리튼은 대서양 연합 혹은 브리튼-아일랜드 연합의 분열이라는 대가에도 불구하고, 공화주의적 균형보다는 의회 주권의 패러다임을 견지해 온 충분한 보상을 받을 수 있었고 또 받았다고 생각하였다. 공화주의적 관점에서 덕성의 혁신에 참여했던 아메리카인들은 여전히 부패의 위협이라는 측면에 몰입해 있었는데, 여기에는 충분히 그만한 이유가 있었다. 그들의 정치 드라마는, 때로는 미숙하고 때로는 정교한 방식으로, 계속해서 폴리비오스, 귀차르디니, 마키아벨리, 몽테스키외 등의 견해를 지지함으로써 부패를 공화국 특유의 질병으로 보았다. 즉 그것은 덕성만으로 치유될 수 있는 것이 아니라는 것이었다. 1973년의 멜로드라마 속에서, 애그뉴라는 인물의 금전추수 행위는 한 측면에서 이를 입증한다.* 이보다는 더욱 복잡하고 금

77) Pocock, *Politics, Language and Time*, ch. 6, "Burke and the Ancient Constitution: A Problem in the History of Ideas."

* 리처드 닉슨 밑에서 제39대 부통령을 지낸 스피로 애그뉴(Spiro Agnew)를

전과는 무관한 맥락 속에 있는, 현실과 권력의 도덕성 간의 관계에 대한 얼리히먼의 오해는 이에 대한 또 다른 예증이다.*

아메리카인들은, 카이사르와 대인 로렌초 데 메디치, 말버러, 월폴, 해밀턴에 대한 시민적 휴머니스트들의 계속적인 비난에서 보는 것과 같은, 부패에 대한 고전적 분석에 사용된 어휘와의 연장선상에서 공직자들의 금전 추수 행위 및 정부 내 군산 복합체의 성장과 개인의 타율성 및 일차원성 등을 식별해 낼 수 있는 수사적 · 개념적 구조를 물려받았다. 이러한 언어는 많은 측면에서 그것이 사용되는 목적에 여전히 잘 들어맞고 있다. 매디슨식 조정 정치가 현대에 들어와 지나치게 비대하게 된 데 대해 비판을 가하는 경우도 귀차르디니의 부패 패러다임의 관점과 놀랄 만큼 잘 부합될 수 있으며 또 사실이 그러하다. 하지만 역사가들은 이와 동시에 그것이 아메리카 문화 속에서 초기 근대의 가치와 가정들을 특이할 만큼 계속 존속케 하는 한 요인이 되고 있다는 것을 지적한다. 프랑스 혁명가들의 고대 스파르타와 로마 숭배가 공포를 통한 덕의 전제정이라는 비전을 창출해내는 데 일조하고 있었다면,[78] 독일 관념론은 이성을 자아에 내재하는 역사의 모순들로부터 빠져나오게 해주는 것으로 보는 관점에서 가치와 역사 간의 투쟁을 재진술하였다.[79] 또한 브리튼인들이 역사를 과학으로 환원한다고 수장하는 행정 개혁의 이데올로기를 발전시키고 있었다면,[80] 아메리카

말한다. 그는 1973년 탈세 혐의를 받고 사임하였다.

* 역시 리처드 닉슨의 국내담당 보좌관을 지냈던 존 얼리히먼(John Ehrlichman)이 1972년의 워터게이트 사건에 깊숙이 개입한 일을 가리킨다.

78) Harold T. Parker, *The Cult of Antiquity and the French Revolutionaries: A Study in the Development of the Revolutionary Spirit* (Chicago University Press, 1973).

79) George Armstrong Kelly, *Idealism, Politics and History: Source of Hegelian Thought* (Cambridge University Press 1969).

80) Crane Brinton, *English Political Thought in the Nineteenth Century* (New

대륙의 공화국과 그것의 성장을 위한 독특한 조건들은 덕성과 상업 간의 아우구스투스기적 긴장, 소명과 배교 간의 퓨리턴적 긴장, 덕성과 팽창 간의 마키아벨리적 긴장, 그리고 일반적으로는 행동적·시민적 삶과 그것이 몸담은 세속적 시간 연속체 간의 휴머니스트적 긴장을 영속시키고 있었다. 아메리카에서 역사를 향한 메시아적·한탄적 태도가 지속되는 것도 이 때문이다. 또한 대부분의 후근대적·후산업적 사회가 계속해서 전근대적·전산업적 가치와 상징과 헌정적 형태를 숭배하는 태도를 견지하고 있으며, 실천과 도덕 간의 긴장을 인식함으로써 그로 인한 고통을 겪고 있는 것도 그 일부는 역시 이 때문인 것이다.

헤겔이 당시의 합중국에 대해 얘기한 적이 있는데, 여기서 그는 이 나라가 비록 활기차고 성장하는 정치 문화를 가지고 있기는 하지만, 그럼에도 불구하고 아직은 스스로를 "국가"(state)로 인식할 만한 어떤 것을 결여하고 있다는 말을 하고 있다. 하지만 그는 계급 갈등이 없는 이유가 프런티어라는 안전판 때문이라는, 마치 터너의 원형 같이 느껴지는 설명을 제시하면서, 아마 사람들이 땅을 다 차지하고 나면 도시화와 상비군, 계급 갈등 등이 시작될 것이고, 진정한 "국가"가 필요하게 될 것이며, 그가 이해한 바의 역사의 변증법적 모순이 작동하기 시작할 것이라고 예측하였다.[81] 이러한 예언은 아주 쉽게 마르크스주의적 열쇠로 변환될 수 있다. 하지만 그것이 아직 이루어지지 않았다는 것은 다 아는 사실이다. 아메리카에서는 고전적 의미의 마르크스주의적 계급 투쟁이 다른 선진 산업 사회에 비해 훨씬 더 느리게 진행되어 왔으며, 만약 허버트 마르쿠제를 아메리카적 콘텍스트에서 활동한 가장 중요한 마르크스주의 이론가라는 점을 인정한다면, 그의 마르크스주의는 후산업적이고 낭만적이며 비관주의적이라 할 수 있다. 지금까

York: Harper and Row, 1962).

81) G. W. F. Hegel, *Lectures on the Philosophy of History*, tr. J. Sibree (New York: Colonial Press, 1900), pp. 85-87.

지 살펴본 대로, 아메리카 사상에서 나타나는, 자아와 역사 간의 투쟁에 대한 지나치게 편협한 진술은 결코 자기 만족적인 로크적 자유주의의 결과가 아니다. 이러한 투쟁은 전근대적이고 전산업적인 형태로 표현되었고 또 그 뒤로도 계속 그랬으며, 한 번도 엄격히 헤겔적이거나 마르크스적 의미에서 역사 투쟁의 변증법적 과정에 참여한 적이 없었다. 최근의 연구에 따르면, 세인트루이스의 헤겔주의자들은 의식 확장을 위한 도시 프런티어를 외치는 낭만적 이데올로그였고, 투버슨과 스미스가 묘사한 지정학적 메시아주의의 계승자였다.[82] 또한 그들을 이은 좀더 학문적 성향의 헤겔주의 철학자들은 전혀 이데올로그가 아니었다. 아메리카의 초역사는 내내 공간상의 탈출과 복귀라는 수사법만을 가졌을 뿐, 한 번도 변증법적 과정을 경험한 적은 없었다.

한나 아렌트의 언어로부터 빌려왔거나 혹은 그것에 의해 시사된 관점에서 본다면,[83] 이 책은 근대 초기 서양에서 호모 폴리티쿠스(homo politicus 정치적 인간) — 아리스토텔레스의 조온 폴리티콘 — 에 대한 고대의 이상이 어떻게 부활했는지에 대한 이야기라고 할 수 있다. "정치적 인간"이란 자신의 존재와 자신의 덕성을 정치적 행동이라는 매개물을 통해 확인하는 사람으로서, 그것에 가장 근접한 형태는 호모 레토르(homo rhetor 수사적 인간)이며 가장 대립적인 형태는 그리스도교를 신봉하는 호모 크레덴스(homo credens 신앙적 인간)이다. 근대 역사주의 사회학의 시작으로 거슬러 올라간 이 논쟁을 추적하면서 우리는 호모 폴리티쿠스와 호모 메르카토르(homo mercator 상업적

---

82) William H. Goetzmann, ed., *The American Hegelians: An Intellectual Episode in the History of Western America* (New York: Alfred A. Knopf, 1973).

83) Hannah Arendt, *The Human Condition* (New York: Viking, 1958); Peter Fuss, "Hannah Arendt's Conception of Political Community," *Idealistic Studies* 3.3 (1973): 252-65.

인간) 간의 복잡한 18세기 논쟁을 고구하기에 이르렀다. 우리는 후자가 호모 크레디토르(homo creditor 신용적 인간)의 자손쯤은 되지만 조상은 아니라는 — 적어도 사회 인식의 역사라는 측면에서는 — 것을 알았다. 호모 메르카토르는 호모 폴리티쿠스가 설정한 기준들에 부합하지 못한다는 사실에 의해 정의되었으며 또한 대부분 그로 인해 불신을 받았다. 부르주아 이데올로기를 구축하려는 18세기적 시도는 이미 시민적 이데올로기가 누리고 있던 우위로 인해 그렇게 성공하지 못했다. 심지어 아메리카에서조차도, 역사적으로 자유주의적 노동 윤리는 스스로를 부패로부터 구해줄 덕성을 자력으로 정의할 수 없다는, 무능력에 대한 죄로 고통을 겪어 왔다. 대니얼 분에서 윌리 로먼에 이르는 하락의 과정은 결코 중단된 적이 없는 지속적인 것으로 보였다. 그러나 아렌트파(派)의 한 인간형이 아메리카적 노동 윤리의 역사에서 빠져 있다는 것은 아주 흥미롭다. 즉 그것은 유럽 이상주의와 사회주의 전통 속의 호모 파베르(homo faber 노동하는 인간)로, 부르주아 신화와 프롤레타리아 신화 사이의 간격을 이어주는 역할을 하였다. 이러한 인간형의 등장이 유럽에서 일어난 덕성과 상업 간의 논쟁과 어떻게 연관되고 있는지 이직은 분명치 않다. 하지만 아메리카의 산업 노동은 고대적·농경적 풍경을 변화시켰다기보다는 차라리 황야를 정복한 것이기 때문에, 아메리카 대륙에서의 호모 파베르는 역사를 변형시키기보다는 오히려 공간을 정복하는 존재로 보이며, 아메리카의 노동력은 유럽의 노동력에 비해 스스로를 진정한 프롤레타리아로 보고자 하는 생각이 훨씬 덜했다. 역사주의적 사회주의의 에토스는 결과적으로 이식된 지식인들의 수입품이었고(심지어 순교자 조 힐까지도 자신이 "예술가로서 살다가 예술가로서 죽었다"는 말을 남길 정도였다), 많은 측면에서 서부를 향한 이동이라는 메시아적 인민주의에 종속된 채로 남아 있었다.

시민적 덕성과 세속 시간 사이의 투쟁은 인간의 역사성에 대한 서양의 인식을 말해주는 주요 원천이었다. 하지만 동시에, 이 논쟁의 지속—그 이유는 주로 그것이 인간 인격의 도덕적 안정성에 대한 관심에 근거한다는 데 있다—으로 인해 전(前)근대의 역사관은 계속해서 그러한 안정성을 규정하는 규범에서 멀어짐으로써 결국 본질적으로 창조력과 질이 저하되고, 결과적으로 천년왕국이나 유토피아에 도달치 못하게 된다는, 그런 운동으로서의 성격을 가지게 되었다. 우리가 역사주의라 할 때, 이는 역사 운동 속에 인격과 그것이 지닌 고결함을 개입시키려는 시도 및 역사를 새로운 규범과 가치를 창출하는 것으로 묘사하려는 시도 양자를 다 의미한다. 역사주의의 저변에 놓인 강점은 이러한 의미에서의 역사의 세속적 창조성 및 끊임없이 인간의 삶을 질적으로 바꾸어 놓는 선형적 역량이다(혹은 지금까지 계속 그러한 의미를 추구해 왔다고도 볼 수 있다. 왜냐하면 우주비행사와 환경보호론자들이 다시 한 번 순환의 원을 폐쇄하기 위한 작업을 진행 중이기 때문이다). 하지만 아메리카 사상의 역설—반면에 이는 사회주의 사상의 본질이었다—은 이런 일이 발생하는 방식에 대한 끊임없는 도덕적 논쟁이었다. 역설의 한 측면에서 볼 때, 전문화에 의해 부패되지 않고 스스로의 다양성에도 불구하고 사회적 전체를 위해 기여하는, 덕을 갖춘 인격에 대한 시민적 이상은 전문화의 소외적 결과로부터 구원을 기다리는 동일한 인격에 대한 마르크스적 이상의 중요한 구성요소가 되었다.[84] 하지만 다른 측면에서 보면, 사회주의적 · 혁명적 공세가 종종 실패로 끝나는 이유—다른 이유들 중에서도 특히—는 그것이 인간이 동의할 수 있는 정도를 넘어 "그들로 하여금 억지로라도 자유로워지라"고, 역사 또는 정치적 · 역사적 행동 속에 스스로를 참여시키라고 위협하기 때문이다. 보수주의는 행동주의의 거부, 즉 비타 악티바의 영역이 사회 관습적 삶의 영역과 동일 경계 내에 있다는 것에 대한 거부와 연결

84) Pocock, *Language and Time*, p. 103.

되어 있다. 덕성과 상업 간의 투쟁에 대한 우리의 연구는 바로 이 지점에서 인간의 보수적 측면을 조명하는 데 일조한다. 지극히 반혁명적 시점에 때를 맞추어 끝나고 있는 역사라면 아무런 편견 없이 그런 상태에서 종결될 수도 있을 것이다.

결국 덕의 이상은 대단히 강제적이다. 그것은 개인의 도덕적 존재에 위협을 가하면서 그가 레스 푸블리카(공적인 일)에, 그리고 시간 속에서의 공화국의 존재가 결정적인 것으로 보일 때에는 역사에 참여할 것을 요구한다. 우리는 상업의 추구를 위해 시민으로서의 의무를 다하지 못하는 것이 덕성과 그것의 억압적인 요구에 대한 반란으로 비치는 18세기 사상의 영역들을 발견하였다. 공화국은 개인에 대해 내핍과 자율성, 참여와 가치의 형태로 너무 많은 것을 요구하였으며, 상업과 학예로 인한 삶의 다양화는 개인에게 리쿠르고스의 세계 대신에 페리클레스의 세계를 선사하였고, 이는 약간의 부패라는 대가를 지불하더라도 괜찮을 만한 선택이었다. "자유주의"(liberalism)는 이제 와서 그 취약성이 드러나고 있지만, 적어도 그때는 그렇게 보이지 않았다. 하지만 어떤 사람들에게는 다양화인 것이 다른 사람들에게는 전문화라는 점은 이미 알려져 있었고, 사회주의 전통은 계속해서 이러한 형태의 부자와 빈자 간의 대립과 씨름해 왔다.

시간을 더 거슬러 올라가 볼 때, 근대 초기 사상에서 정치의 우위—이미 정의와 전쟁, 덕성과 비르투의 고대적 양면성을 내포하고 있던 덕의 이상—는 그리스도교적 이단이라는 형태로 다시 그 모습을 드러낸 것 같이 보인다. 아우구스티누스의 신국 사상에 의해 형성된 세계 속에서 그것은 인간본성이 정치적이며 유한한 역사적 행동 구조 내에서 완성될 수 있음을 확인하였다. 그리하여 그것이 부활시킨 사이쿨룸(역사적 현재)의 모호한 측면들은 여전히 역사 속 행동의 모호한 측면들로서 우리와 함께 하고 있다. 그리스도교인에게는 정치의 우위란 오직 어떤 역사 속의 국가(civitas secularis)가 곧 신국(civitas Dei)

이 될 수 있다는 신성 모독적 가정에서만 가능한 것으로 비쳤을 것이다. 그리스인에게는 좀더 단순하게, 어떤 종류의 인간 덕성도 과도한 경우가 있으며, 시민적 · 정치적 덕성도 예외가 아닌 것으로 보였을 것이다. 도덕적 절대원리를 거부할 자유는 있다. 설사 그것이 폴리스와 역사의 절대원리라 해도. 또한 절대원리로 지명된 자유의 절대원리라 해도.

제2판 저자 후기

[I]

1975년 이 책이 간행된 이후 거의 30년이 되었고,* 그것만으로도 책을 새로 찍어 독자들에게 제공할 충분한 이유가 되기 때문에, 굳이 새로운 서론을 추가할 필요는 없었다. 1975년의 책 내용이 여전히 스스로를 말해주고 있을 것이고, 그래서 만일 우리가 새천년의 인식을 반영한답시고 그것에 맞추어 내용을 다시 짜고자 한다면 그 때문에 오히려 혼란만 가중될 수도 있다. 하지만 이제 2003년의 독자들은 이 책을 다시 읽고 그에 대해 나름대로의 응답을 할 기회를 가지게 되었으므로, 이 책이 그동안 어떻게 받아들여졌는지, 그에 연루된 논쟁의 추이는 어떠했는지, 책이 처음으로 씌어지기 시작한 지 30년 후 그것이 저자에게 다가오는 의미는 어떠할 것인지에 대한 얘기를 해보는 것도 흥미로울 것이고, 또 그만한 가치도 있을 것이라고 본다(이 책은 뉴질랜드의 캔터베리대학에서 집필이 시작되어 세인트루이스의 워싱턴대학에서 완료되었고, 1974년 존스홉킨스대학으로 자리를 옮긴 뒤 출간되었다).

이미 서론에서도 밝힌 바 있지만, "마키아벨리언 모멘트"라는 이 책의 제목을 제의한 사람은 친구인 퀜틴 스키너였다. 그때는 아직 그가

---

* 이 후기는 2003년판에 추가되었다.

케임브리지대학의 정치학 교수 혹은 흠정 역사학 교수로 임명되기 전이었고, 이 책의 뒷얘기를 둘러싼 역사학적·철학적 논쟁들에 연루된 것도 이후의 일이었다. 1978년에 나온 그의 두 권짜리 저작 《근대 정치사상의 토대》가 그렇듯이,[1] 《마키아벨리언 모멘트》 역시 관련 주제의 역사가 "케임브리지 학파"식으로 어떻게 서술될 수 있는지 그 방법을 실증하는 시도로 생각되고 있다. 이에 대해서는 방법론적·이론적 문헌이 상당량 나와 있기 때문에[2] 여기서 덧붙일 것은 거의 없다. 다

1) Quentin Skinner, *The Foundations of Modern Political Thought*; Volume I, *The Renaissance*; Volume II, *The Reformation* (Cambridge University Press, 1978) [이 중 제1권은 박동천 역, 《근대 정치사상의 토대 1》(한길사, 2004)로 번역되었다 — 옮긴이]. 1975년 이후에 간행되었거나 이 후기의 각주에 나타나는 저작의 경우, 이 책의 참고문헌에 제시하지 않았다. 참고문헌 목록은 1975년 간행 당시 그대로이다. 또한 참고 문헌에 제시된 저작을 후기의 각주에 인용하지도 않았다.

2) 이 중에서도 가장 세세한 비판들은 다음에서 볼 수 있다. James Tully & Quentin Skinner, eds., *Meaning and Context: Quentin Skinner and His Critics* (Princeton University Press, 1988) [한국어 역이 있다. 제임스 탈리·유종선 역, 《의미와 콘텍스트: 퀜틴 스키너의 정치사상사 방법론과 비판》(아르케, 1999) — 옮긴이]. 이 글이 씌어진 뒤 스키너의 글을 모은 다음의 저작이 간행되었다. Quentin Skinner, *Visions of Politics*. 3 vols. (Cambridge University Press, 2002). 나는 1987년 이후 방법론을 세세하게 다룬 글을 발표한 적이 없다. 다음을 볼 것. "Introduction: State of the Art" in J. G. A. Pocock, *Virtue, Commerce and History* (Cambridge University Press, 1985), pp. 1-36; "The Concept of Language and the *Métier d'Historien*: Some Considerations on Practice," in *The Languages of Political Theory in Early Modern Europe*, ed. Anthony Pagden (Cambridge University Press, 1987), pp. 19-40; and "Text as Events: Reflections on the History of Political Thought," in *Politics of Discourse: The Literature and History of Seventeenth-Century England*, eds., Kevin Sharpe & Steven N. Zwicker (Berkeley: University of California Press, 1987), pp. 21-34.

만 일반적으로 이 "학파"는 텍스트를 그것이 원래 씌어진 콘텍스트로 복귀시키는 것을 옹호하는 것으로 간주되고 있지만, 《마키아벨리언 모멘트》의 경우는 이러한 작업을 한 뒤 이어서 텍스트들이 이후 어떤 식으로 수용되었는지, 그리고 그것들이 16세기에서 18세기로, 피렌체에서 잉글랜드와 스코틀랜드와 혁명기 아메리카로 옮겨가는 역사의 흐름 속에서, 한 콘텍스트로부터 다른 콘텍스트로 변천하면서 어떤 담론들을 전달했다고 말할 수 있는지, 그 추이를 좇아가고 있다는 정도의 말만 할 수 있을 뿐이다. 누군가는 이를 가리켜 "관념사"(history of ideas)를 하고 있다고 말할 법도 하겠지만, 나로서는 이 용어나 그것이 지닌 함의들이 내가 그동안 해왔거나 현재 하고 있는 것을 설명하기에는 만족스럽지 못하다고 생각한다. 이 책은 오히려 공시적(共時的)인 만큼이나 대단히 통시적(通時的)인 역사서술이라 할 수 있겠다.

원래 스키너가 제의했던 "모멘트"(moment)란 말은, 설사 그가 의도한 것과 반드시 일치하지 않을지는 모르겠지만, 몇 가지 의미를 지니고 있다. 그것은 — 원래의 서론에서 지적하고 있는 대로 — 마키아벨리가 나타나 정치에 대한 사유로 부딪쳐 간 역사적 "계기"(契機)*를 의미한다. 또한 그것은 마키아벨리의 저작들이 제시하는 두 개의 이상적인 "계기", 즉 "공화국"의 골격 혹은 토대가 가시화되는 계기, 또는 공화국의 역사 속에서 그러한 골격이 위태롭게 되어 위기에 처한 것으로 보이는 계기를 뜻한다. 이 계기들은 서로 분리될 수 없는 것으로 보이는데, 바로 이 때문에 공화국 스스로가 만들어 내거나 혹은 맞닥뜨리게 되는 역사적 긴장이나 모순의 상황에 연루되는 것과 같은 "마키아벨리언 모멘트"가 출현하게 되는 것이다. 나는 이러한 "계기"의 경험과 그 표현으로서의 근대 초기 정치사상의 많은 부분을 — 비록 전부는 아

* 어떤 일이 일어나거나 변화하도록 만드는 결정적인 원인이나 기회. 여기서는 그러한 것이 어느 정도 지속되는 기간, 즉 특정 시기도 포함된다.

닐지라도 — 보여주고자 하였다.

그러므로 이 책이 보여주는 것은 복잡다단하고 때로는 모순적이기까지 한 역사이다. 그것은 서로 대립적인 신념체계들 사이의 논쟁과 상호작용뿐만 아니라 그들 내부에서 일어나는 모호한 입장과 자기 의문까지도 서술해 나가는 그런 역사이다. 그것은 복잡하고 산만한 방식으로 씌어져 결코 읽기가 쉽지 않다. 나는 다만, 이야기라 해서 단지 따라가기가 쉽다는 뜻은 아니라는 점, 또한 이야기를 명료하게 만든다는 것은 복잡하게 얽힌 국면들을 단순하게 만들려 하기보다는 오히려 그것을 가감 없이 그대로 드러내고자 하는 문제라는 점을 지적함으로써 이런 방식의 글쓰기를 옹호할 수 있을 뿐이다. 하지만 이 책에 연루된 많은 논쟁들은 — 전부가 다 그렇다는 것은 아니다 — 단지 당혹감에서만이 아니라 그것이 전하려는 기본 전제를 진정으로 받아들이려 하지 않는 데서 비롯된 것으로 보인다. 즉, 근대 초기의 역사에서 나타나는 "공화적" 가치들의 존재, 그리고 때로는 그것들과 대립상태에 있었거나 때로는 불편한 동맹관계에 있었던 다른 가치들과의 계속된 논쟁을 하나의 실체로 받아들이고 싶지 않은 것이다. 어떤 역사가, 어떤 정치철학자, 그리고 "자유주의적" 혹은 "아메리카적" 가치들을 지지하는 수많은 사람들은 시민의식에 대한 "공화적" 설명을 그러한 가치들에 대한 부당한 도전으로 받아들였고, 그리하여 그 존재를 축소하고 싶어하였다. 따라서 나의 책에 가해진 수많은 비판은, 내가 "공화주의"의 중요성을 그것이 지닌 원래의 의미보다 더 과장했다거나, 내가 그것이 그러했다고 생각하는 것보다 사실은 그 중요성이 떨어진다거나 하는 식의 논변을 취하게 되었다. 이런 식의 비판은 어떤 경우 필연적으로 부정확하고 혼란스러운 결과로 이어졌다. 비판적인 독자들이라면 — 물론 나는 그들을 환영한다 — 모든 비판이 똑같이 좋다는 식의 가정을 하지는 말기 바라며, 내가 지금까지 말하고 있던 것이 어떤 뜻인지를 분명히 이해해주었으면 한다.

《마키아벨리언 모멘트》에 대한 중요한 논의들은 — 앞서 내가 했던 혹평이 적용되지 않는 경우도 많다는 점을 강조하고 싶다 — 많은 부분 한스 바론의 《이탈리아 르네상스 초기의 위기》(*The Crisis of the Early Italian Renaissance*) (그리고 그 뒤로는 버나드 베일린의 《아메리카 혁명의 이데올로기적 기원》〔*The Ideological Origins of American Revolution*〕)과 집중적으로 관련되어 있다. 나는 비록 바론이 내놓은 모든 주장을 지지하지는 않지만 그로부터 많은 것을 배웠다. 특히 피렌체 휴머니스트들이 1400년에서 1402년 사이 잔갈레아초 비스콘티와의 전쟁으로 인한 위기 속에서 갑자기 자유를 행동적 시민의식과 동일시하는 태도를 취하게 되었다는 그의 믿음에는 반드시 동조할 필요가 없었다. 비록 지금 문서로 제시하지는 못하지만, 고(故) 바론 교수와 주고받은 유일한 편지에서, 휴머니스트들의 저작이 당시의 이러한 변화를 표출하고 있다는 것을 입증하기 위해 자신이 제시한 비판적 연대 비정을 내가 지지하지 않은 데 대해 그가 실망감을 나타냈던 생각이 난다. 하지만 나로서는 행동적 시민의식에 대한 관념들이 피렌체인들에 의해 형성되었다는 것, 그러한 관념들은 아리스토텔레스가 말한 조온 폴리티콘(정치적 동물)이란 이상에 근거해 있었다고 말할 수 있으리라는 것, 그리고 그것이 시민에 의한 무기의 소유와 동일시되기에 이르렀다는 것 등을 확인하는 정도만으로도 충분하였다. 이 지점에서부터는 바론과 의견을 같이하거나 때로는 그보다 더 나아가, 로마와 피렌체와 잉글랜드와 유럽과 그리고 시민사회 일반의 역사가 무장한 행동적 시민의식의 흥망이라는 측면에서 어떤 식으로 다시 씌어지게 되었는가를 보여줄 수 있었다.

마키아벨리는 — 이것이 바로 "마키아벨리언 모멘트"와 같은 것이 존재하는 이유이다 — 무장한 시민만이 진정으로 자유로운 사람들이라고 주장했지만, 그렇다고 그들이 반드시 선한 사람일 것이라고 생각지는 않았다. 로마사란, 이런 유의 시민들이 다른 사람들을 지배하는 제국을 확립하고자 자신들의 자유를 어떤 방식으로 사용했는지, 또한 어떻게 해서 그들이 바로 그 제국으로 인해 부패하여 처음에는 자유를 잃고 이후에는 제국마저 상실하는 데까지 이르게 되었는지에 대한 기록과 같은 것이었다. 레오나르도 브루니가 그랬고, 한 세기 뒤에는 마키아벨리가 그랬듯이 그들은 로마의 역사가 택할 수 있는 다른 길들이 있었는지에 대해 숙고하였다. 하지만 로마사가 달리 다른 길을 갈 수도 없었고, 또 그렇게 해서도 안 될 것이라는 것이 마키아벨리의 결정이었다. 자유란, 설사 그것이 제국과 불가분의 관계에 있다 하더라도, 여전히 자유라는 것이다. 《마키아벨리언 모멘트》가 아이자이아 벌린 경의 저작들과 조우하는 것도 바로 여기서이다. 그 저작들이 수반하는 역사적 설명에 언제나 만족하는 것은 아니지만, 그럼에도 불구하고 나의 책은 이로부터 결코 분리될 수가 없다. 벌린은 일련의 중요한 글에서—이 글들은 때로는 이 책을 쓰기 전에 알았던 경우도 있고, 때로는 그 이후에 알게 된 경우도 있다—첫째 마키아벨리는 정치적 삶이 서로 간에 영원히 화해할 수 없는 다양한 가치체계들과의 조우임을 보여주었다는 것, 둘째 정치철학이란 이러한 불화가 고려의 대상이 되는 한 계속해서 추구되어야 한다는 것, 셋째 자유에는 두 가지 개념이 존재하는데, 그 하나는 적극적 자유(positive liberty)로서, 자기 자신의 결의와 함께 그 결의에 동참한 다른 자아들과의 조우를 수반하는 것이고, 다른 하나는 단지 사회활동을 방해하는 것들로부터의 해방을 뜻하는 소극적 자유(negative liberty)로서, 이 경우 다른 자아들과의 조우는 법과 정부와 문화를 통해 다양화되고 관리 가능하게 된다는 것을 주장하였다.[3] 우리가 "자유"의 "공화주의적" 개념과 "자유주의적" 개념, "고대적" 개념과 "근대적" 개념 간의 차이와 마주치게 되는 것은 이들 중 세 번째에서이다. 그리고 나는 《마키아벨리언 모멘트》를 이러한 개념 간의 긴장관계에 관한 것으로 보고 있는데, 그러한 역사는 아마 마지막 종착점 없이 앞으로도 여전히 계속될 것이다.

한스 바론의 주장과, 그것에 의존하는 부분에 대한 나의 주장에 대해 지금까지 나온 비판 중 가장 중요하고 가치 있는 것은 몇 년 전 퀜틴 스키너가 자신의 《근대 정치사상의 토대》에서 제기한 것이었다.[4] 바론의 책이든 내 책이든 모두가, 피렌체인들의 행동적 시민의식 개념이 고대 로마의 문헌 이래 공화적 가치를 최초로 표현한 경우로서, 이제 다시 부활의 시기를 겪고 있다는 점을 시사하는 것으로 읽힐 수 있다. 바론이 행동적 시민의 개념을 신성한 제국이라는 중세적 개념과 직접적으로 대비했다는 것은 확실한데, 후자에게는 몇 세기 동안 경쟁 상대가 없었다는 것이 그의 생각이었다. 하지만 스키너는 적어도 12세기 중엽 이후 시민적 덕성과 공화적 시민의식, 그리고 선정(善政)에 대한 수사(修辭)가 존재했음을 밝혀내었다. 이러한 수사가 어떤 통치 형태를 수반하는지는 1154년경 오토 프라이징이 알프스 이북의 독자들에게 필요한 설명의 일환으로 그것을 적시한 바 있었다. 여기에는 《이탈리아 르네상스 초기의 위기》든 《마키아벨리언 모멘트》든 어디

3) Isaiah Berlin, "The Originality of Machiavelli," in *Studies on Machiavelli*, ed. Myron P. Gilmore (Firenze: Olschki, 1972), pp. 147-206; "Does Political Theory Still Exist?" in *Philosophy, Politics and Society: Second Series*, eds. Peter Laslett & W. G. Runciman (Oxford: Blackwell, 1962), pp. 1-33; "Two Concepts of Liberty," in Berlin, *Four Essays on Liberty* (London: Oxford University Press, 1969). 이 모든 글들은 벌린 사후 최근에 참고 문헌을 보충하여 다음에 재수록 되었다. Henry Hardy & Roger Hausheer, eds., *Isaiah Berlin: The Proper Study of Mankind: An Anthology of Essays* (New York: Farrar, Straus & Giroux, 1998).

4) Vol. I, *The Renaissance*, pp. xiv, 27-28, 42-48, ch. 4 대부분, 156.

에서도 고려된 적이 없었던 시민개념이 들어있었고, 스키너는 오토의 텍스트를 "근대 정치사상의 토대" 중 하나로 자리매김하였다.[5] 그는 내가 책에서 주장했던 것에 대항하여 시민적 담론을 전달하는 언어가 아리스토텔레스적이기보다는 키케로적임을 강조했는데, 이러한 구별은 이론적으로 정말 중요한 점이었다. 나는 아리스토텔레스의 《정치학》으로부터 — 이 텍스트는 늦게 잡아도 13세기부터는 잘 알려져 있었다 — 강조할 만한 구절들을 뽑았는데, 시민이 정치적 피조물로 정의되는 것은 그들이 통치하는 동시에 통치되는 존재이기 때문이라는 것이 그 내용이었다. 즉, 당신과 당신의 동등자들 모두가 어떤 사항을 결정하는 데 있어 동등한 목소리를 가지고 있으므로 그들이 당신의 결정에 따르는 것처럼 당신도 그들의 결정에 따른다는, 자신의 동등자들에 대한 통치라는 최고의 통치형태를 실천한다는 것이다. 독자들도 이제 알게 되겠지만, 나는 이처럼 서로 얼굴을 맞대는 식의 동등성에서 모든 시민적 덕성의 뿌리라고 생각할 만한 것을 보았고, 직접적이든 간접적이든 그것의 상실에서 부패로 알려지게 되는 모든 것의 근원을 보았다. 《정치학》으로부터 이와는 다른 많은 의미들이 추출될 수 있으며 또한 실제로 그렇게 되고 있다는 사실은 나의 직접적인 관심사가 아니었고, 그래서 나는 내가 전체적으로 아리스토텔레스의 교설에 대한 체계적 설명을 제시하거나 또는 그러한 교설이 중세에는 어떻게 받아들여졌는지를 언급했어야만 했다는 일부 비판자들의 주장을 거부하였다. 정치적 텍스트가 역사 속에서 작용하는 방식이 반드시 그렇게 되어야만 하는 것은 아니기 때문이다.

아리스토텔레스 대신에 키케로를 내세움으로써 스키너는 몇 가지 중요한 점을 진술하고 있었다. 그가 첫 번째로 시사하고 있는 것은 —

---

5) Skinner, vol. I, *The Renaissance*, pp. 4-5.

이제야 말이지만 그것은 옳은 얘기였다—시민적 담론에 대한 나의 설명은 기존의 정치사상사 규준에 대해서보다는 라틴적·로마적 논증의 역사를 좀더 고려했어야 한다는 점이었다. 로마인은 아테네인이 아니며, 따라서 단순히 그 문화의 연장선상에서 다루어져서는 안 된다는 것이다. 첫 번째보다 훨씬 더 넓은 함의를 지닌 두 번째 사항은 키케로가—특히 르네상스 휴머니즘에서 이해되고 있었던 인물로서의—수사학자이자 철학자였고, 제한적 의미에서의 법률가였으며 동시에 전성기 고전문화의 해설자이기도 했다는 점이었다. 따라서 그는, 마키아벨리와는 다른 방식으로, 시민적 생활이란 인간이 행할 수 있는 모든 사회적·문화적 가치들에 동참하는 것이라는 해석을 내놓을 수 있었다. 이는 곧 종종 "휴머니즘"이란 용어가 지시하는 활동방식이기도 하다. 이러한 점이 과연, 한스 바론이 15세기 피렌체에서 밝혀냈다고 본 "시민적 휴머니즘" 및 공화적 "자유"가 12세기와 13세기의 "키케로적" 담론에서 충분히 예견되었음을 뜻하는 것인지 아닌지는 여기서 나의 관심사가 아니다. 나는 단지, 그러한 키케로적 담론이 내가 "마키아벨리언 모멘트"라는 말을 사용할 때 의도하고 있는 것이라는 점, 그리고 그 경우 마키아벨리의 사상 속에서 찾아내려 하는 것이 13세기의 시점에서는 아직 예견되지도 드러나지도 않고 있었다는 점을 주장하고 싶을 뿐이다.

"마키아벨리언 모멘트"란 이름에 의해 알려진 과업은 로마적 의미를 지닌 비르투스(virtus) 및 그러한 의미를 되살리면서 마키아벨리가 사용한 토스카나어 비르투(virtù)와 연관되어 있다. 그것은 정치적·군사적 측면을 포함한 개인의 행동 역량을 가리킨다. 비르투란 말은 그러한 역량이 도덕적 혹은 정치적 제한에 의해 통제되지 않을 때에도 사용될 수 있다. 마키아벨리가 불법적으로 행사되는 군주의 비르투에 대해 말할 수 있는 것도 바로 이러한 이유에서이다. 하지만 로마인들은 비르투스를 시민이 갖추어야 할 특성의 하나라고 알고 있었다. 또한 그것은 공적 규율이라는 경계 안에서 행사될 뿐만 아니라, 그 자체가 하나의 선(善)인 그러한 규율에 대한 어떤 종교적 존경심을 내재하고 있다는 것이 그들의 생각이었다. 이것이 바로 마키아벨리가 말한 비르투로서, 로마인들이 한때 소유하고 있다가 잃어버린 것이었다. 그것은 지극히 공적이자 동시에 지극히 사적인 것이었고, 그래서 이를 "시민적 휴머니즘"의 범주에 넣는 것은 시민의 사적 자율성이 공적 행위를 위한 그의 직접적인 역량과 일치하는 경우이다. 전자 없이는 후자도 없다는 것이다. 부패가 발생하는 것은 아마도, 그가 자신의 자율성을 잃어버리고 주인의 도구로 전락하거나, 혹은 스스로의 자율성을 공적인 것이 아닌 다른 목적을 추구하는 데 사용함으로써 자신이 주인이 되거나 또는 하인이 되는 결과를 초래할 때일 것이다.

그리스적 관점에서 볼 때, 비르투스는 아테네적이기보다는 오히려 스파르타적 이상이었다. 페리클레스의 추모연설이 자유주의 문화의 성전(聖典)이 된 것은 19세기에 이르러서였다. 아테네인들은 다양한 활동과 오락을 추구하지만 그럼에도 불구하고 변함없이 공익에 대해 헌신할 수 있다는 것이 그 연설의 요지였다. 하지만 정치적·사회적 혹은 문화적 활동 간의, 절대적이지는 아니겠지만 그래도 상당한 정도의 간격이 우리 앞에 놓여 있음을 자각한다면, 로마인을 스파르타인처럼 볼—비록 그렇게 하기가 쉽겠지만—필요는 없을 것이다. 정치적 활동은 행동과 결정에 관한 것으로서, 그 자체로서 선일 뿐 아니라 그것을 추구함으로써 행위자는 자신이 누구인지 무엇 하는 사람인지를 천명하게 되는 그러한 종류의 선이다. 좀더 작은 선을 목표로 하는 행동과 결정은 성격상 즐거움에 더 가까우며, 만일 즐거움을 추구하는 정체(政體)나 개인이 있다면 "사치스럽다"든지 또는 "나약하다"고 불릴 수도 있을 것이다. 스키너가 13세기로 비정(批正)해 놓은 키케로적 이상은 이러한 측면들과는 어울리지 않으며 오히려 고도의 금욕을 수반할 가능성이 있지만, 어쨌든 그것은 인간 사회가 향유할 수 있는 모든 종류의 선과 관련이 있으며, 그것의 결정사항들은 그러한 선의 분배를 확보하는 것에 목표를 두고 있다. 따라서 그것은 비르투스, 즉 공적 행위의 영역에서 자율과 자결(自決)이 필요로 하는 엄격한 자기규율보다는 정의(正義)—마키아벨리의 어휘는 이러한 측면을 결여하고 있다는 것으로 악명이 높다. 물론 그가 이 말의 의미에 대해 알지 못했다거나 혹은 무관심했다는 것으로 그를 비난할 수는 없다—와 연관되어 있는 것이다.

우리는 여기서 아이자이아 벌린이 말한 두 자유 개념 간의 구분과—아직은 여전히 거리가 아주 먼 상태지만—만나게 된다. 하지만 동시에 우리는 동일하지 않은 두 가지 형태의 정치적 담론이 지닌 차이점들과도 조우하게 된다. 비르투스는, 비록 공적 규율과 공적 영역의 테두리 내에서이기는 하지만, 그 자신의 행동을 통해 그리고 스스로의 인격 속에서 실행되어야 하는 반면, 정의란, 비록 그것이 인격상의 영속적인 기질로서 실행될 수도 있기는 하겠지만, 대체로 법관과 군주와 혹은 그들이 대변자 역할을 하는 법률에 의해서 이루어질 수 있다. 따라서 비르투스에는 근원적인 어떤 것이 존재하고 있다. 그것은 영웅이 시민이 되어 종종 전쟁과 다름없는 집회의 규율을 받아들인 직후 나타나는 최초의 자기 만들기(self-fashioning)이다. 반면 정의는 해야 하고 있어야 할 일과 원하는 것을 하는 방법과 원하는 것의 존재방식이 다양한 어떤 사회나 경제, 혹은 문화의 풍요성을 뜻하는—비록 철학자들은 이런 함의를 거부하겠지만—것일 수도 있다. 정의를 추구하는 과정에서 떠오르는 문제는 사람들이 항상 동일한 역할을 맡거나 혹은 동일한 인격으로서 행위하는가 아닌가 하는 것이다. 좋든 나쁘든 근원적 의미의 시민은 이러한 문제로부터 나타난 의문 중 일부에 노정되어 있는 것이다.

유럽인들을 사로잡았던 후기 그리스 및 라틴 문학에서—특히 살루스티우스가 그랬는데, 그는 《마키아벨리언 모멘트》에서 더 큰 역할을 할 수도 있었던 작가였다—로마 공화국은 왕의 통치로 인해 억압된 귀족과 평민의 에너지, 즉 비르투스를 방출하는 리베르타스(libertas 자유)의 본거지로 묘사되었다. 이러한 비르투스는 임페리움(imperium 통치권)으로 귀결되었는데, 그것은 장관이나 군사령관 혹은 공화주의 제국 그 자체의 권위를 의미하였다. 리베르타스는 전쟁과 정복을 동시에 수반한다는 강력한 함의를 가지고 있었다. 제국은 인민을 부패하게 하며, 설사 그렇게 하지 않았다 하더라도 제국이라고 하는 것이 지닌 바로 그 크기 때문에 리베르타스와 임페리움을 한 사람의 프린켑스(princeps 원수〔元首〕)의 손에 넘겨주지 않을 수 없었다. 이 지점이 바로 최초의 "마키아벨리언 모멘트"라고 말할 수 있겠다. 자유 공화국은 이제 도저히 해결하기 어려운 문제들을 안게 되었다. 원수 혹은 황제의 통치가 확립되는 바로 그때부터 사람들은 다음과 같이 두 개의 방향 중 어느 하나, 혹은 그 둘을 모두 생각했을 법하다. 리베르타스와 비르투스는 상실되었고, 이제 사람들은 더 이상 스스로를 만들어 나갈 수 없는 어떤 체제의 신민으로 살아가게 되었다고 할 수도 있다. 아니면 보편적인 평화, 세계(ecumene) 또는 제국 안으로 방출되었다고 볼 수도 있다. 사람들은 그 속에서 무수한 행동방식 중 하나를 자유로이 선택할 수 있으며, 최고의 권력자 및 더 이상 자신들이 만들 필요가 없는 법률에 의해 보호받을 수 있게 된 것이다. 리베르타스-임페리움은 이제 법의 제국으로 대체되었다. 그리고 행동의 자유는 이제 타인에 의해 가해지는 불의로부터의 자유로 대체되기에 이르렀다.

정치에 관한 사상, 이론, 혹은 철학은—법학은 이 모든 부분에 속속들이 침투되어 있다—간단히 설명하자면 자유주의 제국의 이데올로기이다. 하지만 공화국으로부터 우리에게 전해 내려온 것은 또 다른 문제가 된다. 역사서술은 — 여기서는 방대한 역사 이야기의 구축(構築)을 의미한다 — 두 개의 상이한 과정을 밟아왔다. 그 하나는 공화국을 제국으로 전환하는 것에 관해 얘기하는 것이고, 다른 하나는 리베르타스와 임페리움이 서로 분리될 수 없고 상호 파괴적이라고 주장하는 것이다. 이 후기를 쓸 당시 작업하고 있던, 쇠락과 멸망의 역사를 다룬 저작에서[6] 나는 다음과 같은 결론에 이르렀다. 즉, 스키너가 13세기의 역사 속에서 발견한 시민에 대한 "키케로적" 이상은 — 설사 키케로 자신은 스스로와 함께 멸망한 공화국의 순교자였다고 하더라도 — 시민적 덕성들이 법과 정의로운 군주 하에서 실천될 수도 있었을 것이며, 그리하여 아우구스투스, 트라야누스, 혹은 유스티니아누스가 언제든 호소할 법이 있다는 의미에서 자유로운 사람들을 통치했을 수 있다는 명제와 결코 양립 불가능하지 않다는 것이다. 반면에 그로부터 2세기 후 한스 바론의 피렌체인들은 황제 하에서는 리베르타스가 사라지게 되어 그 결과 군주는 폭군이나 괴물 같은 존재가 되며, 시민은 그들이 야만인들에 대항하여 획득한 제국을 유지하는 데 필요한 비르투스를 더 이상 지니지 못하게 된다고 주장할 수 있었던 것이다.[7]

---

6) *Barbarism and Religion*, vol. III: *The First Decline and Fall* (forthcoming) 〔이 글이 씌어지던 2002년 3~5월 당시에는 아직 3권이 나오지 않은 상태였다. 현재 4권까지 나와 있다. 저자에 따르면 이는 총 6권으로 계획되어 있다. 4권까지의 완전한 서지 사항은 다음과 같다. J. G. A. Pocock, *Barbarism and Religion* (Cambridge University Press, 1999-2005) : vol. 1. *The Enlightenments of Edward Gibbon, 1737-1764* (1999) ; vol. 2. *Narratives of Civil Government* (1999) ; vol. 3. *The First Decline and Fall* (2003) ; vol. 4. *Barbarians, Savages and Empires* (2005) — 옮긴이〕.

7) 나는 이 점에서 — 원수정(元首政)을 쇠퇴로 보는 — 15세기와 14세기 휴머니스트 간의 차이를, 예컨대 스키너(vol. I, *The Renaissance*, pp. 54-56)에서 보는 것 이상으로 더 크게 보고 싶다. 더 앞의 작가들이 본 로마적 자유

이 두 이야기는 — 후자에 비해 전자는, 우리가 근대 초기 유럽의 "정치사상사"를 형성한 것으로 보고 있는 법학 및 철학과 훨씬 더 잘 조화 될 수 있었다 — 대략 벌린이 구분한 "소극적" 자유와 "적극적" 자유, 즉 보호받는 자유 및 주장되는 자유라는 두 극점과 유사한 두 개의 자유 개념에 의거하고 있다. 물론 스스로 자신을 방어할 수 있는 자유에 대한 주장도 가능할 것이며, 이는 아마 민주주의적 자유주의의 역사를 푸는 열쇠와 같은 것일 것이다. 정치적 · 이론적 담론의 역사에서 이 양극적 개념 간의 관계는 지극히 복잡다단한 것이었지만,[8] 이 역사를 이해하기 위해서는 그들 사이에 존재하는 커다란 차이점들을 이해하지 않으면 안 된다. 《마키아벨리언 모멘트》가 나온 지 10년 후, 나는 "권리"(right)와 "덕성"(virtue)의 관념은 결코 통상적 의미로 축소될 수 없을 것이라는 점을 확인하는 글을 책의 형태로 간행한 일이 있다.[9] 이에 대해 리처드 터크는 최근 "휴머니스트와 법학자 간에" 그렇게 "확고한 선"을 긋는 것은 — 그는 마치 내가 그렇게 한 것처럼 생각하고 있다 — "설득력이 없을" 뿐 아니라 독자를 "오도하는" 것이라고 경고하였다.[10] 사실 구성원이 서로 중복될 뿐만 아니라 끊임없이

의 쇠퇴는 자유가 신성한 제국으로 부활했다는 황제당 작가들이나 혹은 교황의 보호 아래 자유가 재생되었다는 교황당 작가들의 주장과 결코 양립 불가능하지 않다. 브루니와 이러한 작가들 간의 간격은 더욱 결정적으로 벌어지며, 마키아벨리에 이르면 그 간격은 절대적인 것으로 변한다.

8) 최근의 정치 이론과 역사서술에서 나타나는 이러한 논쟁에 관한 문헌은 대단히 방대하여 여기서 다 열거하기는 어렵다. 하지만 다음의 책이 도움이 된다. Quentin Skinner, *Liberty Before Liberalism* (Cambridge University Press, 1997)〔한국어 번역이 있다. 조승래 역, 《퀜틴 스키너의 자유 이전의 자유》(푸른역사, 2007) — 옮긴이〕.

9) "Virtues, Rights and Manners: A Model for Historians of Political Thought," *Political Theory* 9.3 (1981): 353-68; repr. in his *Virtue, Commerce and History*, pp. 37-50.

교류했던, 그처럼 규모가 크고 성격이 불확정적인 두 집단을 확고하게 분리하려 한다면, 그러한 시도는 독자를 지극히 오도하는 것이 될 것이다. 하지만 내가 그런 시도를 하고 있었던 것은 결코 아니었다. 그보다 나는 두 가지 개념적 전제 사이를 날카롭게 구분하고자 하였다. 사람들이 주장할 수도 있는(아마도 그것이 인간본성에 내재해 있기 때문이겠지만) 권리와, 사람들이 스스로의 자아 속에서 찾아내고 자신의 동등자들과의 행동으로 표현해야 하는 덕성이 바로 그것이다. 이 중에서 사실 전자는 내재적으로 법학과, 법학으로부터 출현한 도덕철학 및 법철학과 그리고 때로는 역사철학 언어의 일부인 반면, 후자는 휴머니스트들이 연구하여 그리스와 로마 시민체계의 흥망에 대한 이야기로 구성해 놓은 고대의 시민적 행위에 관한 이야기들 속에서 발견될 가능성이 더 높다. 이러한 구분은 결코 "확고한" 것이 아닌데, 왜냐하면 이 두 가지 이해방식은 끊임없이 중첩되고 상호작용하고 있기 때문이다. 하지만 만약 우리가 이러한 상호작용의 과정에서 나타난 긴장들 — "고대적" 자유 개념과 "근대적" 자유 개념, 그리고 "적극적" 자유 개념과 "소극적" 자유 개념 간의 긴장이 그 대부분을 이루고 있다 — 을 이해하

10) Richard Tuck, *The Rights of War and Peace: Political Thought and the International Order from Grotius to Kant* (New York: Oxford University Press, 1999), p. 12. 그가 관심을 둔 내 책 속의 구절(터크의 책 주 26)에서는 "시민적 휴머니즘"(civic humanism)이라는 용어가 사용되고 있는데, 그 정확성이 어느 정도이든 간에 이는 어떤 식으로든 "휴머니즘"을 가리키는 것은 아니다. 터크는 나아가 "휴머니즘"을 법학자의 휴머니즘과 같이 자신의 논제에 가장 잘 들어맞는 방식으로 정의하고 있다. 도널드 켈리는 다음의 저작에서 "시민적"(civic) 휴머니즘에 대립적인 성격을 지닌 이러한 "사법적"(civil) 휴머니즘이 어떤 식으로 역사적 이해를 형성해 왔는지 잘 설명해주고 있다. Donald R. Kelley, *The Human Measure: Social Thought in the Western Legal Tradition* (Cambridge, Mass.: Harvard University Press, 1990).

고자 한다면 이러한 구분을 주장하지 않을 수가 없는 것이다.

이처럼 광범위한 구분은, 정치사상을 다룬 문헌들의 두 지류 간의 경우 같은 또 다른 구분과 연관될 수도 있다. 정치철학과 역사서술이 바로 그것인데, 전자는 중세 및 근대 시기에 법학과 밀접하게 얽혀 있었고, 인간 사회를 다양한 자연법 및 실증법 체계들에 의해 통제되는 일종의 행위 복합체로 바라보는 경향이 있었다. 후자는 정치사상의 한 지류로서, 때때로 고대적 덕성 체계들과, 중세 및 근대 시기에 그것들을 철학자에게 더 흥미를 불러일으킬 만한 것들로 대체한 과정에 관심을 보이고 있었다. 나는 《마키아벨리언 모멘트》와 《덕성·상업·역사》(*Virtue, Commerce and History*, 1985)에서, 그리고 현재 간행중인 일련의 저작 《야만과 종교》(*Barbarism and Religion*, 1999~)에서 내가 해온 작업이 정치사상의 한 지류로서의 "고대적" 및 "근대적" 역사서술에 훨씬 더 연관되어 있다는 것을 알고 있다. 나는 이러한 역사서술이 인격의 자율성에 근거한 것으로서의 자유 개념을 포함하고 있다고—하지만 결코 그것에 국한되지는 않는 것으로—보는데, 바로 여기서 그것은 사회, 경제, 문화 속에서 사람들 간의 상호작용이 점점 더 복잡해짐에 따라 나타나는 역사적인 문제들과 조우하게 된다. 또한 나는 "덕성"과 "권리"를 서로 양립 불가능한 것이 아니라 환원 불가능한 것으로 보기 때문에 자유에 대한 이러한 개념들이 궁극적으로 도저히 상호 조화될 것 같지 않다고 보는 베를린식 비전*을 지향하는 경향이 있다. 이러한 것을 일종의 역사철학이라고도 볼 수 있겠지만, 나는 차라리 그것을 근대 초기 유럽과 아메리카 역사서술의 형성과정에서 진행중이던 것을 이해하는 데 유용한 하나의 지배적 공식으로 보고 싶다.

나는 바론과 내가 발전시킨 궁극적으로는 "마키아벨리적"인 개념들

---

* Berlinesque vision: 아마 동서 베를린 시절 양자가 양립은 하고 있지만 이념적으로는 환원 불가능하다고 본 데서 나온 표현인 듯함.

에 대항하는 것으로서 퀜틴 스키너가 "키케로적"인 시민 개념을 사용하고 있다는 점을 알고 있다. 즉, 그의 개념은 평등의 규율을 확립함으로써(이때의 평등은 권리상의 평등이라기보다는 통치상의 평등임을 주목해야 한다), 공화국을 자신의 지극히 경쟁적인 (또한 팽창적인) 덕성으로써 스스로를 통제할 수도 혹은 그렇게 하지 못할 수도 있는 시민들의 공동체가 아니라 법과 정의에 의해 통제되는 시민들의 공동체로 재구성하려는 경향이 있는 것이다. 만약 내가 탐지한 것이 맞는다면, 이러한 경향은 스키너가 말한 관념으로서의 공화국의 역사를 법학과 철학의 역사가 제공하는 콘텍스트 쪽으로 되돌리는 결과를 낳게 될 것이다. 반면 리처드 터크가 제의한 이와는 아주 다른 역사들은 — 이 경우 "키케로적" 개념들은 "타키투스적"인 것에 대립하게 되며, 마키아벨리 그 자신은 "키케로적"인 존재가 된다 — 분명히 비르투스 개념이 자연법과 그 변형물들의 역사 내에 갇혀 있을 수만은 없는 어떤 역사를 가진다는 주장을 불식하고자 하는 의도를 지니고 있다.[11] 나는 스키너와 터크가 기술한 다양한 역사들이 실제로 일어났던 일로 추적될 수 있는 그런 종류의 역사라는 것을 인정한다. 우리들 중 어느 누구도 모든 역사가 허구라는 견해에 동조하지 않는다. 하지만 내가 주장하는 것은 그들과는 다른 또 하나의 역사로서, 그들이 기술하는 것과 서로 교호할 뿐 아니라 나아가서는 — 이 후기 뒷부분에서 얘기할 기회가 있겠지만 — 현재 시제를 가지는 시점까지 계속될 수도 있는, 그래서 그 존재가 추적 가능한 그런 역사인 것이다. 한편 — 여기서 나는 이제 더

11) Richard Tuck, *Natural Rights Theories: Their Origin and Development* (New York: Cambridge University Press, 1979); *Philosophy and Government, 1572-1651* (Cambridge University Press, 1993); *The Rights of War and Peace* (New York: Oxford University Press, 1999). 터크는 이 중 세 번째 책 서론에서 스스로 이 저작들을 평하고 있다.

이상 방금 언급한 두 학자들에 대해 얘기하고 있지 않다 — 나는 일반적으로 역사학계에서, 그리고 특히 정치사상사를 연구하는 역사가들 사이에서, 《마키아벨리언 모멘트》가 씌어지기 시작한 지 벌써 30년이 지난 지금에조차도 이 책에서 제시된 것처럼 시민적 덕성이 그 스스로의 역사를 향유하고 있다는 관념에 대하여 거의 관용을 보여주지 않고 있음을 인지하고 있다. 즉, 그 존재를 축소하거나 혹은 무시하려는 욕구가 아주 지속적으로 나타나고 있는 것이다.[12] 어떤 경우 이는 아이자이아 벌린이 말한 대로 "적극적" 자유보다는 "소극적" 자유를 더 선호하는 데서 나타난 현상이기도 하겠지만, 그보다는 패러다임의 정치를 보여주는 한 예인 경우가 훨씬 더 많다. 정치사상사는 오랫동안, 그리고 또 그만한 이유를 가지고, 철학, 신학, 법학이라는 세 주역의 관점에서 씌어져 왔기 때문에, 네 번째 목소리를 대화에 끼워주고 싶지 않다는 강한 거부감이 자리잡고 있는 것이다. 여기에다, 친숙하지 않은 것이 친숙한 것의 "중요성"을 감소시키고 있으며, 그래서 친숙한 것은 친숙하지 않는 것의 "중요성"을 감소시킴으로써 보호되어야 한다고 가정하는 경향까지 가세하고 있다. 《마키아벨리언 모멘트》는 공화국과 그 대안들 간의 변증법의 역사로 읽혀져야만 한다.

[II]

"도대체 어떻게 다른 것도 아니고 공화주의 사상이 그 많은 곳 중에서도 하필 잉글랜드에서 처음으로 뿌리를 내렸다는 것인가?" 고(故)

---

12) 가장 최근의 예로는 다음을 볼 것. James Hankins, ed., *Renaissance Civic Humanism: Reflections and Reappraisals* (Cambridge University Press, 2000).

잭 헥스터는《마키아벨리언 모멘트》가 첫 출간된 지 얼마 되지 않은 때에 쓴 서평에서 이렇게 반문하였다.13) 이는 타당한 질문이었고 그 표현도 특징적이었다. 그것은 수많은 문제를 제기하였고, 그중에서도 결코 간과할 수 없는 것이 바로 어떻게 해서 이탈리아 도시공화국에서 형성된 한 이데올로기가 역사가들이 "근대국가" 혹은 "민족국가"로 묘사하는, 중앙집권적이고 영토의 경계가 분명하며 농업을 위주로 하는 왕국에서 출현하게 되었는가 하는 점이었다. 우리는 유럽사에서 "근대성"의 첫 시기가 언제인가를 탐색하도록 훈련받아왔고, 퀜틴 스키너 또한 그 시기를 일찍이 12세기 중엽, 즉 오토 프라이징이 이탈리아 도시의 정치상황을 자신이 사는 독일 봉건체제 내의 독자들에게 묘사한 바로 그때로 올려 잡았다. 마키아벨리를 정치에 관한 최초의 "근대적" 사상가로 부르는 오랜 전통이 있는데, 그 근거는 두 가지이다. 첫째는 그의 "공화주의"가 스콜라사상적인 교황주의 및 황제주의와는 완전히 결별했다는 것이고, 둘째는 그의 "마키아벨리즘"이 주권 왕국 시대에 국가이성(raison d'état)의 토대를 마련했다는 것이다. 하지만 나는 이러한 주장을 받아들일 수 없다. 나는 팔라초 델라 시뇨리아* 바로 그곳에서 행한 강연에서14) 우리가 "근대" 정치사상이라고 부르는 것은

13) J. H. Hexter, *On Historians* (Cambridge, Mass.: Harvard University, 1979), p. 288.《마키아벨리언 모멘트》에 대한 서평은 255-303쪽을 볼 것. 이 장(章)은 원래 다음에 게재되었던 글이다. *History and Theory* 14 (1977), pp. 306-337.

* 현재는 팔라초 베키오로 불리며, 마키아벨리 시절 피렌체 정무를 보던 건물. 번역을 하자면 "정무궁" 정도가 될 것이다.

14) 1994년 6월 20일, 헤롤드 액턴 경(卿)의 빌라들이 뉴욕대학 소유로 이전되는 때에 개최된 강연. 강연장에는 당시 이탈리아 정치계급의 부패상을 조사하던 검사장 안토니오 디 피에트로와 피렌체 추기경 대주교가 참석해 있었는데, 후자는 나에게 내가 마키아벨리에 관해 이탈리아의 미래에 희망을 주

마키아벨리가 거의 경험하지 못했던 영령 군주국(territorial monarchy)들이 역시 그가 사는 동안 보지 못했던 종교 동란으로부터 출현하기 시작할 때 비로소 나타나는 것이라고 주장한 바 있다.[15] 이러한 시각에 따르면, 최초의 "근대" 이론가는 각각 유스 겐티움(jus gentium 국제법)과 국가이성의 주창자인 위고 그로티우스와 토머스 홉스가 될 것이다. 나는 리오 스트라우스의 추종자들이 홉스와 마키아벨리 간에 만들어 놓은—후대의 이론가가 전대의 이론가를 발견했다는 것이 흥미롭기는 하지만—간격을 더 넓히고 싶으며, 특히 마키아벨리가 "근대 자연법"의 주창자라는 학설은 전혀 이해할 수가 없다. 왜냐하면 자연법의 개념적 틀이 마키아벨리의 글이나 혹은 그의 머리 안에 도대체 들어가 있었다는 증거가 전혀 보이지 않기 때문이다. 그의 글이 자신의 통제를 벗어나 철학자와 법학자들에 의해 읽혀지면서 그들의 사상에 대한 도전으로서 재해석되었다는 것은 어쩌면 당연한 일이었을 테지만, 이는 휴머니스트와 법학자 간의 날카로운 구분이 뭔가 소용에 닿을 수도 있는 그런 지점일 뿐이다.

나는 마키아벨리를 그가 자신을 그렇게 보았듯이 "근대적" 조건들 아래서 "고대적" 가치에 대해 진술하는 데 관심을 가진 인물로 본다.[16] 그리고 이것이 바로 근대 초기 한 왕국의 심장부에서 "공화주의" 사상이 출현했다는 모순을 해명할 수 있는 열쇠이다. 그가 제기한 가치들

는 쪽으로 얘기해주었다고 말한 바 있다. 나는 추기경과 내가 서로 무슨 말을 하고 있었는지 그 뜻을 잘 이해하고 있었다고 믿는다.

15) 이 강연은 그 후 다음과 같이 간행되었다. Pocock, "Machiavelli and the Rethinking of History," *Il pensiero politico* 27. 2 (1994): 215-230.

16) Pocock, "Machiavelli and Guicciardini: Ancients and Moderns," *Canadian Journal of Social and Political Theory* 2. 3 (1978), pp. 93-109; Pocock, "Machiavelli in the Liberal Cosmos," *Political Theory* 13. 4 (1985), pp. 559-574.

은 급진적 의미에서의 "고대적" 가치였다. 비르투스의 이데올로기는 아마도 그리스도 탄생 이전 7세기경의 장갑 보병 혁명으로까지 소급될 수 있을 것이다. 그것은 소크라테스 이전, 그리스도교 이전, 법학의 발생 이전 시기에 존재했던 전사-시민의 이상을 표현하고 있으며, 그래서 "고대적" 가치들이 철학적이라거나, 마키아벨리가 "근대적"인 것은 그러한 가치들로부터 멀어졌기 때문이라는 것을 증명하려는 일체의 시도[17]가 나에게는 핵심을 벗어난 것으로 보인다. 비르투스의 언어는 아테네적이기보다는 라틴적이다. 그것은 키케로에서 타키투스에 이르는 로마의 위대한 연설가와 역사가들이 카이사르적 제국의 가치들에 의한 압박을 강조한 덕분에 생명을 유지할 수 있었으며, 그래서 공화주의와 반공화주의 사상의 역사는 쇠망에 관한 역사서술과 긴밀하게 얽혀 있는 것이다. 하지만 여기서 즉각적으로 유추되는 사실은 이런 것이다. 즉, 근대성 초기의 심장부에서 그처럼 급진적인 고대적 가치들이 존재하고 있었다는 역설이야말로 곧 "마키아벨리언 모멘트"라는 말이 의미하는 것의 핵심이라는 점이다. 피렌체 이후 시기를 다룬 이 책의 장(章)들은 바로크와 계몽사상 시대의 정치사상에서 나타난 "고대인"과 "현대인" 간의 논쟁에 관한 것이다.

---

17) 다음의 저작이 이를 핵심적 주장으로 삼은 경우이다. Paul A. Rahe, *Republics Ancient and Modern* (Chapel Hill: University of North Carolina Press, 1992). 다음도 볼 것. Harvey C. Mansfield, *Machiavelli's New Modes and Orders: A Study of the Discourses on Livy* (Ithaca: Cornell University Press, 1979); Mansfield, *Machiavelli's Virtue* (University of Chicago Press, 1996). 나는 마키아벨리가 급진적 의미에서 "고대적"이라 생각한다. 그의 종교 사상에 대한 연구로서 가장 볼 만한 것으로는 다음이 있다. Sebastian De Grazia, *Machiavelli in Hell* (Princeton University Press, 1989); Anthony J. Parel, *The Machiavellian Cosmos* (New Haven: Yale University Press, 1992).

헥스터는 튜더-스튜어트기 잉글랜드 사상이 어떻게 해서 행동적 시민에 대한 관념들을 발전시킬 여지를 가지고 있었는지에 관한 나의 설명에 만족을 표명하였다. 하지만 이후의 비판자들은—패트릭 콜린슨과 마르쿠 펠터넌[18]—1649년의 국왕 살해 이전에는 완전히 모습을 갖춘 공화주의를 발견할 수 없다고 한 나의 주장에 별로 달가운 반응을 보이지 않았다. 내가 말한 의미는 단지 그때 이후라야 비로소 잉글랜드의 정체(政體)가 공화국의 형태로 생각되었다는 것이었다. 펠터넌을 비롯한 다른 여러 학자들이 찾아냈던 것 중 많은 부분이 나에게는 그저 타키투스주의(Tacitism)라는 범주와 관련이 있는 것 정도로 보일 뿐이다. 타키투스주의는 16세기 후반에 흔히 볼 수 있었던 한 담론 방식으로서, 불완전한 왕국이지만 스스로를 그것에 굴복시키라는 명령이자 동시에 무엇이 왕국을 불완전하게 만드는지, 그 다양한 측면들을 스스로 표현하는 수단이기도 했다.[19] 타키투스주의는 공화정을 대체한 제국 초의 원수정(元首政)에 대한 타키투스의 기술에 근거한 것으로, 자유를 향유했던 과거의 상황에 대한 이미지를 포함하고 있기는 하지만, 궁정 공화주의를 별로 넘어서지 못하는 정도에 머물고 있었다. 즉, 그것은 불만을 가진 조신, 고문관, 장관들에게 자신들이 마치 원로원 의원이라도 되는 양 상상케 해주는 수단일 뿐이었다. 왕국을 공화주의 회의체들로 바꾸려는 계획은 거의 찾아보기 어려웠을 뿐 아

---

18) Patrick Collinson, *De Republica Anglorum: Or History with the Politics Put Back* (Cambridge University Press, 1990); Markku Peltonen, *Classical Humanism and Republicanism in English Political Thought, 1570-1640* (Cambridge University Press, 1995).

19) 공화주의적, 왕정적, 철학적 타키투스주의에 대해서는 많은 문헌이 있다. 다음을 볼 것. Peter Burke, "Tacitism, Scepticism and Reason of State" in *The Cambridge History of Political Thought, 1450-1700*, eds. J. H. Burns with Mark Goldie (Cambridge University Press, 1991), pp. 479-498.

니라, 이 회의체들조차도 성격상 일시적인 것에 불과하였다. 데이비드 노어브룩이 그러한 연결점 하나를 찾아냈는데, 그에 따르면 회의체의 구성원들은 늦게 잡아도 잉글랜드 첫 내전이 발발하면서부터 왕국을 폐기할 생각을 하고 있었으며, 그리하여 로마 시인 루카누스를 이용하여 자신들의 생각을 표현했다는 것이다.[20] 반면 내 주장은, 잉글랜드를 공화국이라 생각하도록 하고[21] 또한 그러한 공화국의 근거가 될 수 있는 행동적 시민 개념을 찾아 나서도록 만든 것이 바로 내전과 정부의 붕괴와 실제로 일어난 국왕 살해사건이었다는 것이다. 《마키아벨리언 모멘트》에서 헥스터의 관심을 끌었던 부분은 공화국보다는 시민의식 이론이었고, 아울러 내가 그러한 이론의 일부가 되어야 한다고 주장하던 재산과 무기에 관한 개념들이었던 것이다.

《마키아벨리언 모멘트》 간행 2년 뒤, 나는 이 책을 준비하는 동안 이미 그 이전부터 동시에 작업해 왔던 《제임스 해링턴의 정치저술》을 출간하였다.[22] 해링턴은 이 책은 물론, 나의 다른 저작들을 통해 모습을 갖춘 역사틀 속에서 중심적인 위치를 차지하는 인물이다. 이러한 역사틀과, 그 속에서 그와 마키아벨리가 지닌 역할에 대해서는 이미 1975년 이전에 씌어진 글들이 그 윤곽을 짚어내고 있다.[23] 독사들도

20) David Norbrook, *Writing the English Republic: Poetry, Rhetoric and Politics, 1627-1660* (Cambridge University Press, 1999).

21) 이러한 측면은 존 밀턴에게도 적용될 수 있겠다. 다음을 볼 것. David Armitage, Armand Himy & Quentin Skinner, eds., *Milton and Republicanism* (Cambridge University Press, 1977).

22) J. G. A. Pocock, ed., *The Political Works of James Harrington* (Cambridge University Press, 1977). 이제는 다음의 책도 참고할 수 있다. J. G. A. Pocock, ed., *James Harrington: Oceana and A system of Politics* (Cambridge University Press, 1992).

23) J. G. A. Pocock, "Machiavelli, Harrington, and English Political Ideologies in the Eighteenth Century," *The William and Mary Quarterly*, 3rd

알다시피, 해링턴이 마키아벨리의 무장한 행동적 시민에 관한 이론을 무기의 사용에 필요하다고 간주된 토지보유권의 역사, 즉 공화주의적인 고전 고대로부터 봉건적 보유권—"현대적 분별"로 불린—의 시대를 거쳐 고대적 조건이 되살아날 수도 있는 현재에 이르기까지 계속되는 역사라는 배경 속에서 고쳐 썼다는 사실은 이 책에서 아주 핵심적인 부분이다. 이러한 역사틀, 그것과 어긋난 사건들, 그것의 변형물들이야말로 "마키아벨리언 모멘트"의 역사가 필요로 하는 것들이지만, 이는 수많은 논쟁의 대상이 되었다. 재산의 형태변화라는 역사틀은 1975년 당시에 이미 많이 알려져 있는 것이었지만, 대부분의 경우 재산을 상품의 관점에서, 그리고 사회를 어느 정도 자본주의적이고 상업적이라는 관점에서 보는 정도에 그치고 있었다. 내가 제기한 역사틀은, 1970년대에 진보적 혹은 마르크스주의 사상에 의해 환영받은 것 이상으로 부동산과 동산, 토지와 상업 간에 존재했던 긴장관계를 근대 시기까지 연장하는 결과를 낳게 되었다. 《마키아벨리언 모멘트》를 유럽사의 과정에 아메리카 자유주의의 이데올로기를 부과하려는 역사틀의 일환으로 보았던 이탈리아 비평가들도 있었다. 나는 그들에 대한 응답으로 내 책은 이미 자유주의적이지도 않고 아메리카적이지도 않다는 공격을 받았던 터라는 점을 밝힐 수 있었다.[24] 영어권 마르크스주

ser., 22.4 (1965), pp. 549-583, repr. in Pocock, *Politics, Language and Time* (New York: Atheneum, 1971; University of Chicago Press, 1989), pp. 104-147; Pocock, "The Onely Politician: Machiavelli, Harrington and Felix Raab," *Historical Studies: Australia and New Zealand* 12.46 (1966), pp. 265-296; Pocock, "Civic Humanism and Its Role in Anglo-American Thought" in Pocock, *Politics, Language and Time*, pp. 80-103; Pocock, "James Harrington and the Good Old Cause: A Study of the Ideological Context of his Writings," *Journal of British Studies* 10.1 (1970), pp. 30-48.

의의 경우에는 토니에서 맥퍼슨을 거쳐 크리스토퍼 힐에 이르기까지, 해링턴을 그 시대의 다른 사람들과 마찬가지로 부르주아 이데올로기의 주창자로 간주하려는 전통이 존재하고 있었다.[25] 이에 대해 나는 맥퍼슨이 발전시킨 "소유적 개인주의자"라는 명칭은 그에게보다는 해링턴의 적이었던 머튜 렌에게 더 어울린다는 점을 제시하였다.[26] 나의 주장에서 핵심적인 것은, 우리가 토지와 상업 간의 긴장들이 존재했고 공화주의 이론이 상업보다는 토지에 기초하는 편이 더 낫다는 점을 알고 있던 시대로 이동하고 있다는 것이었다. 하지만 잔명했던 잉글랜드 공화국이 농업적 가치냐 상업적 가치냐의 선택에 직면하고 있었던 그

24) 이들에 대해서는—특히 고(故) 페키올리의 책, Renzo Pecchioli, *Dal mito di Venezia all'ideologia americana*(Venezia: Marsilio, 1983)에 관련해서는—나의 다음 글들을 볼 것. Pocock, "*Mito di Venezia and Ideologia Americana*: *A Correction*," *Il pensiero politico* 12.3 (1980), pp. 483-486; "*The Machiavellian Moment* Revisited: A Study in History and Idelolgy," *Journal of Modern History* 53.1 (1981), pp. 49-72; "Tra Gog e Magog: I Pericoli della Storiografia Repubblicana," *Rivista Storica Italiana* 98.1 (1986), pp. 147-194; "Between Gog and Magog: The Republican Thesis and the *Ideologia Americana*," *Journal of the History of Ideas* 48.2 (1987), pp. 325-346, repr. in *The American Enlightenment*, ed. Frank Shuffleton (Rochester: University of Rochester Press, 1993), pp. 379-400.

25) R. H. Tawney, "Harrington's Interpretation of His Age," *Proceedings of the British Academy* 27 (1941), pp. 199-233; C. B. Macpherson, *The Political Theory of Possessive Individualism*: *Hobbes to Locke* (Oxford: The Clarendon Press, 1962), ch. 6; Christopher Hill, "James Harrington and the People," in *Puritanism and Revolution* (London: Mercury Books, 1962), pp. 299-313. 이들 저작에 대해서는 다음을 볼 것. Pocock, ed., *The Political Thought of Fames Harrington*, pp. 56-57; Pocock, *The Ancient Constitution and the Feudal Law* (reissued, Cambridge University Press, 1987), pp. 128-129, 139-144, 321-323.

26) Pocock, ed., *The Political Thought of James Harrington*, pp. 88-89.

런 "마키아벨리언 모멘트"가 존재했다는 것은 결코 사실이 아니었고, 그런 것이 존재한다고 내가 말했던 적도 없다.[27] 해링턴은 단지, 시장에서 매매되는 이동 가능한 상품보다는 세습 가능한 토지재산이 공화국 시민에게는 더 안전한 토대라고 생각했고, 그래서 공화국은 상업적 성장에 발맞추어 토지에 기초한 그 토대를 확장해야 한다고 주장했을 뿐이었다. 말하자면 그는 터너의 "프런티어 테제"가 나오기 전에 이미 그러한 것을 상론하고 있었던 셈이며, 마키아벨리에게는 알려지지 않았던 덕성과 상업 간의 논쟁은 겨우 시작된 정도에 불과하였다.

나의 해링턴 해석은 특히 그가 이상적인(하지만 잉글랜드적인) 공화국의 토대를 행동적 시민의 덕성에 두려고 했다는 주장에서 가장 지속적인 공격을 받았다. 그는 이자 개념과 더불어 개인의 이자를 전체의 이자로 변환하는 수단에 대해—아마 내가 눈여겨 본 것 이상으로—많은 글을 썼다. 그의 글을 보면, 자신이 생각하는 공화국의 제도들을 인간이 본성상 덕성스럽지 못할 때 그를 덕성스럽게 행동하도록 만드는 일련의 메커니즘으로 생각하는 듯한 대목들이 나온다. 또한 발언을 실행과 분리하고, 전자는 소수에게만 허용하는데 이들은 토의는 하나 결정은 못하게 하고, 반면 후자는 다수에게만 국한하는데 이들은 거꾸로 토의는 하지 못하고 결정만 하게 하는 대단히 이상한 제안도 하고 있다. 이러한 점들을 근거로 조나단 스코트는 기회가 닿는 대로, 해링턴이 공화주의자가 아니라 건전하지 못했을 것 같은 마음을 가진 별종 홉스주의자였으며, 그의 유토피아는 일종의 산만하고 비인격화된 리바이어던으로서 사람들로 하여금 결코 스스로에 부과하려 하지 않을 그런 복종을 강제하도록 하기 위해 고안된 것이라고 주장하였다.[28]

---

27) Cf. Steve Pincus, "Neither Machiavellian Moment nor Possessive Individualism: Commercial Society and the Defenders of the English Republic." *America Historical Review* 103.3 (1998), pp. 705-736.

스코트는 잉글랜드 공화주의가 수많은 변종들을 갖고 있었음을 우리에게 상기시키는—희망컨대 내가 해링턴의 공화주의만이 유일한 종류였다는 암시를 하지 않았기를 바라지만, 설사 그랬다고 해도 크게 문제될 것은 없을 것 같다—중요한 역할을 한 수많은 학자들 중 하나였다. 이러한 변종들에 대해서는 전 범위에 걸쳐 블레어 워든이 일련의 글에서 검토한 바 있다.[29] 나는 스코트의 해링턴 해석에 대해 해링턴의 마지막 저작에서 따온 한 구절을 인용함으로써 그에 응답하였다. 이 구절은 《마키아벨리언 모멘트》에는 나오지 않는 것으로 생각되나, 그것을 쓸 당시에 이미 알고 있던 것이었다.

> 형상에 대한 사색은 인간에게는 놀라운 것으로, 그것에는 일종의 고뇌 혹은 충격이 수반되지만, 그의 영혼을 신의 경지로 고양케 하는 힘이 있다.

---

28) Jonathan Scott, *Algernon Sidney and the English Republic, 1623-1677* (Cambridge University Press, 1988); "The Rapture of Motion: James Harrington's Republicanism" in *Political Discourse in Early Modern Britain*, eds. Nicholas Phillipson & Quentin Skinner (Cambridge University Press, 1993), pp. 139-163; "The Peace of Silence: Thucydides and the English Civil War" in *The Certainty of Doubt: Tributes to Peter Munz*, eds. Miles Fairburn & W. H. Oliver (Wellington: Victoria University Press, 1996), pp. 90-116; *England's Troubles: Seventeenth-Century English Political Instability in European Context* (Cambridge University Press, 2000). 다음도 볼 것. J. C. Davis, "Pocock's Harrington: Grace, Nature and Art in the Classical Republicanism of James Harrington," *Historical Journal* 24.3 (1981), pp. 683-697.

29) Blair Worden, in *The Cambridge History of Political Thought, 1450-1700*, eds. Mark Goldie & J. H. Burns, ch. 15; in *Republicanism, Liberty, and Commercial Society, 1649-1776*, ed. David Wootton (Stanford: Stanford University Press, 1994), chs. 1-4.

> 인간의 형상이 신의 모습을 하고 있는 것처럼, 정부의 형상은 인간의 모습을 하고 있다.30)

이러한 언어는 플라톤적인 것으로서, 홉스(아마 마키아벨리 역시도)라면 결코 사용했을 법하지 않은 것이다. 그것은 우리에게 인간은 스스로를 통치할 때 신과 같이 된다는 점을 말해주고 있다. 그 자신에 대한 인간의 통치는 지상에 근거하고 있으며, 이는 신의 통치가 창조에 근거하고 있는 것과 같다. 오세아나의 제도들은 조작적인 것이 아니라 그것들을 통해 인간이라면 당연히 그래야 하는 존재가 되는 그런 형상을 갖고 있다. 우리는 여기서 로마적 비르투스를 훨씬 넘어서서 시민의식에 대한 플라톤주의 신학으로까지 나아가는데, 이는 시민들로 하여금 자신의 역할을 다하도록 고양함으로써 사제를 제거하고, 또한 — 이유가 너무 복잡해서 여기서 다 설명할 수는 없지만 — 그리스도교의 삼위일체에서 성자를 성부보다 낮은 위치에 두는 것으로써 끝을 맺는 그러한 것이었다. 홉스 역시 다른 경로를 통해 이와 동일한 지점에 도달한 것으로 볼 수 있는데, 그와 해링턴은 정통 그리스도 교회학을 공격하는 데 있어 입장을 같이했던 것이다.31) 1977년 이후 해링턴에 관한 저술 중 가장 중요한 것은 마크 골디와 저스틴 챔피언의 경우인데, 그들은 그의 극단적인 반사제주의와 잉글랜드 "급진 계몽주의"의 선구자로서의 역할을 검토하였다.32) "장기 18세기" 잉글랜드 사

---

30) Harrington, *A System of Politics*, IV, 3, 4; Pocock, ed., *The Political Works of James Harrington*, p. 837; Pocock, ed., *James Harrington: Oceana and A System of Politics*, p. 273.

31) Pocock, ed., *The Political Works of James Harrington*, pp. 78-82, 89-97; Pocock, "Contexts for the Study of James Harrington," *Il pensiero politico* 11.1 (1978), pp. 20-35.

32) Mark Goldie, "The Civil Religion of James Harrington" in *Languages of*

상의 열쇠인 정치 신학을 향한 여행은 내가 진심으로 지지해 마지않는 발전이지만,[33] 《마키아벨리언 모멘트》에서 그려지고 있지는 않다. 양자가 어떻게 연결될지는 두고 보아야 할 과제이다.

해링턴이 시민의식 개념을 끼워 넣은 역사틀은 당시로는 보기 드물게 정교한 것이었지만, 그럼에도 불구하고 여전히 전근대적이라 불릴 만한 것이었다. 그것은 결국 고대의 공화국을 가능하게 했던 조건들의 재생이라는 출발점으로 되돌아오는 고리 모양을 하고 있었다. 그 이유는 군대란 여전히 토지에 뿌리박고 있어야 한다는 것, 그리고 그들에게 현금으로 정규적인 봉급을 주려는 시도는 — 로마 공화국과 그것을 이어받은 원수정을 와해시켰던 바로 그 문제 — 국가의 역량을 넘어서는 것이라는 해링턴의 믿음 때문이었다. 하지만 해링턴의 저작이 나온 지 반세기 안에 공공신용(public credit) 제도에 기초한 상비군(standing army)이 출현함으로써, 내가 이 책 12장에서 서술한 대로, 1700년 당시의 지식인들이 역사적 조건의 변화라고 인식했던 상황이 초래되었다. 《마키아벨리언 모멘트》 이후 이 글을 쓰고 있는 바로 지금까지도 후속 작업의 관심은, 이러한 변화로 인해 어떤 결과가 나타났는지, 그리고 그것이 어떻게 해서 계몽주의 — 수많은 의미로 사용될 수

Political Theory in Early Modern Europe, ed. Anthony Pagden (Cambridge University Press, 1987), pp. 197-224; "Priestcraft and the Birth of Whiggism," in *Political Discourse in Early Modern Britain*, eds. Nicholas Phillipson & Quentin Skinner, pp. 209-231; M. Goldie, ed., *The Reception of Locke's Politics* (London: Pickering and Chatto, 1999), vol. I, introduction; J. A. I. Champion, *The Pillars of Priestcraft Shaken: The Church of England and Its Enemies, 1660-1730* (Cambridge University Press, 1992).

33) J. C. D. Clark, *English Society, 1688-1832: Ideology, Social Structure and Political Practice during the Ancien Regime* (Cambridge University Press, 1985; 2d ed., 2000).

있겠지만 — 라고 불릴 만한 것을 탄생케 했는지에 관한 것이었다. 다른 곳에서 이미 얘기한 바 있지만,[34] 이 책이 출간된 지 1년 후인 1976년 에드워드 기번의 《로마 제국 쇠망사》(*Decline and Fall of the Roman Empire*)를 연구하는 작업을 시작하게 되었는데, 여기서 나는 상업사회의 융성과 확장에 기반한 유럽사라는 시각이 고대 지중해 제국의 멸망사를 필요로 하지만 동시에 여전히 고대적 가치들의 도전에 노정되고 있음을 보여주고자 하였다. 이를 포함한 다른 수많은 점에서 나는 "마키아벨리언 모멘트"를 "덕성"과 "상업"의 이상과 담론이 서로에 대해 도전하는 지점까지 확장하기에 이르렀다. 또한 나는 이를 더 연장하여 그것이 여전히 진행중일 수도 있음을 밝히는 진술의 다양한 방식들이 존재한다는 주장을 하게 되었다.

이러한 주장들은 《마키아벨리언 모멘트》의 마지막 4개 장에서 모습을 드러내기 시작했고, 후속 저작들에서, 특히 《덕 · 상업 · 역사》(1985)와 《야만과 종교》(1999~)에서 상술되었다.[35] 이 저작들과 그것이 수

34) Pocock, *Barbarism and Religion*, vol. I, *The Enlightenment of Edward Gibbon* (Cambridge University Press, 1999), pp. 1-2.

35) Pocock, *Virtue, Commerce and History: Essays on Political Thought and History, Chiefly in the Eighteenth Century* (Cambridge University Press, 1985); "Clergy and Commerce: The Conservative Enlightenment" in *L'Età dei Lumi: Studi Storici nel Settecento Europeo in Onore di Franco Venturi*, eds. R. Ajello et al. (Napoli: Jovene, 1985), vol. I, pp. 523-622; "The Political Limits to Pre-Modern Economics" in *The Economic Limits to Modern Politics*, ed. John Dunn (Cambridge University Press, 1990); "The Significance of 1688: Some Reflections on Whig History" in *The Revolutions of 1688: The Andrew Browning Lectures, 1988*, ed. Robert Beddard (Oxford: Oxford University Press, 1991), pp. 271-292; "Standing Armies and Public Credit: The Institutions of Leviathan" in *The World of William and Mary: Anglo-Dutch Perspectives on the*

용된 과정은 이와 연루된 “적극적” 자유 및 “소극적” 자유, “공화주의”, “자유주의” 등에 대한 일련의 논쟁 속에서 그 영향을 받았다. 거꾸로 나의 저작들이 때로는 의도하지 않게 이러한 논쟁들의 모습을 갖추게 하는 데 기여하기도 하였다(만일 “모습을 갖춘다”란 말이 이러한 주장들의 현 상태에 적절하다고 한다면).[36] 여기서 《마키아벨리언 모멘트》가 의도하는 점들에 대해, 그리고 어떻게 해서 그러한 것들이 오해될 가능성이 있으며 또한 어떻게 이해되어야 하는지에 대해 무언가 얘기하는 편이 혼란을 줄일 수도—아마 복잡성은 가중되겠지만—있을 것이다. 공공신용과 상비군의 도입이 야기한 혁명적인 결과로 인해, 대부분 무역, 자본, 동산에 의해 가능하게 되는 그러한 사태가, “상업사회”로 불리다가 뒤에 가서는 “시민사회”라는 불리게 되는 것의 정치와 역사에서 새롭고도 주도적인 세력으로 인정받게 되었다. 이러한 사태 속에서 종교 및 세속 전쟁을 이겨낼 만한 부와 문화를 창출해낸 것은 다름 아닌 사람들 사이의 교환관계였다(종교 동란—그것의 독특한 잉글랜드적 변종을 포함하여—으로부터 나타난 궁핍이 계몽주의 발전의 주요 요인일 가능성이 있다).[37] “상업적”인 “시민사회”라는 현상을 연구하고 그것을 고무하는 핵심적인 역할은 “예의”(manners) 또는 “예절바름”(politeness)과 같은 다양한 이름으로 알려진 것에 맡겨졌다. 즉 그것은 사회적 관례이자 자아와 타자 모두의 용인된 이미지로서, 사람들이 점점 더 복잡해져가는 교환의 과정 속에서 서로를 만나고, 처음에는

Revolution of 1688-89, eds. Dale Hoak and Mordechai Feingold (Stanford: Stanford University Press, 1966), pp. 87-103; *Barbarism and Religion*, vol. I, ch. 4 ("The Hampshire Militia and the Problems of Modernity").

36) 후기 주 8을 볼 것.

37) 이러한 사례에 대한 더 상세한 설명은 다음에서 찾을 수 있다. Pocock, *Barbarism and Religion*, I, pp. 56-57, 108-112.

"세련됨"(polishing)으로 불리다가 종국에는 "예절바름"이라는 이름으로 남게 되는, 서로 맞지는 않지만 그럼에도 불구하고 상냥한 태도를 견지하는 사교과정에 참여할 때 나타나는 것이었다.[38] 예절바른 사회란 동시에 상업사회였고, 초기 자본주의의 주도적 문화에서는 정치를 가리켜, 인간의 갖가지 정념과 관심사를 "예의"로 전환함으로써 그것들을 "세련되고", "온화하고", "정제되며", 또한 (좀더 위험한 말을 쓰자면) "부드럽게" 만드는 과정이라 일컫게 되었다.[39] 계몽주의를 종교적 신념이 점차 권력을 잃어가는 과정이라 볼 때, 우리가 주목해야 할 또 다른 사실은 "예절바른" 남자와 여자들이 광신적 행위를 싫어할 것이라는 점이다. 왜냐하면 그들은 자신들이 오직 서로에 대해 알고 있는 것만을 알 뿐이라는 것, 그리고 그러한 앎이란 단지 "의견" (opinion) — 확신을 금함으로써 관용의 의무를 지우는 용어 — 으로 이루어져 있을 수밖에 없다는 것을 믿었기 때문이다. 그리고 이는 우리가 "자유주의"(liberalism) — 물론 나는 이 말을 이 후기에서 지금까지 쓴 적이 없을 뿐 아니라, 성급히 써서도 안 될 것이지만* — 라고 부르는 것을 형성하는 결정적 단계이기도 했다.

예절바른 사회가 점점 더 효율적인 전쟁을 수행할 수 있도록 조직되

38) Lawrence E. Klein, *Shaftesbury and the Culture of Politeness: Moral Discourse and Cultural Politics in Eighteenth Century England* (Cambridge University Press, 1994).

39) 이런 측면에 대한 고전적 저작으로는 다음이 있다. Albert Hirschman, *The Passions and the Interests: Political Arguments for Capitalism before Its Triumph* (Princeton University Press, 1976).

* 앞서 "민주적 자유주의" 혹은 "아메리카 자유주의" 등의 용어가 이미 쓰이고 있으며, 본문 마지막에서도 따옴표 친 자유주의란 말을 사용하고는 있지만, 여기서 저자의 의미는 어떤 역사적 현상을 특별히 자유주의로 규정하지는 않겠다는 것으로 생각된다. 뒤에 가서 지금 사용하는 자유주의는 훨씬 더 현대적인 의미라고 한 것도 같은 맥락으로 볼 수 있다.

어 갔다는 것도 반드시 주목해야 할 점이다. “상업”은 “공공신용”을 창출하였고, “공공신용”은 다시 “상비군”을 만들어냈다. 상비군이란 단순히 국가로 하여금 스스로의 목적을 추구케 하는 수단만이 아니라, 그러한 목적추구 과정이 자멸의 길로 들어서는 것을 막는 수단이기도 하였다. 일단 군대가 국가의 군대로 변하자, 내전의 위험성이 줄어들었다(브리튼의 역사에서 1688년의 미스터리를 푸는 열쇠가 바로 이것이다). 이제 전쟁은 점차 국가의 통제 하에 놓이게 되었고, 그리하여 마치 유럽이 국가들의 “연합”이나 “공화국” 같은 것이 되어, 그들 간의 상호작용 속에서 상업이 퍼뜨린 예의의 문화가 국제법의 힘과 결합함으로써 전쟁의 요소는 완화되고 문명이 더 진보한 것처럼 보인, 단명했지만 유토피아적인 시기가 있었다(나는 예의라는 주제를 추구함에 있어서 국제법의 중요성을 부인하지 않는다). 이러한 유토피아는 1763년이 되면 와해되기 시작한다. 당시 프랑스와 브리튼은 유럽과 아메리카, 그리고 인도의 주도권을 두고 일련의 큰 전쟁을 벌였고, 이 때문에 각국의 “공공신용”이 지나치게 확대되다 보니, 어느 듯 “국채”(national debt)가 혁명을 유발할 정도로 위험한 지경에 이르게 되었다. 나는 내가 현재 구축하고 있는 철학적 역사에서, “국가가 공채(public debt)를 없애버려야만 하든지, 혹은 공채가 국가를 없애버리든지 둘 중 하나”라고 한 흄의 언명에 이상적인 의미를 부여하고 싶다.[40] 흄은 자신의 전 저작을 통해, 상업에 기초한 근대사회가 적나라한 개인성에 기초한 고대사회보다 과연 더 우월한가의 문제에 관심을 기울였으나, 결국 그의 머리에는 얼굴도 모르는 채권자에게 잔뜩 빚을 져서 모든 재산의 가치와 모든 개인의 자유와 모든 물질이나 관념의 의미가 그 채권자로 하여금 전적으로 투기에 기초한 경제를 지속하도록 설득하는 데 모든 역량을 쏟

40) 이 책 270쪽 참조.

아 붙는 것으로 축소되어 버린 그런 사회의 모습만이 떠오르게 되었다. 그리하여 사회 속 인간들 간의 자연스러운 관계—그리고 여기에는 예의라는 것도 포함되겠지만—는 그 존재론적 혹은 인식론적 토대의 결핍으로 인해 종말을 고하며 사라지게 될 것이었다. 또한 에드먼드 버크는 공채의 증대를 혁명적 환상에 이바지하는 것으로, 그리고 혁명을 모든 예의의 전복을 위한 프로그램으로 보기에 이르렀다.[41]

이와 더불어 내가 내심 결정적이라 보고 있는 것은 일찍이 1698년 앤드류 플레처가 제기한 주장이다.[42] 그는 무역의 확산을 열렬히 옹호했던 인물이었지만—그는 파나마의 다리엔에 스코틀랜드 앙트레포* 설치계획을 세운 사람 중 하나였다—상업과 소비의 발달로 인간 자유에 본질적인 그 무엇이 포기되고 있지는 않은가 의심하였다. 그 무엇이란 다름 아닌 무기의 사용과 그 무기가 정착할 수 있는 토지의 소유로서, 스스로의 통치를 통해 인격적으로 드러나는 개인의 역량에 필수적인 것이었다. 우리는 그러한 의혹들에 대해 대니엘 디포가 어떤 식으로 응답했는지 알고 있다. 그는 이제 군대를 통제하게 된 국가가 권력을 남용할 위험성이 있겠지만, 각 개인은 그것을 견제할 의회를 통해 자신을 대표케 하는 것으로 충분하며, 개인의 무기 소유에 기초한 사회란 호전적이고 빈곤하며 주인과 농노로 구분될 뿐이라고 주장한 것이다. 이는 직접 민주주의와 대의 민주주의 간의 논쟁이며, 적극적 자유와 소극적 자유 간의 논쟁과도 가깝다. 또한 그것은 동시에 역사상 완전히 만족스럽지는 못한 두 계기, 즉 바로 이 지점으로부터

41) 다음도 볼 것. Pocock, *Virtue, Commerce and History*, ch. 10 ("The Political Economy of Burke's Analysis of the French Revolution").

42) 이제는 다음의 저작을 참조할 수 있다. John Robertson, ed., *Andrew Fletcher: Political Works* (Cambridge University Press, 1997).

* Entrepôt. 수입 관세 없이 무역 활동을 할 수 있는 지역.

"마키아벨리언 모멘트"의 의미가 존재하게 될 바로 그러한 계기 간의 논쟁이기도 하다. 스스로의 자유에 필요한 수단을 소유한 개인은 타인의 자유에 의한 지지를 받지 못한 채 야만상태로 후퇴하기 쉽다. 반면 다양한 역량의 행사에 기초한 자유를 가지고 있지만 그러한 역량들을 자신의 인격을 통해 공적 행위의 수행으로 묶어내지 못하는 개인은 부패상태로 나아가 스스로 폭정에 몸을 맡기기 쉽다. 역사에 이상적인 계기란 것은 존재하지 않으며, 설사 우리가 고대와 근대라는 극점 사이를 분별 있게 오가는 자유에 기초하는 어떤 종류의 자유를 상정한다 해도, 그러한 자유의 행사는 역사 속에서 행동하는 데 필요한 인격의 단일성을 어떻게 유지하는가에 달려 있으며, 역사는 그러한 단일성을 불안정하게 만드는 과정이기도 했다. 결과적으로 일종의 역사주의가 존재하는데, 18세기의 사상가 다수 혹은 대부분이 여기에 연루된 것으로 볼 수 있다.

나는 지금 고대적 자유와 근대적 자유 간의 논쟁을 시사하고 있는데, 전자는 인격의 직접적 행위를, 그리고 후자는 사회 속에서 사람들을 서로 연결토록 할 만한 다종 다기한 모든 활동을 통한 인격의 중재를 가정하고 있다. 이 둘은 다시 비유하자면 그 자신에 대해서는 알지만 그 밖에는 아무것도 모르는 고슴도치의 자유와, 아는 것이 너무 많아 더 이상 알아야 하는 자아가 남아 있지 않은 여우의 자유와 같다.[43] 그것은 자아에 대한 주장이 일견 구식에다 야만적인 것으로 비칠 수도 있는 "적극적" 자유와, 강제로부터의 해방이 과연 누가 강제되고 누가 해방되고 있는 것인지에 대한 물음에 답하지 못할 수도 있는 "소극적" 자유 사이의 논쟁과도 유사한 일면이 있다. 하지만 이는, 그

---

43) 아이자이아 벌린의 글 "고슴도치와 여우"(The Hedgehog and the Fox)가 단행본의 일부로 처음 나온 것은 *Russian Thinkers* (London: Hogarth, 1978)에서였다.

성격이 자연법이든 헌법이든 혹은 실정법이든 간에 전적으로 법의 관점에서 진술되는 그러한 "소극적 자유"의 역사와는 확연히 — 그것이 매우 상이한 이야기를 요구하고 또한 제공한다는 의미에서 — 구분되는데, 후자는 개개인에게 다양한 권리를 제공하며 동시에 그들의 자유를 그러한 권리의 행사로서 정의하는 것이다. 유스(jus), 라이트(right), 드로아(droit) 혹은 레흐트(recht) 등으로 정의되는 자유는 물론 18세기를 관통하면서 인상적인 역사를 남기고 있다. 따라서 내가 설사 다른 역사를 선택한다고 해서 그것이 지닌 중요성을 부인하려는 것은 아니다. 나는 다만 내가 이야기하고자 하는 역사가 내가 택하지 않은 역사에서는 물은 적도 답한 적도 없는 의문들을 제기했을 수는 있다고 생각할 뿐이다. 앞서 언급한 글에서 나는 "덕성"과 "권리"의 개념들이 결코 상호 환원적이 아니라고 주장했지만 — 이제 와서는 리처드 터크에 반대하는 것이 될 수밖에 없겠는데 — 사실 이는 "덕성", "권리", "예의"라는 3요소를 중심으로 한 것이었다. 나는 이제, 《마키아벨리언 모멘트》로부터 《덕 · 상업 · 역사》와 몇 가지 연결적인 글들을 거쳐 《야만과 종교》 전편(前篇)을 이루는 책들에 이르기까지[44], 나의 저작은 "덕성"과 "예의" 간의 변증법에 관한 것이었으며, 이는 "적극적" 자유 대 "소극적" 자유라는 주제를 연구하는 역사가들이 관심을 기울여 온 "덕성"과 "권리" 간의 변증법과는 처음부터, 그리고 그 이후로도 구별되는 것이라는 점을 주장하고자 한다. 이는 결코 후자의 논쟁이 존재하지 않았다거나, 중요치 않다거나, 또는 "덕성"과 "예의" 간의 논쟁에 종속되어야 한다는 뜻은 아니며, 단지 18세기에 진행되던 일들을 이해하려면 내가 설명하고자 했던 이야기들을 그 스스로의 측면들에 관련시켜야 할 필요가 있음을 의미할 뿐이다. 적극적 자유와 소극적 자유

44) 앞의 주 35를 볼 것.

에 대한 이야기는 만일 그 풍요함을 이해하려면 아마도 고대적 자유와 근대적 자유에 대한 이야기라는 우회로를 만들 필요가 있을 것이며, 그래서 18세기의 여정을 별로 밟아 보지 못한 퀜틴 스키너와는 달리 나는 그와는 좀더 다른 곳으로 방향을 잡아 나아가고 있는 것이다.

나의 경우는 역사가로서 고대적 자유와 근대적 자유 간의 대화에 관심을 쏟고 있기 때문에, 최근의 정치철학자 중 나에게 가장 큰 반향을 불러일으켰던 인물이 한나 아렌트라는 사실은 별로 놀라운 일이 아니다. 내가 그동안 얘기해 왔던 것이 그녀가 지적했던 어떤 현상, 즉 18세기에 들어서면서 사회적인 것이 정치적인 것을 누르고 부상하면서, 인간 행동(action)의 이미지가 인간 행위(behavior)의 이미지로 대체되는 현상[45]에 대한 역사였다는 것은 분명하다. 이러한 공식이 대단히 계몽적이기는 하지만, 그렇다고 해서 — 스트라우스의 추종자로서 역사를 철학에 종속적인 것으로 보는 하비 맨스필드가 오도하고 있는 것처럼[46] — 내가 아렌트의 철학을 택해서 그것을 역사로 바꾸어 놓은 것은 결코 아니다. 지성의 행로는 그렇게 단순 명료하지도 뒤죽박죽이지도 않은 법이다. 나는 주로 영어권의 역사 속에서 일어난 일들에 관심을 가진 역사가이고, 그래서 고대적 자유와 근대적 자유 간의 신상들은 — 1698년 플레처와 디포가 그 단초를 연 필전에서 나타난 — 1734년 경 로버트 월폴 경의 지지자들이 쓴 글들을 통해 정교하게 다듬어졌다는 점, 그리고 이는 방자맹 콩스탕이 그들의 책으로 자코뱅과 나폴레옹기의 역사를 이해하고자 했던 때로부터 약 80년 전의 일이었다는 점 등을 지적코자 한다.[47] 고(故) 주디스 슈클라는 언젠가 그 특유

45) Hannah Arendt, *The Human Condition* (University of Chicago Press, 1958), ch. 6 ("The Rise of the Social").

46) 다음을 볼 것. Hankins, *Florentine Civic Humanism*, pp. 226-227.

47) Biancamaria Fontana, ed., *Benjamin Constant: Political Writings* (Cam-

의 열정어린 어조로, 왜 프랑스 혁명이라는 나이아가라 폭포를 향해 흘러가는 주류에 동참하지 않고 브리튼사나 아메리카사와 같이 지방적인 주제에 시간을 쏟고 있느냐고 나에게 물어본 적이 있다. 이에 대해 나는 단지, 내가 공부하는 주제가 원래 나이아가라를 겨냥하고 있지도 않았고 오히려 그것을 피해야 하는 소용돌이쯤으로 보았던 역사, 즉 아메리카적인 만큼이나 유럽적인 영불사(Anglo-French history)라고 답할 수 있을 따름이다.

[III]

이제 잭 헥스터의 질문이 조금 표현을 달리하여 던져진다면, 이에 대해 우리는 (모든 곳 중에서도) 휘그당 의회의 잉글랜드에서 (모든 것 중에서도) 공화주의 사상은 특별한 효과를 발휘하기는 했지만 그렇게 즉각적인 결과를 낳지는 못했다고 답할 수 있겠다. 그것은 왕국을 공화국으로 대체하는 어떤 프로그램도 만들어내지 못했다. 1649년의 국왕 살해사건 이후 왕이 부재한 정권에 대한 기억은—심지어 호국경과 의회가 장악하던 때조차도—아무도 되풀이하고 싶지 않은 내전에 대한 기억에 다름 아니었다. 또한 인간의 왕국은 곧 신의 왕국의 필수불가결한 반영이라는 믿음이 아주 깊이 뿌리박고 있었던 것도 사실이었다. 당시의 철학적 공화주의자들이 어떤 신학적 확신을 가지고 있었는가를 밝히기는 매우 어렵다. 존 톨런드가 만약 그들 중 하나라고 해도 그는 이신론자이자 동시에 범신론자였다.[48] 일군의 철학적 정치가들

bridge University Press, 1988).

48) Margaret C. Jacob, *The Radical Enlightenment: Pantheists, Freemasons and Republicans* (London: Allen and Unwin, 1981).

이 — 베인, 시드니, 그리고 (후일 워즈워드가 한 표현에 따르자면) "밀턴이 친구라고 부른 다른 사람들" — 잉글랜드 인민들을 공화국에 맞추도록 하는 법률을 제정할 가능성이 있었을 때, 휘그 잉글랜드에서 최고로 박식했던 공화주의 역사가 캐서린 머콜리가 되돌아본 것은 해링턴적 공식이 아니라 잔부(殘部) 의회의 간략한 규칙이었다.[49] 이 문제를 윌리엄 고드윈과 새뮤얼 테일러 코울리지 같은 후대의 역사가들이 이어받았을 때, 그들의 저술 속에서 우리는 이들 17세기 인물들이 가졌으리라 추측되는 플라톤적 유니테리언파 교리가 얼마나 쉽게 19세기 철학적 관념론으로 바뀌어 표현될 수 있는지를 보게 된다. 하지만 이 계열의 사상이 이후 어떤 경우에서도 실천으로 이어진 적은 없다. 되돌아볼 때 1688년의 핵심적 문제는 — 과연 로크적인 정부해산과 인민으로의 권력복귀가 있었는지의 여부에 관계없이 — 시민들 및 그들의 덕성으로 이루어진 공화국과 어떤 관련성도 가지고 있지 않았다. "인민"은 그들의 권리를 행사하고 있었고, 왕국이 더 낫다고 판단되면 그것으로 복귀할 수 있었다. 잉글랜드 혹은 브리튼의 역사에서 "로키언 모멘트"(Lokean moment)라는 것은 존재하지 않으며, 또한 아메리카 "인민"이 공화국을 세우고 그것을 연방국가로 만들게 되는 과정에서도 과연 로크적 계기라는 것이 의심의 여지없이 존재했던가 하는 문제 역시, 앞으로 보게 되겠지만, 속단은 금물이며 여전히 논쟁의 소지를 안고 있는 것이다.

잉글랜드를 배경으로 하는 "공화주의적" 언어는 균형정체를 가진 개인 왕국이라는 성격과 더 많은 관련성을 가지고 있었다. 찰스 1세의 《의회 양원의 19개조안에 대한 전하의 답변》(*His Majesty's Answer to*

49) Pocock, "Catharine Macaulay: Patriot Republican," in *Women Writers and the Early Modern British Political Tradition*, ed. Hilda L. Smith (Cambridge University Press, 1998), pp. 243-258.

the Nineteen Propositions of Both Houses of Parliament)에 의해 도입된 이 이론이 논란을 불러일으킨 1642년 이후,[50] "공화국"이란 왕이 결코 의회와의 통일성 바깥에 있지 않다는 명제와 반드시 양립 가능하지는 않을 만큼 강한 왕국적 요소를 가지고 있었다는 것은 분명했다. "공화주의자들"은 그들이 왕을 단지 베네치아 도제(Doge)와 같은 상징적 수준으로 격하했다고 비난받았을 수도 있을 것이다. 하지만 볼링브로크는 왕을 "애국자"(Patriot) 인민들의 수장 격인 "애국자"로 보고, 의회의 "베네치아적 과두정"에 대항하여 왕권을 다시 강화할 것을 주장하였다. 사실 이 애국자란 말은 공화주의적·행동적 시민의식이란 함의를 강하게 풍기고 있는데, 볼링브로크가 그 말을 그런 식으로 사용하려면 "애국자"란 자신의 정부, 나아가 왕보다도 조국을 더 사랑하는 사람이라는, 내전만큼이나 오래된 인식을 배제하지 않으면 안 되었을 것이다. 애국자를 자처하는 사람은 브루투스나 카토 혹은 카틸리나 같은 인물로 비쳤을 가능성이 농후했는데, 사실 "애국자"가 주로 "왕당파"(loyalist)란 의미로 쓰이게 된(그리고 후기 휘그당 지식인들이 그것을 "쇼비니스트"란 뜻으로 보고 비난한) 것은 1790년대에 이르러서였다. 더욱이 이 말은 각료들의 부패에 대항하여 로마적 덕성에 호소한다는, 완전히 상반된 입장을 직접적으로 함축하고 있었다. 이러한 반대파의 동기를 당연히 의심했던 존슨 박사는 "애국심"이란 "악당의 마지막 피난처"란 유명한 말을 남겼다.

"애국자" 및 "공화주의자" 담론은 크게 보아 의회정치의 범위 안에 있을 수밖에 없는데, 왜냐하면 후자를 비판할 수는 있으나 어떤 다른 대안을 제시할 수는 없기 때문이다. 이것이 바로 그러한 담론이 마냥

---

50) Michael J. Mendle, *Dangerous Positions: Mixed Government, Estates, and the Answer to the XIX Propositions* (Tuscaloosa, Ala.: University of Alabama Press, 1985).

반대파의 역할에 국한될 수밖에 없는 이유이다. 문제의 의회정치는 해링턴이 미처 예견치 못한 것이었다. 이는 봉건적 보유권의 쇠퇴 이후 왕권과 귀족계급 내에 잔존해 왔던 후원제도와 영향력에 기초하되, 상업 및 신용, 국채와 상비군의 세계 속에서 그러한 힘이 크게 확대되는 과정에서 나타난 것이었다. 이야말로 앤 여왕 재위시의 토리당이 "돈에 기초한 이해"(monied interest)라고 비난했던 바로 그것으로서, 새로운 종류의 재산 — 토지가 아닌, 심지어는 동산이나 상인 자본조차도 아닌, 이제 채권자가 통치하게 된 국가의 미래를 신뢰한다는, 종이 조각으로 된 징표의 소유 — 에 기초한 새로운 과두정이 잉글랜드를 통치하는 것을 의미하였다. "공공신용"에 대한 흄의 분석을 통해, 우리는 상업과 자유, 그리고 예절바름의 발전과정을 추적했던 위대한 스코틀랜드 역사철학자들조차도 자신들이 과연 국채의 문제를 해결한 것인지 아닌지 확신하지 못하고 있었다는 사실을 다시금 되새기게 된다. 에드먼드 버크는 프랑스 혁명을 예의 및 그것의 복잡다단한 역사를 파괴하려는 무신론적 지식인들이 "돈에 기초한 이해"와 결합한 치명적 결과로 보았다. 하지만 그는 국가경제의 기초라는 측면에서 볼 때 브리튼의 국채는 프랑스와는 달리 안전하다는 주장을 할 수밖에 없었고, 이는 또한 흄을 상기시키는 리처드 프라이스와 토머스 페인의 예언과 상반되는 관행 속에서 유지되어야만 했다.[51] 그러나 페인은 결코 고전적 공화주의자가 아니었고 단지 왕정을 혐오했을 뿐이었다. 그는 국채가 일단 민주적 통제 하에 들어오기만 하면 경제를 촉진하는 수단이 될 것이라고 믿었다.

일단 "공화주의" 사상을 "근대적" 조건 하에서 반드시 지켜져야만 하는 "고대적 자유"에 대한 옹호라고 생각하게 되면, 우리는 그것을 변증

51) Pocock, ed., *Edmund Burke: Reflections on the Revolution in France* (Indianapolis: Hackett, 1987).

법적 역사철학, 달리 말해서 스스로가 비판하는 역사 내에 편입되는 역사비판의 일종으로 볼 수가 있다. 하지만 그 결과는 단지 철학적인 것에 머물지 않고 실제적인 것까지 포괄하는 것이었다. 그것은 기존의 정권이 "부패"했다는 것, 즉 "덕성"이라는 말이 가리키는 독립과 자율의 인격을 박탈한 다양한 조건들에 얽혀 있다는 것을 보여주는 수단이 되었던 것이다. 스코틀랜드 역사철학은 이러한 도전에 완벽한 답을 내놓지 못했다. 18세기 철학에서 인간의 인격이 역사 속에서 과연 살아남을 수 있는가의 여부는 진지한 의문의 대상이었다. 그리고 수사적 측면에서나 실제적 측면에서나 기존 질서란 언제나 부패해 있음을 보여줄 수 있다는 것이 그 결론이었다. 이는 아메리카 혁명이 휘그적·의회적 질서와 단절되어 공화국의 토대를 마련하는 시점에 오면 중요한 고려사항이 될 그런 것이었다.[52]

《마키아벨리언 모멘트》의 마지막 장은 그 앞의 모든 부분을 다 합친 것보다 더 많은 논란에 휩싸여 왔다. 왜냐하면 그것이 아메리카 창건의 역사적 성격을 다루고 있기 때문이다. 나의 이야기가 피렌체에서 시작하여 필라델피아까지 이어질 수 있다는 것을 보여주는 더 초기의

---

52) 나는 다음의 글들에서 잉글랜드 및 아메리카 정치 담론의 역사를 아메리카 혁명으로 인한 그것의 단절과 프랑스혁명에 의한 변형이라는 지점까지 밀고 나갔다. Poccok, *Virtue, Commerce and History* (1985), ch. 11 ("The Varieties of Whiggism from Exclusion to Reform: A History of Ideology and Discourse"); Pocock, "A Discourse of Sovereignty: Observations on the Work in Progress" in *Political Discourse in Early Modern Britain*, eds. Nicholas Phillipson & Quentin Skinner (Cambridge University Press, 1993), pp. 377-428; Pocock with the assistance of Gordon J. Schochet and Lois G. Schwoerer, ed., *The Varieties of British Political Thought* (Cambridge University Press, 1994), chs. 8-9 ("Political Thought in the English-Speaking Atlantic: (i) The Imperial Crisis; (ii) Empire, Revolution and an End of Early Modernity").

글들이 있기는 하지만,[53] 지금 돌이켜 보면 열다섯 번째의 이 장이 그냥 첨가되어도 좋겠다는 정도였지 그것을 결론으로 삼겠다는 의도로 책을 쓴 것은 아니었다. 그리고 아메리카 혁명과 헌법이 "공화주의적" 전사(前史)에 뿌리박고 있다고 본 것은 결코 나만이 아니었다. 버나드 베일린의 《아메리카 혁명의 이데올로기적 기원》이 이미 잉글랜드 야당 이데올로기의 비상한 힘에 대해 지적하고 있다. 더글러스 아데어의 《명성과 건국 시조》(*Fame and the Founding Fathers*)는 1776년에서 1787년 사이의 지도자들이 어떻게 해서 스스로를 그리스·로마적 의미에서의 입법자로 보게 되었던가를 보여준다.[54] 그리고 고든 우드의 《아메리카 공화국의 창조》(*The Creation of the American Republic*)도 아메리카의 고전적 공화주의를 다루고 있기는 하지만, 그것이 거의 완전히 폐기되었다고 썼기 때문에, 그는 오히려 내 주장에 반대하는 주요 저술가 중 하나로 꼽힐 정도였다. 따라서 나는 아메리카 혁명과 건국이 오랜 공화주의 전통에 뿌리박고 있었다거나, 혹은 "마키아벨리언 모멘트"의 중심적 의미가 된 고대적 자유 및 근대적 자유 간의 대화를 수반했다고 기술하는 것이 그렇게 언어도단으로 보이지는 않았다. 또한 나는 내가 결코 그랬다는 기억도 없고 그래서 지지할 필요성도 느끼지 않는 입장들을 취했다고 나를 공격했던, 그리고 지금도 그렇게 하고 있는 사람들의 그 놀라운 힘(때로는 독설)에 과거나 현재나 다만 경악할 따름이다. 나는 이러한 비판의 많은 경우가, 결코 단순하지 않

53) 앞의 주 23을 볼 것.

54) Douglass Adair, *Fame and the Founding Fathers*, ed. Trevor Colbourn (New York: Norton, 1974). 앞서 스투어츠가 그랬던 것처럼(Gerald Stourzh, *Alexander Hamilton and the Idea of Republican Government* [Stanford: Stanford University Press, 1971]), 아데어 역시 공화주의적 관념에 대한 흄적 비판이 야기한 긴장관계들을 보여주고 있다.

은, 많은 역사가의 사고방식 속에 내재한 오해의 결과로 빚어진 것이라는 생각을 지울 수가 없다.

나는 결코 어떤 점에서도, 아메리카인들이 — 당시 그들이 스스로를 그렇게 알기 시작한 것처럼 — 단지 "고전적 공화주의"나 "지방 이데올로기"에 의해서만 행동했다고 말하고 있지는 않았다. 단지 이러한 것들이 존재하고 있었다는 것이다. 그러한 관념들은 대단히 명료할 뿐 아니라 때로는 완결적이기도 했던 신념체계로서, 다양한 사건과 가치들을 그 틀 안에서 세세하게 보여줄 수 있는 힘을 가지고 있었다. 이러한 관념들의 존재를 드러내기 위해 나는 때로 그것들에 대해 아주 명료한 상을 부과하거나 자기충족적인 것처럼 그리지 않을 수 없었다는 것은 사실이다. 하지만 "마키아벨리언 모멘트"라는 전체 개념 속에 내재해 있었던 것은, 그러한 담론이 반대담론들 — "근대적 자유"의 담론을 포함하여 — 과 조우하여 그것들과 변증법적 관계로 들어갔으며, 그리하여 양자는 서로로부터 무언가를 빌려왔고 동시에 서로의 역사성을 인식하기에 이르렀다는 점이다. 아메리카인들의 관심사는 말하자면 변화하는 역사적 조건 하에서 이전의 가치들을 유지하는 문제에 있었다는 것이다. 또한 나는 아메리카인들이 전적으로 보존을 갈망하는 가치들에 의해서만 움직일 뿐이라는 말을 내가 했다고 생각하는 사람들에게는 어떤 책임감도 느끼지 않는다. 건국 시조들은, 그들이 생성에 일조한 문화를 무어라 규정하든 간에, 단순한 사람들이 아니라 역사적으로 세련된 세대에 속한 사람들이었다.

나의 입장이 부당하게 단순화되어 왔다는 것이 사실이라면, 어떻게 해서 이러한 결과가 나타나게 되었는가 하는 의문이 생긴다. 그 대답의 일부는 아메리카 역사가들이 존 로크라는 인물 — 그에 대한 존경심이 반드시 명료한 사고의 형태를 취해야만 하는 철학자 — 에 대해 느껴온 특별한 존경심에서 찾을 수 있을 것으로 보인다. 《마키아벨리언 모멘트》를 쓰면서 나는 — 지금이라면 그러지 않겠지만 — 아메리카인들 모두가 로크처럼 사고했으며, 그 이유는 봉건적 과거를 가지고 있지 않아서 달리 생각할 길이 없었기 때문이었다는 루이스 하츠의 주장을 염두에 두고 있었다. 잉글랜드인들이 자신들의 봉건적 과거에 대해 어떤 식으로 생각했나를 다룬 더 앞의 저작에서, 나는 로크가 참여한 논쟁들과 깊은 관계를 가지고는 있으나 그가 참여치는 않았던 중요한 논쟁들이 있음을 지적한 바 있다.[55] 또한 덕성과 상업에 대한 18세기 논쟁에서도 로크가 그 주요 인물이라는 증거를 발견하지 못했다. 그래서 나는, 일종의 연구전략으로서, 우리는 로크와 그의 "중요성"에 대한 마음을 비우고, 그가 실제로 중요한 역할을 맡아 다시 나타나기를 — 나는 그가 그러리라고 확신했다 — 기다리자고 제의하였다. 아메리카 혁명에 대한 논쟁에서 로크에게 부여된 위치에 관한 한 내가 줄곧 관심을 가졌던 점은, 그가 당시 아메리카인들 사이에 호소력을 가졌던 개혁적 성격의 유사(類似) 그리스도교 신앙을 촉진하는 데 주요한 역할을 했다는 것,[56] 한 국민이 어떻게 자신들과 정부 간의 관계가 해소(解消)되었다고 천명할 수 있는지에 대한 그의 설명이 어떤 방식을 통해 아메리카에서는 다른 국민과의 유대를 해소한다는 다소 상이한 목적을 위해 사용되었는가 하는 것,[57] 또한 독불장군 격이지만 현대의

---

55) 《고래(古來)의 헌정과 봉건법》(*The Ancient Constitution and the Feudal Law*)에서 나는 로버트 필머 경의 저작들이 야기한 논쟁은 철학적 성격뿐만 아니라 역사적 성격도 함께 가지고 있었으며, 로크가 역사적 성격의 논쟁에서 아무런 역할을 하지 않았다는 것이 통상적인 일은 아니었다는 주장을 전개하였다. 다음을 볼 것. *Virtue, Commerce and History*, pp. 220-230.

56) Pocock, *Barbarism and Religion*, I, pp. 68-70. 다음을 볼 것. B. W. Young, *Religion and Enlightenment in Eighteenth-Century England: Theological Debate from Locke to Burke* (Oxford: The Clarendon Press, 1998).

학자들은 어떻게 아메리카 혁명을 전적으로 로크의 재앙적인 철학이 초래한 결과로 간단히 무시해 버릴 수 있었는가 하는 것[58] 등이었다. 나는 내가 《마키아벨리언 모멘트》에서 로크의 역할을 폄하했다고 생각지 않으며, 또 그렇게 할 의도도 없었다. 하지만 나를 공격하기 위해서는 마치 로크가 꼭 필요한 것처럼 글을 쓰는 습관이 지금까지도 여전히 지속되고 있는 실정이다.[59] 나는 그의 역할을 규정하려 했을 뿐이고, 규정한다는 것은 한계의 범위를 정한다는 것이지 축소하자는 것은 아니다.

여기서의 난점은 일부 방법론적인 것일 수도 있다. 역사가들은 종종 자신들이 당연히 고구해야만 하는 변증법적 사고를 실천하지 않는다. 그들은 어떤 테제든 마치 그것이 전 영역을 설명해줄 수 있는 것처럼 취급한다. 또한 그것을 사실은 동일한 주장이 담긴 다른 테제와 대립하는 것처럼 보기도 하고, 양자가 마치 이것이 아니라 저것이라거나 이것이기보다는 저것이라거나 혹은 여기로부터 저기로 라는 식의 부정적 관계로 연결되는 것처럼 생각하기도 한다. 이러한 측면은 로크가

57) Pocock, ed., *Varieties of British Political Thought*, pp. 281-282.

58) Pocock, "Josiah Tucker on Burke, Locke and Price: A Study in the Varieties of Eighteenth-Century Conservatism" in *Virtue, Commerce and History*, ch. 9.

59) 가장 최근의 글로는 다음을 볼 것. T. H. Breen, *The Lockean Moment: An Inaugural Lecture Delivered before the University of Oxford* (Oxford: The Clarendon Press, 2001). 18세기 브리튼 담론에서 로크가 한 역할을 옹호하는 데 한 목소리를 내온 것은 전적으로 아메리카의 역사가들이다. 예컨대 다음을 볼 것. Isaac Kramnick, *Republicanism and Bourgeois Radicalism: Political Ideology in Late Eighteenth-Century England and America* (Ithaca: Cornell University Press, 1991); Ronald Hamowy, "*Cato's Letters*, John Locke and the Republican Paradigm," *History of Political Thought* 11 (1990), pp. 273-294.

무언가 중요한 일을 하지 않았다는 진술을 그가 다른 어떤 일을 했다는 주장과 동일시하려는 흥미로운 습관을 설명하는 데 도움이 될 수도 있다. 하지만 우리의 목표는, 그의 저술, 혹은 신념의 방식이 행한 역할을 다른 저술, 다른 신념이 행한 역할과 연결하여, 아메리카 건국을 상반된 — 일반적으로 그렇게 받아들여지듯이 — 가치들에 대해 그 스스로와 나눈 대화로서 취급하는 것이 되어야 마땅하다. 그러한 대화에서 로크는 당연히 중요한 역할을 했겠지만, 그것이 꼭 로크에 대한 대화, 즉 그의 저술에 나오는 것들과 같거나 같지 않은 견해를 표명하면서 그에 찬성하거나 반대하는 입장을 취하는 그러한 식의 대화일 필요는 없는 것이다. 바로 여기서 우리는, 일부 아메리카 역사가들이 그에 대해 보이고 있는 방어적이고 보호적인 또 다른 설명 — 방법론적이기보다는 이데올로기적인 — 의 가능성을 발견하게 된다. 《마키아벨리언 모멘트》에 연루된 논쟁을 아메리카 헌법과 그것에 기초한 문화에 대한 "공화주의적" 해석과 "자유주의적" 해석 간의 논쟁으로 취급하려는 관행도 이로부터 연유하였다.[60] 그리고 로크는 "자유주의"로 알려진 아메리카 시민 종교의 수호성인이자 건국 시조가 되었다. 자유주의는 "자유로운"(liberal) 시민이라면 자신의 권리가 무엇인지 알고 그것을 적극적으로 주장하는 것으로 충분하다는 것을 확인하는 데 필요한 사상이다. 반면 "공화주의적" 이론은 시민에게 자율과 참여가 결합된 "덕성"을 요구하는데, 권리 보유자의 개념은 이와 잘 들어맞지 않는다. 여기서 우리는 다시 한 번 이 글 초입에서 부각되었던 "적극적" 자유와 "소극적" 자유 간의 긴장 관계로 접근하기 시작한다. 내가 혁명적 사고란 "부패"가 "덕성"의 상실을(따라서 자유의 상실도) 촉진할 것이라는 두려움에 기초한 것이라고 말했을 때, 그 의미는 자유가 상당한 정도

60) 나는 이러한 논쟁에 참여할 의사가 없기 때문에 이에 대한 참고문헌을 제시하지는 않겠다.

로 권리 목록에 기초하고 있다는 점을 부인하는 것으로 받아들여졌다. "로크적 계기"가 말하고자 하는 것도 바로 이 점인 것으로 보인다. 내가 "공화주의적" 요소를 강조한 이유는 그것이 밝혀져야 할 만한 역사를 가지고 있다고 생각되었기 때문이다. 하지만 "마키아벨리언 모멘트"란 개념의 핵심은, 동일한 행동이라 하더라도 그것을 구성하는 것은 다양한 원리이기 마련이며, 아마도 그러한 원리들에 최종적 해결책이라는 것은 불가능할 것이라는 점이다.

그러나 "자유주의"가 《마키아벨리언 모멘트》에서 언급되는 경우는 극히 적기도 하지만 — 찾아보기를 슬쩍 들여다보아도 금방 알 수 있다 — 아예 언급하지 않았더라면 오히려 편안했을 것이다. 18세기에는 그러한 용어가 사용되지 않았고, 당시 존재했던 "리버럴"(liberal)이란 형용사는 현대적인 의미를 지니고 있지 않았다. 또한 장차 이러한 공식에 의해 적절한 과정을 거쳐 조합될 구성요소들은 존재하고 있었지만, 미래의 용법에 대응하는 교설체계 같은 것은 없었다. 이 책은 고대적 자유와 근대적 자유, 즉 복잡한 상업사회의 주민이 향유하는 그러한 종류의 자유 사이에 야기되는 긴장관계들, 그리고 이러한 자유 개념 및 그것을 생성케 한 역사에 대한 비판들이라는 다소 상이한 주제를 다루고 있다. 나는 그러한 긴장관계가 아메리카 혁명과 건국의 과정 속에서 존재했는지 아닌지를 물었고, 존재했다고 대답하였다. 독립을 이끈 프로그램은 부분적으로 로크적 요소 — 식민지를 국가라고 선포하고 제국을 동맹이라고 선포한 뒤, 실정(失政)을 이유로 다시 그 동맹을 해체해 버리는 — 를 지니고 있었지만, 그 자체로서 공화국의 창조를 수반하지는 않았다. 로크적 공화국과 같은 것에 대한 청사진은 존재하지도 않았으며, 로크 — 정부의 기원과 종말에 대해서는 관심을 가졌으나 그것의 구조와 권력행사에 대해서는 무관심했던 — 는 인민들이 정부를 해체한 후 어떻게 국가를 재구성할 수 있는가에 대해서는 교시하지 않는 조심성을 보여주었던 것이다. 로크적 정체(政體)란 권리보유자들의 공동체일 것이겠지만, 정작 그 형태 혹은—그것이 헌정적일 것이라는 전제는 일단 논외로 하고—헌정에 대해서는 전혀 언급이 없다. 그러므로 왜 새로 독립된 국가가 공화국일 것이라는 점이 당연시되었는지, 또는 공화국이란 말이 무슨 뜻으로 이해되었는지를 알기 위해서는 로크를 넘어서 보지 않으면 안 된다. 이 지점에서 더글러스 아데어가 우리에게 상기시켜 주는 사실은 건국 시조들이 스스로를 고전적 의미에서의 입법자, 즉 시민의식과 덕성의 수사학에 대단히 잘 들어맞는 고전 공화국의 창건자로 보게 되었다는 것이다. 버나드 베일린은 혁명의 언설들이 각료들의 부패에 대한 깊은 두려움에 기초를 두고 있었으며, 그러한 부패에 대한 유일하지만 그럼에도 불구하고 대단히 위협적인 해답이 바로 독립과 자유와 시민의 덕성이었다는 사실을 우리에게 일깨워 준다. 또한 대의제도들이 확산되는 만큼 대표와 유권자 모두가 국가에 의한 경우를 포함한 후원행위 때문에 얼마나 쉽게 부패될 수 있는지를 우려하는 분위기도 확산되었다는 사실은 이미 폴이 지적한 바 있다.[61] 부패에 대한 언설들은 이미 널리 퍼져 있었기 때문에 공화국의 창조를 그것에 대한 해결수단으로 설명하는 데 도움이 된다. 하지만 "마키아벨리언 모멘트"의 핵심은 다름이 아니라 공화국 그 자체가 부패의 위협에 노정되어 있다는 것이다.

그러므로 덕성과 부패의 담론은 아메리카 혁명 및 헌정언어의 일부분을 구성하고 있었다. 문제는 그 존재의 의미가 무엇이냐는 것이다. 여기서 다시 유감스러운 것은, 《마키아벨리언 모멘트》를 둘러싼 지금까지의 논쟁이 공화국의 창건은 과연 "공화주의적" 원리에 기초하고 있는가 혹은 다른 일련의 원리—로크적, "자유주의적" 또는 "근대적"

61) J. R. Pole, *Political Representation in England and the Origins of the American Republic* (London and New York: Macmillan, 1966).

—에 기초하고 있는가에 관한 논증으로 일관되어 왔다는 점이다. 나는 이 문제를 단지 이것이 아니면 저것이라는 식으로 해결하고 싶지는 않았다. 내가 말하고자 했던 점은 아메리카의 건국이 내가 "고대적" 자유 관념 및 "근대적" 자유 관념이라 부르는 것 사이의 논쟁과 긴장을 수반했다는 것, 그리고 이러한 논쟁은 결국 해결되지 않았다는 것이었다. 물론 여기서 나는 아메리카 건국에 대한 통념을 침범하고 있었다. 즉 공화국이 건국되었다는 것, 건국은 원리들의 입법과정을 수반했다는 것, 그리고 이를 가리켜 해결되지 않은 "마키아벨리언 모멘트"라고 표현하는 것은 도전행위였다는 것 등이 그러한 점이었다. 고든 우드의 《아메리카 공화국의 창조》는 사실상 나의 도전이 제기되기도 전에 그것에 답한 것이었다. 그는 "고전적" 공화주의를 명백히 "고대적"인 것으로 파악한 뒤, 아메리카 공화주의를 "근대적" 공화주의가 "고전적" 공화주의에 대해 급속하고도 혁신적인 승리를 거둔 것으로 보았던 것이다. 이를 위하여 그는 "고대적" 공화주의의 귀족적 성격에 대해 내 생각보다 더 멀리 나갔다. 그는 그것을 아메리카 젠트리의 보수적 행동 이상으로 보지는 않았던 것이다. 하지만 그의 주장에는 건전한 측면이 있었다. 즉, 하나의 이상으로 상정된 고전적 공화국은 귀족정과 민주정이 서로 대등한 위치에 있다는 믿음을 주었고, 그리하여 이제 막 출현하기 시작한 아메리카의 사회구조는 곧 자연 귀족정이라는 것이 충분히 존재할 수 있다는 관념과는 양립 불가능한 그런 종류의 "민주정"과 "평등"을 창출해냈다는 것인데, 이 새로운 이데올로기를 불러 "자유주의"라 하고 싶었다는 것이다.

"공화정"은 바로 이 지점에서 "민주정"에 자리를 내주었다. 여기서 깊은 고뇌를 겪었던 저술가가 다름 아닌 존 애덤스였다. 그는 《아메리카합중국 정부 헌정의 옹호》(*A Defence of the Constitutions of Government of the United States of America*)—"바이블 이후 가장 큰 오해의 대상이 된 책"[62] — 에서, 유력 가문들로 이루어진 귀족정은 언제나 출현할 수 있으므로 그렇게 되지 않도록 주의를 기울여야 하며, 그러한 가능성을 제시하는 것조차 강력히 비난받아야만 할 것임을 천명하였다. 애덤스가 케네디가, 부시가, 고어가, 록펠러가 등에 대해 말했던 것이 아닌가 추측해 보는 것도 재미있는 일이겠지만, 만약 그가 가문의 권력이 그 가문의 친척, 피보호자, 가신 등에 의존하고 있다고 생각했다면 그의 사고는 근대적인 것과는 거리가 있다. 하지만 그가 살았던 당시 귀족정의 위협은 동시대적인 것이었다. 사실 알렉산더 해밀턴은 국채와 상비군과 광범위한 정치적 후원제도를 소유한 강력한 행정부를 만들려 한다고 알려져 있었다. "돈에 기초한 이해"에 의한 정부란 바로 이러한 것으로서, 잉글랜드에서는 이 때문에 벌써 백 년간이나 지방파가 궁정파를 공격해오고 있었다. 해밀턴은 "브리튼적" 통치체제를 도입하려고 한다는 비난을 받았다.[63] 이는 오랜 역사를 가진 논쟁으로서, 여기서 로크는 별로 뚜렷한 역할을 하지 못하지만, "신용", "재산", "덕성", "부패" 등에 대한 관념들의 존재는 분명히 나타난다. 제퍼슨적 농민들로 이루어진 공화국이 대내·대외무역에 종사했을 것이라는 점을 나에게 알려준 — 마치 내가 다른 말이라도 한 듯이 — 수많은 문헌들은 정작 그 핵심을 놓치고 있는 것으로 보인다. 논제는 언제나 신용이었지 상업이 아니었고, 국가에 투자한 이자 생활자나 주식 거래

62) Pocock, "'The Book Most Misunderstood since the Bible': John Adams and the Confusion about Aristocracy" in *Fra Toscana e Stati Uniti: Il Discorso Politico nell'età della Constituzione Americana*, eds. Anna Maria Martellone & Elizatta Vezzosi (Firenze: Olschki, 1989), pp. 181-201. 나는 스스로를 그처럼 고귀한 집단 속에 두고 싶은 생각은 없지만 애덤스가 어떤 느낌을 가지고 있었는지는 알 것 같다는 말을 하고 싶었다.

63) Lance Banning, *The Jeffersonian Persuasion* (Ithaca: Cornell University Press, 1978).

업자였지 생산과 교환에 투자한 사업가가 아니었다. 그리고 설사 해밀턴 자신은 패배했다고 해도, 그가 옹호한 통치체제는 살아남아, 그 역사가 오랜 과거로 소급하는 아메리카 민주주의 내의 긴장관계를 영속적인 것으로 만들었다고 볼 수도 있었다. 이제 공화국은 18세기적 문제들에 대한 치유책으로 보이기 시작하였다. 그런데 바로 그 공화국의 성공이 오히려 그러한 문제들을 영속케 하는 데 기여하였던 것이다.

아메리카 건국의 토대가 "공화정"에서 "민주정"으로 진보했다는 — 우드의 주장을 지나치게 단순화하지 않는 정도로 말하자면 — 데 대한 논전(論戰)은 곧 그로 인한 매우 특별한 수사적 공식과 조우하여 그것과 얽히게 된다. 즉, 시민이 스스로를 직접 통치하는 사회가 곧 민주정이며, 반면 선거로 뽑은 대표를 통해 통치하는 사회는 공화정이라는 제임스 매디슨의 언명이 바로 그것이다. 이는 두 말의 기존 의미를 의도적으로 뒤집은 것으로, 공화국이 "고대적" 이고 민주정이 "근대적"이라는 종래의 의미를 전도(轉倒)한 셈이다. 합중국이 민주정이 아니라 공화정이라고 선언하는 것은 극보수주의 아메리카인의 입장이다. 매디슨은 연방제 안의 추구라는 관점에서 글을 썼다. 그는 부패의 위험에 빠지지 않고 주(州) 연합체를 제국을 영위할 수 있는 연방공화국으로 바꾸고자 했던 것이다. 이러한 구상은 다른 어떤 것보다도 더 아메리카의 건국사상을 독특한 것으로 만들어 놓았다. 그것은 시민들이 스스로를 대표하는 권위집단들을 선출하는 일련의 복잡한 방식을 생각지 않고는 결코 추구될 수 없는 것이었고, 그리하여 고대인에게는 알려지지 않았던(하지만 로마 법학자들은 이를 알고 있었다) 대의제가 근대 정치학의 위대한 발견이라는 것은 상식이 되었다. 그러나 바로 이 언어 때문에 고대와 근대 간의 논쟁이 지속되었고, 그래서 매디슨은 그 말을 폐기할 수가 없었다. 그가 알고 있었던 아니든 간에, 과연 어떤 의미에서 한 도덕적 존재가 다른 도덕적 존재를 대표할 수 있는지, 그리고 한 사람의 행동을 자기 자신의 행동으로 간주하게 될 그런 사람을 선택하는 과정에서 일어날 수 있는 자신의 부패에 자신이 동의하는 것인지에 대해 일찍이 의문을 제기한 인물은 루소였다. 대의제는 사실 허구였고, 그래서 이처럼 완전히 허구적이자 가공적인 통치체제의 창조는 인간이 한 시민으로서 혹은 본래 정치적인 존재로서 행동한다는 관념과는 양립 불가능한 것으로 판명될 수 있었다. 자아와 타자는 교환의 세계에 사는 인간들이 부분적으로 조우함으로써 만들어진 것이라는, 바로 그러한 허구들의 세계에 사람들이 살고 있다는 것이 근대성의 본질로 파악되었다. 허구성에 대한 우리 스스로의 무지가 더 이상 참을 수 없을 상황에까지 이르렀다고 해도 과언이 아닐 것이다. 우리로 하여금 자신들을 선택하지 않으면 안 되도록 만드는 정치가 과두 집단이 과연 무언가 말할 가치가 있는 방식으로 우리를 대표할 수 있는지 아닌지 의문스러워 하는 것은 곧 과연 우리에게 대표되도록 남겨진 자아가 있는 것인지를 의문스러워 하는 것과 같다. 전(全)지구적 경제는 포스트모더니즘을 동맹군으로 삼고 있는데, 이는 우리에게 자아와 사회가 다 같이 허구적이라는 것, 그리고 우리의 유일한 선택은 다음에는 어떤 허구를 사야 하는가 라는 것일 뿐임을 가르쳐주고 있다.

고대적 자유와 근대적 자유 간의 대화는 1690년대 잉글랜드에서 상업사회가 발명된 이후 긴 여정을 지나왔다.64) 나는 자유주의, 공화주

64) 그 과정과 현 상태에 관해 가장 시사적인 것으로 생각되는 저작들은 다음과 같다. Gisela Bock, Quentin Skinner, & Maurizio Viroli, eds., *Machiavelli and Republicanism* (Cambridge University Press, 1990); Skinner, *Liberty Before Liberalism*; Philip Pettit, *Republicanism: A Theory of Freedom and Government* (Oxford: The Clarendon Press, 1997); Maurizio Viroli, *Republicanism* (New York: Hill and Wang, 1999) 〔한국어역: 마우리치오 비롤리, 《공화주의》, 김경희·김동규 역 (인간사랑, 2006) —옮긴이〕. 읽어보면 알겠지만, 이 중 어떤 것도 내가 이 책에서 하려고 했

의, 그리고/또는 공동체주의 등을 두고 벌어진 아메리카에서의 논쟁이든 혹은 소극적 자유와 적극적 자유의 구분에 대한 브리튼에서의 논의든 양자로부터 모두 어느 정도 거리를 두고 그 역사를 추적해 왔다. 왜냐하면 그러한 것들이 서로 연관성을 가지고 있을 수는 있겠지만, 나에게는 결코 동일하지는 않은 것으로 보이기 때문이다. 물론《마키아벨리언 모멘트》의 독자들은 이 책이 이러한 철학적 상태에 도달하려는 목적으로 씌어졌다거나 혹은 그렇게 읽혀야 한다고 가정해서는 안 될 것이다. 이 책은 그것이 이야기하는 역사 속에서 진행되고 있었던 어떤 일들을 밝히고 있으며, 상이한 얼굴을 하고 또한 상이하게 설명될 수도 있는 많은 일들을 다루고 있다. 역사란 수많은 설명이 함께 존재할 수 있고, 또 존재해야만 하는 연구분야이다. 이런 이유로, 겉으로는 진짜처럼 보이다가 점점 더 허구적으로 변해가는 것 같은 역사 이야기가 있다면, 우리는 일단 그러한 이야기에 대한 기존의 연구로 되돌아와서 우리 스스로를 만들어 온 수많은 길을 찾아볼 수 있을 것이다. 우리는 아직 자신만의 고독한 이야기 작가가 되거나 우리를 위해 우리를 발명해내고자 열망하는 사람들의 수동적 재료가 되는 것 중에서 반드시 한 가지를 선택해야 할 상황에까지 이르지는 않았다.

캘리포니아주 산타모니카와 메릴랜드주 볼티모어에서

2002년 3월~5월

던 것을 정확하게 말하고 있지는 않다.

참고문헌

1) 1차 사료

Addison, Joseph. *The Works*, with notes by Richard Hurd, ed. Henry Bohn (London: G. Bell, 6 vols., 1898-1912).

______. *The Spectator*, ed. Gregory Smith (London: J. M. Dent, 4 vols., 1958-1961).

Alberti, Leon Battista. *Della Famiglia*, trans. Renée Neu Watkins, *The Family in Renaissance Florence* (Columbia: University of South Carolina Press, 1969).

Anon. *A Declaration of the Parliament of England, Expressing the Grounds of Their Late Proceedings, and of Settling the Present Government in the Way of a Free State* (London, 1649).

Anon. *The True Portraiture of the Kings of England* … (London, 1650).

Anon. *State Tracts: in Two Parts … Several Treatises Relating to the Government, Privately Printed in the Reign of King Charles II …* [*and*] *from 1660 to 1689* … (London, 1693).

Anon. *A Collection of State Tracts Published on Occasion of the Late Revolution in 1688 and during the Reign of King William III* (London, 3 vols., 1706).

Anon. *A Letter from a Bystander to a Member of Parliament* (London, 1741).

Aquinas, St. Thomas. *Summa Theologica* (Cambridge, England: Blackfriars Press, 43 vols., 1964-1972).

Aristotle. *The Works of Aristotle*, ed. W. D. Ross (London: Oxford University Press, 11 vols., 1908-1931).

______. *The Politics*, ed. Sir Ernest Barker (London: Oxford University Press, 1946).

Ascham, Anthony. *A Discourse Wherein Is Examined What Is Particularly Lawfull during the Confusions and Revolutions of Government* (London, 1648).

______. *Of the Confusions and Revolutions of Governments* (London, 1649).

Aubrey, John. *Brief Lives*, ed. Oliver Lawson Dick (London: Secker and Warburg, 1958).

Bacon, Francis. *Works*, ed. J. Spedding, R. L. Ellis and D. D. Health (London, 14 vols., 1868-1901).

______. *The Reign of King Henry VII*, ed. F. J. Levy (Indianapolis: Bobbs-Merrill, 1972).

Boccalini, Traiano. *Ragguagli di Parnasso* (Venezia, 2 vols., 1612-1613).

Boethius. *The Consolation of Philosophy*, trans. V. E. Watts (Harmondsworth: Penguin, 1970).

Bolingbroke, Henry St. John, Viscount. *Works*, ed. David Mallett (London, 5 vols., 1754).

Brown, John. *An Essay on the Manners and Principles of the Times* (London, 1757).

Burke, Edmund. *Works* (London: Bohn, 1877; Boston: Little, Brown and Company, 1899).

Cartwright, F. D. *The Life and Correspondence of Major John Cartwright* (London, 1826).

Cavalcanti, Giovanni. *Istorie Fiorentine* (Firenze, 1838).

Cobbett, William, ed. *The Parliamentary History of England, from the Earliest Times to the Year 1803* (London, 1806-1820).

Contarini, Gasparo. *De Magistratibus et Republica Venetorum* (Paris, 1543).

______. *The Commonwealth and Government of Venice, Written the Cardinall Gasper Contareno and Translated out of Italian into English by Lewes Lewkenor* (Lodon, 1599).

Crevecoeur, Hector St. John. *Letters from an American Farmer* (London: J. M. Dent and Son, 1912, 1962).

Davenant, Charles. *The Political and Commercial Works of Dr. Charles D'Avenant. Edited by Sir Charles Whitworth* (London, 6 vols., 1771).

Defoe, Daniel. *An Argument Showing that a Standing Army, with Consent of Parliament, Is not Inconsistent with a Free Government* (London, 1698).

______. *The True-Born Englishman. A Satyr* (London, 1700).

______. *The Review*, Facsimile Text Society (New York: Columbia University Press, 23 vols., 1928).

Egmont, John Perceval, Earl of. *Faction Detected by the Evidence of Facts* (London, 1743).

Ferguson, Adam. *Essay on the History of Civil Society*, ed. Duncan Forbes (Edinburgh University Press, 1966).

Filmer, Sir Robert. *Patriarcha and Other Political Writings*, ed. Peter Laslett (Oxford: Basil Blackwell, 1949).

Fletcher, Andrew. *A Discourse of Government in Relation to Militias* (Edinburgh, 1698).

______. *Political Works* (London, 1737).

Fortescue, Sir John. *De Laudibus Legum Anglie*, ed. S. B. Chrimes (Cambridge University Press, 1949).

Giannotti, Donato. *Opere*, ed. G. Rosini (Pisa, 3 vols., 1819).

Greville, Fulke, Lord Brooke. *The Remains, Being Poems of Monarchy and Religion*, ed. G. A. Wilkes (London: Oxford University Press, 1965).

Guicciardini, Francesco. *Dialogo e Discorsi del Reggimento di Firenze*, ed. Roberto Palmarocchi (Bari: Laterza, 1932).

______. *Ricordi*, ed. R. Spongano (Firenze: Sansoni, 1959).

______. *Maxims and Reflections of a Renaissance Statesman*, trans. Mario Domandi (New York: Harper and Row, 1965).

______. *Selected Writings*, ed. and trans. Cecil and Margaret Grayson (London: Oxford University Press, 1965).

______. *The History of Italy*, ed. and trans. Sidney Alexander (New

York: Collier, 1969, and Macmillan, 1972).

______. *The History of Florence*, trans. Mario Domandi (New York: Harper and Row, 1970).

Hammond, Henry. *The Works of Dr. Henry Hammond* (London, 4 vols., 1671-1684).

Harrington, James. *Oceana and Other Works*, ed. John Toland (London, 1771).

Hervey, John, Lord. *Ancient and Modern Liberty Stated and Compared* (London, 1734).

Hobbes, Thomas. *The English Works*, ed. Sir William Molesworth (London, 11 vols., 1839-1845).

______. *Leviathan*, ed. Michael Oakeshott (Oxford: Basil Blackwell, n. d.).

______. *Behemoth*, ed. F. Tonnies (London, 1889; reissued, with intro. by M. M. Goldsmith, London: Frank Cass, 1969).

Hume, David. *Essays, Moral, Political and Literary* (London: World's Classics, 1903).

______. *The History of Great Britain, Volume I, Containing the Reigns of James I and Charles I*, ed. Duncan Forbes (Harmondsworth: Penguin, 1970).

______. *Economic Writings*, ed. Eugene Rotwein (Madison: University of Wisconsin Press, 1970).

Hunton, Philip. *A Treatise of Monarchy* (London, 1643).

Jefferson, Thomas. *Notes on the State of Virginia*, ed. W. Peder (Chapel Hill: University of North Carolina Press, 1955).

Landucci, Luca. *A Florentine Diary from 1450 to 1516*, trans. Jarvis (London: J. M. Dent, 1927).

Locke, John. *Two Treatises on Government*, ed. Peter Laslett (Cambridge University Press, 1960, 1963; New York: Mentor, 1965).

Machiavelli, Niccolò. *Tutte le Opere*, ed. F. Flora and C. Cordiè (Roma: Arnaldo Mondadori, 1949).

______. *Opere*, ed. Mario Bonfantini (*La Letteratura Italiana*, Storia e

Testi, vol. 29; Milano-Napoli: Riccardo Ricciardi, 1954).

______. *The History of Florence*, trans. M. Walter Dunne, ed. Felix Gilbert (New York: Harper and Row, 1960).

______. *The Prince*, ed. and trans. G. Bull (Harmondsworth: Penguin, 1961).

______. *Lettere*, ed. F. Gaeta (Milano: Feltrinelli, 1961).

______. *The Art of War*, trans. E. Farnesworth, ed. Neal Wood (Indianapolis: Bobbs-Merrill, 1965).

______. *The Discourses*, trans. L. Walker, ed. Bernard Crick (Harmondsworth: Penguin, 1970).

Mandeville, Bernard. *The Fable of the Bees*, ed. F. B. Kaye (Oxford: The Clarendon Press, 2 vols., 1924).

______. *An Enquiry into the Origins of Honour and the Usefulness of Christianity in War*, ed. M. M. Goldsmith (London: Frank Cass, 1971).

Marvell, Andrew. *Complete Works*, ed. A. B. Grosart (London, 1875).

Millar, John. *A Historical View of the English Government*, 4th ed. (London, 4 vols., 1819).

Montesquieu, Charles Secondat, Baron. *Oeuvres Complètes* (Paris: Gallimard, 1949).

Nedham, Marchmont. *Mercurius Politicus* (London, 1650-60).

______. *The Case of the Commonwealth of England Stated*, ed. Philip A. Knachel (Charlottesville: University of Virginia Press, 1969).

Neville, Henry. *Plato Redivivus* (London, 1680), ed. Caroline Robbins, in *Two English Republican Tracts* (Cambridge University Press, 1969).

Parker, Henry. *Observation upon Some of His Majesty's Late Answers and Expresses* (London, 1642).

Polybius. *The Histories*, trans. E. S. Shuckburgh, ed. F. W. Walbank (Bloomington: Indiana University Press, 1962).

Ralegh, Sir Walter. *Works*, ed., with lives by W. Oldys and T. Birch (Oxford University Press, 1829).

Rousseau, Jean-Jacques. *The Political Writings of J. J. Rousseau*, ed. C. E. Vaughan (Oxford: Basil Blackwell, 1962).

Rushworth, John, ed. *Historical Collections of Private Passages of State* (London, 1659-1701).

Savonarola, Girolamo. *Prediche italiane ai fiorentini: I, Novembre-Dicembre del 1494*, ed. F. Cognasso (Perugia-Venezia: La Nuova Italia Editrice, 1930).

______. *Prediche sopra Aggeo, con il Trattato circa il reggimento governo della città di Firenze*, ed. Luigi Firpo, *Edizione Nazionale delle Opere di Girolamo Savonarola* (Roma: Belardotti, 1955).

Sidney, Algernon. *Discourses on Government*, 3d ed. (London, 1751).

Smith, Adam. *Moral and Political Philosophy* (New York: Hafner, 1948).

______. *An Inquiry into the Nature and Causes of the Wealth of Nations* (London: J. M. Dent, 1910, 1950).

Squire, Samuel. *An Enquiry into the Foundation of the English Constitution* (London, 1745).

______. *An Historical Essay upon the Balance of Civil Power in England* (London, 1748).

Swift, Jonathan. *The Examiner*, ed. H. Davis (Oxford: Basil Blackwell, 1957).

______. *The History of the Four Last Years of the Queen*, ed. H. Davis (Oxford: Basil Blackwell, 1964).

______. *Political Tracts, 1711-14*, ed. H. Davis (Oxford: Basil Blackwell, 1964).

______. *A Discourse of the Contests and Dissensions between the Nobles and the Commons in Athens and Rome*, ed. Frank H. Ellis (Oxford: The Clarendon Press, 1967).

Toland, John. *The Art of Governing by Parties* (London, 1701).

______. *The State Anatomy of Great Britain* (London, 1714).

______. *A Collection of Several Pieces of Mr. John Toland*, ed. Pierre Des Maizeaux (London, 1726).

Trenchard, John, with Walter Moyle. *An Argument Showing that a Stand-*

ing Army Is Inconsistent with a Free Government and Absolutely Destructive to the Constitution of the English Monarchy (London, 1697).

Trenchard, John, with Thomas Gordon. *Cato's Letters: or Essays on Liberty, Civil and Religious, and Other Important Subjects*, 3d ed. (London, 1723).

Tucker, Josiah. *Four Tracts on Political and Commercial Subjects* (London, 1774).

______. *A Letter to Edmund Burke, Esq.* (London, 1775).

______. *The True Interest of Britain* (London, 1776).

______. *A Treatise Concerning Civil Government* (London, 1781).

Woodhouse, A. S. P., ed. *Puritanism and Liberty* (London: J. M. Dent, 1950).

2) 2차 사료: 연구서

Albertini, R. von. *Das florentinische Staatsbewusstsein im übergang von der Republik zum prinzipat* (Bern: Francke Verlag, 1955).

Arendt, Hannah. *The Human Condition* (New York: Viking, 1958)

______. *On Revolution* (Chicago University Press, 1963)

Baron, Hans. *Humanistic and Political Literature in Florence and Venice at the Beginning of the Quattrocento* (Cambridge, Mass.: Harvard University Press, 1955).

______. *The Crisis of the Early Italian Renaissance*, 2d ed. (Princeton University Press, 1966).

______. *From Petrarch to Leonardo Bruni: Studies in Humanist and Political Literature* (Chicago University Press, 1968).

Bailyn, Bernard. *Political Pamphlets of the American Revolution, I* (Cambridge, Mass.: Belknap Press, 1965).

______. *The Ideolgical Origins of the American Revolution* (Cambridge, Mass.: Belknap Press, 1967).

______. *The Origins of American Politics* (New York: Vintage Books, 1970).

Bayley, C. C. *War and Society in Renaissance Florence* (University of Toronto Press, 1961).

Berman, Marshall. *The Politics of Authenticity* (New York: Atheneum, 1970).

Blitzer, Charles. *An Immortal Commonwealth: The Political Thought of James Harrington* (New Haven: Yale University Press, 1960).

Bloom, Edward A. and Lilian D. *Joseph Addison's Sociable Animal: in the Market Place, on the Hustings, in the Pulpit* (Providence: Brown University Press, 1971).

Boorstin, Daniel. *The Genius of American Politics* (Chicago University Press, 1953).

______. *The Americans: the Colonial Experience* (New York: Random House, 1958).

Bouwsma, William J. *Venice and the Defense of Republican Liberty: Renaissance Values in the Age of the Counter-Reformation* (Berkeley and Los Angeles: University of California Press, 1968).

Brandt, William J. *The Shape of Medieval History: Studies in Modes of Perception* (New Haven: Yale University Press, 1966).

Bryson Gladys. *Man and Society: the Scottish Enquiry of the Eighteenth Century* (Princeton University Press, 1945).

Butterfield, Sir Herbert. *The Statecraft of Machiavelli* (London: G. Bell and Son, 1940, 1955).

______. *George III, Lord North and the People* (London: G. Bell and Son, 1949).

Chambers, William N. *Old Bullion Benton: Senator from the New West* (Boston : Little, Brown and Company, 1956).

______. *Political Parties in a New Nation: The American Experience, 1776-1809* (New York: Oxford University Press, 1963).

Christie, Ian R. *Wilkes, Wyvill and Reform: The Parliamentary Reform Movement in British Politics, 1760-85* (New York: St. Martin's

Press, 1962).

______. *Myth and Reality in Late Eighteenth-century British Politics* (Berkeley and Los Angeles: University of California Press, 1970).

Cochrane, Charles Norris. *Christianity and Classical Culture* (New York: Oxford University Press, 1957).

Cohn, Norman. *The Pursuit of the Millennium*, 2d ed. (New York: Harper and Row, 1961).

Colbourn, H. Trevor. *The Lamp of Experience: Whig History and the Beginnings of the American Revolution* (Chapel Hill: University of North Carolina Press, 1965).

Conklin, George Newton. *Biblical Criticism and Heresy in Milton* (New York: King's Crown Press, 1949).

Cook, Richard I. *Jonathan Swift as a Tory Pamphleteer* (Seattle and London: University of Washington Press, 1967).

Cosenza, Mario E. *Petrarch's Letters to Classical Authors* (Chicago University Press, 1910).

Cranston, Maurice and Peters, R. S., eds. *Hobbes and Rousseau* (New York: Doubleday Anchor Books, 1972).

Cumming, Robert D. *Human Nature and History* (Chicago University Press, 2 vols., 1969).

De Caprariis, Vittorio. *Francesco Guicciardini: dalla politica alla storia* (Bari: Laterza, 1950).

Dickinson, H. T. *Bolingbroke* (London: Constable, 1970).

Dickson, P. G. M. *The Financial Revolution in England: A Study in the Development of Public Credit* (London: Macmillan, 1967).

Dorey, T. A., ed. *Tacitus* (New York: Basic Books, 1969).

Dunn, John. *The Political Thought of John Locke: An Historical Account of the Argument of the Two Treatises of Government* (Cambridge University Press, 1969).

Earl, D. C. *The Moral and Political Tradition of Rome* (Ithaca: Cornell University Press, 1967).

Ferguson, Arthur B. *The Articulate Citizen and the English Renaissance*

(Durham, N. C. : Duke University Press, 1965).

Ferguson, John. *The Religions of the Roman Empire* (Ithaca: Cornell University Press, 1970).

Fink, Z. S. *The Classical Republicans: An Essay in the Recovery of a Pattern of Thought in Seventeenth-Century England* (Evanston: Northwestern University Press, 1945).

Fleisher, Martin, ed. *Machiavelli and the Nature of Political Thought* (New York: Atheneum, 1972).

Foot, Michael. *The Pen and the Sword* (London: Macgibbon and Kee, 1957).

Frank, Joseph. *The Beginnings of the English Newspaper* (Cambridge, Mass. : Harvard University Press, 1961).

Gardner, Lloyd C. *A Different Frontier: Selected Readings in the Foundation of American Economic Expansion* (Chicago: Quadrangle Books, 1966).

Garin, Eugenio *Italian Humanism: Philosophy and Civic Life in the Renaissance*, trans. Peter Munz (New York: Harper and Row, 1965).

Giarrizzo, Giuseppe. *Hume politico e storico* (Torino: Einaudi, 1962).

Gilbert, Felix. *To the Farewell Address: Ideas of American Foreign Policy* (Princeton University Press, 1961, 1970).

______. *Machiavelli and Guicciardini: Politics and History in Sixteenth-Century Florence* (Princeton University Press, 1965).

Gilmore, Myron P., ed. *Studies in Machiavelli* (Firenze: Sansoni, 1972).

Goetzmann, William H., ed. *The American Hegelians: An Episode in the Intellectual History of Western America* (New York: Alfred A. Knopf, 1973).

Gummere, Richard M. *The American Colonial Mind and the Classical Tradition: Essays in Comparative Culture* (Cambridge, Mass. : Harvard University Press, 1963).

Gunn, J. A. W. *Factions No More: Attitudes to Party in Government and Opposition in Eighteenth-Century England* (London: Frank Cass, 1972).

Gwyn, W. B. *The Meaning of the Separation of Powers: An Analysis of the Doctrine from its Origin to the Adoption of the United States Constitution* (New Orleans: Tulane Studies in Political Science, 1965).

Haley, K. H. D. *The First Earl of Shaftesbury* (Oxford: The Clarendon Press, 1968).

Haller, William. *Foxe's Book of Martyrs and the Elect Nation* (London: Jonathan Cape, 1963).

Hanson Donald W. *From Kingdom to Commonwealth: The Development of Civic Consciousness in English Political Thought* (Cambridge, Mass.: Harvard University Press, 1970).

Haraszti, Zoltan. *John Adams and the Prophets of Progress* (Cambridge, Mass.: Harvard University Press, 1952).

Hartz, Louis B. *The Liberal Tradition in America: An Interpretation of American Political Thought since The Revolution* (New York: Harcourt Brace, 1955).

Hexter, J. H. *The Vision of Politics on the Eve of the Reformation: More, Machiavelli, Seyssel* (New York: Basic Books, 1972).

Hill, Christopher. *Puritanism and Revolution* (London: Secker and Warburg, 1958).

______. *Society and Puritanism in Pre-Revolutionary England* (New York: Schocken Books, 1964).

______. *Antichrist in Seventeenth-Century England* (London: Oxford University Press, 1971).

Hofstadter, Richard C. *The Idea of a Party System: The Rise of Legitimate Opposition in the United States, 1780-1840* (Berkeley and Los Angeles: University of California Press, 1969).

Holmes, George. *The Florentine Enlightenment, 1400-1450* (London: Weidenfeld and Nicolson, 1969).

Howe, John R., Jr. *The Changing Political Thought of John Adams* (Princeton University Press, 1966).

Huffman, C. C. *Coriolanus in Context* (Lewisburg: Bucknell University

Press, 1972).

Jacob, E. F., ed. *Italian Renaissance Studies* (New York: Barnes and Noble, 1960).

Jacobson, David L., ed. *The English Libertarian Heritage* (Indianapolis: Bobbs Merrill, 1965).

Jordan, W. K. *Men of Substance: A Study of the Political Thought of Two English Revolutionaries, Henry Paker and Henry Robinson* (Chicago University Press, 1942).

Judson, Margaret. *The Political Thought of Sir Henry Vane the Younger* (Philadelphia: University of Pennsylvania Press, 1969).

Kelley, Donald R. *The Foundations of Modern Historical Scholarship: Language, Law and History in the French Renaissance* (New York: Columbia University Press, 1970).

Kenyon, J. P., ed. *The Stuart Constitution, 1603-88* (Cambridge University Press, 1966).

Kettler, David. *The Social and Political Thought of Adam Ferguson* (Columbus: Ohio State University Press, 1965).

Kluxen, Kurt. *Das Problem der Politischen Opposition: Entwicklung und Wesen der englischen Zweiparteienpolitik im 18 Jahrhundert* (Freiburg-München, 1956).

Koebner, Richard. *Empire* (Cambridge University Press, 1961).

Kramnick, Isaac F. *Bolingbroke and His Circle: The Politics of Nostalgia in the Age of Walpole* (Cambridge, Mass: Harvard University Press, 1968).

Ladner, Gerhart B. *The Idea of Reform: Its Impact on Christian Thought and Action in the Age of the Fathers* (Cambridge, Mass.: Harvard University Press, 1959).

Lamont, William M. *Marginal Prynne, 1600-69* (London: Routledge and Kegan Paul, 1963).

______. *Godly Rule: Politics and Religion, 1603-60* (London: Macmillian, 1969).

Laprade, W. T. *Public Opinion and Politics in Eighteenth-Century England*

to the Fall of Walpole (New York: Macmillian, 1963).
Leff, Gordon. *Heresy in the Later Middle Ages* (Manchester University Press, 2 vols., 1967).
Lefranc, Pierre. *Sir Walter Ralegh Ecrivain* (Paris: Armand Colin, 1968).
Lehmann, W. C. *John Millar of Glasgow* (Cambridge University Press, 1960).
Letwin, William. *The Origin of Scientific Economics* (New York: Doubleday Anchor, 1965).
Levenson, Joseph R. *Liang Ch'i-ch'ao and the Mind of Modern China* (Berkeley and Los Angeles: University of California Press, 1953, 1959).
______. *Confucian China and Its Modern Fate* (Berkeley and Los Angeles: University of California Press, 3 vols., 1958-1965).
Levy, F. J. *Tudor Historical Thought* (San Marino: Huntington Library, 1967).
Lewis, C. S. *Selected Literary Essays* (Cambridge University Press, 1969).
Mansfield, Harvey C., Jr. *Statesmanship and Party Government* (Chicago University Press, 1965).
Manuel, Frank E. *Shapes of Philosophical History* (Stanford University Press, 1965).
Markus, R. A. *Saeculum: History and Society in the Theology of St. Augustine* (Cambridge University Press, 1970).
Marx, Leo. *The Machine in the Garden: Technology and the Pastoral Ideal in America* (New York: Oxford University Press, 1964).
Mazzeo, J. A. *Renaissance and Seventeenth-Century Studies* (New York: Columbia University Press, 1964).
McIlwain, C. H. *Constitutionalism Ancient and Modern* (Ithaca: Cornell University Press, Great Seal Books, 1958).
Macpherson, C. B. *The Political Theory of Possessive Individualism: from Hobbes to Locke* (Oxford: The Clarendon Press, 1962)
Molho, Anthony, and Tedeschi, John A., eds. *Renaissance: Studies in Honor of Hans Baron* (Firenze: Sansoni, and DeKalb: Northern Illinois University Press, 1971).

Mosse, George L. *The Holy Pretence: A Study in Christianity and Reason of State from William Perkins to John Winthrop* (Oxford: Basil Blackwell, 1957).

Nisbet, Robert F. *Social Change and History: Aspects of the Western Theory of Development* (New York: Oxford University Press, 1969)

Noble, David W. *Historians against History: The Frontier Thesis and the National Covenant in American Historical Writing since 1830* (Minneapolis: University of Minnesota Press, 1965).

O'Malley, John W. *Giles of Viterbo on Church and Reform: A Study in Renaissance Thought* (Leiden: E. J. Brill, 1968).

Parker, Harold T. *The Cult of Antiquity and the French Revolutionaries: A Study in the Development of the Revolutionary Spirit* (Chicago University Press, 1937).

Patch, H. R. *The Goddess Fortuna in Medieval Literature* (Cambridge, Mass.: Harvard University Press, 1927).

Plumb, J. H. *The Growth of Political Stability in England, 1660-1730* (London: Macmillan, 1967).

Pocock, J. G. A. *The Ancient Constitution and the Feudal Law: English Historical Thought in the Seventeenth Century* (Cambridge University Press, 1957, and New York: W. W. Norton, 1967).

______. *Politics, Language and Time: Essays in Political Thought and History* (New York: Atheneum, 1971; London: Methuen, 1972).

Pole, J. R. *Political Representation in England and the Origins of the American Republic* (London: Macmillan; New York: St. Martin's Press, 1969).

Raab, Felix. *The English Face of Machiavelli* (London: Routledge and Kegan Paul, and University of Toronto Press, 1964).

Rawson, Elizabeth. *The Spartan Tradition in European Thought* (Oxford: The Clarendon Press, 1969).

Reeves, Marjorie. *The Influence of Prophecy in the Later Middle Ages: A Study in Joachism* (Oxford: The Clarendon Press, 1969).

Richards, James O. *Party Propaganda under Queen Anne: The General*

Elections of 1702-13 (Athens: University of Georgia Press, 1972).

Ridolfi, Roberto. *Opuscoli di Storia Letteraria e di Erudizione* (Firenze: Libr. Bibliopolis, 1942).

______. *Life of Girolamo Savonarola*, trans. C. Grayson (London: Routledge and Kegan Paul, 1959).

______. *Life of Niccolò Machiavelli*, trans. C. Grayson (London: Routledge and Kegan Paul, 1962).

______. *Life of Francesco Guicciardini*, trans. C. Grayson (London: Routledge and Kegan Paul, 1967).

Robbins, Caroline A. *The Eighteenth-Century Commonwealthman: Studies in the Transmission, Development and Circumstances of English Liberal Thought from the Restoration of Charles II until the War with the Thirteen Colonies* (Cambridge, Mass.: Harvard University Press, 1959).

______. ed. *Two English Republican Tracts* (Cambridge University Press, 1969).

Rossiter, Clinton. *Seedtime of the Republic: The Origin of the American Tradition of Political Liberty* (New York: Harcourt Brace, 1953).

Rowe, J. G., and Stockdale, W. H., eds. *Florilegium Historiale: Essays Presented to Wallace K. Ferguson* (University of Toronto Press, 1971).

Rubini, Dennis. *Court and Country, 1688-1702* (London: Rupert Hart-Davis, 1967).

Rubinstein, Nicolai, ed. *Florentine Studies: Politics and Society in Renaissance Florence* (London: Faber and Faber, 1968).

Seigel, Jerrold E. *Rhetoric and Philosophy in Renaissance Humanism: The Union of Eloquence and Wisdom, Petrarch to Valla* (Princeton University Press, 1968).

Shackleton, Robert. *Montesquieu: A Critical Biography* (Oxford: The Clarendon Press, 1961).

Shklar, Judith. *Men and Citizens: A Study of Rousseau's Social Theory* (Cambridge University Press, 1969).

Silberschmidt, Max. *The United States and Europe: Rivals and Partners* (New York: Harcourt Brace Jovanovich, 1972).

Simon, Renée. *Henry de Boulainvilliers: historien, politique, philosophe, astrologue, 1658-1722* (Paris: Boivin, 1941).

______. *Un revolté du grand siécle: Henry de Boulainvilliers* (Garches: Editions du nouvel humanisme, 1948).

Smith, Henry Nash. *Virgin Land: The American West as Symbol and Myth* (Cambridge, Mass.: Harvard University Press, 1950; New York: Vintage Books, n.d.).

Sperlin, Paul M. *Rousseau in America, 1760-1809* (University of Alabama Press, 1969).

Starns, Randolph. *Donato Giannotti and His Epistolae* (Geneva: Librairie Droz, 1968).

Starr, Chester G. *The Awakening of the Greek Historical Spirit* (New York: Alfred A. Knopf, 1968).

Stewart, John B. *The Moral and Political Philosophy of David Hume* (New York: Columbia University Press, 1963).

Stourzh, Gerald. *Alexander Hamilton and the Idea of Republican Government* (Stanford University Press, 1970).

Strauss, E. *Sir William Petty: Portrait of a Genius* (London: The Bodley Head, 1954).

Struever, Nancy S. *The Language of History in the Renaissance* (Princeton University Press, 1970).

Sydnor, Charles S. *Gentlemen Freeholders: Political Practice in Washington's Virginia* (Chapel Hill: University of North Carolina Press, 1952).

______. *American Revolutionaries in the Making* (New York: The Free Press, 1965).

Thompson, David, and Nagel, Alan F., eds. *The Three Crowns of Florence: Humanist Assessments of Dante, Petrarca and Boccaccio* (New York: Harper and Row, 1972).

Tuveson, Ernest. *Millennium and Utopia: A Study in the Background of the Idea of Progress* (Berkeley and Los Angeles: University of

California Press, 1949).

______. *The Redeemer Nation: The Idea of America's Millennial Role* (University of Chicago Press, 1968).

Ullmann, Walter. *Principles of Government Politics in the Middle Ages* (London: Methuen, 1961).

______. *History of Political Thought in the Middle Ages* (Harmondsworth: Penguin, 1965).

______. *The Individual and Society in the Middle Ages* (Baltimore: Johns Hopkins University Press, 1966).

Underdown, David. *Pride's Purge: Politics in the Puritan Revolution* (Oxford: The Clarendon Press, 1971).

Varese, Claudio. *Storia e Politica nella Prosa del Quattrocento* (Torino: Einaudi, 1961).

Venturi, Franco. *Utopia and Reform in the Enlightenment* (Cambridge University Press, 1971).

Vile, M. J. C. *Constitutionalism and the Separation of Powers* (Oxford: The Clarendon Press, 1967).

Von Fritz, K. *The Theory of the Mixed Constitution in Antiquity* (New York: Columbia University Press, 1954).

Wade, Ira O. *The Clandestine Organisation and Diffusion of Philosophic Ideas in France from 1700 to 1750* (Princeton University Press, 1938).

Walbank, F. W. *An Historical Commentary on Polybius* (Oxford: The Clarendon Press, 1957).

Wallace, John M. *Destiny His Choice: The Loyalism of Andrew Marvell* (Cambridge University Press, 1968).

Walzer, Michael. *The Revolution of the Saints: A Study in the Origins of Radical Politics* (Cambridge, Mass.: Harvard University Press, 1965).

Ward, John William. *Andrew Jackson: Symbol for an Age* (New York: Oxford University Press 1955).

Weinstein, Donald. *Savonarola and Florence: Prophecy and Patriotism in the Renaissance* (Princeton University Press, 1970).

Western, J. R. *The English Militia in the Eighteenth Century: The Story of a Political Issue, 1660-1802* (London: Routledge and Kegan Paul, 1965).

______. *Monarchy and Revolution: The English State in the 1680s* (London: Blandford Press, 1972).

Weston, Corinne Comstock. *English Constitutional Theory and the House of Lords* (London: Routledge and Kegan Paul, 1965).

Whitfield, J. H. *Petrarch and the Renascence* (New York: Russell and Russell, 1965).

______. *Discourses on Machiavelli* (Cambridge: W. Heffer and Sons, 1969).

Wilkins, E. H. *The Life of Petrarch* (Chicago University Press, 1961).

Williams, S. H. *The Radical Reformation* (Philadelphia: The Westminster Press, 1962).

Wood, Gordon S. *The Creation of the American Republic* (Chapel Hill: University of North Carolina Press, 1969).

Yolton, John W, ed. *John Locke: Problems and Perspectives* (Cambridge University Press, 1969).

3) 2차 사료: 논문 및 학위논문

Banning, Lance G. "The Quarrel with Federalism: A Study in the Origins and Character of Republican Thought," Ph.D. dissertation, Washington University, 1972.

Baron, Hans. "Machiavelli: The Republican Citizen and the Author of The Prince," *English Historical Review* 76 (1961): 217-53.

______. "Leonardo Bruni," *Past and Present* 36 (1967): 21-37.

Forbes, Duncan. "Politics and History in David Hume," *The Historical Journal* 6.2 (1963): 280-94.

Fuss, Peter. "Hannah Arendt's Conception of Political Community," *Idealistic Studies* 3.3 (1973): 280-94.

Gilbert, Felix. "Bernardo Rucellai and the Orti Oricellari: A Study in the

Origin of Modern Political Thought," *Journal of the Warburg and Courtauld Institutes* 12 (1949): 101-31.

______. "The Composition and Structure of Machiavelli's *Discorsi*," *Journal of the History of Ideas* 14.1 (1953): 136-56.

______. "Florentine Political Assumptions in the Period of Savonarola and Soderini," *Journal of the Warburg and Courtauld Institutes* 20 (1957): 187-214.

______. "The Date of the Composition of Contarini's and Giannotti's Books on Venice," *Studies in the Renaissance* 14 (1967): 172-84.

Lamont, William M. "Richard Baxter, the Apocalypse and the Mad Major," *Past and Present* 55 (1972): 68-90.

Maclean, A. H. "George Lawson and John Locke," *Cambridge Historical Journal* 9.1 (1947): 69-77.

Pocock, J. G. A. "The Onely Politician: Machiavelli, Harrington and Felix Raab," *Historical Studies: Australia and New Zealand* 12.46 (1966): 165-96.

______. "James Harrington and the Good Old Cause: A Study of the Ideological Context of His Writings," *Journal of British Studies* 10.1 (1970): 30-48.

______. "Virtue and Commerce in the Eighteenth Century," *Journal of Interdisciplinary History* 3.1 (1972): 119-34.

Ranum, Orest. "Personality and Politics in the *Persian Letters*," *Political Science Quarterly* 84.4 (1969): 606-27.

Riesenberg, Peter. "Civism and Roman Law in Fourteenth-Century Italian Society," *Explorations in Economic History* 7.1-2 (1969): 237-54.

Robey, David. "P. P. Vergerio the Elder: Republicanism and Civic Values in the Work of an Early Humanist," *Past and Present* 58 (1973): 3-37.

Rosenmeier, Jesper. "New England's Perfection: The Image of Adam and the Image of Christ in the Antinomian Crisis, 1634 to 1638," *William and Mary Quarterly*, 3d ser., Vol. 27, no. 3 (1970): 435-59.

Rubini, Dennis. "Politics and the Battle for the Banks, 1688-97," *English Historical Review* 85 (1970) : 693-714.

Sanesi, G. R., ed. "Un discorso sconosciuto di Donato Giannotti sulla milizia," *Archivio Storico Italiano*, ser. 5, vol. 8 (1891) : 2-27.

Schwoerer, Lois F. "The Literature of the Standing Army Controversy," *Huntington Library Quarterly* 28 (1964-65) : 187-212.

Seigel, Jerrold E. "Civic Humanism or Ciceronian Rhetoric?" *Past and Present* 34 (1966) : 3-48.

Shackleton, Robert. "Montesquieu, Bolingbroke and the Separation of Powers," *French Studies* 3 (1949) : 25-38.

Skinner, Quentin. "Hobbes's Leviathan," *The Historical Journal* 7. 2 (1964) : 321-32.

______. "History and Ideology in the English Revolution," *The Historical Journal* 8. 2 (1965) : 151-78.

______. "The Ideological Context of Hobbes's Political Thought," *The Historical Journal* 9. 3 (1966) : 286-317.

Starr, Chester G. "History and the Concept of Time," *History and Theory*, Beiheft 6 (1966) : 24-35.

Wallace, John M. "The Engagement Controversy, 1649-52: An Annotated List of Pamphlets," *Bulletin of the New York Public Library* 68 (1964) : 384-405.

Walzer, Michael. "Exodus 32 and the Theory of Holy War: The History of a Citation," *Harvard Theological Review* 61. 1 (1968) : 1-14.

Weddell, D. "Charles Davenant (1656-1714) : A Biographical Sketch," *Economic History Review*, ser. 2, vol. 2 (1958-59) : 279-88.

Weston, Corinne Comstock. "Legal Sovereignty in the Brady Controversy," *The Historical Journal* 15. 3 (1972) : 409-32.

Williamson, Arthur H. "Antichrist's Career in Scotland: The Imagery of Evil and the Search for a National Past," Ph. D. dissertation, Washington University, 1973.

Zagorin, Perez, ed. "Sir Edward Stanhope's Advice to Thomas Wentworth," *The Historical Journal* 7. 2 (1964) : 298-320.

번역용어목록

이 책의 역사 · 철학 용어들은 약간의 예외를 제외하고는 대체로 다음과 같이 번역되었다. 자주 등장하는 키워드의 경우는 언어 발음 형태로 적고 괄호 안에 역어를 삽입하기도 하였다.

accidenti　아치덴티/우연적 사건/부가적 속성
alterazione　알테라치오네/정권교체
America/American　아메리카/아메리카〔인〕의
amour-propre　아무르프로프르/자기 편애(루소의 용어) = self-liking(자기 애호) (맨더빌의 용어)
amour de soi-même　아무르 드 수아멤/자기애(루소의 용어)
anakuklōsis　아나쿠클로시스/(영원한) 정체의 순환
Ancient Constitution　고래(古來)의 헌정
apocalypse　계시
apocalyptic　계시(적)
approvazione　아프로바치오네/동의(귀차르디니의 용어)
arms　무력/무기/무장
Augustan　아우구스투스기

balanced government/constitution　균형정체
beneficiati　베네피차티/유산자(잔노티의 용어)
body politic　정치체
Britain　브리튼
British　브리튼적/의

caso　카조/우연
Chief Justice　고등 법원 재판장

citizenship 시민권/시민의식
Civil War 내전(잉글랜드)
civitas dei 키비타스 데이/신국
civitas terrena 키비타스 테레나/지상국
common good 공공선
common law 보통법/코몬로
constitution 헌정/정체
constitutionalism 헌정주의
consultazione 자문 (과정)
conventions(s) 규약/관습
corporate 조직
counsellor/councilor/advisor 고문관
country 지방
court 궁정
courtier 조신(朝臣)
creati 크레아티/예속자(마키아벨리)
credit 신용
custom 관습

deference 경의(敬意)
delegitimacy 탈적법성
deliberazione 델리베라치오네/심의(귀차르디니)
dependent military tenures 봉건적 토지보유권
Dutch Wars 홀란드 전쟁

Elect Nation 선민(選民)
encroached aristocracy 수구(守舊) 귀족
England/English 잉글랜드/잉글랜드〔인〕의
Enthusiasm 광신
Enthusiasts 광신파
Episcopalians 감독교파
equiribrium 균형상태
eschaton 종말
Exclusionist 배제파

fancy and agreement 환상과 합의(로크의 용어)
Fantasia 판타지아/환상
Fate 숙명
form of government 통치형태
Fortuna 포르투나
fortune 운
freeholder 자유토지보유자
freehold property 자유보유 토지/재산
frontier 프런티어

gentiluomini 신사(紳士)
gentry 젠트리
Good Old Cause 선한 옛 대의
governo largo 고베르노 라르고/넓은 헌정
governo stretto 고베르노 스트레토/좁은 헌정
grace 은총
grandee 유력자
grandi 그란디/대시민
gratuitous love (신의) 이유 없는 사랑
grazia 그라치아/은총
gubernaculum 구베르나쿨룸/통치상의 권위

High Church 고(高)교회
humour 기질

imperium 임페리움/(군사적) 통치권
Independents 독립파
individuality 개체성
inns of court 법학원
intelligent 지적
intelligence 지력/지성
isonomia 이소노미아/법 앞의 평등

janissery 예니체리 = 근위대(해링턴의 경우는 자니세리)

Junto Whigs　휘그 도당
jurisdictio　유리스딕티오/사법상의 권위
jurisdiction　사법권
jus gentium　유스 겐티움/만민법/국제법

king-in-parliament　의회 안의 왕
King William's War ⇒ Nine Years War

land　토지
landed man　지주
leggi　법/법률
legitimacy　적법성
Lord Chancellor　대법관

Machiavellian　마키아벨리적
Machiavellian moment　마키아벨리언 모멘트/마키아벨리적 계기
manners　예의
mediocri　메디오크리/중시민
millennianism　천년왕국 사상
minister　각료
mixed constitution/government　혼합정체
mode(s)　양식(들)
moment　계기/시기
monarchism　왕정주의/군주제주의
monied interest　금전적 이해
mutazione　무타치오네/정변

national debt　국채
Nine Years War　9년 전쟁
non-beneficiati　무산자(無産者)
nonmoral　무도덕적
nunc-stans　눈크스탄스/영원한 현재

occasione　오카지오네/기회/때

officina gentium 민족들의 공장(工場)
opposition 야당
ordinatore 오르디나토레/입법자
ordine 오르디네/질서
ordini 오르디니/제도/법
ottimati 오티마티

parliamentarism 의회정치
participazione 파르티치파치오네/정치참여(귀차르디니의 용어)
particular 개별적/특정(한)/특수한; the particular 개별자
particulare/i 파르티쿨라레/리/정치적 성향의 (권력을 가진) 개인/권력자(들) (귀차르디니의 용어)
particular men 권력자
particularity 개별성
passion 감정/정념
patronage 후원제도/후원
people 종족(다른 종족과 대비될 때); "-인"/인민(왕에 대비될 때); 평민(귀족과 대비될 때)
personality 인격/성격
physis 피시스
placemen 플레이스맨/낙하산 관리
plebe bassa 플레베 바싸/하층민
plebei 플레베이/하층 이방인(잔노티의 용어)
polite 예절바른
politeia 폴리테이아
politeness 예절바름
politice 폴리티케/정치체(포테스큐의 용어)
polity 정체/폴리테이아
popolo 포폴로/평민
popolari 포폴라리/하층 평민(잔노티의 용어)
populus 포풀루스/평민(잔노티의 용어)
poveri 포베리/하층 빈민(잔노티의 용어)
prescription 시효

presumption　인정(認定)/추론
prima forma　프리마 포르마/원초적 본성
princeps　프린켑스/원수(元首)
principe〔i〕 naturale〔i〕　프린치페〔피〕 나투랄레〔리〕/세습군주〔들〕
private interest　사익
property　재산/토지
proprietor　토지소유자
public credit　공공신용
public debt　공채
public good　공익/공공선
Puritan　퓨리턴
Puritanism　퓨리터니즘

redemptio　레뎀프티오/구속(救贖)
redemption　구속(救贖)
reformatio　레포르마티오/개혁
reformation　개혁
rent　지대
rentier　이자생활자
res publica　레스 푸블리카/공공의 것/공적인 일
revelation　계시
Ridurre ai principi　원리로의 회귀
rinnovazione　린노바치오네/갱신
Rump Parliament　잔부(殘部) 의회

saeculum　사이쿨룸/역사(적 현재)
saint　성인
salus populi　살루스 포풀리/인민의 안녕
scholarsticism　스콜라 사상
scripture　성서
sectarianism　분파주의
self-love　자기애
senectus mundi　세넥투스 문디/구세계

signore 시뇨레/영주/주인
soteria 소테리아/구원
specialization 전문화/분업
stato 스타토/권력
statue 법령
suddito/i 수디토(티)/가신/신민(마키아벨리의 용어)

telos 목적인(目的因) (아리스토텔레스의 용어)
tempo 시간
territorial monarchy 영령 왕국/군주국
trade 무역

umori 우모리/기질/정서
usage 관례/용례
use 관례/습관

vassal 봉신/가신(후자는 해링턴의 용어)
virtù 비르뚜
virtue 덕/덕성
vita activa 비타 악티바/행동적 삶
vita contemplativa 비타 콘템플라티바/관조적 삶
vivere civile 비베레 치빌레/시민적 삶
vivere libero 비베레 리베로/자유로운 삶
vivere popolare 비베레 포폴라레/평민적 삶

Wars of Religion 종교 동란

yeomanry 요우먼리

zōon politikon 조온 폴리티콘/정치적 동물

찾아보기 (인 명)

ㄱ~ㄷ

ㄹ~ㅁ

ㅂ~ㅅ

ㅇ

ㅈ~ㅋ

존 그레빌 에이가드 포칵(John Greville Agard Pocock, 1924~)

1924년 런던에서 태어나 3년 뒤 가족과 함께 뉴질랜드로 이주하였다. 그곳 캔터베리대학에서 학사, 석사를 마친 뒤, 1952년 영국 케임브리지대학에서 17세기 잉글랜드 하원에 대한 연구로 박사학위를 받았다. 이 연구는 5년 후《고래(古來)의 헌정과 봉건법》으로 간행되었다. 1965년 미국으로 이주하여 워싱턴대학(세인트루이스) 역사학 교수로 재직하면서《마키아벨리언 모멘트》(1975)를 썼다. 그에게 명성을 안겨준 이 책의 출간과 함께 그는 존스홉킨스대학으로 자리를 옮겨 약 20년간 재임하였고, 1994년부터는 같은 대학 명예교수로 재직중이다. 위의 두 저서 외의 주요 저작으로는《정치·언어·시간》(1972),《존 로크》(공저, 1980),《덕·상업·역사》(1985),《브리튼 정치사상의 다양한 측면들, 1500~1800》(공저, 1997),《야만과 종교》(총 6권 예정, 1999~),《도서(島嶼)의 발견》(2005),《정치사상과 역사: 이론과 방법》(2008) 등이 있고, 편저로는《제임스 해링턴의 정치저술》(1977),《세 개의 브리튼 혁명: 1641, 1688, 1776》(1980),《에드먼드 버크: 프랑스혁명에 대한 성찰》(1987),《개념적 변화와 헌정》(공편, 1988),《제임스 해링턴: 오세아나 공화국과 정치의 체계》(1992),《에드워드 기번》(공편, 1997) 등이 있다.

곽차섭

부산대학교 사학과 교수. 미국 존스홉킨스대학, UCLA, 캐나다 UBC 방문학자로 연구하였다. 주 관심분야는 르네상스기 이탈리아 지성사, 미시문화사 및 미술사이다. 주요 저서로는《마키아벨리즘과 근대 국가의 이념》,《조선 청년 안토니오 코레아, 루벤스를 만나다》,《포스트모더니즘과 역사학》(공저), 편저로는《미시사란 무엇인가》,《역사 속의 소수자들》(공편), 편역으로는 《마키아벨리와 에로스》, 역서로는《역사학과 사회 이론》(피터 버크),《이탈리아 민족부흥운동사》(루이지 살바토렐리),《마키아벨리 평전》(로베르토 리돌피),《코앞에서 본 중세》(키아라 프루고니),《탐史》(마리아 팔라레스-버크),《책략가의 여행》(내털리 제이먼 데이비스) 등이 있다.《군주론》(마키아벨리)이 곧 간행될 예정이며,《아레티노 평전》및《포르노그래피의 기원》을 집필중이다.